税收风险管理虚拟仿真实验

主　编◎王雪云　赵卓娅
副主编◎全胜奇　姚曼妮　张　迪

中国财经出版传媒集团
中国财政经济出版社
·北京·

图书在版编目（CIP）数据

税收风险管理虚拟仿真实验／王雪云，赵卓娅主编. --北京：中国财政经济出版社，2024.8

ISBN 978-7-5223-2727-3

Ⅰ.①税… Ⅱ.①王… ②赵… Ⅲ.①税收管理-中国-高等学校-教材 Ⅳ.①F812.423

中国国家版本馆 CIP 数据核字（2024）第 033851 号

责任编辑：闫 娟 李肇晗　　责任校对：张 凡
封面设计：陈宇琰　　责任印制：史大鹏

税收风险管理虚拟仿真实验
SHUISHOU FENGXIAN GUANLI XUNI FANGZHEN SHIYAN

中国财政经济出版社 出版
URL：http：//www.cfeph.cn
E-mail：cfeph@cfeph.cn

社址：北京市海淀区阜成路甲 28 号 邮政编码：100142
营销中心电话：010-88191522
天猫网店：中国财政经济出版社旗舰店
网址：https：//zgczjjcbs.tmall.com
中煤（北京）印务有限公司印刷 各地新华书店经销
成品尺寸：185mm×260mm 16 开 25.25 印张 577 000 字
2024 年 8 月第 1 版 2024 年 8 月北京第 1 次印刷
定价：65.00 元
ISBN 978-7-5223-2727-3
（图书出现印装问题，本社负责调换，电话：010-88190548）
本社质量投诉电话：010-88190744
打击盗版举报热线：010-88191661 QQ：2242791300

序言

税收现代化和新文科建设对财税专业人才培养提出了新要求。中国式现代化是一项伟大而艰巨的事业，税收现代化作为中国式现代化的一个重要组成部分，以大国税收的使命担当助力中国式现代化行稳致远。2021 年中共中央办公厅、国务院办公厅印发《关于进一步深化税收征管改革的意见》提出建设“以税收大数据为驱动力的智慧税务”，是新发展阶段我国税收征管改革的重要制度安排和总体规划。同时经济新业态新模式不断涌现，涉税问题日益复杂化，应用型税收人才培养，必须体现学科交叉融合、适应智慧税务发展需要，着力培养学生解决涉税复杂问题能力。开展税收风险管理虚拟仿真实验教学，应是以数治税模式下应用型本科税收管理教育的必然选择。

教材高度契合应用型税收人才培养目标，紧密对接经济社会发展新要求，实时跟踪智慧税务建设的最新实践成果。本教材通过税收虚拟仿真实验，在夯实纳税申报能力的基础上，聚焦学生财税信息处理能力和综合税务分析能力的培养。此外，本教材纳入了全面数字化的电子发票等智能化税收管理最新实践，确保虚拟仿真实验教学内容的时效性。

教材突出实验内容的综合性、实验难度的进阶性和实验角度的多元性。教材主要包括了纳税申报、税收风险管理、税务合规管理及筹划三篇。第一篇纳税申报部分包括增值税、个人所得税和企业所得税等主要税种的纳税申报；第二篇税收风险管理重点关注制造业、交通运输业、建筑业和房地产业的税收风险管理模型构建、风险识别和应对策略；第三篇运用合规管理理念，聚焦增值税、企业所得税和个人所得税的税务筹划。教材难度从第一篇到第三篇渐进递增，在纳税申报基础能力的基础上引导学生开展风险管理综合性涉税业务，再到税务筹划高阶技能的训练。教材引导学生从纳税人角度开展申报、从税务机关视角开展纳税评估、从税务咨询机构视角开展税收筹划，为学生搭建多元视角实验平台。

本教材由王雪云、赵卓娅任主编，负责拟订全书大纲、案例的编选以及统稿审订工作，由全胜奇、姚曼妮和张迪任副主编。具体编写分工如下：第一、二章由朱俊歌编写，第三、四、五章由张迪编写；第六章第一节由宋莹莹编写，第六章第二、三节由姚贝贝编写，第七、八章由姚曼妮编写，第九、十章由刘雨澜编写；第十一、十三、十四章由赵卓娅编写，

第十二章由宋莹莹编写。此外，本教材也是2024年度河南省高等教育教学改革与实践项目（编号：2024SJGLX0564）“新文科背景下智能财税微专业建设研究”的阶段性成果。

由于编者认知水平和实践经验有限，书中难免存在不妥之处，恳请读者批评指正。

编者

2024年5月

目 录

第一篇

纳税申报

第一章　虚拟仿真实验平台认识

第一节　实验平台功能介绍

本教材依托浙江衡信教育科技有限公司税务实训平台和税收风控教学平台编写，两类平台均是基于金税工程涉税应用软件核心源代码改编开发的教学版，仿真度高，逻辑真、流程真，能够模拟税局端、企业端的税收征管与纳税申报典型业务，有助于学校提升财税专业人才培养质量，拓展学生数字办税、合规办税新视野、新知识、新技能，开展全面数字化的电子发票开具、数字税务账户发票管理、个人所得税预扣预缴、增值税及附加税纳税申报、企业所得税汇算清缴、税收风险预警、税务风险防控和税务规划等实验项目的教学，高度契合数字经济时代下以科技支撑智慧税务发展的理念。

税务实训平台以让学生提前进行税务岗位职业体验、涉税合规申报实习为目标，能让学生理论与实践融合。教学平台具备税种全（涵盖了增值税、消费税、个人所得税、企业所得税等税种）、高仿真（与企业实际操作流程、业务逻辑一致）、业务广（支持不同企业类型实验操作）的特点，为财税专业实训教学、课程资源开发、人才评价体系建设推广，产教融合的人才培养体系构筑提供了重要支持。

税收风险管控教学平台以让学生“学到好理念、学到好方法、学一些指标、学一些模型、知道什么是合规、形成税收风控总体观念”为基本目标，通过税局端、企业端双视角模拟纳税评估、企业财税健康诊断等典型业务，让学生全面体验纳税评估的工作流程、机制、方法，全面体验税收风险预警体系建立、防控和税务约谈与税务检查应对等项目，全面提升税务风险防控能力，为财税人才高质量培养和就业提供支撑。

基于税务实训平台和税收风控平台举办的在财税领域有显著影响力和知名度的“衡信杯”智慧税务大赛已连续举办九届，覆盖全国30余个省（区、市）1 500余所本科和高职院校，充分发挥了大赛“树旗、导航、定标、催化”作用，加强了师生纳税申报业务处理、税收合规、税收风险管控、政策运用及职业判断能力。此外，由衡信教育提供技术支持及服务的“全国本科院校税收风险管控案例大赛”于2023年3月已正式列入中国高等教育学会发布的“全国普通高校学科竞赛排行榜”榜单，成为国家级赛事，通过“建设一个平台、宣传一个理念、研究一个课题、助推一个专业、选拔一批人才”的五个一工程内涵建设，将“以数治税”背景下的税收征管新技能、新应用引入高校，更好地助力了财税专业教学改革和人才培养。

因此，本教材选用税务实训和税收风控教学平台，不仅对使用者提升税务合规申报、纳税评估、纳税筹划等技能有帮助，而且有利于使用者充分备赛，更好地参与智慧税务、税收风险管控案例大赛等国家级赛事，实现教赛训一体化综合育人、普惠提升的目标。

本教材主要模拟纳税人、税务机关、咨询机构三个角色，对纳税申报、税收风险管理、税务合规三大模块开展虚拟仿真实验，与实训平台功能紧密对接，平台模块如图 1－1 所示。

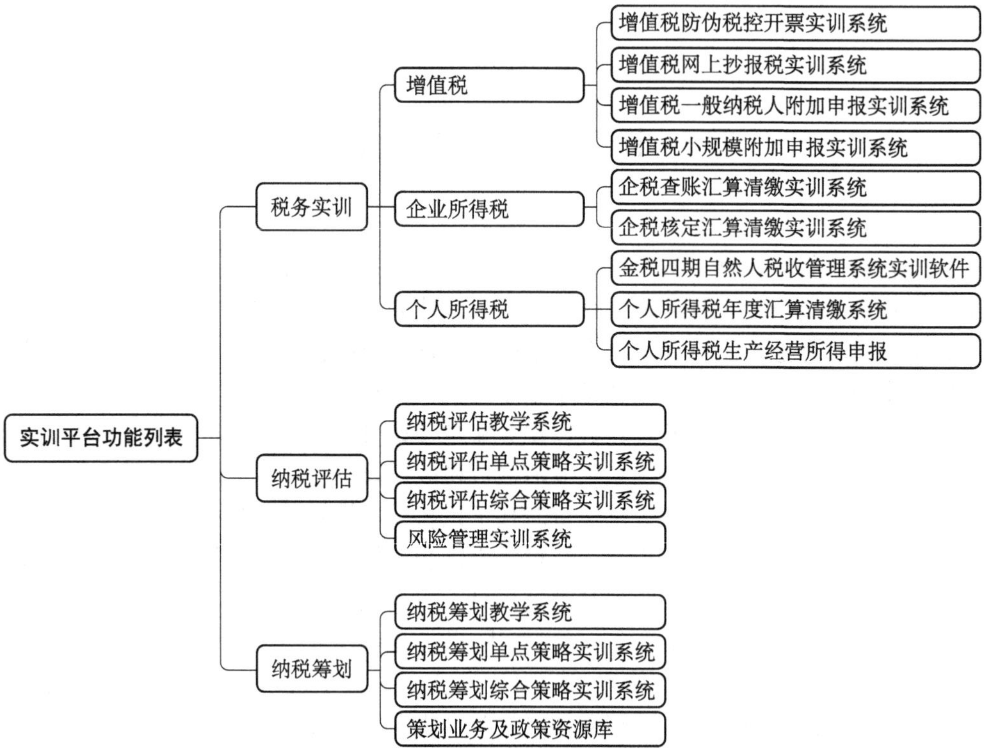

图 1－1　税务实训平台功能列表

第二节　税务实训平台使用准备

税务实训平台是基于真实涉税软件改编的教学平台，是用于培养学生企业各税种涉税业务处理技能的教学平台。在使用实训平台之前，对于实训平台的相关窗口认知是必要的。

一、通用功能介绍

1. 实训平台登录：输入学校编码、学生账号以及密码，登录进入税务实训平台。
2. 数据初始化：对实验数据进行清零。可以对子系统进行选择，可以清除全部实验数据，也可以清除部分产品的实验数据。

3. 数据备份与恢复：实验数据的备份保存和恢复。若上课结束实训未完成，可以通过数据备份保存已有数据，再次实验时通过数据恢复功能导入上次实验的未完成数据继续实验。

4. 案例下载：下载教师发布的案例。教师端发布的案例在案例下载功能中均可以下载和查看，下载后有状态显示，如已下载和未下载。

5. 成绩查询：查看本次案例或之前案例的得分情况。点击“成绩查询”按钮，查询学生所有案例得分情况，点击“查看”可进一步查看案例的每项得分情况。

二、案例常用功能介绍

1. 核定下载：下载企业核定信息。增值税小规模纳税人需要进行核定下载，包括企业类型或者申报类型。（3.9 及以上，增值税一般纳税人、企业所得税不需要进行核定下载。）

2. 评分：对案例进行系统评分。选择所需要评分的案例，进行评分。

3. 申报作废：对已申报的数据进行作废。作废不会清除数据，但会清除所有申报和税款缴纳状态。

4. 封面打印：显示评分案例的企业纳税资料封面，有具体分数情况。还包括申报种类名称、税额、纳税人税号、纳税人名称、班级、姓名、学号。

微课：税收实训平台通用功能及常用功能操作介绍

第二章　增值税纳税申报

第一节　增值税发票的开具

一、增值税防伪开票实验准备

（一）硬件及耗材准备

增值税防伪开票系统与税务局和企业实际使用的增值税防伪税控发行子系统和增值税防伪税控开票子系统高度仿真，设有税控专用读卡器、税控专用IC卡、税控金税盘、空白增值税专用发票（实训版）。使用增值税防伪开票系统时，需准备的硬件及耗材如表2－1所示。

表2－1　增值税防伪开票系统所需硬件及耗材

序号	系列	名称	型号	单位	备注
1	硬件	认证专用扫描仪	影源E1000＋	台	增值税发票网上认证实验系统中扫描认证配合硬件
2		金税盘（可替代税控专用读卡器、税控专用IC卡）	JSP－4GB	台	配合增值税防伪税控开票系统开票硬件－开具电子发票
3		票据打印机	EPSON LQ735K	台	配合增值税防伪税控开票系统开票硬件－打印纸质发票
4	耗材	空白增值税专用发票（纸质发票、实训专用1联、实训专用3联、实训专用2联）	税友衡信	张	可以购买纸质和电子发票配合增值税防伪税控开票系统开具，不同类型发票皆可模拟打印
5		空白增值税专用（电子发票）	税友衡信	张	
6		空白增值税普通（电子发票）	税友衡信	张	

（二）增值税发票知识准备

1. 增值税税收分类编码

（1）税收分类编码的含义

商品和服务税收分类与编码是指在增值税发票升级版中，纳税人开具发票时票面上的商品应与税务总局核定的税收编码进行关联，按分类编码上注明的税率和征收率开具发票。分类编码也是税务机关统计、筛选、分析、比对数据的依据之一，最终目标是加强征收管理。

（2）税收分类编码的适用范围

自2016年5月1日起，税务总局在全国范围内推行了商品和服务税收分类编码。为了方便纳税人准确选择商品和服务税收分类编码，税务总局编写了商品和服务税收分类编码简称。

自2018年1月1日起，纳税人通过增值税发票管理新系统开具增值税发票（包括增值税专用发票、增值税普通发票、增值税电子普通发票）时，商品和服务税收分类编码对应的简称会自动显示并打印在发票票面"货物或应税劳务、服务名称"或"项目"栏次中。

（3）税收分类编码的作用

商品和服务税收分类与编码是指在增值税发票升级版中，纳税人开具发票时票面上的商品应与税务总局核定的税收编码进行关联，按分类编码上注明的税率和征收率开具发票。也能使税务机关统计、筛选、分析、比对数据等，最终目标是加强征收管理。

税局要知道一家公司卖了什么东西，买了什么东西，分别有多少，还剩多少，买的时候花了多少钱，又卖了多少钱……这就形成了税局的"电子底账系统"，抓取数据，处理数据，然后进行比对分析，完全智能化，随时可调取，方便查账。

（4）税收分类编码的表现形式

纳税人使用新系统选择相应的编码开具增值税发票，发票实时上传到税务总局，税局在服务器后台是能看到的，税务机关就能核实发票开具情况。具体税收分类编码结构如图2-1所示。

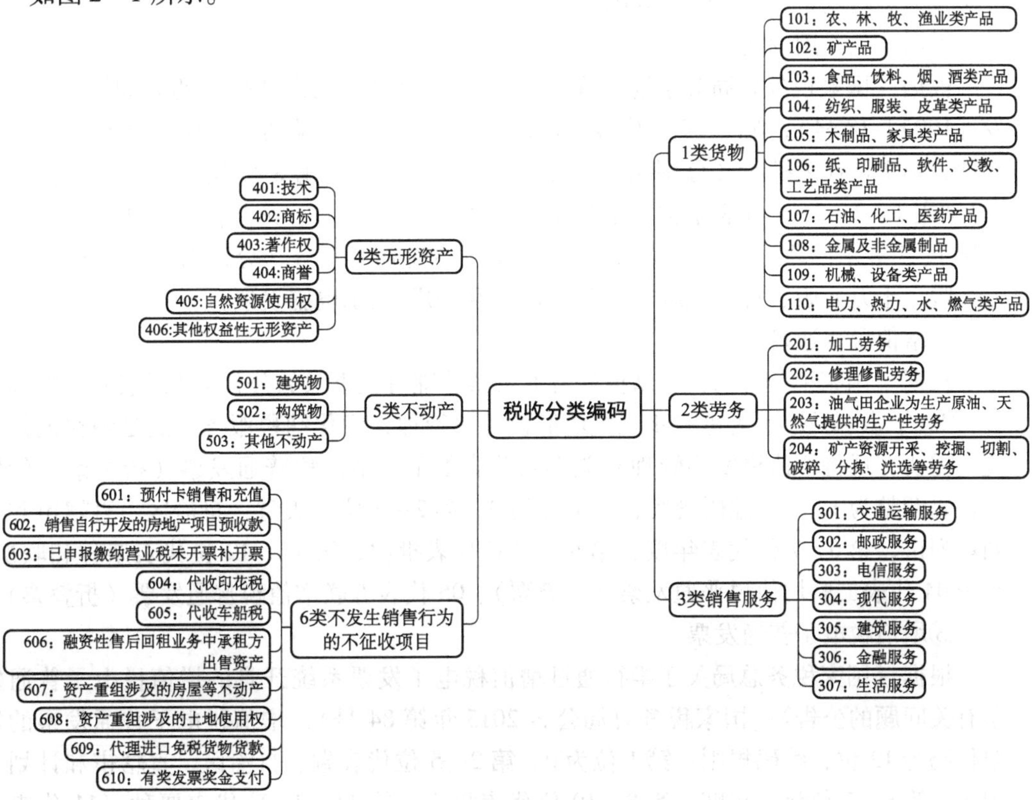

图2-1　税收分类编码结构

2. 票面信息

（1）发票代码

就像身份证号能区分人的籍贯出生日期一样，发票代码对发票起到区分标识作用，进而起到防伪造的作用。但身份证号可以唯一标识一个人，而发票代码并不能“唯一标识”一张发票，因为多张发票的发票代码可以是一样的。但是，发票代码下面有一个“发票号码”，对于发票代码一样的发票来说，要辨别真伪可靠发票号码。可以说：

“发票代码＋发票号码＝发票身份证”

发票代码和发票号码这两个“字段”加起来就能够唯一标识一张发票，如图2－2所示。

发票代码：041002200211
发票号码：24568489
开票日期：2022年11月14日
校 验 码：11106 18754 73602 26920

图2－2 发票代码及发票号码示例

发票代码和号码区分标识发票的方式也和身份证号标识人的方式一样，里面的数字是有意义的。其中，发票代码是一种分类码，发票号码是同一种发票代码下的顺序码。国家税务总局规定的发票编码规则如下：

①增值税专用发票

根据《国家税务总局关于统一编印1995年增值税专用发票代码的通知》（国税函发〔1995〕18号），第1—4位代表各地市（以上代码参见附件）；第5、6位代表制版年度；第7位代表批次（分别用1、2、3、4……表示）；第8位代表版本的语言文字（分别用1、2、3、4代表中文、中英文、藏汉文、维汉文）；第9位代表几联发票（分别用4、7表示四联、七联）；第10位代表发票的金额版本号（分别用1、2、3、4表示万元版、十万元版、百万元版、千万元版，用“0”表示电脑发票）。

②增值税普通发票

根据《国家税务总局关于增值税普通发票管理有关事项的公告》（国家税务总局公告2017年第44号），为进一步规范增值税发票管理，优化纳税服务，满足纳税人发票使用需要，现将增值税发票管理有关事项公告如下：增值税普通发票（折叠票）的发票代码调整为12位，编码规则：第1位为0，第2—5位代表省、自治区、直辖市和计划单列市，第6、7位代表年度，第8—10位代表批次，第11、12位代表票种和联次，其中04代表二联增值税普通发票（折叠票）、05代表五联增值税普通发票（折叠票）。

③增值税电子普通发票

根据《国家税务总局关于推行通过增值税电子发票系统开具的增值税电子普通发票有关问题的公告》（国家税务总局公告2015年第84号），增值税电子普通发票的发票代码为12位，编码规则：第1位为0，第2—5位代表省、自治区、直辖市和计划单列市，第6、7位代表年度，第8—10位代表批次，第11、12位代表票种（11代表增值税电子普通发票）。发票号码为8位，按年度、分批次编制。

④增值税电子专用发票

根据《国家税务总局关于在新办纳税人中实行增值税专用发票电子化有关事项的公告》（国家税务总局公告2020年第22号），电子专票的发票代码为12位，编码规则：第1位为0，第2—5位代表省、自治区、直辖市和计划单列市，第6、7位代表年度，第8、10位代表批次，第11、12位为13。发票号码为8位，按年度、分批次编制。

（2）票面二维码及密码区

票面二维码包含了票面的所有原始信息（即除了销售方和购买方的这些“后加”信息外）。如果发票的一些信息看不清，发票持有者能够通过扫描二维码得知；另外，读入发票信息到税控盘时也不用全部手动键入，可以通过扫描让其自动生成一部分信息，再把该填的补上即可。

和发票上的二维码一样，密码区也是发票主要信息（像发票代码、发票号码、开票日期、购方税号、销方税号、金额、税额等）加密形成的。主要用于识别发票真伪，该密文会在发票认证时被解密，还原出原本的信息，并与发票明文信息比对，若一致则为真票，若不一致则为假票。

3. 处罚规定及开票建议

（1）处罚规定

根据《中华人民共和国发票管理办法》第二十二条和《增值税专用发票使用规定》第十一条，纳税人不选择商品和服务税收分类与编码的，属于发票栏目填写不全。不符合规定的发票，不得作为财务报销凭证，任何单位和个人有权拒收。未按照规定的时限、顺序、栏目，全部联次一次性开具发票的，主管税务机关将依照《中华人民共和国发票管理办法》第三十五条第一款处理，由税务机关责令改正，可以处1万元以下罚款，并公开处罚情况。

（2）开票建议

纳税人选择税收分类编码时，首先，要选到最末一级编码，否则不会出现税率；其次，需要区分小规模纳税人和一般纳税人，选择税率时注意选择适用税率或征收率；最后，巧妙使用备注栏，应避免在开票内容里面出现不常见的名词或者表述模糊的应税服务。可在开票内容里填写常见名词以及准确清晰的业务描述，如果有其他说明的可以在备注栏注明，避免开票风险。

二、增值税防伪税控发票开票流程

学生端可访问增值税防伪税控开票系统针对案例进行开票，实验系统支持增值税专用发票、增值税普通发票、增值税电子发票填开，以及如何抄报税。发票类型包括正常、折扣、清单、差额、红字发票。

（一）功能介绍

1. 系统设置：主要涉及对客户编码（购买方信息）、商品编码（商品信息）进行录入与修改。

2. 发票管理：主要涉及与发票相关的具体功能，具体功能如下。

（1）发票读入：将金税盘中的电子发票读入开票系统软件中（金税盘中的电子发票与纸质发票票号必须一致）。

（2）发票退回：将发票从开票系统中退还给税务局。

（3）发票库存：查询企业当前剩余未开发票。

（4）发票填开：填开增值税专用发票、增值税普通发票、增值税电子发票（正常发票、清单发票、负数发票、折扣发票、差额发票）。

（5）发票查询：查询企业所有已使用发票（专用发票/普通发票、正常及作废）。

（6）发票作废：未抄报税的发票可以作废（已开发票作废）。

（7）负数发票：开具负数发票（红字发票）。

3. 报税处理：主要涉及上报汇总和远程清卡功能。每月 15 前日必须抄税，否则无法开票；报税期内必须报税，否则，系统自动锁死。（非征期抄税：抄税时间不受限制，但在下次抄税前必须报税。）

微课：税控开票系统功能操作介绍

（二）发票填开

填开增值税专用发票、增值税普通发票、增值税电子发票（正常发票、清单发票、负数发票、折扣发票、差额发票）。发票内容一般包括票头、字轨号码、联次及用途、客户名称、银行开户账号、商（产）品名称或经营项目、计量单位、数量、单价、金额，以及大小写金额、经手人、单位印章、开票日期等。实行增值税的单位所使用的增值税专用发票还应有税种、税率、税额等内容。

1. 正常发票填开

填开专用/普通发票时税额项由系统自动算得出，无法修改；商品信息只能从商品库中选择，不允许手动录入；发票填开完成后点击“打印”保存发票信息，一旦发票保存后则不允许修改，如发现错误只能通过作废功能作废发票后重新开具正确发票。

2. 折扣发票填开

当企业发生商业折扣（因购货方购货数量较大，为促进销售而给予价格优惠），需要填开折扣发票。填开折扣发票时需要增加折扣行；折扣行只能删除不能修改；商品行与它的折扣行之间不允许加入其他记录；每个商品行都可以加折扣，也可以对多行商品加统一折扣，但不能对合计金额加折扣。

3. 清单发票填开

在填开发票时，当客户所购商品的种类或项目较多，在一张发票上填写不下时（一般指商品行超过 8 行的情况），可利用系统提供的销货清单的功能开具。开具销货清单时，在销货清单上填写商品的明细数据，系统会自动算出清单中商品的合计金额和合计税额，并将其自动填入发票票面的行中，称为“清单行”。每张发票只带一个销货清单；票面只有清单行及折扣行，没有其他商品行；在清单中可以对单行商品加折扣，也可以对连续多行商品加折扣；总的折扣金额、税额将显示在发票票面上的折扣行内。

4. 红字发票填开

红字发票填开的适用情形为：（1）购买方认证相符后，发生销货退回、开票有误、应税服务终止等情形，但不符合发票作废条件，或者因销货部分退回及发生销售折让需要开具红字发票的；（2）购买方取得专用发票未用于申报抵扣，但发票联或抵扣联无法退回的；（3）销售方开具专用发票尚未交付购买方，以及购买方未用于申报抵扣并将发票联及抵扣联退回的。纳税人发生以上情形，可使用开票系统开具负数增值税专用发票（需要信息表）、负数增值税普通发票（直接开具）。

5. 电子发票填开

通过增值税电子发票填开入口填写相关信息。电子发票支持受票人自行填写购买方信息，并支持填写可接收发票的真实邮箱地址，实现该电子票会自动发送至接收邮箱。电子发票填开类型及步骤与前述发票填开步骤相同，本教材此处不再重复说明。

微课：税控开票系统发票填开微课操作介绍

三、全面数字化的电子发票

为贯彻落实中办、国办印发的《关于进一步深化税收征管改革的意见》要求，按照国家税务总局对发票电子化改革（金税四期）的部署，2021 年 12 月 1 日起，内蒙古自治区、上海市和广东省（不含深圳市，下同）三个地区开展推行全面数字化的电子发票（以下简称“数电发票”）试点工作。

所谓全面数字化的电子发票是与纸质发票具有同等法律效力的全新发票。不以纸质形式存在、不用介质支撑，无须申请领用、发票验旧及申请增版增量。纸质发票的票面信息全面数字化，将多个票种集成归并为电子发票单一票种，并且数电发票实行全国统一赋码、自动流转交付。

数电发票推行后，系统运行平稳，因具有无须领用、开具便捷、信息集成、节约成本等优点，受到越来越多纳税人的欢迎。截至 2023 年 7 月，全国已有 24 个省（区、市）成为数电发票的开票试点，36 个省（区、市）成为数电发票的受票试点。发票全面电子化是《关于进一步深化税收征管改革的意见》的关键目标，也是税务机关智慧税务征管体系建设的核心支柱。

（一）数电发票与纸电发票的区别

1. 发票类型不同

数电发票，是全面数字化的电子发票的简称，是与纸质发票具有同等法律效力的全新发票，不以纸质形式存在、不用介质支撑，无须申请领用、发票验旧及申请增版增量。纸质发票的票面信息全面数字化，将多个票种集成归并为电子发票单一票种，全国统一赋码、开具金额总额度管理、自动流转交付。

电子发票，即“纸电发票”，主要包括增值税电子专用发票（以下简称“电子专票”）和增值税电子普通发票（以下简称“电子普票”）。电子专票由各省税务局监制，采用电子签名代替发票专用章，属于增值税专用发票，其法律效力、基本用途、基本使用规定等与增值税纸质专用发票（以下简称“纸质专票”）相同。电子普票的开票方和受票方需要纸质发票的，可以自行打印增值税电子普通发票的版式文件，其法律效力、基本用途、基本使用规定等与税务机关监制的增值税普通发票相同。

2. 管理方式不同

对于数电发票，纳税人开业后，无须使用税控专用设备，无须办理发票票种核定，无须领用数电发票，系统自动赋予开具额度，并根据纳税人行为动态调整发票额度，实现开业即可开票。

对于通过增值税发票管理系统开具的电子发票（即“纸电发票”），纳税人开业后，需先申领专用税控设备并进行票种核定，发票数量和票面限额管理同纸质发票一样，纳税人需要依申请对发票增版增量，是纸质发票管理模式下的电子化。

3. 交付手段不同

数电发票开具后，发票数据文件自动发送至开票方和受票方的税务数字账户，便利交付入账，减少人工收发。同时，依托税务数字账户，纳税人可对全量发票数据进行自动归集，发票数据使用更高效便捷。

而电子发票（即“纸电发票”）开具后，需要通过发票版式文件进行交付。即开票方将发票版式文件通过邮件、短信等方式交付给受票方；受票方人工下载后，仍需对发票的版式文件进行归集、整理、入账等操作。

4. 发票生态不同

数电发票推行后，发票管理将依托大数据管理体系，从“控票”向“控事”转变，平台功能从单一向开放生态体系转变，数电发票的开具、交付、查验等应用实现深度融合，纳税人可享受“一站式”服务。税务总局将制定发布相关标准，并向社会公众公开，不同行业、不同规模企业可免费对接税务部门信息系统，纳税人不再需要租用第三方平台。

而对于电子发票（即“纸电发票”），税务部门的管理手段主要是通过专用税控设备实现“控票”，发票平台功能较为单一，且发票开具、交付、查验等平台互相独立。

5. 发票样式不同

数电发票样式与现有发票样式区别在于：一是数电发票票样将原有“发票代码+发票号码”变为20位发票号码，取消了校验码、收款人、复核人、销售方（章），取消了发票密码区。二是数电发票特定业务会影响发票展示内容，不同的特定业务展示的发票票面内容不同。三是数电发票将原备注栏中手工填列、无法采集的内容，设置为固定可采集、可使用的数据项，并展示于票面上。

6. 开具份数、限额不同

通过电子发票服务平台开具数电发票，在开具金额总额度内，没有发票开具份数和单张开票限额限制。

通过增值税发票管理系统开具电子发票（即“纸电发票”），最高开票限额和每月最高领用数量仍按照现行有关规定执行。

7. 开具发票流程不同

试点纳税人登录电子发票服务平台后，通过开票模块，选择不同的发票类型，录入开具内容，电子发票服务平台校验通过后，自动赋予发票号码并按不同业务类型生成相应的数电发票。

开具电子发票（即“纸电发票”），仍然需要使用增值税发票管理系统进行开具。

8. 票种核定、领用方式不同

数电发票无须进行发票票种核定和发票领用，通过电子发票服务平台开具数电发票，无须进行发票验旧操作。数电发票实现“去介质”，纳税人不再需要预先领取专用税控设备；通过“赋码制”取消特定发票号段申领，发票信息生成后，系统自动分配唯一的发票号码；通过“授信制”自动为纳税人赋予开具金额总额度，实现开票“零前置”。

电子发票（即“纸电发票”）的票种核定、数量变更、领用验旧、缴销退回以及最高开票限额申请、变更等业务，均按照现有办税途径和业务流程办理。

9. 发票号码、代码及编码规则不同

数电发票的发票号码为20位，其中：第1、2位代表公历年度后两位，第3、4位代表各省、自治区、直辖市和计划单列市行政区划代码，第5位代表数电发票开具渠道等信息，第6—20位代表顺序编码等信息。数电发票没有发票代码。

电子专票的发票代码为12位，编码规则：第1位为0，第2—5位代表省、自治区、直辖市和计划单列市，第6、7位代表年度，第8—10位代表批次，第11、12位为13。发票号码为8位，按年度、分批次编制。

电子普票的发票代码为12位，编码规则：第1位为0，第2—5位代表省、自治区、直辖市和计划单列市，第6、7位代表年度，第8—10位代表批次，第11、12位代表票种（11代表电子普票）。发票号码为8位，按年度、分批次编制。

10. 开具红字发票流程不同

纳税人取得开票方通过电子发票服务平台开具的发票，发生开票有误、销货退回、服务中止、销售折让等情形，需开票方通过电子发票服务平台开具红字数电发票或红字纸质发票，按以下规定执行：

受票方未做用途确认及入账确认的，开票方填开《红字发票信息确认单》（以下简称“确认单”）后全额开具红字数电发票或红字纸质发票，无须受票方确认。

受票方已进行用途确认或入账确认的，由开票方或受票方填开确认单，经对方确认后，开票方依据确认单开具红字发票。受票方已将发票用于增值税申报抵扣的，应暂依确认单所列增值税税额从当期进项税额中转出，待取得开票方开具的红字发票后，与确认单一并作为记账凭证。

发起冲红流程后，开票方或受票方需在72小时内进行确认，未在规定时间内确认的，该流程自动作废，需开具红字发票的，应重新发起流程。

冲红原因由纳税人根据业务实际确定。需要注意的是，如原蓝字发票商品服务编码仅为货物或劳务时，红冲原因不允许选择“服务中止”；商品服务编码仅为服务时，红冲原因不允许选择“销货退回”。

纳税人开具电子发票（即“纸电发票”）后，发生销货退回、开票有误、应税服务中止、销售折让等情形，需要开具红字电子发票的，仍然按照现行规定填开《开具红字增值税专用发票信息表》（以下简称“信息表”，信息表校验通过后，仍需通过增值税发票管理系统开具红字发票。

（二）数电发票的优点

1. 领票流程更简化

开业开票“无缝衔接”。数电票实现“去介质”，纳税人不再需要预先领取专用税控设备；通过“赋码制”取消特定发票号段申领，发票信息生成后，系统自动分配唯一的发票号码；通过“授信制”自动为纳税人赋予开具金额总额度，实现开票“零前置”。基于此，新办纳税人可实现“开业即可开票”。

2. 开票用票更便捷

一是发票服务“一站式”更便捷。纳税人登录电子发票服务平台后，可进行发票开具、交付、查验以及用途勾选等系列操作，享受“一站式”服务，不再像以前需登录多个平台才能完成相关操作。

二是发票数据应用更广泛。通过“一户式”“一人式”发票数据归集，加强各税费数据联动，为实现“一表集成”式税费申报预填服务奠定数据基础。

三是发票使用满足个性业务需求。数电票破除特定版式要求，增加了 XML 的数据电文格式便利交付，同时保留 PDF、OFD 等格式，降低发票使用成本，提升纳税人用票的便利度和获得感。数电票样式根据不同业务进行差异化展示，为纳税人提供更优质的个性化服务。

四是纳税服务渠道更畅通。电子发票服务平台提供征纳互动相关功能，如增加智能咨询，纳税人在开票、受票等过程中，平台自动接收纳税人业务处理过程中存在的问题并进行智能答疑；增设异议提交功能，纳税人对开具金额总额度有异议时，可以通过平台向税务机关提出。

3. 入账归档一体化

通过制发电子发票数据规范、出台电子发票国家标准，实现数电票全流程数字化流转，进一步推进企业和行政事业单位会计核算、财务管理信息化。

4. 发票样式简洁化

如图 2－3 所示，为了符合纳税人开具发票的习惯，数电发票的基本内容在现行增值税发票基础上进行了优化，主要包括：发票号码、开票日期、购买方信息、销售方信息、项目名称、规格型号、单位、数量、单价、金额、税率/征收率、税额、合计、价税合计（大写、小写）、备注、开票人等。联次全部简化，全票无联次；取消了发票代码，用 20 位发票号码代替原有的发票代码＋发票号码的识别方式；取消了校验码、密码区、收款人、复核人以及销售方签章，用动态二维码实现查询发票的状态，如打印次数、红冲信息、退税信息等。

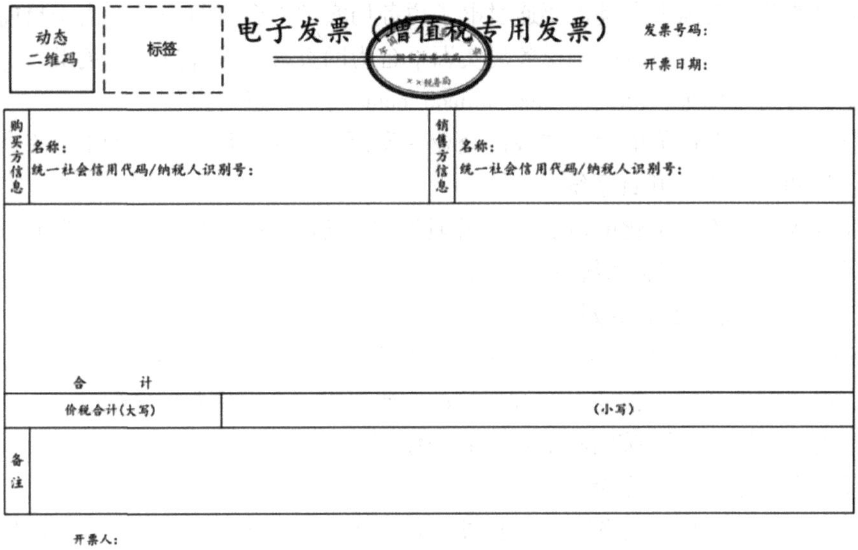

图2－3　数电票样式

5. 特定业务票面信息标签化

为了满足从事特定行业、经营特殊商品服务及特定应用场景业务（以下简称“特定业务”）的纳税人开具发票的个性化需求，税务机关根据现行发票开具的有关规定和特定业务的开票场景，在数电发票中设计了相应的特定内容。特定业务包括但不限于稀土、卷烟、建筑服务、旅客运输服务、货物运输服务、不动产销售、不动产经营租赁、农产品收购、光伏收购、代收车船税、自产农产品销售、差额征税等。试点纳税人在开具数电发票时，可以按照实际业务开展情况，选择特定业务，将按规定应填写在发票备注等栏次的信息，填写在特定内容栏次，进一步规范发票票面内容，便于纳税人使用。特定业务的数电发票票面按照特定内容展示相应信息，同时票面左上角展示该业务类型的字样。

6. 发票交付电子化

数电发票实现发票自动交付，纳税人可以通过电子发票服务平台税务数字账户自动交付数电票，实现“开具即交付”。也可通过电子邮件、二维码等方式自行交付数电票。并且各类发票数据可进行自动归集。

（三）数电发票的开票流程

数电发票的开具依托全面数字化的电子发票（数电票）的教学实验系统（以下简称“数电票开具实验系统”），该系统是高度模拟国家税务局的“全面数字化的电子发票”开发的教学实验系统，其高度模拟可信身份认证体系和新型电子发票服务平台为依托，以标签化、要素化、去版式、授信制、赋码制为特征，实现全领域、全环节、全要素电子化为运行模式的新型电子发票开具。全面数字化的电子开具实验系统由案例选择、蓝/红字发票开具、成绩查询三部分组成。

1. 系统登录

数电票开具实训平台是需要通过电子税务局实训平台进行登录。由于目前实训平台客户端暂未更新，可通过电子税务局实训平台为网页端登录并进行相关操作。网页端通过浏览器访问（网址：http：//tax. caidao8. com/login）进行操作。

登录成功后选择菜单栏的“我的企业 - 发票业务 - 全面数字化的电子发票开具”。

（1）进入数电票开具系统

在进入“全面数字化的电子发票开具”菜单后，选择系统中提前发布的案例点击“实训”按钮，进入实验系统选择页面。

（2）系统选择及清除数据

选择案例后，在系统选择页面通过点击“进入系统”，跳转至数电票开具的实训页面。

点击“案例详情”按钮可查询案例的实验要求、企业资料等资料。

点击“清除数据”按钮将清除已有的作答记录。

（3）数电票的发票登录

进入数电票开具实验系统中，通过选择右上角的头像，点击“登录案例”完成电子税务局实验系统的登录。登录成功后，在“我要办税”中点击“开票业务”进入开票业务页面。

（4）开票信息维护

开票信息维护分为“项目信息维护”“客户信息维护”“附加信息维护”，通过点击左侧菜单或右侧的“开票信息维护”进入开票信息维护页面。

信息维护可通过手动添加或批量导入方式进行信息的编辑、修改及删除操作。

2. 发票开具

（1）蓝字发票开具

在“开票业务”选择蓝字发票开具，进入开具页面。

点击“立即开票”按钮，根据案例内容选择对应的发票种类（即：增值税专用发票和普通发票），点击确认进入开票页面。

进入发票开具页面后，在购买方信息中通过输入或选择已维护的客户信息数据完成录入，同时完成销售方信息的核对及录入。

录入完成购/销方信息，在开票信息中通过点击“添加”按钮添加条数，同时在填写数据前确认发票的含税或不含税，并在项目名称中通过输入或选择的方式录入项目信息维护中数据，并根据案例要求录入开票信息，金额及税额将由系统自动计算。

录入开票信息后，根据案例情况确认是否编写备注信息，若需编写则在备注信息内进行维护，最终确认经办人信息内容。

信息填写完毕点击“发票开具”按钮，完成票据蓝字发票开具。

开票完成后，通过点击“继续开票”按钮跳转至蓝字发票开具页面；点击“查看发票”按钮跳转至查看页面，点击“退出开具”返回开票业务页面。

（2）折扣发票开具

折扣发票的开票信息维护步骤同一般蓝字发票，区别在于折扣发票的开票信息录入完成后，需添加折扣项目。

选择“添加折扣”按钮后，选择折扣方式、折扣录入方式，最终输入折扣金额保存完成折扣发票的开具。

如需添加备注信息，步骤同一般蓝字发票开具流程，此处不再详述。

（3）清单发票开具

清单发票的开票信息维护步骤同一般蓝字发票，区别在于清单发票的开票信息录入完成后，需导入项目明细。

录入完成购/销方信息，通过点击“明细导入”按钮，点击下载《发票开具－项目信息批量导入模板》，填写完成后通过上传的方式完成清单发票的开票信息导入，也同通过添加的方式录入多条项目信息也可完成清单发票的开具。

如需添加备注信息，步骤同一般蓝字发票开具流程，此处不再详述。

（4）差额发票开具

开具差额发票需在发票类型选择处选择“差额”。发票种类选择后的开票信息维护步骤同一般蓝字发票。

录入完成购/销方信息，在开票信息中通过点击“添加”按钮添加条数，同时在填写数据前确认发票的含税或不含税，并在项目名称中通过输入或选择的方式录入项目信息维护中数据，在项目名称及税率数据填写完成后，自动弹出差额信息录入页面，在其中输入含税销售额、录入方式（仅可选择手工录入）、凭证类型、凭证合计金额、本次扣除金额、备注信息保存完成开票信息录入。

如需添加备注信息，步骤同一般蓝字发票开具流程，此处不再详述。

（5）红字发票开具

通过开票业务页面点击“红字发票开具”按钮，进入红字发票开具页面。

在红字发票开具页面，销售方的红字发票开具需通过点击“冲红蓝字发票”按钮，进入新增红字发票信息确认单页面。

在新增红字发票信息确认单页面选择所需的蓝字发票，点击“选择”按钮。

在信息确认页面中，开具红字发票原因选择开票有误，选择完成后点击“提交”。

红字发票信息确认单需由购买方通过后（购买方审核通过由系统自动操作），销售方才可继续开具红字发票。销售方在红字发票信息确认单中“我发出的”点击“去开票”或“未开具”进入红字发票开具页面；也可点击“撤销”重新选择蓝字发票进行申请。

在项目明细中核对红字发票信息无误后，点击“开具发票”完成红字发票开具，并在提交成功页面通过查看、关闭进行后续操作。

拓展：数电发票学生端开票操作指南

第二节 增值税一般纳税人申报

一、实验流程介绍

学生通过增值税一般纳税人网上申报实验模块，按照发票采集→申报表的填写与编辑→申报表发送→申报结果查询→网上缴税进行实验操作，可以学习掌握关于增值税一般纳税人申报的流程。

（一）发票采集

1. 发票采集 – 进项采集 – 准予抵扣凭证

企业因购进取得增值税专用发票、税控机动车发票、海关进口增值税专用缴款书、农产品收购发票/农产品销售发票、中华人民共和国通用税收缴款书，需要进行进项采集。

以增值税专用发票为例，选择进项发票类别后，点击录入，进入采集界面。采集时，需要填写开票时间、发票代码、发票号码、货物名称、金额、税率（税率可选择13%、9%……）、税额（根据金额和税率自动计算），填写后保存即可。

2. 发票采集 – 销项采集

企业发生业务开具增值税专用发票、增值税普通发票、税控机动车发票及无票视同销售业务，需要进行销项采集。

以增值税专用发票为例，选择销项发票类别后，点击录入，进入采集界面。采集时，需要填写开票时间、发票代码、发票号码、货物名称、金额、税率（税率可选择13%、9%……）、税额（根据金额和税率自动计算）。必要信息填写后，销项发票录入时还需要根据业务情况自行选择“征税项目”内容，选择完成后保存即可。

3. 发票采集 – 进项税额转出

企业购进的货物发生非常损失，以及将购进货物改变用途用于非增值税应税项目，其抵扣的进项税额不予以抵扣。需要进行进项税金额的转出。

点击进项税额转出，根据转出类型（免税项目用、集体福利等）填写进项税额转出数额，进项税额转出额的录入与其他各类发票信息的录入有所不同，仅提供了录入功能，没有提供“增加”“修改”“删除”等功能。可直接在页面上录入或修改数据，完成后点击“保存”即可。

（二）申报表填写

根据《国家税务总局关于增值税 消费税与附加税费申报表整合有关事项的公告》（国家税务总局公告〔2021〕20号），自2021年8月1日起，增值税、消费税分别与城市维护建设税、教育费附加、地方教育附加申报表整合，启用《增值税及附加税费申报表（一般纳税人适用）》《增值税及附加税费申报表（小规模纳税人适用）》《增值税及附加税费预缴表》及其附列资料和《消费税及附加税费申报表》。

目前，《增值税及附加税费申报表（一般纳税人适用）》包含主表、附表、辅助表等共12张表，其中1张主表、6张附表及5张辅助表（涉及代扣代缴、成品油销售、加油站等业务可填写）。在申报顺序上本着先附表后主表的原则进行填写，先填写附表一、二、三、四，再填写主表，主表填写完成后填写附表五，保存后需再回主表确认附加税费，确认无误后再次保存；附表五从主表取数据，所以需要先填写主表再填写附表五；主表是增值税和附加税的合计，所以附表五填写完成之后需要再到主表核查保存一次，主表从附表五中取附加税的数据。具体填写顺序如图2－4所示。

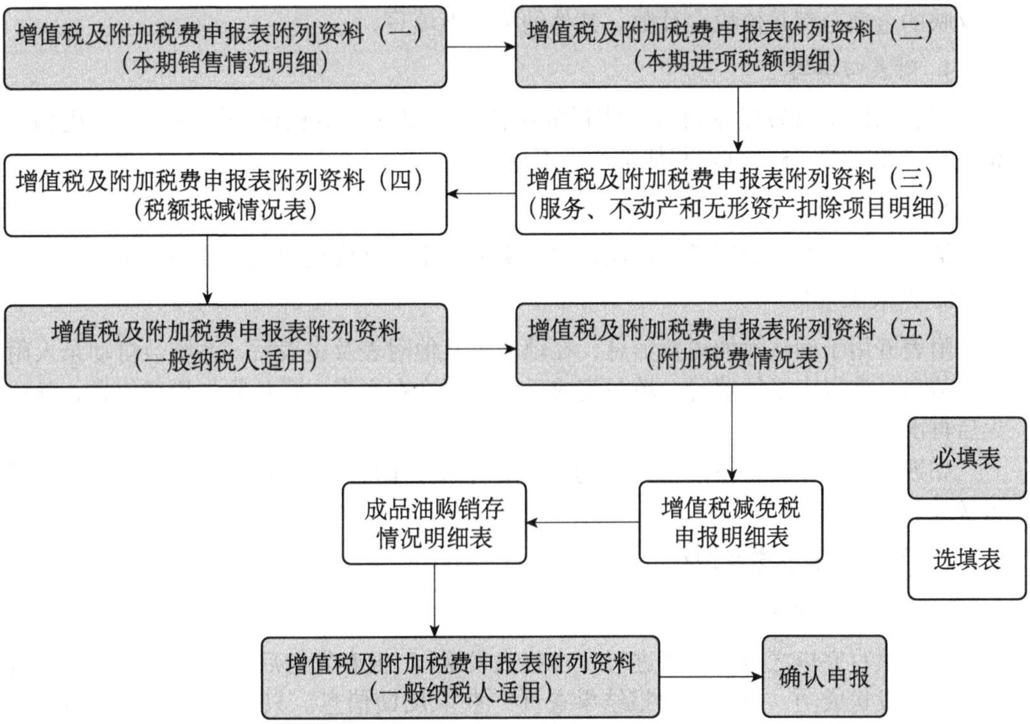

图2－4　增值税一般纳税人申报表填表顺序

实验系统中增值税一般纳税人的申报是较为复杂的申报，申报数据部分依托发票信息采集，通过发票会自动生成附表数据。但是对于不完整的报表，仍需手工继续填写，加以完善。所以在编制报表前，必须确保发票信息的正确性和完整性。具体申报步骤如下。

点击“申报表填写及编辑”菜单项，打开申报表填写首页。根据当前纳税人核定信息，以及当前税款所属期，显示该纳税人需要办理的申报种类以及当前时间点的申报表填写状态。

点击立即填写，打开该申报种类对应需要填写的报表列表，然后选择对应要填写的报表进行填写。

1. 附表一填写

附表一主要采集纳税人的销售情况，大部分数据由销项采集自动生成，如自动采集信息有误也可自行手动修改。附表一中第 12—14 列需由涉及差额扣除项目的纳税人手动填写。

2. 附表二填写

附表二主要采集纳税人的进项税额明细，大部分数据由进项采集自动生成，如自动采集信息有误也可自行手动修改。附表二中第 13—23 行进项转出原因需由涉及进项税额转出的纳税人手动填写转出类型。

3. 附表三填写

附表三由服务、不动产和无形资产有扣除项目的营业税改征增值税纳税人填写，本表反映的金额全都是价税合计数。其他纳税人不填写。

4. 附表四填写

附表四用于填写存在预缴增值税的纳税人填报（增值税税控设备、分支机构、出租不动产预征缴纳税款）。其他纳税人不填写。

5. 主表填写

纳税人无论有无销售额，均应按税务机关核定的纳税期限填写主表并申报。

6. 附表五填写

附表五用于确认附加税费信息，在填写完其他附表及主表后，系统会自动录入附加税费信息，该报表必须填写。填写完成后，需再次在主表中确认附加税费信息，确认无误后再次保存。

如涉及其他项目，还需报送增值税纳税申报辅助报表。报表填写完成后即可进行报送。

（三）申报表发送及缴税

1. 申报表的发送

报表填写完毕之后，需要进行“申报表发送”。报表发送后系统会提示是否发送成功，如已发送成功，点击“申报结果查询”获取反馈信息。只有申报结果查询页面显示该税种申报状态为“申报成功”才可证明申报已成功。反馈信息可通过“申报结果查询”功能查看。

2. 申报结果查询

纳税人可通过“申报结果查询”功能查询当前税款所属期的申报反馈信息，主要查看申报处理结果信息，如申报成功。

3. 网上缴税

报表发送成功后，有税款的需要进行税款的缴纳，点击“网上缴税”进行交税。

4. 成绩查询

查询成绩。案例做完评分后，可以通过成绩查询查看每个案例的得分，以及具体的案例详情。

5. 申报作废

若评分后发现申报数据有误，可采用“申报作废”，将申报表置回成未申报状态，进行发票、报表数据的修改。点击“申报作废”按钮，出现需作废报表的选项卡，选中要作废的报表，点击“作废”，将申报表置回成未申报状态。

微课：增值税一般纳税人申报操作介绍

二、实验准备

增值税是以商品（含应税劳务）在流转过程中产生的增值额作为计税依据而征收的一种流转税。从计税原理上说，增值税是对商品生产、流通、劳务服务中多个环节的新增价值或商品的附加值征收的一种流转税。实行价外税，也就是由消费者负担，有增值才征税，没增值不征税。

基于增值税的特点，同学们在进行一般纳税人申报过程中有一些易错知识点，罗列如下。

（一）增值税视同销售行为

增值税上的视同销售，本质为增值税“抵扣进项并产生销项”的链条终止，比如将自产货物用于非增值税项目，用于个人消费或者职工福利等等，会计上没有做销售处理，但在增值税上强调货物的流转。具体的视同销售情形列举如下：

1. 将货物交付其他单位或者个人代销。
2. 销售代销货物。
3. 设有两个以上机构并实行统一核算的纳税人，将货物从一个机构移送其他机构用于销售，但相关机构设在同一县（市）的除外。
4. 将自产或者委托加工的货物用于非增值税应税项目。
5. 将自产、委托加工的货物用于集体福利或者个人消费。
6. 将自产、委托加工或者购进的货物作为投资，提供给其他单位或者个体工商户。
7. 将自产、委托加工或者购进的货物分配给股东或者投资者。
8. 将自产、委托加工或者购进的货物无偿赠送其他单位或者个人。
9. 单位或者个体工商户向其他单位或者个人无偿提供服务，但用于公益事业或者以社会公众为对象的除外。
10. 单位或者个人向其他单位或者个人无偿转让无形资产或者不动产，但用于公益事业或者以社会公众为对象的除外。
11. 财政部和国家税务总局规定的其他情形。

（二）增值税的税率

一般纳税人的一般应税行为适用基本税率、低税率或零税率，特殊需简易计税行为适用相应的征收率。一般纳税人适用的税率和征收率如表2－2所示。特殊情形下所适用的税率和征收率如表2－3所示。

表 2－2　　一般纳税人适用税率及征收率

<table>
<tr><th>按纳税人划分</th><th colspan="2">税率</th><th>适用范围</th></tr>
<tr><td rowspan="7">一般纳税人</td><td>基本税率</td><td>13%</td><td>销售或进口货物；
提供应税劳务；
销售有形动产租赁服务。</td></tr>
<tr><td rowspan="2">低税率</td><td>9%</td><td>销售交通运输、邮政、基础电信、建筑、不动产租赁服务；销售不动产；转让土地使用权；
销售或进口税法列举的货物。</td></tr>
<tr><td>6%</td><td>除另有规定外，销售服务、无形资产、增值电信服务。</td></tr>
<tr><td colspan="2">零税率</td><td>除国务院另有规定外，出口货物、劳务；境内单位和个人发生的跨境应税行为。</td></tr>
<tr><td rowspan="2">征收率</td><td>5%</td><td>选择简易计税方法计税的不动产销售、不动产经营租赁；
提供劳务派遣服务选择差额纳税的；
2016 年 4 月 30 日前签订的不动产融资租赁合同，选择适用简易计算方法的；
以 2016 年 4 月 30 日前取得的不动产提供的融资租赁服务，选择适用简易计算方法的；
收取试点前开工的一级公路、二级公路、桥、闸通行费，选择适用简易计税方法的；
一般纳税人提供人力资源外包服务，选择简易计税方法的。</td></tr>
<tr><td>3%</td><td>部分征税行为，适用 3% 征收率（此处不详细列示）。</td></tr>
</table>

表 2－3　　特殊情形下所适用的税率和征收率

<table>
<tr><th>情形</th><th colspan="2">一般纳税人</th></tr>
<tr><td rowspan="2">销售自己使用过的固定资产（有形动产）</td><td>按规定允许抵扣进项税额的固定资产（有形动产）再转让</td><td>销项税额 = 含税销售额 ÷ （1 + 13%） × 13%
注：低税率范围的税率为 9%</td></tr>
<tr><td>按规定不得抵扣且未抵扣过进项税额的固定资产（有形动产）再转让</td><td>应纳税额 = 含税销售额 ÷ （1 + 3%） × 2%</td></tr>
<tr><td>销售自己使用过的其他物品</td><td colspan="2">销项税额 = 含税销售额 ÷ （1 + 13%） × 13%
注：低税率范围的税率为 9%</td></tr>
</table>

（三）销项税额的确定

当期销项税额是指当期销售货物或提供应税劳务的纳税人，依其销售额和法定税率计算并向购买方收取的增值税。其计算公式为

当期销项税额 = 不含税销售额 × 税率

或

当期销项税额 = 组成计税价格 × 税率

当期销售额的确定是计算应纳税额的关键。对此，税法的具体规定如下。

1. 销售额为纳税人销售货物或者应税劳务向购买方收取的全部价款和价外费用。

价外费用包括价外向购买方收取的手续费、补贴、基金、集资费、返还利润、奖励费、违约金、滞纳金、延期付款利息、赔偿金、代收款项、代垫款项、包装费、包装物租金、储备费、优质费、运输装卸费及其他各种性质的价外收费。

2. 如果销售收入中包含销项税额，则应将含税销售额换算成不含税销售额。属于含税销售额的有普通发票的价款、零售价格、价外收入（价外费用）。

不含税销售额的计算公式为

不含税销售额 = 含税销售额 ÷（1 + 增值税税率）

3. 纳税人为销售货物而出租、出借包装物收取的押金，单独记账核算的，且时间在 1 年以内又未过期的，不并入销售额。税法另有规定的除外。

4. 以折扣方式销售货物。纳税人以折扣方式销售货物的税务处理如表 2 – 4 所示。

表 2 – 4　　以折扣方式销售货物的税务处理

销售方式	税务处理	要点
折扣销售（商业折扣）	可以从销售额中扣减	销售额和折扣额在同一张发票上分别注明的，可按冲减折扣额后的销售额征收增值税；将折扣额另开发票的，不论财务会计上如何处理，在征收增值税时，折扣额不得冲减销售额。
销售折扣（现金折扣）	折扣额不得从销售额中减除	发生在销货之后，属于一种融资行为。
销售折让	折让额可以从销售额中减除（需开具红字专用发票）	发生在销货之后，作为已售产品出现品种、质量问题而给予购买方的补偿，是原销售额的减少。

5. 纳税人采取以旧换新方式销售货物的，应按新货物的同期销售价格确定销售额。

以旧换新销售是指纳税人在销售过程中折价收回同类旧货物，并以折价款部分冲减货物价款的一种销售方式。

【提示】税法规定，对金银首饰的以旧换新业务，可以按照销售方实际收取的不含增值税的全部价款征收增值税。

6. 采取以物易物方式销售货物。以物易物是指购销双方不是以货币结算，而是以同等价款的货物相互结算，实现货物购销的一种方式。

以物易物双方都应作购销处理，以各自发出的货物核算销售额并计算销项税额，以各自收到的货物按规定核算购货款并计算进项税额。

7. 油气田企业跨省、自治区、直辖市提供生产性劳务的，应当在劳务发生地按 3% 预征率计算缴纳增值税。在劳务发生地预缴的税款可从其应纳增值税中抵减。

8. 不计入增值税销售额的情形

（1）受托加工应征消费税的消费品所代收代缴的消费税；

（2）同时符合以下条件的代垫运输费用：一是承运部门的运输费用发票开具给购买方的；二是纳税人将该项发票转交给购买方的。

（3）同时符合以下条件代为收取的政府性基金或者行政事业性收费：一是由国务院或者财政部批准设立的政府性基金，由国务院或者省级人民政府及其财政、价格主管部门批准设立的行政事业性收费；二是收取时开具省级以上财政部门印制的财政票据；三是所收款项全额上缴财政。

（4）销售货物的同时代办保险等而向购买方收取的保险费，以及向购买方收取的代购买方缴纳的车辆购置税、车辆牌照费。

（四）进项税额的确定

1. 可以从销项税额中抵扣进项税额的形式

可以从销项税额中抵扣进项税额的形式有以下两种。

（1）以票抵扣。以票抵扣即可以抵扣取得的增值税专用发票、海关进口增值税专用缴款书、扣缴税款完税凭证以及收费公路通行费增值税电子普通发票上注明的增值税额。

（2）计算抵扣。计算抵扣即没有取得法定扣税凭证，但符合税法抵扣政策，准予计算抵扣的进项税额，如购进农产品取得的农产品销售发票、农产品收购发票、收费公路通行费票、国内旅客运输服务发票。

自 2023 年 1 月 1 日至 2023 年 12 月 31 日，增值税加计抵减政策按照以下规定执行：1. 允许生产性服务业纳税人按照当期可抵扣进项税额加计 5% 抵减应纳税额。2. 允许生活性服务业纳税人按照当期可抵扣进项税额加计 10% 抵减应纳税额。

生产性服务业纳税人，是指提供邮政服务、电信服务、现代服务、生活服务取得的销售额占全部销售额的比重超过 50% 的纳税人。生活性服务业纳税人，是指提供生活服务取得的销售额占全部销售额的比重超过 50% 的纳税人。邮政服务、电信服务、现代服务、生活服务的具体范围按照《销售服务、无形资产、不动产注释》（财税〔2016〕36 号印发）执行。

2. 不得从销项税额中抵扣进项税额的项目

下列项目的进项税额不得从销项税额中抵扣。

（1）用于简易计税方法计税项目、免征增值税项目、集体福利或者个人消费的购进货物、加工修理修配劳务、服务、无形资产和不动产。其中涉及的固定资产、无形资产、不动产，仅指专用于上述项目的固定资产、无形资产（不包括其他权益性无形资产）、不动产。纳税人的交际应酬消费属于个人消费。

（2）非正常损失的购进货物，以及相关的加工修理修配劳务和交通运输服务。

（3）非正常损失的在产品、产成品所耗用的购进货物（不包括固定资产）、劳务和交通运输服务。

（4）非正常损失的不动产，以及该不动产所耗用的购进货物、设计服务和建筑服务。

（5）非正常损失的不动产在建工程所耗用的购进货物、设计服务和建筑服务。纳税人新建、改建、扩建、修缮、装饰不动产，均属于不动产在建工程。

（6）购进的贷款服务、餐饮服务、居民日常服务和娱乐服务。

（7）财政部和国家税务总局规定的其他情形。

（8）纳税人从批发、零售环节购进适用免征增值税政策的蔬菜、部分鲜活肉蛋而取得的增值税普通发票，不得作为计算抵扣进项税额的凭证。

（9）纳税人取得的增值税扣税凭证不符合法律、行政法规或者国家税务总局有关规定的，其进项税额不得从销项税额中抵扣。纳税人凭完税凭证抵扣进项税额的，应当具备书面合同、付款证明和境外单位的对账单或者发票。资料不全的，其进项税额不得从销项税额中抵扣。

3. 不得抵扣进项税额的计算

（1）适用一般计税方法的纳税人，兼营简易计税方法计税项目、免征增值税项目且无法划分不得抵扣的进项税额，按照下列公式计算不得抵扣的进项税额。

不得抵扣的进项税额 = 当期无法划分的全部进项税额 ×（当期简易计税方法计税项目销售额 + 免征增值税项目销售额）÷ 当期全部销售额

（2）已抵扣进项税额的不动产，发生非正常损失，或者改变用途，专用于简易计税方法计税项目、免征增值税项目、集体福利或者个人消费的，按照下列公式计算不得抵扣的进项税额，并从当期进项税额中扣减。

不得抵扣的进项税额 = 已抵扣进项税额 × 不动产净值率

不动产净值率 =（不动产净值 ÷ 不动产原值）×100%

进项税额不得抵扣项目归纳解析如表 2－5 所示。

表 2－5　进项税额不得抵扣项目归纳解析

不得抵扣项目	解析
用于非增值税应税项目、免征增值税项目、集体福利或者个人消费的购进货物或者应税劳务。其中，个人消费包括纳税人的交际应酬消费。	增值税一般纳税人兼营免税项目或者非增值税应税劳务而无法划分不得抵扣的进项税额的，按下列公式计算：不得抵扣的进项税额 = 当月无法划分的全部进项税额 × 当月免税项目销售额、非增值税应税劳务营业额合计 ÷ 当月全部销售额、营业额合计。
非正常损失的购进货物及相关的应税劳务；非正常损失的在产品、产成品所耗用的购进货物或者应税劳务。	所谓非正常损失，是指因管理不善造成被盗、丢失、霉烂变质的损失。非正常损失货物不得抵扣的进项税额在增值税中不得扣除（需做进项税额转出处理）；在企业所得税中，可以将转出的进项税额计入企业的损失，在所得额中扣除。
国务院财政、税务主管部门规定的纳税人自用消费品。	纳税人自用的应征消费税的摩托车、汽车、游艇，其进项税额不得从销项税额中抵扣。
上述各项规定的货物的运输费用和销售免税货物的运输费用。	运输费用的计算抵扣应伴随货物。

（五）特殊销售行为

1. 混合销售

一项销售行为如果既涉及服务又涉及货物，为混合销售。从事货物的生产、批发或者零售的单位和个体工商户的混合销售行为，按照销售货物缴纳增值税；其他单位和个体工商户的混合销售行为，按照销售服务缴纳增值税。

这里所称从事货物的生产、批发或者零售的单位和个体工商户，包括以从事货物的生产、批发或者零售为主，同时兼营销售服务的单位和个体工商户在内。

2. 兼营行为

纳税人销售货物、加工修理修配劳务、服务、无形资产或者不动产适用不同税率或者征收率的，应当分别核算适用不同税率或者征收率的销售额，未分别核算销售额的，按照以下方法适用税率或者征收率。

（1）兼有不同税率的销售货物、加工修理修配劳务、服务、无形资产或者不动产，从高适用税率。

（2）兼有不同征收率的销售货物、加工修理修配劳务、服务、无形资产或者不动产，从高适用征收率。

（3）兼有不同税率和征收率的销售货物、加工修理修配劳务、服务、无形资产或者不动产，从高适用税率。

纳税人兼营免税、减税项目的，应当分别核算免税、减税项目的销售额；未分别核算的，不得免税、减税。

（六）纳税义务发生时间

1. 纳税人销售货物、提供应税劳务的纳税义务发生时间

（1）采取直接收款方式销售货物的，不论货物是否发出，均为收到销售款或取得索取销售款凭据的当天。

（2）采取托收承付和委托银行收款方式销售货物，为发出货物并办妥托收手续的当天。

（3）采取赊销和分期收款方式销售货物，为书面合同约定的收款日期当天，无书面合同的或者书面合同没有约定收款日期的，为货物发出的当天。

（4）采取预收货款方式销售货物，为货物发出的当天，但生产销售生产工期超过12个月的大型机械设备、船舶、飞机等货物，为收到预收款或书面合同约定的收款日期的当天。

（5）委托其他纳税人代销货物，为收到代销单位的代销清单或者收到全部或者部分货款的当天；未收到代销清单及货款的，为发出代销货物满180天的当天。

（6）纳税人发生视同销售货物行为（委托他人代销货物、销售代销货物除外），为货物移送的当天。

（7）纳税人进口货物，其纳税义务发生时间为报关进口的当天。

2. 销售服务、无形资产、不动产的纳税义务发生时间

（1）销售服务、无形资产、不动产的增值税纳税义务发生时间通常为纳税人发生应税行为并收讫销售款项或者取得索取销售款项凭据的当天；先开具发票的，为开具发票的当天。

（2）纳税人提供租赁服务采取预收款方式的，其纳税义务发生时间为收到预收款的当天。

（3）纳税人从事金融商品转让的，为金融商品所有权转移的当天。

（4）纳税人发生视同销售服务、无形资产或者不动产情形的，其纳税义务发生时间为服务、无形资产转让完成的当天或者不动产权属变更的当天。

三、典型案例

（一）教学案例及解析

1. 企业概况

纳税人名称：浙江茶颜化妆品股份有限公司

统一社会信用代码：913301083927443226

公司成立时间：2005 年 10 月 05 日

法人代表名称：邓宸

经济性质：股份有限公司

注册资本：500 万元

资产总额：3 660. 74 万元

从业人数：85

股东信息：邓宸（中国国籍，身份证号 370101195609290019）投资比例 70%；吴柳琴（中国国籍，身份证号 340801196307020125）投资比例 15%；陶克宇（中国国籍，身份证号 230101197605230017）投资比例 15%。

注册地址及电话号码：杭州市西湖区教工路 85 号 10 – 12 楼 0571 – 87480661

开户银行及账号：中国农业银行杭州教工路支行 12020231007581035

营业地址：杭州市西湖区教工路 85 号 10 – 12 楼

所属行业：2682 化妆品制造

注册类型：股份有限公司

会计主管：王彦琪

适用的会计准则：企业会计准则（一般企业）

会计档案存放地：公司档案室

会计核算软件：用友

记账本位币：人民币

会计政策和估计是否发生变化：否

固定资产折旧方法：年限平均法

存货成本计价方法：先进先出法

坏账损失核算方法：备抵法

所得税计算方法：资产负债表债务法（企业会计准则要求对企业所得税采用资产负债表债务法进行核算）

企业主要经营范围：研发、销售高档化妆品；生产化妆品；研发、销售高档护肤品。

企业所得税申报：（1）不采用一般企业财务报表格式（2018 年版）；（2）纳税申报企业类型：非跨地区经营企业。

公司为非小型微利企业、非上市公司；属于增值税一般纳税人，税务局核定增值税专用发票最高开票限额为百万元，增值税普通发票的最高开票限额为百万元。所购买固定资产均在当月投入使用。

城建税征收率为 7%、教育费附加为 3%、地方教育费附加为 2%。公司高档化妆品类别按税法“高档”化妆品进行划分。表 2 – 6 展示了商品批发价格。

表 2－6　　　　企业商品批发价格一览表

类别	商品名称	型号	单位	批发价（不含税）	备注
高档美容、修饰类	香水	30ml	瓶	690.00 元	
	粉底液	30ml	瓶	420.00 元	
	气垫 BB 霜		盒	630.00 元	
	唇膏		支	310.00 元	
	睫毛膏		支	360.00 元	
高档护肤类	面霜	50g	瓶	860.00 元	
	大眼眼霜	15g	瓶	590.00 元	
	精华液	50ml	瓶	1 440.00 元	
成套化妆品	A 礼品套盒		套	1 000.00 元	包括 30ml 香水和睫毛膏
	B 礼品套盒		套	2 150.00 元	包括 50g 面霜和 50ml 精华液
普通护肤品	洗面奶	120g	支	80.00 元	
	防晒霜	60ml	瓶	228.00 元	
	面膜		盒	98.00 元	10 片

2. 业务资料及解析

浙江茶颜化妆品股份有限公司各税种均按时足额申报纳税，2021 年 06 月初有上期留抵进项税额 37 542.85 元。2021 年 06 月发生的经济业务如下：

经济业务 1

01 日，向杭州永辉超市销售商品一批，款项已通过银行转账收取，开具增值税专用发票一份。

3300191130　浙江增值税专用发票　N059042311　3300191130 59042311

此联不作报销、扣税凭证使用　　开票日期：2021年06月01日

购买方	
名　　称：	杭州永辉超市
纳税人识别号：	913340283MA5013119
地址、电话：	杭州市余杭区良渚街道金家渡路5号 0571-88467541
开户行及账号：	杭州银行余杭支行 3301041600119435

密码区：67/*+3*0/611*++0/+0*/*+3+2 *11*+66666**066611*+66666* 1**+216***6000*261*2*4/*54 203994+-42*64151*6915361/3

货物或应税劳务、服务名称	规格型号	单位	数量	单价	金额	税率	税额
*美容护肤品*面霜	50g	瓶	50	860.00	43000.00	13%	5590
*美容护肤品*大眼眼霜	15g	瓶	50	590.00	29500.00	13%	3835
*美容护肤品*洗面奶	120g	支	120	80.00	9600.00	13%	1248
*美容护肤品*防晒霜	60ml	瓶	150	228.00	34200.00	13%	4446
*美容护肤品*面膜		盒	100	98.00	9800.00	13%	1274
合　计					¥126100.00		¥16393.0(

价税合计（大写）　⊗壹拾肆万贰仟肆佰玖拾叁圆整　　（小写）¥142493.00

销售方	
名　　称：	浙江茶颜化妆品股份有限公司
纳税人识别号：	913301083927443226
地址、电话：	杭州市西湖区教工路85号10-12楼 0571-87480661
开户行及账号：	中国农业银行杭州教工路支行 12020231007581035

备注：银行转账

收款人：　　复核：　　开票人：吴国志　　销售方：章

国税函（2014）257号浙江印钞厂

第一联：记账联　销售方记账凭证

出库单

会计部门编号 001　　　　NO 73640721

仓库部门编号 001　　　　2021 年 06 月 01 日

编号	名称	规格	单位	出库数量	单价	金额	备注
1	面霜	50g	瓶	50	350.00	17500.00	
2	大眼眼霜	15g	瓶	50	230.00	11500.00	
3	洗面奶	120g	支	120	42.00	5040.00	
4	防晒霜	60ml	瓶	150	108.00	16200.00	
5	面膜		盒	100	48.00	4800.00	
合计				470		¥55040.00	

第二联交财务部

生产车间或部门：化妆品生产部　　　　仓库管理员：周伟豪

中国农业银行进账单（回单）　　1

2021 年 06 月 01 日

出票人	全　称	杭州永辉超市	收款人	全　称	浙江茶颜化妆品股份有限公司
	账　号	3301041600119435		账　号	12020231007581035
	开户银行	杭州银行余杭支行		开户银行	中国农业银行杭州教工路支行
金额	人民币（大写）壹拾肆万贰仟肆佰玖拾叁元整				

千	百	十	万	千	百	十	元	角	分
	¥	1	4	2	4	9	3	0	0

票据种类	转账支票	票据张数	1
票据号码	07418101		

复核　　记账

中国农业银行 杭州教工路支行 2021.06.01 受理凭证章

收款人开户银行盖章

此联是收款人开户银行交给收款人的收账通知

解析

业务处理：进行增值税专用发票的销项采集。

业务依据：根据增值税纳税义务发生时间：发生应税销售行为，纳税义务发生时间为收讫销售款项或者取得索取销售款项凭据的当天；先开具发票的，为开具发票的当天。本业务已收取货款且已开具发票，纳税义务已经发生。

经济业务 2

03 日，向杭州文化创意有限公司销售成套化妆品一批，款项尚未收取，开具增值税专用发票一份。

3300191130 浙江增值税专用发票 N059042312

3300191130
59042312

此联不作报销、扣税凭证使用

开票日期：2021年06月03日

购买方	名称：杭州文化创意有限公司 纳税人识别号：913301091588084736 地址、电话：杭州市滨江区江陵路145号 0517-88002765 开户行及账号：中国工商银行杭州市滨江支行 1206601000001623 6	密码区	67/*+3*0/611*++0/+0*/*+3+2 *11*+66666**066611*+66666* 1**+216***6000*261*2*4/*54 203994+-42*64151*6915361/3

货物或应税劳务、服务名称	规格型号	单位	数量	单价	金额	税率	税额
*美容护肤品*A礼品套盒		套	50	1000.00	50000.00	13%	6500
*美容护肤品*B礼品套盒		套	50	2150.00	107500.00	13%	13975
合计					￥157500.00		￥20475.0(
价税合计（大写）	⊗壹拾柒万柒仟玖佰柒拾伍元整				（小写）￥177975.00		

销售方	名称：浙江荼颜化妆品股份有限公司 纳税人识别号：913301083927443226 地址、电话：杭州市西湖区教工路85号10-12楼 0571-87480661 开户行及账号：中国农业银行杭州教工路支行 12020231007581035	备注	

收款人： 复核： 开票人：吴国志 销售方：章

国税函〔2014〕257号浙江印钞厂

第一联：记账联 销售方记账凭证

会计部门编号 001 **出库单** NO 73640722

仓库部门编号 001 2021 年 06 月 03 日

编号	名称	规格	单位	出库数量	单价	金额	备注
1	A礼品套盒	50g	瓶	50	440.00	22000.00	
2	B礼品套盒	15g	瓶	50	1070.00	53500.00	
合计				100		￥75500.00	

生产车间或部门：化妆品生产部 **仓库管理员：**周伟豪

第二联交财务部

解析

业务处理：进行增值税专用发票的销项采集。

业务依据：根据增值税纳税义务发生时间：发生应税销售行为，纳税义务发生时间为收讫销售款项或者取得索取销售款项凭据的当天；先开具发票的，为开具发票的当天。本业务虽未收取款项，但已开具发票，纳税义务已经发生。

经济业务3

04日，公司从杭州东阳实业有限公司购进包装物一批，包装物已入库，取得增值税专用发票一份，款项已通过银行转账支付。

入库单　　No 74640851

送货厂商：杭州东阳实业有限公司

物料类别：☐原材料　☐成品　☑其他　　2021 年 06 月 04 日

品名/品牌	订单号	规格	数量	单位	单价	金额
塑料盒			5000	个	12.50	62500.00

主管：　品管：　仓库：　送货人：王福瑞

3301190218　　浙江增值税专用发票　　N059187615　　3301190218 59187615

（全国统一发票监制章 浙江 国家税务总局监制）　抵扣联

开票日期：2021年06月04日

国税函(2014)257号浙江印刷厂

购买方	名　　称：浙江茶颜化妆品股份有限公司 纳税人识别号：913301083927443226 地址、电话：杭州市西湖区教工路85号1012楼057187480661 开户行及账号：中国农业银行杭州教工路支行12020231007581035	密码区	67/*+3*0/611*++0/+0*/*+3+2/9 *11*+66666**066611*+66666* 1**+216***6000*261*2*4/*547 203994+-42*64151*6915361/3*

货物或应税劳务、服务名称	规格型号	单位	数量	单价	金额	税率	税额
*塑料制品*塑料盒		个	5000	12.50	62500.00	13%	8125
合　计					¥62500.00		¥8125.00
价税合计（大写）	⊗柒万零陆佰贰拾伍元整				（小写）¥70625.00		

销售方	名　　称：杭州东阳实业有限公司 纳税人识别号：913301005890500854 地址、电话：杭州市海宁路56号0571-86251340 开户行及账号：中国工商银行海宁支行663027369984	备注	（杭州东阳实业有限公司 913301005890500854 发票专用章）

收款人：　复核：　开票人：王瑛　销售方：（章）

第二联：抵扣联　购买方抵扣凭证

3301190218　　浙江增值税专用发票　　N059187615　　3301190218 59187615

（全国统一发票监制章 浙江 国家税务总局监制）　发票联

开票日期：2021年06月04日

国税函(2014)257号浙江印刷厂

购买方	名　　称：浙江茶颜化妆品股份有限公司 纳税人识别号：913301083927443226 地址、电话：杭州市西湖区教工路85号1012楼0571-87480661 开户行及账号：中国农业银行杭州教工路支行12020231007581035	密码区	67/*+3*0/611*++0/+0*/*+3+2/9 *11*+66666**066611*+66666* 1**+216***6000*261*2*4/*547 203994+-42*64151*6915361/3*

货物或应税劳务、服务名称	规格型号	单位	数量	单价	金额	税率	税额
*塑料制品*塑料盒		个	5000	12.50	62500.00	13%	8125
合　计					¥62500.00		¥8125.00
价税合计（大写）	⊗柒万零陆佰贰拾伍元整				（小写）¥70625.00		

银行付讫

销售方	名　　称：杭州东阳实业有限公司 纳税人识别号：913301005890500854 地址、电话：杭州市海宁路56号0571-86251340 开户行及账号：中国工商银行海宁支行663027369984	备注	（杭州东阳实业有限公司 913301005890500854 发票专用章）

收款人：　复核：　开票人：王瑛　销售方：（章）

第三联：发票联　购买方记账凭证

解析

业务处理：进行增值税专用发票的进项采集。

业务依据：纳税人从销售方取得的增值税专用发票上注明的增值税额，可以从销项税额中抵扣。

经济业务 4

05 日，公司从杭州文化办公用品有限公司（小规模纳税人）购进标签纸 10 000 张，行政管理部门直接领用，取得增值税普通发票一份，款项已通过现金支付。

03301192310 浙江增值税普通发票 N026340811

机器编码：

开票日期：2021年06月05日

购买方	名　称：浙江茶颜化妆品股份有限公司 纳税人识别号：913301083927443226 地址、电话：杭州市西湖区教工路85号1012楼057187480661 开户行及账号：中国农业银行杭州教工路支行12020231007581035	密码区	67/*+3*0/611*++0/+0*/*+3+2/9 *11*+66666**066611*+66666* 1**+216***6000*261*2*4/*547 203994+-42*64151*6915361/3*

货物或应税劳务、服务名称	规格型号	单位	数量	单价	金额	税率	税额
*纸制品*标签纸		张	10000	0.05	500.00	3%	15
合　计					¥500.00		¥15.00
价税合计（大写）	⊗伍佰壹拾伍元整				（小写）	¥515.00	

销售方	名　称：杭州文化办公用品有限公司 纳税人识别号：913301090084127521 地址、电话：杭州市滨江区南环路圆丰大厦72号057156688901 开户行及账号：中国银行杭州市高新支行05613575666	备注	杭州文化办公用品有限公司 913301090084127521 发票专用章

收款人：　复核：　开票人：曹伟　销售方：章

现金付讫

第二联：发票联 购买方记账凭证

国税函（2014）257号浙江印钞厂

解析

业务处理：本业务不影响增值税，不做处理。

业务依据：纳税人从销售方取得的增值税专用发票、海关进口增值税专用缴款书、完税凭证、机动车销售统一发票上注明的增值税额，可以从销项税额中抵扣。本案例中取得的是普通发票，不属于可以抵扣的票据，不做处理。

经济业务 5

05 日，向杭州佳鑫百货商场（统一社会信用代码：913308100540145256，地址、电话：杭州市江干区中山路 5 号 0571 - 84638003，开户行及账号：中国农业银行中山路支行 83640050382874）销售高档护肤类化妆品一批，款项暂未收取，开具增值税专用发票一份。

会计部门编号 001 **出库单** **NO 73640723**

仓库部门编号 001 2021 年 06 月 05 日

编号	名称	规格	单位	出库数量	单价	金额	备注
1	面霜	50g	瓶	200	350.00	70000.00	
2	大眼眼霜	15g	瓶	200	230.00	46000.00	
3	精华液	50ml	瓶	100	720.00	72000.00	
合计				500		¥188000.00	

第二联交财务部

生产车间或部门：化妆品生产部 **仓库管理员：**周伟豪

3300191130 浙江增值税专用发票 NO59042313

3300191130
59042313

此联不作报销、扣税凭证使用

开票日期：2021年06月05日

购买方	名　　称：杭州佳鑫百货商场 纳税人识别号：91330810054014525 6 地址、电话：杭州市江干区中山路5号 0571-84638003 开户行及账号：中国农业银行中山路支行 83640050382874	密码区	67/*+3*0/611*++0/+0*/*+3+2 *11*+66666**066611*+66666* 1**+216***6000*261*2*4/*54 203994+-42*64151*6915361/3

货物或应税劳务、服务名称	规格型号	单位	数量	单价	金额	税率	税额
*美妆护肤品*面霜	50g	瓶	200	860.00	172000.00	13%	22360
*美妆护肤品*大眼眼霜	15g	瓶	200	590.00	118000.00	13%	15340
*美妆护肤品*精华液	50ml	瓶	100	1440.00	144000.00	13%	18720
合　计					¥434000.00		¥56420.0(
价税合计（大写）	⊗肆拾玖万零肆佰贰拾元整				（小写） ¥490420.00		

销售方	名　　称：浙江荟颜化妆品股份有限公司 纳税人识别号：913301083927443226 地址、电话：杭州市西湖区教工路85号10-12楼 0571-87480661 开户行及账号：中国农业银行杭州教工路支行 12020231007581035	备注	

收款人：　　复核：　　开票人：吴国志　　销售方：章

国税函（2014）257号浙江印钞厂

第一联：记账联 销售方记账凭证

解析

业务处理：进行增值税专用发票的销项采集。

业务依据：根据增值税纳税义务发生时间：发生应税销售行为，纳税义务发生时间为收讫销售款项或者取得索取销售款项凭据的当天；先开具发票的，为开具发票的当天。本业务虽未收取款项，但已开具发票，纳税义务已经发生。

经济业务 6

05 日，公司向杭州佳鑫百货商场销售一批高档护肤类化妆品的同时收取包装物押金 20 000.00 元（单独记账）、包装费 30 000.00 元，款项均已通过银行转账收取。

收款收据 No 74654031

2021 年 06 月 05 日

今收到 杭州佳鑫百货商场支付的包装物押金 20000.00 元。

金额大写 ⊗ 佰 ⊗ 拾 贰 万 零 仟 零 佰 零 拾 零 元 零 角 零 分

￥：20000.00

浙江茶颜化妆品股份有限公司 财务专用章

（单位盖章）

核准： 会计： 记账： 出纳：苏青 经手人：

033001923102

机器编码：

浙江增值税普通发票 N027346605

033001923102

27346605

全国统一发票监制章 浙江 国家税务总局监制

记账联

开票日期：2021年06月05日

购买方	名 称：杭州佳鑫百货商场 纳税人识别号：913308100540145256 地址、电话：杭州市江干区中山路5号0571-8438003 开户行及账号：中国农业银行中山路支行83640050382874	密码区	67/*+3*0/611*++0/+0*/*+3+2/9 *11*+66666**066611*+66666* 1**+216***6000*261*2*4/*547 203994+-42*64151*6915361/3*

货物或应税劳务、服务名称	规格型号	单位	数量	单价	金额	税率	税额
*美妆护肤品*包装袋			1	26548.67	26548.67	13%	3451.33
合 计					￥26548.67		￥3451.33
价税合计（大写）	⊗叁万圆整				（小写） ￥30000.00		

销售方	名 称：浙江茶颜化妆品股份有限公司 纳税人识别号：913301083927443226 地址、电话：杭州市西湖区教工路85号1012楼0571-87480661 开户行及账号：中国农业银行杭州教工路支行12020231007581035	备注	

收款人： 复核： 开票人：吴国志 销售方：章

国税函（2014）257号浙江印钞厂

第一联：记账联 销售方记账凭证

中国农业银行进账单（回单） 1

2021 年 06 月 05 日

出票人	全 称	杭州佳鑫百货商场	收款人	全 称	浙江茶颜化妆品股份有限公司
	账 号	83640050382874		账 号	12020231007581035
	开户银行	中国农业银行中山路支行		开户银行	中国农业银行杭州教工路支行

		千	百	十	万	千	百	十	元	角	分
金额	人民币（大写）伍万元整			￥	5	0	0	0	0	0	0

票据种类	转账支票	票据张数	1
票据号码	07418102		

复核 记账

中国农业银行 杭州教工路支行 2021.06.05 受理凭证章

收款人开户银行盖章

此联是收款人开户银行交给收款人的收账通知

解析

业务处理：进行增值税普通发票的销项采集。

业务依据：(1) 根据增值税纳税义务发生时间：发生应税销售行为，纳税义务发生时间为收讫销售款项或者取得索取销售款项凭据的当天；先开具发票的，为开具发票的当天。本业务已收取款项且已开具发票，纳税义务已经发生。(2) 根据增值税销项税额的确定，销售额为纳税人销售货物或者应税劳务向购买方收取的全部价款和价外费用。价外费用包括价外向购买方收取的手续费、补贴、基金、集资费、返还利润、奖励费、违约金、滞纳金、延期付款利息、赔偿金、代收款项、代垫款项、包装费、包装物租金、储备费、优质费、运输装卸费及其他各种性质的价外收费。本业务收取的包装费属于价外费用，应并入销售额当中计税。(3) 根据增值税销项税额的确定，纳税人为销售货物而出租、出借包装物收取的押金，单独记账核算的，且时间在1年以内又未过期的，不并入销售额。本业务收取的包装物押金单独核算，暂不做增值税处理，对收取的包装费应当并入销售额计税。

经济业务7

07日，向杭州远扬化妆品批发有限公司销售普通护肤品一批，款项已通过银行转账收取，开具增值税普通发票一份。

出库单

会计部门编号 001　　NO 73640724

仓库部门编号 001　　2021 年 06 月 07 日

编号	名称	规格	单位	出库数量	单价	金额	备注
1	洗面奶	120g	支	580	42.00	24360.00	
2	防晒霜	60ml	瓶	450	108.00	48600.00	
3	面膜		盒	285	48.00	13680.00	
合计				1315		¥86640.00	

第二联交财务部

生产车间或部门：化妆品生产部　　仓库管理员：周伟豪

033001923102

机器编码：

浙江增值税普通发票 N063542891

033001923102

63542891

记账联

开票日期：2021年06月07日

购买方	名　　称：杭州远洋化妆品批发有限公司 纳税人识别号：913302031144528119 地址、电话：杭州市滨江区浦沿街道18号0571-85723239 开户行及账号：中国建设银行浦沿支行3049430383847759	密码区	67/*+3*0/611*++0/+0*/*+3+2/9 *11*+66666**066611*+66666* 1**+216***6000*261*2*4/*547 203994+-42*64151*6915361/3*

货物或应税劳务、服务名称	规格型号	单位	数量	单价	金额	税率	税额
*美妆护肤品*洗面奶	120g	支	580	80.00	46400.00	13%	6032
*美妆护肤品*防晒霜	60ml	瓶	450	228.00	102600.00	13%	13338
*美妆护肤品*面膜		盒	285	98.00	27930.00	13%	3630.9
合　计					¥176930.0(		¥23000.9
价税合计（大写）	⊗壹拾玖万玖仟玖佰叁拾圆玖角整				（小写） ¥199930.90		

销售方	名　　称：浙江茶颜化妆品股份有限公司 纳税人识别号：913301083927443226 地址、电话：杭州市西湖区教工路85号1012楼0571-87480661 开户行及账号：中国农业银行杭州教工路支行12020231007581035	备注	

收款人：　　复核：　　开票人：吴国志　　销售方：章

国税函（2014）257号浙江印钞厂

第一联：记账联　销售方记账凭证

中国农业银行进账单（回单）　　1

2021 年 06 月 07 日

出票人	全　称	杭州远扬化妆品批发有限公司	收款人	全　称	浙江茶颜化妆品股份有限公司
	账　号	3049430384847759		账　号	12020231007581035
	开户银行	中国建设银行浦沿支行		开户银行	中国农业银行杭州教工路支行
金额	人民币（大写）壹拾玖万玖仟玖佰叁拾元零玖角整			千 百 十 万 千 百 十 元 角 分	¥ 1 9 9 9 3 0 9 0
票据种类	转账支票	票据张数	1		
票据号码	07418103				
复核　记账				收款人开户银行盖章	中国农业银行杭州教工路支行 2021.06.07 收妥抵用（03）

此联是收款人开户银行交给收款人的收账通知

解析

业务处理：进行增值税普通发票的销项采集。

业务依据：根据增值税纳税义务发生时间：发生应税销售行为，纳税义务发生时间为收讫销售款项或者取得索取销售款项凭据的当天；先开具发票的，为开具发票的当天。本业务已收取款项且开具发票，纳税义务已经发生。

经济业务 8

08 日，公司转让 2010 年购入的一台设备，购入原价为 200 000. 00 元，已计提折旧 150 000. 00 元。转让取得含税价 97 900. 00 元，款项已通过银行转账收取。

收款收据　　No 74654032

2021 年 06 月 08 日

今收到 旧设备转让价款 97900.00 元。

金额大写 ⊗ 佰 ⊗ 拾 玖 万 柒 仟 玖 佰 零 拾 零 元 零 角 零 分

￥：97900.00

（单位盖章）浙江茶颜化妆品股份有限公司财务专用章　银行收讫

核准：　　会计：　　记账：　　出纳：苏青　　经手人：

解析

业务处理：进行无票视同销售的销项采集，采集时需进行价税分离。

业务依据：（1）根据增值税纳税义务发生时间：发生应税销售行为，纳税义务发生时间为收讫销售款项或者取得索取销售款项凭据的当天；先开具发票的，为开具发票的当天。本业务已收取款项，纳税义务已经发生。（2）纳税人销售 2008 年以后购进的自己使用过的固定资产，属于销售按规定允许抵扣进项税额的且已抵扣进项税额的固定资产，适用的税率为 13%。

经济业务 9

09 日，公司从新华书店（杭州分店）购入美妆相关的书籍，用于职工培训，书籍共计花费 76 845.00 元，取得增值税专用发票一份，款项已通过银行转账支付，同时支付杭州长安运输有限公司运费 545.00 元，取得增值税专用发票，运费已通过现金支付。

3301190218　浙江增值税专用发票　N011337845　3301190218 11337845

抵扣联

开票日期：2021年06月09日

购买方	名称：浙江茶颜化妆品股份有限公司 纳税人识别号：913301083927443226 地址、电话：杭州市西湖区教工路85号1012楼057187480661 开户行及账号：中国农业银行杭州教工路支行1202023100758103 5			密码区	67/*+3*0/611*++0/+0*/*+3+2/9 *11*+66666**066611*+66666* 1**+216***6000*261*2*4/*547 203994+-42*64151*6915361/3*		
货物或应税劳务、服务名称	规格型号	单位	数量	单价	金额	税率	税额
*印刷品*图书		本	3000	23.50	70500.00	9%	6345
合计					￥70500.00		￥6345.00
价税合计（大写）	⊗柒万陆仟捌佰肆拾伍圆整				（小写）￥76845.00		
销售方	名称：新华书店（杭州分店） 纳税人识别号：91330121255335665 地址、电话：杭州市滨江区南环路56号057186251340 开户行及账号：中国工商银行浦沿支行1202999900045652			备注	新华书店（杭州分店）91330121255335665 发票专用章		

国税函〔2014〕257 号浙江印钞厂

第二联：抵扣联　购买方抵扣凭证

收款人：　　复核：　　开票人：齐盛　　销售方：（章）

3301190218 浙江增值税专用发票 NO11337845

3301190218
11337845

发票联

开票日期：2021年06月09日

购买方	名　　称：浙江茶颜化妆品股份有限公司 纳税人识别号：913301083927443226 地址、电话：杭州市西湖区教工路85号1012楼057187480661 开户行及账号：中国农业银行杭州教工路支行12020231007581035	密码区	67/*+3*0/611*++0/+0*/*+3+2/9 *11*+66666**066611*+66666* 1**+216***6000*261*2*4/*547 203994+-42*64151*6915361/3*

货物或应税劳务、服务名称	规格型号	单位	数量	单价	金额	税率	税额
*印刷品*图书		本	3000	23.50	70500.00	9%	6345
合　计					¥70500.00		¥6345.00

价税合计（大写）⊗柒万陆仟捌佰肆拾伍圆整　（小写）¥76845.00

销售方	名　　称：新华书店（杭州分店） 纳税人识别号：91330121255335665 地址、电话：杭州市滨江区南环路56号057186251340 开户行及账号：中国工商银行浦沿支行1202999900045652	备注	新华书店（杭州分店）91330121255335665 发票专用章

收款人：　复核：　开票人：齐盛　销售方：章

银行付讫

国税函〔2014〕257号浙江印钞厂

第三联：发票联 购买方记账凭证

3301190218 浙江增值税专用发票 NO99087432

3301190218
99087432

抵扣联

开票日期：2021年06月09日

购买方	名　　称：浙江茶颜化妆品股份有限公司 纳税人识别号：913301083927443226 地址、电话：杭州市西湖区教工路85号1012楼057187480661 开户行及账号：中国农业银行杭州教工路支行12020231007581035	密码区	67/*+3*0/611*++0/+0*/*+3+2/9 *11*+66666**066611*+66666* 1**+216***6000*261*2*4/*547 203994+-42*64151*6915361/3*

货物或应税劳务、服务名称	规格型号	单位	数量	单价	金额	税率	税额
*运输费用*运费		次	1	500	500.00	9%	45
合　计					¥500.00		¥45.00

价税合计（大写）⊗伍佰肆拾伍圆整　（小写）¥545.00

销售方	名　　称：杭州长安运输有限公司 纳税人识别号：913302204561280984 地址、电话：杭州市滨江区滨盛路90号057188340203 开户行及账号：中国工商银行滨江支行120302004849384	备注	起运地：杭州市滨江区南环路3736号 到达地：杭州市西湖区教工路85号12楼 货物：图书 913302204561280984 发票专用章

收款人：　复核：　开票人：齐盛　销售方：章

国税函〔2014〕257号浙江印钞厂

第二联：抵扣联 购买方扣税凭证

3301190218　　浙江增值税专用发票　　NO99087432　　3301190218 99087432

发票联　　　　开票日期：2021年06月09日

购买方	名　　称：浙江茶颜化妆品股份有限公司 纳税人识别号：913301083927443226 地址、电话：杭州市西湖区教工路85号1012楼057187480661 开户行及账号：中国农业银行杭州教工路支行12020231007581035					密码区	67/*+3*0/611*++0/+0*/*+3+2/9 *11*+66666**066611*+66666* 1**+216***6000*261*2*4/*547 203994+-42*64151*6915361/3*	
货物或应税劳务、服务名称	规格型号	单位	数量	单价	金额	税率	税额	
*运输费用*运费		次	1	500	500.00	9%	45	
合　计					￥500.00		￥45.00	
价税合计（大写）	⊗伍佰肆拾伍圆整				（小写）￥545.00			
销售方	名　　称：杭州长安运输有限公司 纳税人识别号：913302204561280984 地址、电话：杭州市滨江区滨盛路90号057188340203 开户行及账号：中国工商银行滨江支行120302004849384					备注	起运地：杭州市滨江区南环路3736号 到达地：杭州市西湖区教工路85号12楼 货物：面膜	

现金付讫

收款人：　　复核：　　开票人：齐盛　　销售方：（章）

国税函（2014）257号浙江印钞厂　　第三联：发票联　购买方记账凭证

解析

业务处理：进行增值税专用发票的进项采集。

业务依据：纳税人从销售方取得的增值税专用发票上注明的增值税额，可以从销项税额中抵扣。

经济业务 10

09 日，与雅美特工贸易有限公司签订购销合同一份，销售高档化妆品一批，预收货款 350 000.00 元。合同标的清单如下，开具带销货清单的增值税专用发票一份。

3300191130　　浙江增值税专用发票　　NO59042314　　3300191130 59042314

此联不作报销、扣税凭证使用　　　　开票日期：2021年06月09日

购买方	名　　称：雅美特工贸易有限公司 纳税人识别号：913301102838797908 地址、电话：杭州市余杭区余杭街道通济路1号 0571-85807079 开户行及账号：杭州银行余杭宝塔支行 3301040360001834					密码区	67/*+3*0/611*++0/+0*/*+3+2 *11*+66666**066611*+66666* 1**+216***6000*261*2*4/*54 203994+-42*64151*6915361/3	
货物或应税劳务、服务名称	规格型号	单位	数量	单价	金额	税率	税额	
（详见销货清单）					784700.00	13%	102011	
折扣5%					-39235.00	13%	-5100.55	
合　计					￥745465.00		￥96910.45	
价税合计（大写）	⊗捌拾肆万贰仟叁佰柒拾伍元肆角伍分				（小写）￥842375.45			
销售方	名　　称：浙江茶颜化妆品股份有限公司 纳税人识别号：913301083927443226 地址、电话：杭州市西湖区教工路85号10-12楼 0571-87480661 开户行及账号：中国农业银行杭州教工路支行 12020231007581035					备注		

收款人：　　复核：　　开票人：吴国志　　销售方：（章）

国税函（2014）257号浙江印钞厂　　第一联：记账联　销售方记账凭证

会计部门编号 001　　　　**出库单**　　　　**NO 73640725**

仓库部门编号 001　　　　2021 年 06 月 09 日

编号	名称	规格	单位	出库数量	单价	金额	备注
1	香水	30ml	瓶	50	300.00	15000.00	
2	粉底液	30ml	瓶	100	150.00	15000.00	
3	气垫 BB 霜		盒	100	280.00	28000.00	
4	唇膏		支	240	100.00	24000.00	
5	睫毛膏		支	160	140.00	22400.00	
合计				650		￥104400.00	

第二联交财务部

生产车间或部门： 化妆品生产部　　　　**仓库管理员：** 周伟豪

会计部门编号 001　　　　**出库单**　　　　**NO 73640726**

仓库部门编号 001　　　　2021 年 06 月 09 日

编号	名称	规格	单位	出库数量	单价	金额	备注
1	面霜	50g	瓶	100	350.00	35000.00	
2	大眼眼霜	15g	瓶	80	230.00	18400.00	
3	精华液	50ml	瓶	50	720.00	36000.00	
4	A 礼品套盒		套	50	440.00	22000.00	
5	B 礼品套盒		套	120	1070.00	128400.00	
合计				400		￥239800.00	

第二联交财务部

生产车间或部门： 化妆品生产部　　　　**仓库管理员：** 周伟豪

中国农业银行进账单（回单）　　1

2021 年 06 月 09 日

出票人	全　称	雅美特工贸易有限公司	收款人	全　称	浙江茶颜化妆品股份有限公司
	账　号	3301040360001834		账　号	12020231007581035
	开户银行	杭州银行余杭宝塔支行		开户银行	中国农业银行杭州教工路支行
金额	人民币（大写）叁拾伍万元整			千 百 十 万 千 百 十 元 角 分	￥ 3 5 0 0 0 0 0 0
票据种类	转账支票	票据张数	1		
票据号码	07418104				
	复核　　记账			收款人开户银行盖章	中国农业银行 杭州教工路支行 2021.06.09 受理转讫章

此联是收款人开户银行交给收款人的收账通知

解析

业务处理：进行增值税专用发票的销项采集。

业务依据：根据增值税纳税义务发生时间：发生应税销售行为，纳税义务发生时间为收讫销售款项或者取得索取销售款项凭据的当天；先开具发票的，为开具发票的当天。本业务虽未全额收款，但已开具发票，全部纳税义务已经发生。

经济业务 11

10 日，公司从杭州盛康香料生产有限公司外购高档香水精一批，价款共计 904 000.00元，原材料已入库。取得增值税专用发票一份，货款暂未支付。

3301191130　浙江增值税专用发票　N066061005　3301191130 66061005

抵扣联

开票日期：2021年06月10日

购买方	名　　称：浙江茶颜化妆品股份有限公司 纳税人识别号：913301083927443226 地址、电话：杭州市西湖区教工路85号1012楼057187480661 开户行及账号：中国农业银行杭州教工路支行12020231007581035	密码区	67/*+3*0/611*++0/+0*/*+3+2/9 *11*+66666**066611*+66666* 1**+216***6000*261*2*4/*547 203994+-42*64151*6915361/3*

货物或应税劳务、服务名称	规格型号	单位	数量	单价	金额	税率	税额
*香料*高档香水精		千克	50	16000.000	800000.00	13%	104000
合　计					¥800000.00		¥104000.0(
价税合计（大写）	⊗玖拾万零肆仟元整				（小写） ¥904000.00		

销售方	名　　称：杭州香料生产有限公司 纳税人识别号：91330900662017944 地址、电话：杭州市滨江区聚因路22号 0571-86820859 开户行及账号：杭州银行科技支行3301040150200970439	备注	杭州香料生产有限公司 913309006620179449 发票专用章

收款人：　　复核：　　开票人：周三澜　　销售方：章

国税函（2014）257号浙江印钞厂

第二联：抵扣联　购买方抵扣凭证

3301191130　浙江增值税专用发票　N066061005　3301191130 66061005

发票联

开票日期：2021年06月10日

购买方	名　　称：浙江茶颜化妆品股份有限公司 纳税人识别号：913301083927443226 地址、电话：杭州市西湖区教工路85号1012楼057187480661 开户行及账号：中国农业银行杭州教工路支行12020231007581035	密码区	67/*+3*0/611*++0/+0*/*+3+2/9 *11*+66666**066611*+66666* 1**+216***6000*261*2*4/*547 203994+-42*64151*6915361/3*

货物或应税劳务、服务名称	规格型号	单位	数量	单价	金额	税率	税额
*香料*高档香水精		千克	50	16000.000	800000.00	13%	104000
合　计					¥800000.00		¥104000.0(
价税合计（大写）	⊗玖拾万零肆仟元整				（小写） ¥904000.00		

销售方	名　　称：杭州香料生产有限公司 纳税人识别号：91330900662017944 地址、电话：杭州市滨江区聚因路22号 0571-86820859 开户行及账号：杭州银行科技支行3301040150200970439	备注	杭州香料生产有限公司 913309006620179449 发票专用章

收款人：　　复核：　　开票人：周三澜　　销售方：章

国税函（2014）257号浙江印钞厂

第三联：发票联　购买方记账凭证

入库单 No 74640852

送货厂商：杭州盛康香料生产有限公司

物料类别：☑原材料 □成品 □其他 2021 年 06 月 10 日

品名/品牌	订单号	规格	数量	单位	单价	金额
高档香水精			50	千克	16000.00	800000.00

主管： 品管： 仓库： 送货人：王福瑞

解析

业务处理：进行增值税专用发票的进项采集。

业务依据：纳税人从销售方取得的增值税专用发票上注明的增值税额，可以从销项税额中抵扣。

经济业务 12

11 日，向杭州东百商贸有限公司销售高档美容、修饰类化妆品一批，货款尚未收取，开具增值税专用发票一份。

3300191130 浙江增值税专用发票 N059042315 3300191130 59042315

全国统一发票监制章 浙江 国家税务总局监制

此联不作报销、扣税凭证使用

开票日期：2021年06月11日

购买方	名 称：杭州东百商贸有限公司 纳税人识别号：913301100273345903 9 地址、电话：杭州市滨江区江南大道2603号 0571-81690725 开户行及账号：中国银行滨江支行 39746000028211659	密码区：67/*+3*0/611*++0/+0*/*+3+2 *11*+66666**066611*+66666* 1**+216***6000*261*2*4/*54 203994+-42*64151*6915361/3

货物或应税劳务、服务名称	规格型号	单位	数量	单价	金额	税率	税额
*美容护肤品*香水	30ml	瓶	120	655.50	78660.00	13%	10225.8
*美容护肤品*粉底液	30ml	瓶	200	420.00	84000.00	13%	10920
*美容护肤品*气垫BB霜		盒	180	630.00	113400.00	13%	14742
*美容护肤品*唇膏		支	300	300.70	90210.00	13%	11727.3
*美容护肤品*睫毛膏		支	200	349.20	69840.00	13%	9079.2
合 计					￥436110.00		￥56694.30
价税合计（大写）	⊗肆拾玖万贰仟捌佰零肆元叁角整				（小写）	￥492804.30	

销售方	名 称：浙江茶颜化妆品股份有限公司 纳税人识别号：91330108392744322 6 地址、电话：杭州市西湖区教工路85号10-12楼 0571-87480661 开户行及账号：中国农业银行杭州教工路支行 12020231007581035	备注：

收款人： 复核： 开票人：吴国志 销售方：章

国税函（2014）257 号浙江印钞厂

第一联：记账联 销售方记账凭证

出库单

会计部门编号 001　　　　NO 73640727

仓库部门编号 001　　　　2021 年 06 月 11 日

编号	名称	规格	单位	出库数量	单价	金额	备注
1	香水	30ml	瓶	120	300.00	36000.00	
2	粉底液	30ml	瓶	200	150.00	30000.00	
3	气垫 BB 霜		盒	180	280.00	50400.00	
4	唇膏		支	300	100.00	30000.00	
5	睫毛膏		支	200	140.00	28000.00	
合计				1000		￥174400.00	

第二联交财务部

生产车间或部门：化妆品生产部　　　　仓库管理员：周伟豪

解析

业务处理：进行增值税专用发票的销项采集。

业务依据：根据增值税纳税义务发生时间：发生应税销售行为，纳税义务发生时间为收讫销售款项或者取得索取销售款项凭据的当天；先开具发票的，为开具发票的当天。本业务虽未收到货款，但已开具发票，纳税义务已经发生。

经济业务 13

12 日，公司领用上月购进的高档香水精 5%（其进项税额已于当月抵扣），为销售部职工运动会制造氛围。

领料单

仓库：一车间　　　　2021 年 06 月 12 日

编号	类别	材料名称	规格	单位	数量		实际价格	
					请领	实发	单价	金额
1		高档香水精		千克	2.5	2.5	16000.00	40000.00
合计					2.5	2.5		￥40000.00
用途	为销售部职工运动会制造氛围		领料部门		发料部门		财务部门	
			负责人	领料人	核准人	发料人	审核	会计
			沈睿	陈琦	王伟	周琦	李毅	汪瑞

解析

业务处理：进行领用部分进项税额转出的采集。

业务依据：(1) 根据增值税视同销售行为的规定：将自产、委托加工的货物用于集体福利或者个人消费的，应当视同销售。本业务将外购货物用于集体福利的不属于视同销售。(2) 对于外购货物改变用途，原已计入进项税额，但按增值税制度规定不得从销项税额中抵扣的，需要进行进项税额转出。本业务属于改变外购货物的用途，应当进行已抵扣进项税额的转出处理。

经济业务 14

12 日，公司为回馈老客户，采取以旧换新方式销售高档香水 1 000 瓶，每瓶 30ml，规定零售价 650.00 元/瓶，凡顾客将以往使用过的旧香水交回的，旧香水可作价折合 300.00 元/瓶，即顾客仅支付 350.00 元/瓶即可取得新的高档香水一瓶。

会计部门编号 001　　**出库单**　　NO 73640728

仓库部门编号 001　　2021 年 06 月 12 日

编号	名称	规格	单位	出库数量	单价	金额	备注
1	高档香水	30ml	瓶	1000	300.00	300000.00	
合计				1000		¥300000.00	

第二联交财务部

生产车间或部门：化妆品生产部　　仓库管理员：周伟豪

解析

业务处理：按照零售价进行无票视同销售的销项采集。

业务依据：(1) 根据增值税纳税义务发生时间：发生应税销售行为，纳税义务发生时间为收讫销售款项或者取得索取销售款项凭据的当天；先开具发票的，为开具发票的当天。本业务已收取款项，纳税义务已经发生。(2) 根据增值税销售额的确定：纳税人采取以旧换新方式销售货物，应按照新货物的同期销售价格确认销售额，不得减除旧货收购价格；但是金银首饰以旧换新销售的，按照实际收到的不含增值税全部价款增税，即金银首饰按照差额征税，其他货物需按照全额缴纳增值税。本业务需按零售价全额作为含税销售额。

经济业务 15

13 日，公司受托加工高档化妆品一批，原辅材料均由委托方提供，收取含税加工费 40 000.00 元，并代收代缴消费税 20 000.00 元，开具增值税普通发票一份，款项已通过银行转账收取。

033001923102

机器编码：

浙江增值税普通发票 N027346606

033001923102
27346606

开票日期：2021年06月13日

购买方	名　　称：杭州福星日用化工有限公司 纳税人识别号：913301056550873449 地址、电话：杭州市市区东路20号0571-85741200 开户行及账号：中国工商银行市区东路支行6620158621444	密码区	67/*+3*0/611*++0/+0*/*+3+2/9 *11*+66666**066611*+66666* 1**+216***6000*261*2*4/*547 203994+-42*64151*6915361/3*

货物或应税劳务、服务名称	规格型号	单位	数量	单价	金额	税率	税额
*劳务*加工费			1	35398.23	35398.23	13%	4601.77
合　计					¥35398.23		¥4601.77
价税合计（大写）	⊗肆万圆整				（小写）¥40000.00		

销售方	名　　称：浙江茶颜化妆品股份有限公司 纳税人识别号：913301083927443226 地址、电话：杭州市西湖区教工路85号10-12楼057187480661 开户行及账号：中国农业银行杭州教工路支行12020231007581035	备注	

收款人：　　复核：　　开票人：吴国志　　销售方：（章）

国税函（2014）257号浙江印钞厂

第一联：记账联　销售方记账凭证

中国农业银行进账单（回单）　1

2021 年 06 月 13 日

出票人	全　称	杭州福星日用化工有限公司	收款人	全　称	浙江茶颜化妆品股份有限公司
	账　号	6620158621444		账　号	12020231007581035
	开户银行	中国工商银行市区东路支行		开户银行	中国农业银行杭州教工路支行
金额	人民币（大写）陆万元整			千百十万千百十元角分	¥6000000
票据种类	转账支票	票据张数	1		
票据号码	07418105				
复核　记账				收款人开户银行盖章（中国农业银行杭州教工路支行 2021.06.13 收妥抵用（03））	

此联是收款人开户银行交给收款人的收账通知

解析

业务处理：进行增值税普通发票的销项采集。

业务依据：(1) 根据增值税纳税义务发生时间：发生应税销售行为，纳税义务发生时间为收讫销售款项或者取得索取销售款项凭据的当天；先开具发票的，为开具发票的当天。本业务已收取款项且已开票，纳税义务已经发生。(2) 根据增值税销售额的确定：纳税人受托加工应征消费税的消费品所代收代缴的消费税，不计入增值税销售额。本业务仅以收取的加工费作为销售额。

经济业务 16

13 日，公司从杭州盛康香料生产有限公司外购化妆品粉体原料 1 500 千克，油性原料 930 千克。价款共计 462 735.00 元，原材料已入库。取得增值税专用发票一份，货款已通过银行转账支付。

3301191130 浙江增值税专用发票 N066061056 3301191130 66061056

抵扣联

开票日期：2021年06月13日

购买方	名称：浙江茶颜化妆品股份有限公司 纳税人识别号：913301083927443226 地址、电话：杭州市西湖区教工路85号1012楼057187480661 开户行及账号：中国农业银行杭州教工路支行12020231007581035	密码区	67/*+3*0/611*++0/+0*/*+3+2/9 *11*+66666**066611*+66666* 1**+216***6000*261*2*4/*547 203994+-42*64151*6915361/3*

货物或应税劳务、服务名称	规格型号	单位	数量	单价	金额	税率	税额
*香料*粉底原料		千克	1500	180.00	270000.00	13%	35100
*香料*油性原料		千克	930	150.00	139500.00	13%	18135
合计					￥409500.00		￥53235.00
价税合计（大写）	⊗肆拾陆万贰仟柒佰叁拾伍元整				（小写）￥462735.00		

销售方	名称：杭州香料生产有限公司 纳税人识别号：913309006620179449 地址、电话：杭州市滨江区聚因路22号 0571-86820859 开户行及账号：杭州银行科技支行3301040150200970439	备注	杭州香料生产有限公司 913309006620179449 发票专用章

收款人： 复核： 开票人：周三澜 销售方：章

国税函(2014) 257号浙江印钞厂

第二联：抵扣联 购买方抵扣凭证

3301191130 浙江增值税专用发票 N066061056 3301191130 66061056

发票联

开票日期：2021年06月13日

购买方	名称：浙江茶颜化妆品股份有限公司 纳税人识别号：913301083927443226 地址、电话：杭州市西湖区教工路85号1012楼057187480661 开户行及账号：中国农业银行杭州教工路支行12020231007581035	密码区	67/*+3*0/611*++0/+0*/*+3+2/9 *11*+66666**066611*+66666* 1**+216***6000*261*2*4/*547 203994+-42*64151*6915361/3*

货物或应税劳务、服务名称	规格型号	单位	数量	单价	金额	税率	税额
*香料*粉底原料		千克	1500	180.00	270000.00	13%	35100
*香料*油性原料		千克	930	150.00	139500.00	13%	18135
					银行付讫		
合计					￥409500.00		￥53235.00
价税合计（大写）	⊗肆拾陆万贰仟柒佰叁拾伍元整				（小写）￥462735.00		

销售方	名称：杭州香料生产有限公司 纳税人识别号：913309006620179449 地址、电话：杭州市滨江区聚因路22号 0571-86820859 开户行及账号：杭州银行科技支行3301040150200970439	备注	杭州香料生产有限公司 913309006620179449 发票专用章

收款人： 复核： 开票人：周三澜 销售方：章

国税函(2014) 257号浙江印钞厂

第三联：发票联 购买方记账凭证

入库单 No 74640853

送货厂商：杭州盛康香料生产有限公司

物料类别：☑原材料 ☐成品 ☐其他 2021 年 06 月 13 日

品名/品牌	订单号	规格	数量	单位	单价	金额
粉体原料			1500	千克	180.00	270000.00
油性原料			930	千克	150.00	139500.00

主管： 品管： 仓库： 送货人：王福瑞

解析

业务处理：进行增值税专用发票的进项采集。

业务依据：纳税人从销售方取得的增值税专用发票上注明的增值税额，可以从销项税额中抵扣。

经济业务 17

14 日，收到杭州市绿城水务有限公司开具的水费增值税专用发票一份，本月用水共计 6 780 吨，其中生产车间用水 3 500 吨，行政管理部门用水 1 300 吨，销售部门用水 1 980 吨，水费已通过银行转账支付。

3301190230 浙江增值税专用发票 N08014666 3301190230 8014666

开票日期：2021年06月09日

购买方	名 称：浙江茶颜化妆品股份有限公司 纳税人识别号：913301083927443226 地址、电话：杭州市西湖区教工路85号1012楼057187480661 开户行及账号：中国农业银行杭州教工路支行12020231007581035	密码区	67/*+3*0/611*++0/+0*/*+3+2/9 *11*+66666**066611*+66666* 1**+216***6000*261*2*4/*547 203994+-42*64151*6915361/3*

货物或应税劳务、服务名称	规格型号	单位	数量	单价	金额	税率	税额
*水冰雪*图书		吨	6780	4.20	28476.00	9%	2562.84
合 计					¥28476.00		¥2562.84

价税合计（大写） ⊗叁万壹仟零叁拾捌圆捌角肆分 （小写） ¥31038.84

销售方	名 称：杭州绿城水务有限公司 纳税人识别号：91330121251616834 地址、电话：杭州市滨江区求实路6号057186384962 开户行及账号：中国工商银行求实路支行6620088045837643	备注	杭州绿城水务有限公司 91330121251616834 发票专用章

收款人： 复核： 开票人：张瑞 销售方：章

国税函（2014）257号浙江印钞厂

第二联：抵扣联 购买方抵扣凭证

3301190230 浙江增值税专用发票 N08014666 3301190230 8014666

开票日期：2021年06月09日

购买方	名 称：浙江茶颜化妆品股份有限公司 纳税人识别号：913301083927443226 地址、电话：杭州市西湖区教工路85号1012楼057187480661 开户行及账号：中国农业银行杭州教工路支行12020231007581035	密码区	67/*+3*0/611*++0/+0*/*+3+2/9 *11*+66666**066611*+66666* 1**+216***6000*261*2*4/*547 203994+-42*64151*6915361/3*

货物或应税劳务、服务名称	规格型号	单位	数量	单价	金额	税率	税额
*水冰雪*图书		吨	6780	4.20	28476.00	9%	2562.84
合 计					¥28476.00		¥2562.84

银行付讫

价税合计（大写） ⊗叁万壹仟零叁拾捌圆捌角肆分 （小写） ¥31038.84

销售方	名 称：杭州绿城水务有限公司 纳税人识别号：91330121251616834 地址、电话：杭州市滨江区求实路6号057186384962 开户行及账号：中国工商银行求实路支行6620088045837643	备注	杭州绿城水务有限公司 91330121251616834 发票专用章

收款人： 复核： 开票人：张瑞 销售方：章

国税函（2014）257号浙江印钞厂

第三联：发票联 购买方记账凭证

解析

业务处理：进行增值税专用发票的进项采集。

业务依据：纳税人从销售方取得的增值税专用发票上注明的增值税额，可以从销项税额中抵扣。

经济业务 18

14 日，向杭州富林百货有限公司销售高档护肤类化妆品一批，货款已通过银行转账收取，开具增值税普通发票一份。

033001923102

机器编码：

浙江增值税普通发票 N063542892

（全国统一发票监制章 浙江 国家税务总局监制）

记账联

033001923102

63542892

开票日期：2021年06月14日

购买方	名　　称：杭州富林百货有限公司 纳税人识别号：913301256105245805 地址、电话：杭州市江汉路52号0571-86514794 开户行及账号：中国工商银行杭州分行江汉支行6620158654526	密码区：67/*+3*0/611*++0/+0*/*+3+2/9 *11*+66666**066611*+66666* 1**+216***6000*261*2*4/*547 203994+-42*64151*6915361/3*

货物或应税劳务、服务名称	规格型号	单位	数量	单价	金额	税率	税额
*美容护肤品*面霜	50g	瓶	300	860.00	258000.00	13%	33540
*美容护肤品*大眼睛霜	15g	瓶	300	590.00	177000.00	13%	23010
*美容护肤品*精华液	50ml	瓶	250	1440.00	360000.00	13%	46800
合　计					¥795000.0(		¥103350.
价税合计（大写）	⊗捌拾玖万捌仟叁佰伍拾元整				（小写）¥898350.00		

销售方	名　　称：浙江茶颜化妆品股份有限公司 纳税人识别号：913301083927443226 地址、电话：杭州市西湖区教工路85号10-12楼057187480661 开户行及账号：中国农业银行杭州教工路支行12020231007581035	备注

收款人：　　复核：　　开票人：吴国志　　销售方：章

国税函（2014）257号浙江印钞厂

第一联：记账联 销售方记账凭证

会计部门编号 001　　**出库单**　　**NO 73640729**

仓库部门编号 001　　2021 年 06 月 14 日

编号	名称	规格	单位	出库数量	单价	金额	备注
1	面霜	50g	瓶	300	350.00	105000.00	
2	大眼眼霜	15g	瓶	300	230.00	69000.00	
3	精华液	50ml	瓶	250	720.00	180000.00	
合计				850		¥354000.00	

生产车间或部门： 化妆品生产部　　**仓库管理员：** 周伟豪

第二联交财务部

中国农业银行进账单（回单） 1

2021 年 06 月 14 日

出票人	全称	杭州富林百货有限公司	收款人	全称	浙江茶颜化妆品股份有限公司
	账号	6620158654526		账号	1202023100758 1035
	开户银行	中国工商银行杭州分行江汉支行		开户银行	中国农业银行杭州教工路支行
金额	人民币（大写）捌拾玖万捌仟叁佰伍拾元整				
票据种类	转账支票	票据张数	1		
票据号码	07418106				
复核 记账				收款人开户银行盖章	

千	百	十	万	千	百	十	元	角	分
	¥	8	9	8	3	5	0	0	0

中国农业银行 杭州教工路支行 2021.06.14 收妥抵用（03）

此联是收款人开户银行交给收款人的收账通知

解析

业务处理：进行增值税普通发票的销项采集。

业务依据：根据增值税纳税义务发生时间：发生应税销售行为，纳税义务发生时间为收讫销售款项或者取得索取销售款项凭据的当天；先开具发票的，为开具发票的当天。本业务已收取款项且已开具发票，纳税义务已经发生。

经济业务 19

15 日，因受台风“小熊”的影响，杭州突发暴雨，造成水灾，公司 06 月 10 日购进的高档香水精受此影响，损失了 20%，金额共计 152 000.00 元。

存货盘亏处理通知单

损失的材料，经查属于因受台风“小熊”的影响，杭州突发暴雨，造成水灾导致，报经审批后计入营业外支出。

财务经理：刘伟光

2021 年 06 月 15 日

会计主管：王彦[illegible]

浙江茶颜化妆品股份有限公司

解析

业务处理：本业务不影响增值税，不做处理。

业务依据：企业因管理不善造成货物被盗、丢失、霉烂变质的损失属于非正常损失，非正常损失货物的进项税额在增值税中不得扣除（已抵扣增值税的需做进项转出）。本业务属于因自然灾害导致的货物损失，不属于非正常损失列举范围，不需要对损失部分进项税额转出，不影响当期增值税。

经济业务 20

15 日，公司向杭州冉冉超市直接捐赠普通护肤品 120g 洗面奶 300 支、60ml 防晒霜

300 瓶。其中洗面奶同类出厂不含税价 75.00 元/支、防晒霜同类出厂不含税价 200.00 元/瓶。

出库单 NO 56340918

会计部门编号 001

仓库部门编号 001　　2021 年 06 月 15 日

编号	名称	规格	单位	出库数量	单价	金额	备注
1	洗面奶	120g	支	300	42.00	12600.00	
2	防晒霜	60ml	瓶	300	108.00	32400.00	
合计				600		¥45000.00	

第二联交财务部

生产车间或部门：化妆品生产部　　仓库管理员：周伟豪

> **解析**
>
> 业务处理：按照出厂价格进行无票视同销售的销项采集。
>
> 业务依据：(1) 据增值税视同销售行为的规定：将自产、委托加工或购买的货物无偿赠送他人的，应当视同销售。(2) 纳税人有价格明显偏低并且无正当理由或者有视同销售货物行为而无销售额的，按下列顺序确定销售额。
>
> ①按纳税人最近时期同类货物的平均销售价格确定。
>
> ②按其他纳税人最近时期同类货物的平均销售价格确定。
>
> ③按组成计税价格确定 [组成计税价格 = 成本 × (1 + 成本利润率)]。

经济业务 21

16 日，公司使用银行转账支付杭州文传广告有限公司 05 月的广告费，共计 84 800.00元，取得增值税专用发票一份。

3301190230　浙江增值税专用发票　N017472323　3301190230 17472323

开票日期：2021年06月16日

购买方
名　　称：浙江茶颜化妆品股份有限公司
纳税人识别号：913301083927443226
地址、电话：杭州市西湖区教工路85号1012楼057187480661
开户行及账号：中国农业银行杭州教工路支行12020231007581035

密码区
67/*+3*0/611*++0/+0*/*+3+2/9
11+66666**066611*+66666*
1**+216***6000*261*2*4/*547
203994+-42*64151*6915361/3*

货物或应税劳务、服务名称	规格型号	单位	数量	单价	金额	税率	税额
*文化创意服务*广告费		次	1	80000.00	80000.00	6%	4800
合　计					¥80000.00		¥4800.00

价税合计（大写）⊗捌万肆仟捌佰圆整　　（小写）¥84800.00

销售方
名　　称：杭州文化广播有限公司
纳税人识别号：91330121251616834
地址、电话：杭州市留下镇四路1号057188217777
开户行及账号：建设银行留四路支行310054124000012576

备注

收款人：　　复核：　　开票人：齐秦　　销售方：章

国税函（2014）257 号浙江印钞厂

第二联：抵扣联　购买方抵扣凭证

3301190230　浙江增值税专用发票　NO17472323　3301190230 17472323

发票联

开票日期：2021年06月16日

购买方	
名　　称：	浙江茶颜化妆品股份有限公司
纳税人识别号：	913301083927443226
地址、电话：	杭州市西湖区教工路85号1012楼057187480661
开户行及账号：	中国农业银行杭州教工路支行12020231007581035

密码区：
67/*+3*0/611*++0/+0*/*+3+2/9
11+66666**066611*+66666*
1**+216***6000*261*2*4/*547
203994+-42*64151*6915361/3*

货物或应税劳务、服务名称	规格型号	单位	数量	单价	金额	税率	税额
*文化创意服务*广告费		次	1	80000.00	80000.00	6%	4800
合　计					¥80000.00		¥4800.00

银行付讫

价税合计（大写）⊗捌万肆仟捌佰圆整　（小写）¥84800.00

销售方	
名　　称：	杭州文化广播有限公司
纳税人识别号：	91330121251616834
地址、电话：	杭州市留下镇四路1号057188217777
开户行及账号：	建设银行留四路支行310054124000012576

备注：杭州文化广告有限公司 91330121251616834 发票专用章

收款人：　复核：　开票人：齐鑫　销售方：章

国税函（2014）257号浙江印钞厂

第三联：发票联　购买方记账凭证

解析

业务处理：进行增值税专用发票的进项采集。

业务依据：纳税人从销售方取得的增值税专用发票上注明的增值税额，可以从销项税额中抵扣。

经济业务22

16日，公司为06月生日的全体女职员发放职工福利，向每位女职员（共100人）发放C礼品套盒一个，内有本公司生产的高档护肤类化妆品50ml精华液一瓶和普通护肤品120g洗面奶一支、60ml防晒霜一瓶。其中精华液同类出厂不含税价1 210.00元/瓶，洗面奶同类出厂不含税价75.00元/支、防晒霜同类出厂不含税价200.00元/瓶。

出库单　NO 73640730

会计部门编号 001

仓库部门编号 001　　2021年06月16日

编号	名称	规格	单位	出库数量	单价	金额	备注
1	精华液	50ml	瓶	100	720.00	72000.00	
2	洗面奶	120g	支	100	42.00	4200.00	
3	防晒霜	60ml	瓶	100	108.00	10800.00	
	合计			300		¥87000.00	

第二联交财务部

生产车间或部门：化妆品生产部　　仓库管理员：周伟豪

解析

业务处理：按照出厂价格进行无票视同销售的销项采集。

业务依据：（1）据增值税视同销售行为的规定：将自产、委托加工的货物用于集体福利或者个人消费的，应当视同销售。（2）纳税人有价格明显偏低并且无正当理由或者有视同销售货物行为而无销售额的，按下列顺序确定销售额。

①按纳税人最近时期同类货物的平均销售价格确定。

②按其他纳税人最近时期同类货物的平均销售价格确定。

③按组成计税价格确定［组成计税价格＝成本×（1＋成本利润率)］。

经济业务23

18日，因本月销售业绩可观，故公司将新研制的一批高档香水作为职工福利发放给销售部职员。该批新研制的高档香水成本价为120 000.00元，成本利润率为5%，该新型高档香水无同类产品市场销售价格。

会计部门编号 001　　**出库单**　　NO 73640731

仓库部门编号 001　　2021 年 06 月 18 日

编号	名称	规格	单位	出库数量	单价	金额	备注
1	高档香水		批	1	120000.00	120000.00	
合计				1		¥120000.00	

第二联交财务部

生产车间或部门： 化妆品生产部　　**仓库管理员：** 周伟豪

解析

业务处理：按照组成计税价格进行无票视同销售的销项采集。

业务依据：（1）据增值税视同销售行为的规定：将自产、委托加工的货物用于集体福利或者个人消费的，应当视同销售。（2）纳税人有价格明显偏低并且无正当理由或者有视同销售货物行为而无销售额的，按下列顺序确定销售额。

①按纳税人最近时期同类货物的平均销售价格确定。

②按其他纳税人最近时期同类货物的平均销售价格确定。

③按组成计税价格确定［组成计税价格＝成本×（1＋成本利润率)］。

经济业务24

18日，公司从杭州易信打印设备有限公司购入打印机2台，货款共计3 390.00元，销售部及财务部各直接领用一台，取得增值税专用发票一份，款项暂未支付。

3301190230　浙江增值税专用发票　N083066621　3301190230 83066621

抵扣联

开票日期：2021年06月18日

国税函（2014）257号浙江印钞厂

购买方	名　　称：浙江茶颜化妆品股份有限公司 纳税人识别号：913301083927443226 地址、电话：杭州市西湖区教工路85号1012楼057187480661 开户行及账号：中国农业银行杭州教工路支行12020231007581035	密码区	67/*+3*0/611*++0/+0*/*+3+2/9 *11*+66666**066611*+66666* 1**+216***6000*261*2*4/*547 203994+-42*64151*6915361/3*

货物或应税劳务、服务名称	规格型号	单位	数量	单价	金额	税率	税额
*计算机外部设备*打印机		台	2	1500.00	3000.00	6%	180
合　计					¥3000.00		¥180.00
价税合计（大写）	⊗叁仟壹佰捌拾圆整				（小写）　¥3180.00		

销售方	名　　称：杭州易信打印设备有限公司 纳税人识别号：913301007966904998 地址、电话：杭州市大关路22号87006010 开户行及账号：广发银行杭州市文三路支行662510000004352	备注	杭州易信打印设备有限公司 913301007966904998 发票专用章

收款人：　　复核：　　开票人：秦芳　　销售方：（章）

第二联：抵扣联　购买方抵扣凭证

3301190230　浙江增值税专用发票　N083066621　3301190230 83066621

发票联

开票日期：2021年06月18日

国税函（2014）257号浙江印钞厂

购买方	名　　称：浙江茶颜化妆品股份有限公司 纳税人识别号：913301083927443226 地址、电话：杭州市西湖区教工路85号1012楼057187480661 开户行及账号：中国农业银行杭州教工路支行12020231007581035	密码区	67/*+3*0/611*++0/+0*/*+3+2/9 *11*+66666**066611*+66666* 1**+216***6000*261*2*4/*547 203994+-42*64151*6915361/3*

货物或应税劳务、服务名称	规格型号	单位	数量	单价	金额	税率	税额
*计算机外部设备*打印机		台	2	1500.00	3000.00	6%	180
合　计					¥3000.00		¥180.00
价税合计（大写）	⊗叁仟壹佰捌拾圆整				（小写）　¥3180.00		

销售方	名　　称：杭州易信打印设备有限公司 纳税人识别号：913301007966904998 地址、电话：杭州市大关路22号87006010 开户行及账号：广发银行杭州市文三路支行662510000004352	备注	杭州易信打印设备有限公司 913301007966904998 发票专用章

收款人：　　复核：　　开票人：秦芳　　销售方：（章）

第三联：发票联　购买方记账凭证

解析

业务处理：进行增值税专用发票的进项采集。

业务依据：纳税人从销售方取得的增值税专用发票上注明的增值税额，可以从销项税额中抵扣。

经济业务 25

20 日，向家乐福（杭州）超市销售高档美容、修饰类化妆品及普通护肤品一批，款项暂未收取，开具增值税普通发票一份。

033001923102

机器编码：

浙江增值税普通发票 N063542893

浙江

033001923102
63542893

开票日期：2021年06月20日

购买方	名　称：家乐福（杭州）超市 纳税人识别号：91332020078156738 地址、电话：杭州市萧山区南阳街道遁红山村0571-82513379 开户行及账号：中国农业银行杭州南阳支行0283849383339	密码区	67/*+3*0/611*++0/+0*/*+3+2/9 *11*+66666**066611*+66666* 1**+216***6000*261*2*4/*547 203994+-42*64151*6915361/3*

货物或应税劳务、服务名称	规格型号	单位	数量	单价	金额	税率	税额
*美容护肤品*面唇膏		支	300	310.00	93000.00	13%	12090
*美容护肤品*睫毛膏		支	180	360.00	64800.00	13%	8424
*美容护肤品*洗面奶	120g	支	300	80.00	24000.00	13%	3120
*美容护肤品*防晒霜	60ml	瓶	280	228.00	63840.00	13%	8299.2
*美容护肤品*面膜		盒	215	98.00	21070.00	13%	2739.1
合　计					￥266710.0(		￥34672.3
价税合计（大写）	⊗叁拾万零壹仟叁佰捌拾贰圆叁角整				（小写）￥301382.30		

销售方	名　称：浙江茶颜化妆品股份有限公司 纳税人识别号：91330108392744322б 地址、电话：杭州市西湖区教工路85号10-12楼057187480661 开户行及账号：中国农业银行杭州教工路支行12020231007581035	备注	

收款人：　复核：　开票人：吴国志　销售方：（章）

第一联：记账联　销售方记账凭证

国税函（2014）257号浙江印刷厂

出库单

会计部门编号 001　　NO 73640732

仓库部门编号 001　　2021 年 06 月 20 日

编号	名称	规格	单位	出库数量	单价	金额	备注
1	唇膏		支	300	100.00	30000.00	
2	睫毛膏		支	180	140.00	25200.00	
3	洗面奶	120g	支	300	42.00	12600.00	
4	防晒霜	60ml	瓶	280	108.00	30240.00	
5	面膜		盒	215	48.00	10320.00	
合计				1275		￥108360.00	

生产车间或部门：化妆品生产部　　仓库管理员：周伟豪

第二联交财务部

解析

业务处理：进行增值税普通发票的销项采集。

业务依据：根据增值税纳税义务发生时间：发生应税销售行为，纳税义务发生时间为收讫销售款项或者取得索取销售款项凭据的当天；先开具发票的，为开具发票的当天。本业务虽未收取款项，但已开具发票，纳税义务已经发生。

经济业务 26

20 日，公司从从杭州绿城房地产有限公司购入房产一套，作为仓库使用，价款共计 1 038 770.00 元，取得增值税专用发票一张，款项已通过银行转账支付。

3301192130　浙江增值税专用发票　N071004962　3301192130 71004962

此联不作报销、扣税凭证使用（印章：全国统一发票监制章 浙江 国家税务总局监制）

开票日期：2021年06月20日

购买方	名　　称：浙江茶颜化妆品股份有限公司 纳税人识别号：913301083927443226 地址、电话：杭州市西湖区教工路85号1012楼057187480661 开户行及账号：中国农业银行杭州教工路支行12020231007581035	密码区	67/*+3*0/611*++0/+0*/*+3+2/9 *11*+66666**066611*+66666* 1**+216***6000*261*2*4/*547 203994+-42*64151*6915361/3*

货物或应税劳务、服务名称	规格型号	单位	数量	单价	金额	税率	税额
*不动产*房屋款		间	1	953000.00	953000.00	9%	85770
合　计					¥953000.00		¥85770.00
价税合计（大写）	⊗壹佰零叁万捌仟柒佰柒拾圆整				（小写）¥1038770.00		

销售方	名　　称：杭州绿城房地产有限公司 纳税人识别号：913397384180542105 地址、电话：杭州市下城区白石巷216号 057186251340 开户行及账号：招行杭州分行营业部5719007354101034	备注	房屋坐落地址：杭州市下城区教工路38号云鹤大厦15层501号 （印章：杭州绿城房地产有限公司 913397384180542105 发票专用章）

收款人：　　复核：　　开票人：丁军　　销售方：（章）

国税函（2014）257号浙江印钞厂

第二联：抵扣联　购买方抵扣凭证

3301192130　浙江增值税专用发票　N071004962　3301192130 71004962

（印章：全国统一发票监制章 浙江 国家税务总局监制）

发票联

开票日期：2021年06月20日

购买方	名　　称：浙江茶颜化妆品股份有限公司 纳税人识别号：913301083927443226 地址、电话：杭州市西湖区教工路85号1012楼057187480661 开户行及账号：中国农业银行杭州教工路支行12020231007581035	密码区	67/*+3*0/611*++0/+0*/*+3+2/9 *11*+66666**066611*+66666* 1**+216***6000*261*2*4/*547 203994+-42*64151*6915361/3*

货物或应税劳务、服务名称	规格型号	单位	数量	单价	金额	税率	税额
*不动产*房屋款		间	1	953000.00	953000.00	9%	85770
					银行付讫		
合　计					¥953000.00		¥85770.00
价税合计（大写）	⊗壹佰零叁万捌仟柒佰柒拾圆整				（小写）¥1038770.00		

销售方	名　　称：杭州绿城房地产有限公司 纳税人识别号：913397384180542105 地址、电话：杭州市下城区白石巷216号 057186251340 开户行及账号：招行杭州分行营业部5719007354101034	备注	房屋坐落地址：杭州市下城区教工路38号云鹤大厦15层501号 （印章：杭州绿城房地产有限公司 913397384180542105 发票专用章）

收款人：　　复核：　　开票人：丁军　　销售方：（章）

国税函（2014）257号浙江印钞厂

第三联：发票联　购买方记账凭证

解析

业务处理：进行增值税专用发票的进项采集。

业务依据：纳税人从销售方取得的增值税专用发票上注明的增值税额，可以从销项税额中抵扣。

经济业务 27

23 日，收到杭州市电力有限公司开具的电费增值税专用发票一份，本月用电共计 14 800 度，其中生产车间用电 8 320 度，行政管理部门用电 2 750 度，销售部门用电

3 730度，电费已通过银行转账支付。

3301192130 浙江增值税专用发票 N061661023 3301192130 61661023

抵扣联

开票日期：2021年06月23日

购买方	名称：浙江茶颜化妆品股份有限公司 纳税人识别号：913301083927443226 地址、电话：杭州市西湖区教工路85号1012楼057187480661 开户行及账号：中国农业银行杭州教工路支行12020231007581035			密码区	67/*+3*0/611*++0/+0*/*+3+2/9 *11*+66666**066611*+66666* 1**+216***6000*261*2*4/*547 203994+-42*64151*6915361/3*		
货物或应税劳务、服务名称	规格型号	单位	数量	单价	金额	税率	税额
*供电*电费		度	14800	1.50	22200.00	13%	2886
合计					¥22200.00		¥2886.00
价税合计（大写）	⊗贰万伍仟零捌拾陆圆整				（小写） ¥25086.00		
销售方	名称：杭州市电力有限公司 纳税人识别号：913309865434565654 地址、电话：浙江省杭州市滨盛路152号 05718285294 开户行及账号：工行高新支行1202000374838786			备注			

收款人： 复核： 开票人：周睿 销售方：章

国税函（2014）257号浙江印钞厂

第二联：抵扣联 购买方扣税凭证

3301192130 浙江增值税专用发票 N061661023 3301192130 61661023

发票联

开票日期：2021年06月23日

购买方	名称：浙江茶颜化妆品股份有限公司 纳税人识别号：913301083927443226 地址、电话：杭州市西湖区教工路85号1012楼057187480661 开户行及账号：中国农业银行杭州教工路支行12020231007581035			密码区	67/*+3*0/611*++0/+0*/*+3+2/9 *11*+66666**066611*+66666* 1**+216***6000*261*2*4/*547 203994+-42*64151*6915361/3*		
货物或应税劳务、服务名称	规格型号	单位	数量	单价	金额	税率	税额
*供电*电费		度	14800	1.50	22200.00	13%	2886
					银行付讫		
合计					¥22200.00		¥2886.00
价税合计（大写）	⊗贰万伍仟零捌拾陆圆整				（小写） ¥25086.00		
销售方	名称：杭州市电力有限公司 纳税人识别号：913309865434565654 地址、电话：浙江省杭州市滨盛路152号 05718285294 开户行及账号：工行高新支行1202000374838786			备注			

收款人： 复核： 开票人：周睿 销售方：章

国税函（2014）257号浙江印钞厂

第三联：发票联 购买方记账凭证

解析

业务处理：进行增值税专用发票的进项采集。

业务依据：纳税人从销售方取得的增值税专用发票上注明的增值税额，可以从销项税额中抵扣。

经济业务28

24日，向杭州弗瑞百货有限公司销售高档美容、修饰类化妆品及高档护肤类化妆品一批。为及早收回货款，公司与杭州弗瑞百货约定的现金折扣条件为：2/10，1/20，

n/30，商品已发出，假定计算现金折扣时不考虑增值税。开具增值税普通发票一份。

出库单　　NO 73640733

会计部门编号 001

仓库部门编号 001　　2021 年 06 月 24 日

编号	名称	规格	单位	出库数量	单价	金额	备注
1	香水	30ml	瓶	180	300.00	54000.00	
2	粉底液	30ml	瓶	150	150.00	22500.00	
3	气垫 BB 霜		盒	200	280.00	56000.00	
4	面霜	50g	瓶	120	350.00	42000.00	
5	大眼眼霜	15g	瓶	200	230.00	46000.00	
6	精华液	50ml	瓶	80	720.00	57600.00	
合计				930		¥278100.00	

第二联交财务部

生产车间或部门：化妆品生产部　　**仓库管理员：**周伟豪

033001923102

机器编码：

浙江增值税普通发票 N063542894

033001923102

63542894

开票日期：2021年06月24日

购买方	名　称：杭州弗瑞百货有限公司 纳税人识别号：913301001655861332 地址、电话：杭州市天明路2号0571-86535621 开户行及账号：中国工商银行杭州分行33222012040333029
密码区	67/*+3*0/611*++0/+0*/*+3+2/9 *11*+66666**066611*+66666* 1**+216***6000*261*2*4/*547 203994+-42*64151*6915361/3*

货物或应税劳务、服务名称	规格型号	单位	数量	单价	金额	税率	税额
*美容护肤品*香水	30ml	瓶	180	690.00	124200.00	13%	16146
*美容护肤品*粉底液	30ml	瓶	150	420.00	63000.00	13%	8190
*美容护肤品*气垫BB霜		盒	200	630.00	126000.00	13%	16380
*美容护肤品*面霜	50g	瓶	120	860.00	103200.00	13%	13416
*美容护肤品*大眼睛霜	15g	瓶	200	1166.00	233200.00	13%	30316
合　计					¥649600.0(		¥84448.0
价税合计(大写)	⊗柒拾叁万肆仟零肆拾捌圆整				(小写)	¥734048.00	

销售方	名　称：浙江茶颜化妆品股份有限公司 纳税人识别号：913301083927443226 地址、电话：杭州市西湖区教工路85号10-12楼057187480661 开户行及账号：中国农业银行杭州教工路支行12020231007581035
备注	

收款人：　复核：　开票人：吴国志　销售方：章

第一联：记账联　销售方记账凭证

国税函(2014) 257 号浙江印钞厂

解析

业务处理：进行增值税普通发票的销项采集。

业务依据：(1) 根据增值税纳税义务发生时间：发生应税销售行为，纳税义务发生时间为收讫销售款项或者取得索取销售款项凭据的当天；先开具发票的，为开具发票的当天。本业务已开具发票，纳税义务已经发生。(2) 根据增值税销售额的确定：发生现金折扣的实质属于融资行为，折扣额不得从销售额中减除。

经济业务 29

26 日，公司通过银行转账支付顺丰物流运输有限公司本月行政管理部门发生的快递费，共计 700.00 元，取得增值税专用发票一份。

3301192130 浙江增值税专用发票 N095230520 3301192130 95230520

（全国统一发票监制章 浙江 国家税务总局监制）抵扣联

开票日期：2021年06月26日

购买方	名称：浙江茶颜化妆品股份有限公司 纳税人识别号：913301083927443226 地址、电话：杭州市西湖区教工路85号1012楼057187480661 开户行及账号：中国农业银行杭州教工路支行12020231007581035	密码区	67/*+3*0/611*++0/+0*/*+3+2/9 *11*+66666**066611*+66666* 1**+216***6000*261*2*4/*547 203994+-42*64151*6915361/3*

货物或应税劳务、服务名称	规格型号	单位	数量	单价	金额	税率	税额
*物流辅助服务*快递费					660.38	6%	39.62
合计					¥660.38		¥39.62
价税合计（大写）	⊗柒佰圆整				（小写）	¥700.00	

销售方	名称：顺丰物流运输有限公司 纳税人识别号：913301152356841016 地址、电话：杭州市西湖区西溪路22号 057185540008 开户行及账号：中国工商银行西溪支行12020089657343	备注	（顺丰物流运输有限公司 913301152356841016 发票专用章）

收款人： 复核： 开票人：王森木 销售方：章

国税函〔2014〕257号浙江印钞厂

第二联：抵扣联 购买方抵扣凭证

3301192130 浙江增值税专用发票 N095230520 3301192130 95230520

（全国统一发票监制章 浙江 国家税务总局监制）发票联

开票日期：2021年06月26日

购买方	名称：浙江茶颜化妆品股份有限公司 纳税人识别号：913301083927443226 地址、电话：杭州市西湖区教工路85号1012楼057187480661 开户行及账号：中国农业银行杭州教工路支行12020231007581035	密码区	67/*+3*0/611*++0/+0*/*+3+2/9 *11*+66666**066611*+66666* 1**+216***6000*261*2*4/*547 203994+-42*64151*6915361/3*

货物或应税劳务、服务名称	规格型号	单位	数量	单价	金额	税率	税额
*物流辅助服务*快递费				银行付讫	660.38	6%	39.62
合计					¥660.38		¥39.62
价税合计（大写）	⊗柒佰圆整				（小写）	¥700.00	

销售方	名称：顺丰物流运输有限公司 纳税人识别号：913301152356841016 地址、电话：杭州市西湖区西溪路22号 057185540008 开户行及账号：中国工商银行西溪支行12020089657343	备注	（顺丰物流运输有限公司 913301152356841016 发票专用章）

收款人： 复核： 开票人：王森木 销售方：章

国税函〔2014〕257号浙江印钞厂

第三联：发票联 购买方记账凭证

解析

业务处理：进行增值税专用发票的进项采集。

业务依据：纳税人从销售方取得的增值税专用发票上注明的增值税额，可以从销项税额中抵扣。

经济业务30

28日，公司在财产清查中发现盘亏普通护肤品一批，账面成本为50 000.00元，其中外购普通护肤品比例占 70%，其进项税额已于上月抵扣。经查属于材料保管员的过失造成的，按规定由其个人赔偿 37 800.00 元。

存货盘亏处理通知单

盘亏的材料，经查属于材料保管员的过失造成的。报经审批后，由其个人赔偿 37800.00 元，其他计入管理费用。

财务经理：刘伟光

2021 年 06 月 28 日

会计主管：王彦玥

（印章：浙江茶颜化妆品股份有限公司）

解析　业务处理：进行进项税额转出的采集。

业务依据：企业因管理不善造成货物被盗、丢失、霉烂变质的损失属于非正常损失，非正常损失货物的进项税额在增值税中不得扣除。本业务中损失货物的进项税额已于上月抵扣，损失发生时应当做进项税额转出处理。

经济业务 31

28 日，与浙江壹万电子科技有限公司签订软件技术服务合同一份，合同标的“技术服务费”含税金额为 115 800.00 元，合同执行过程中各种税费、手续费由销方承担，款项尚未收取，开具增值税普通发票一份。

033001923102

机器编码：

浙江增值税普通发票 N063542895

（监制章：全国统一发票监制章 浙江 国家税务总局监制）

记账联

033001923102
63542895

开票日期：2021年06月28日

购买方	名　称：浙江壹万电子科技有限公司 纳税人识别号：913304244576646389 地址、电话：杭州市滨江区南环路3232号0571-88042233 开户行及账号：中国农业银行浦沿支行12033829300044
密码区	67/*+3*0/611*++0/+0*/*+3+2/9 *11*+66666**066611*+66666* 1**+216***6000*261*2*4/*547 203994+-42*64151*6915361/3*

货物或应税劳务、服务名称	规格型号	单位	数量	单价	金额	税率	税额
*信息技术服务*技术服务费		次	1	109245.28	109245.28	6%	6554.72
合　计					¥109245.28		¥6554.72
价税合计（大写）	⊗壹拾壹万伍仟捌佰圆整				（小写）	¥115800.00	

销售方	名　称：浙江茶颜化妆品股份有限公司 纳税人识别号：913301083927443226 地址、电话：杭州市西湖区教工路85号10-12楼057187480661 开户行及账号：中国农业银行杭州教工路支行1202023100758103５
备注	

收款人：　　复核：　　开票人：吴国志　　销售方：章

国税函（2014）257 号浙江印钞厂

第一联：记账联　销售方记账凭证

解析

业务处理：进行增值税普通发票的销项采集。

业务依据：根据增值税纳税义务发生时间：发生应税销售行为，纳税义务发生时间为收讫销售款项或者取得索取销售款项凭据的当天；先开具发票的，为开具发票的当天。本业务已开具发票，纳税义务已经发生。

经济业务 32

28 日，公司收到杭州弗瑞百货有限公司本月 24 日的货款，共计 721 056.00 元。

中国农业银行进账单（回单） 1

2021 年 06 月 28 日

出票人	全称	杭州弗瑞百货有限公司	收款人	全称	浙江茶颜化妆品股份有限公司
	账号	33222012040333029		账号	12020231007581035
	开户银行	中国工商银行杭州分行		开户银行	中国农业银行杭州教工路支行
金额	人民币（大写）柒拾贰万壹仟零伍拾陆元整				千 百 十 万 千 百 十 元 角 分 ¥ 7 2 1 0 5 6 0 0
票据种类	转账支票	票据张数	1		
票据号码	07418107				
复核 记账					中国农业银行杭州教工路支行 2021.06.28 受理凭证章 收款人开户银行盖章

此联是收款人开户银行交给收款人的收账通知

解析

业务处理：不进行处理。

业务依据：24 日的销售业务已开具发票，当天已发生过纳税义务，收到货款时不需要再进行处理。

（二）练习案例

1. 案例资料

浙江才赢教育科技有限公司 2019 年 05 月初有上期留抵进项税额 31 026.49 元，2019 年 05 月发生的经济业务如下：

经济业务 1

15 日，从三合科技有限公司购入打印机 20 台，金额共计 19 111.76 元，取得增值税专用发票一份，款已付。

3301192142 浙江增值税专用发票 N000386205

3301192142
00386205

抵扣联

开票日期：2019年05月15日

购买方	名　　称：浙江才赢教育科技有限公司 纳税人识别号：913301027679916297 地址、电话：杭州市滨江区彩虹路8号0571-88606000 开户行及账号：杭州联合银行浦沿支行201000007406610	密码区：67/*+3*0/611*++0/+0*/*+3+2/9 *11*+66666**066611*+66666* 1**+216***6000*261*2*4/*547 203994+-42*64151*6915361/3*

货物或应税劳务、服务名称	规格型号	单位	数量	单价	金额	税率	税额
*计算机外部设备*打印机	HP P1108	台	20	845.653	16913.06	13%	2198.7
合　计					¥16913.06		¥2198.70
价税合计（大写）	⊗壹万玖仟壹佰壹拾壹圆柒角陆分				（小写）¥19111.76		

销售方	名　　称：三合科技有限公司 纳税人识别号：913302201657196432 地址、电话：杭州市拱墅区区花园路18号 057188860300 开户行及账号：中国工商银行花园支行1202007219900126230	备注：（三合科技有限公司 913302201657196432 发票专用章）

收款人：　　复核：　　开票人：华君　　销售方：章

国税函（2014）257号浙江印钞厂

第二联：抵扣联 购买方抵扣凭证

3301192142 浙江增值税专用发票 N000386205

3301192142
00386205

发票联

开票日期：2019年05月15日

购买方	名　　称：浙江才赢教育科技有限公司 纳税人识别号：913301027679916297 地址、电话：杭州市滨江区彩虹路8号0571-88606000 开户行及账号：杭州联合银行浦沿支行201000007406610	密码区：67/*+3*0/611*++0/+0*/*+3+2/9 *11*+66666**066611*+66666* 1**+216***6000*261*2*4/*547 203994+-42*64151*6915361/3*

货物或应税劳务、服务名称	规格型号	单位	数量	单价	金额	税率	税额
*计算机外部设备*打印机	HP P1108	台	20	845.653	16913.06	13%	2198.7
合　计					¥16913.06		¥2198.70
价税合计（大写）	⊗壹万玖仟壹佰壹拾壹圆柒角陆分				（小写）¥19111.76		

销售方	名　　称：三合科技有限公司 纳税人识别号：913302201657196432 地址、电话：杭州市拱墅区区花园路18号 057188860300 开户行及账号：中国工商银行花园支行1202007219900126230	备注：（三合科技有限公司 913302201657196432 发票专用章）

收款人：　　复核：　　开票人：华君　　销售方：章

国税函（2014）257号浙江印钞厂

第三联：发票联 购买方记账凭证

经济业务 2

15 日，向立天实业有限公司销售打印机 60 台，货款共计 190 282.96 元，开具增值税专用发票一份，款项暂未收取。

3301192142 浙江增值税专用发票 N000000025

3301192142
00000025

（全国统一发票监制章 浙江 国家税务总局监制）

此联不作报销、扣税凭证使用

开票日期：2019年05月15日

购买方	名　　称：立天实业有限公司 纳税人识别号：913301247195359213 地址、电话：武汉市解放大道1008号 027-87689009 开户行及账号：工商银行汉口支行 421602375065708063212	密码区	67/*+3*0/611*++0/+0*/*+3+2 *11*+66666**066611*+66666* 1**+216***6000*261*2*4/*54 203994+-42*64151*6915361/3

货物或应税劳务、服务名称	规格型号	单位	数量	单价	金额	税率	税额
*计算机外部设备*打印机	HP M254dw	台	60	2806.5333	168392.00	13%	21890.96
合　计					¥168392.00		¥21890.96
价税合计（大写）	⊗壹拾玖万零贰佰捌拾贰元玖角陆分				（小写）¥190282.96		

销售方	名　　称：浙江才赢教育科技有限公司 纳税人识别号：913301027679916297 地址、电话：滨江区西兴街道滨安路435号 0571-88302562 开户行及账号：宁波银行杭州滨江支行 71010122001312469	备注	

收款人：　　复核：　　开票人：何爱萍　　销售方：（章）

国税函（2014）257号浙江印钞厂

第一联：记账联　销售方记账凭证

经济业务3

18日，收到内江凌丰汽车运输有限责任公司开具的运费增值税专用发票一份，款已付。

3301192142 浙江增值税专用发票 N000036101

3301192142
00036101

（全国统一发票监制章 浙江 国家税务总局监制）

开票日期：2019年05月18日

购买方	名　　称：浙江才赢教育科技有限公司 纳税人识别号：913301027679916297 地址、电话：杭州市滨江区彩虹路8号0571-88606000 开户行及账号：杭州联合银行浦沿支行201000007406610	密码区	67/*+3*0/611*++0/+0*/*+3+2/9 *11*+66666**066611*+66666* 1**+216***6000*261*2*4/*547 203994+-42*64151*6915361/3*

货物或应税劳务、服务名称	规格型号	单位	数量	单价	金额	税率	税额
*运输服务*货物运输		次	1	21152.03	21152.03	9%	1903.68
合　计					¥21152.03		¥1903.68
价税合计（大写）	⊗贰万叁仟零伍拾伍圆柒角壹分				（小写）¥23055.71		

销售方	名　　称：内江凌丰汽车运输有限责任公司 纳税人识别号：913305110027236255 地址、电话：杭州市拱墅区区花园路18号 0571-80032102 开户行及账号：中国工商银行城西支行古墩路支行1202224909900154809	备注	起运地：河南郑州 到达地：浙江杭州 （内江凌丰汽车运输有限责任公司 913305110027236255 发票专用章）

收款人：　　复核：　　开票人：李丹　　销售方：（章）

国税函（2014）257号浙江印钞厂

第二联：抵扣联　购买方抵扣凭证

3301192142　　浙江增值税专用发票　　NO00036101　　3301192142 00036101

全国统一发票监制章 浙江 国家税务总局监制

发票联

开票日期：2019年05月18日

国税函(2014) 257 号浙江印钞厂

购买方	名　　称：浙江才赢教育科技有限公司 纳税人识别号：913301027679916297 地址、电话：杭州市滨江区彩虹路8号0571-88606000 开户行及账号：杭州联合银行浦沿支行201000007406610					密码区	67/*+3*0/611*++0/+0*/*+3+2/9 *11*+66666**066611*+66666* 1**+216***6000*261*2*4/*547 203994+-42*64151*6915361/3*	
货物或应税劳务、服务名称	规格型号	单位	数量	单价	金额	税率	税额	
*运输服务*货物运输		次	1	21152.03	21152.03	9%	1903.68	
合　计					¥21152.03		¥1903.68	
价税合计（大写）	⊗贰万叁仟零伍拾伍圆柒角壹分				（小写）	¥23055.71		
销售方	名　　称：内江凌丰汽车运输有限责任公司 纳税人识别号：91330511002723625 地址、电话：杭州市拱墅区区花园路18号 0571-80032102 开户行及账号：中国工商银行城西支行古墩路支行1202224909900154809					备注	起送点：河南郑州 到达地：浙江杭州	

内江凌丰汽车运输有限责任公司 91330511002723625 发票专用章

收款人：　　复核：　　开票人：李丹　　销售方：章

第三联：发票联　购买方记账凭证

经济业务 4

18 日，向新大印刷有限公司销售打印机 120 台，货款共计 276 999. 37 元，开具增值税专用发票一份，款项暂未收取。

3301192142　　浙江增值税专用发票　　NO00000026　　3301192142 00000026

全国统一发票监制章 浙江 国家税务总局监制

此联不作报销、扣税凭证使用

开票日期：2019年05月18日

国税函(2014) 257 号浙江印钞厂

购买方	名　　称：新大印刷有限公司 纳税人识别号：913301657125675277 地址、电话：望江东路333号 0571-81065330 开户行及账号：杭州银行四季青支行 74418100312068					密码区	67/*+3*0/611*++0/+0*/*+3+2 *11*+66666**066611*+66666* 1**+216***6000*261*2*4/*54 203994+-42*64151*6915361/3	
货物或应税劳务、服务名称	规格型号	单位	数量	单价	金额	税率	税额	
*计算机外部设备*打印机	爱迪生L805	台	120	2042. 7683	245132. 19	13%	31867. 18	
合　计					¥245132. 19		¥31867. 18	
价税合计（大写）	⊗贰拾柒万陆仟玖佰玖拾玖圆叁角柒分				（小写）	¥276999. 37		
销售方	名　　称：浙江才赢教育科技有限公司 纳税人识别号：913301027679916297 地址、电话：滨江区西兴街道滨安路435号 0571-88302562 开户行及账号：宁波银行杭州滨江支行 71010122001312469					备注		

收款人：　　复核：　　开票人：何爱萍　　销售方：章

第一联：记账联　销售方记账凭证

经济业务 5

20 日，从联想科技有限公司购入电脑一台，金额共计 3 977. 81 元，取得增值税专用发票一份，款已付。

3301192142 浙江增值税专用发票 N000562021 3301192142 00562021

抵扣联

开票日期：2019年05月20日

购买方	名称：浙江才赢教育科技有限公司 纳税人识别号：913301027679916297 地址、电话：杭州市滨江区彩虹路8号0571-88606000 开户行及账号：杭州联合银行浦沿支行201000007406610				密码区	67/*+3*0/611*++0/+0*/*+3+2/9 *11*+66666**066611*+66666* 1**+216***6000*261*2*4/*547 203994+-42*64151*6915361/3*	
货物或应税劳务、服务名称	规格型号	单位	数量	单价	金额	税率	税额
*电子计算机*计算机		台	1	3520.19	3520.19	13%	457.62
合计					¥3520.19		¥457.62
价税合计（大写）	⊗叁仟玖佰柒拾柒圆捌角壹分				（小写）¥3977.81		
销售方	名称：联想科技有限公司 纳税人识别号：913301329571001526 地址、电话：杭州市西湖区环城东路2号 0571-88666600 开户行及账号：招商银行杭州钱塘支行571911935413131				备注	联想科技有限公司 913301329571001526 发票专用章	

收款人： 复核： 开票人：李妙 销售方：章

国税函（2014）257号浙江印钞厂

第二联：抵扣联 购买方抵扣凭证

3301192142 浙江增值税专用发票 N000562021 3301192142 00562021

发票联

开票日期：2019年05月20日

购买方	名称：浙江才赢教育科技有限公司 纳税人识别号：913301027679916297 地址、电话：杭州市滨江区彩虹路8号0571-88606000 开户行及账号：杭州联合银行浦沿支行201000007406610				密码区	67/*+3*0/611*++0/+0*/*+3+2/9 *11*+66666**066611*+66666* 1**+216***6000*261*2*4/*547 203994+-42*64151*6915361/3*	
货物或应税劳务、服务名称	规格型号	单位	数量	单价	金额	税率	税额
*电子计算机*计算机		台	1	3520.19	3520.19	13%	457.62
合计					¥3520.19		¥457.62
价税合计（大写）	⊗叁仟玖佰柒拾柒圆捌角壹分				（小写）¥3977.81		
销售方	名称：联想科技有限公司 纳税人识别号：913301329571001526 地址、电话：杭州市西湖区环城东路2号 0571-88666600 开户行及账号：招商银行杭州钱塘支行571911935413131				备注	联想科技有限公司 913301329571001526 发票专用章	

收款人： 复核： 开票人：李妙 销售方：章

国税函（2014）257号浙江印钞厂

第三联：发票联 购买方记账凭证

经济业务6

22日，向鑫鑫科技有限公司销售打印机2台，货款共计11 092.23元，开具增值税专用发票一份，款项暂未收取。

3301192142　浙江增值税专用发票　N00000027　3301192142　00000027

此联不作报销、扣税凭证使用

开票日期：2019年05月22日

购买方	名　　称：鑫鑫科技有限公司 纳税人识别号：913301247146199215 地址、电话：经济技术开发区幸福南路1288号 0571-56621660 开户行及账号：工行经济技术开发区支行 1202050509900182542				密码区	67/*+3*0/611*++0/+0*/*+3+2 *11*+66666**066611*+66666* 1**+216***6000*261*2*4/*54 203994+-42*64151*6915361/3	
货物或应税劳务、服务名称	规格型号	单位	数量	单价	金额	税率	税额
*计算机外部设备*打印机	HP M403dn	台	2	4908.0650	9816.13	13%	1276.1
合　计					¥9816.13		¥1276.10
价税合计（大写）	⊗壹万壹仟零玖拾贰元贰角叁分				（小写）¥11092.23		
销售方	名　　称：浙江才赢教育科技有限公司 纳税人识别号：913301027679916297 地址、电话：滨江区西兴街道滨安路435号 0571-88302562 开户行及账号：宁波银行杭州滨江支行 71010122001312469				备注		

收款人：　　复核：　　开票人：何爱萍　　销售方：章

国税函〔2014〕257号浙江印钞厂

第一联：记账联　销售方记账凭证

经济业务 7

24 日，取得海关进口增值税专用缴款书一份，款已付。

浙江海关进口增值税专用缴款书

收入系统：税务系统　　填发日期：2019 年 05 月 24 日　　号码 No：530120111012152190-L02

收款单位	收入机关	中央金库		缴款单位或人	名称	浙江才赢教育科技有限公司
	科目	进口增值税	预算级次：中央		账号	201000007406610
	收款国库	浙江国税局杭州分局			开户银行	杭州联合银行浦沿支行

税号	货物名称	数量	单位	完税价格（¥）	税率（%）	税款金额（¥）
	电脑	2	台	10369.20	13%	1348.00
金额人民币（大写）壹万壹仟柒佰壹拾柒圆贰角整					合计（¥）	11717.20

申请单位编号	2200001988	报关单编号	002152410	填制单位	收款国库
合同（批文）号	CCNTRACT03	运输工具（号）	CZ300		
缴款期限	2019 年 06 月 08 日前	提/装货单号			
备注				制单人 复核人	

从填发缴款书之日起限 15 日内缴纳（期末遇法定节假日顺延），逾期按日征收税款总额万分之五的滞纳金

第一联收据国库收款签章后缴款单位或缴纳人

经济业务 8

26 日，从三合科技有限公司购入复印机 45 台，金额共计 416 887.35 元，取得增值

税专用发票一份，款已付。

3301192142 浙江增值税专用发票 N000386186

3301192142
00386186

开票日期：2019年05月26日

国税函（2014）257号浙江印钞厂

购买方	名称：浙江才赢教育科技有限公司 纳税人识别号：913301027679916297 地址、电话：杭州市滨江区彩虹路8号0571-88606000 开户行及账号：杭州联合银行浦沿支行201000007406610				密码区	67/*+3*0/611*++0/+0*/*+3+2/9 *11*+66666**066611*+66666* 1**+216***6000*261*2*4/*547 203994+-42*64151*6915361/3*		
货物或应税劳务、服务名称	规格型号	单位	数量	单价	金额	税率	税额	
*复印胶版印刷设备*复印机	HP M43nda	台	45	8198.3747	368926.86	13%	47960.49	
合计					¥368926.86		¥47960.49	
价税合计（大写）	⊗肆拾壹万陆仟捌佰捌拾柒圆叁角伍分				（小写）¥416887.35			
销售方	名称：三合科技有限公司 纳税人识别号：913302201657196432 地址、电话：杭州市拱墅区区花园路18号 0571-88860300 开户行及账号：中国工商银行花园支行1202207219900126230				备注	三合科技有限公司 913302201657196432 发票专用章		

第二联：抵扣联 购买方抵扣凭证

收款人： 复核： 开票人：华君 销售方：章

3301192142 浙江增值税专用发票 N000386186

3301192142
00386186

开票日期：2019年05月26日

国税函（2014）257号浙江印钞厂

购买方	名称：浙江才赢教育科技有限公司 纳税人识别号：913301027679916297 地址、电话：杭州市滨江区彩虹路8号0571-88606000 开户行及账号：杭州联合银行浦沿支行201000007406610				密码区	67/*+3*0/611*++0/+0*/*+3+2/9 *11*+66666**066611*+66666* 1**+216***6000*261*2*4/*547 203994+-42*64151*6915361/3*		
货物或应税劳务、服务名称	规格型号	单位	数量	单价	金额	税率	税额	
*复印胶版印刷设备*复印机	HP M43nda	台	45	8198.3747	368926.86	13%	47960.49	
合计					¥368926.86		¥47960.49	
价税合计（大写）	⊗肆拾壹万陆仟捌佰捌拾柒圆叁角伍分				（小写）¥416887.35			
销售方	名称：三合科技有限公司 纳税人识别号：913302201657196432 地址、电话：杭州市拱墅区区花园路18号 0571-88860300 开户行及账号：中国工商银行花园支行1202207219900126230				备注	三合科技有限公司 913302201657196432 发票专用章		

第三联：发票联 购买方记账凭证

收款人： 复核： 开票人：华君 销售方：章

经济业务9

26日，向立天实业有限公司销售打印机50台，货款共计173 097.76元，开具增值税普通发票一份，款项暂未收取。

033011921230

机器编码：

浙江增值税普通发票 N063542895

记账联

033011921230

63542895

开票日期：2019年05月26日

购买方	名　　称：浙江壹万电子科技有限公司 纳税人识别号：913304244576646389 地址、电话：杭州市滨江区南环路3232号0571-88042233 开户行及账号：中国农业银行浦沿支行12033829300044	密码区：67/*+3*0/611*++0/+0*/*+3+2/9 *11*+66666**066611*+66666* 1**+216***6000*261*2*4/*547 203994+-42*64151*6915361/3*

货物或应税劳务、服务名称	规格型号	单位	数量	单价	金额	税率	税额
*计算机外部设备*打印机	HP M403d	台	50	3063.6772	153183.86	13%	19913.9
合　计					¥153183.86		¥19913.9
价税合计（大写）	⊗壹拾柒万叁仟零玖拾柒元柒角陆分				（小写）¥173097.76		

销售方	名　　称：浙江才赢教育科技有限公司 纳税人识别号：913301027679916297 地址、电话：杭州市滨江区彩虹路8号0571-88606000 开户行及账号：杭州联合银行浦沿支行201000007406610	备注

收款人：　　复核：　　开票人：何爱萍　　销售方：（章）

国税函〔2014〕257号浙江印刷厂

第一联：记账联　销售方记账凭证

经济业务 10

28 日，公司将自产产品打印机作为职工福利发放给员工，该批打印机市场不含税售价共计为 31 590. 15 元。

出库单

会计部门编号 001　　　　NO 85420009

仓库部门编号 001　　　　2019 年 05 月 28 日

编号	名称	规格	单位	出库数量	单价	金额	备注
1	打印机		台	48			
2							
3							
合计				48			

生产车间或部门：生产二部　　　　仓库管理员：王晓明

第二联交财务部

2. 实验要求

（1）进行实验系统进行填报操作。

（2）申报完成后，进入评分系统选择相对应的案例进行系统评分，将实验报告封面及各报表依次打印，主要的申报表打印如下：

①进行系统评分后打印实验报告封面。

②增值税纳税申报表（适用于增值税一般纳税人）及其附表。

第三节　增值税小规模纳税人申报

一、实验流程介绍

学生通过增值税小规模纳税人网上申报实验模块，按照申报表的填写与编辑→申报表发送→申报结果查询→网上缴税进行实验操作，可以学习掌握关于增值税小规模纳税人申报的流程。

（一）核定信息下载及税款所属期的设置

核定业务信息选择对应的企业类型及申报类型，核定信息的类别不同，所出现的报表也不一样。

核定信息下载后，根据纳税人申报的增值税应纳税额的所属时间，设置相应的税款所属期，设置完成后本月所做的业务都自动保存在本所属期当中。若是下次打开时，已填写数据未显示，需要检查税款所属期是否没有调整。

（二）申报表填写

财政部、税务总局联合发布了《财政部 税务总局关于明确增值税小规模纳税人减免增值税等政策的公告》（2023 年第 1 号）的规定，明确了自 2023 年 1 月 1 日至 2023 年 12 月 31 日，增值税小规模纳税人（以下简称小规模纳税人）发生增值税应税销售行为，合计月销售额未超过 10 万元（以 1 个季度为 1 个纳税期的，季度销售额未超过 30 万元，下同）的，免征增值税。增值税小规模纳税人适用 3% 征收率的应税销售收入，减按 1% 征收率征收增值税；适用 3% 预征率的预缴增值税项目，减按 1% 预征率预缴增值税。

目前，《增值税及附加税费申报表（小规模纳税人适用）》包含主表、附表、辅助表共 4 张报表，其中 1 张主表、2 张附表及 1 张辅助表（涉及减免税可填写）。在申报顺序上先填写附表一、再填写主表，主表填写完成后填写附表二，保存后需再回主表确认附加税费，确认无误后再次保存。附表二从主表取数据，所以需要先填写主表再填写附表二；主表是增值税和附加税的合计，所以附表二填写完成之后需要再到主表核查保存一次。具体填写顺序如图 2 –5 所示。

实验系统中小规模纳税人的申报较为简单，但由于不涉及发票采集，申报数据部分依托于手工计算。具体申报步骤如下。

点击“申报表填写及编辑”菜单项，打开申报表填写首页。根据当前纳税人核定信息，以及当前税款所属期，显示该纳税人需要办理的申报种类以及当前时间点的申报表填写状态，按照填表顺序选择对应要填写的报表进行填写。

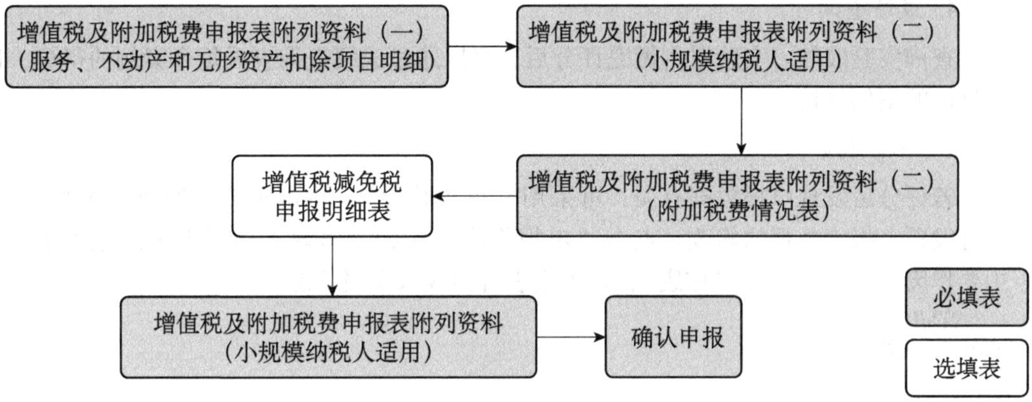

图 2－5　增值税小规模纳税人申报表填表顺序

1. 附表一填写

附表一主要采集纳税人的涉及服务、不动产和无形资产扣除项目情况，限于差额征税的试点纳税人填报，该申报表为必填项，没有具体业务的也应报送空表。

2. 主表填写

主表主要采集申报表填写项目为纳税人发生的销售业务数据，包括减、免税项目。

3. 附表二填写

附表二用于确认附加税费信息，在填写完其他附表及主表后，系统会自动根据主表应纳税额数据录入附加税费信息。如涉及特殊减免税事项，需在本期减免税（费）额栏次进行填写。填写后进行保存。然后在增值税及附加税费申报表（小规模纳税人适用）中再次确认附加税费信息，确认后保存即可。

4. 辅助表填写

企业如涉及减免税项目，还需报送增值税减免税申报明细表，根据减免税事项选择减免税代码及性质，填写完成后保存即可。没有减免税事项可不填写该表。

（三）申报表发送及缴税

1. 申报表的发送

报表填写完毕之后，需要进行“申报表发送”。报表发送后系统会提示是否发送成功，如已发送成功，点击“申报结果查询”获取反馈信息。只有申报结果查询页面显示该税种申报状态为“申报成功”才可证明申报已成功。反馈信息可通过“申报结果查询”功能查看。

2. 申报结果查询

纳税人可通过“申报结果查询”功能查询当前税款所属期的申报反馈信息，主要查看申报处理结果信息，如申报成功。

3. 网上缴税

报表发送成功后，有税款的需要进行税款的缴纳，点击“网上缴税”进行缴税。

4. 成绩查询

查询实验成绩。实验案例做完评分后，可以通过成绩查询查看每个案例的得分，以及具体的案例详情。

5. 申报作废

若评分后发现申报数据有误，可采用“申报作废”，将申报表置回成未申报状态，进行发票、报表数据的修改。点击“申报作废”按钮，出现需作废报表的选项卡，选中要作废的报表，点击“作废”，将申报表置回成未申报状态。

微课：增值税小规模纳税人申报操作介绍

二、实验准备

基于小规模纳税人的特点，需同学们掌握的小规模纳税人的知识罗列如下。

（一）小规模纳税人的认定

增值税小规模纳税人是指年应纳增值税销售额（以下简称应税销售额）在规定的标准以下，并且会计核算不健全，不能按规定报送有关税务资料的增值税纳税人（表2－7）。

会计核算不健全是指不能正确核算增值税的销项税额、进项税额和应纳税额。对符合条件的小规模纳税人，由主管税务机关依照《中华人民共和国增值税暂行条例》规定的标准认定。

表2－7　　增值税小规模纳税人的认定标准

认定标准	小规模纳税人
从事货物生产或者提供应税劳务的纳税人，以及以从事货物生产或者提供应税劳务为主，同时兼营货物批发或者零售的纳税人	年应税销售额在500万元以下
批发或零售货物的纳税人	年应税销售额在500万元以下
年应税销售额超过小规模纳税人标准的其他个人	按小规模纳税人纳税
非企业性单位、不经常发生应税行为的单位和个体工商户	年应税销售额超过规定标准但不是经常发生应税行为可选择按小规模纳税人纳税

若小规模纳税人会计核算健全，能够提供准确税务资料的，可以向主管税务机关申请资格认定，不作为小规模纳税人，依法计算增值税应纳税额。

（二）小规模纳税人的征收率

增值税小规模纳税人适用的征收率如表2－8所示。

表 2-8 小规模纳税人适用的征收率

按纳税人划分	税率		适用范围
小规模纳税人	征收率	5%	销售自建或取得的不动产； 房地产开发企业销售自行开发的房地产项目； 出租（经营租赁）其取得的不动产（不含个人出租住房）； 其他个人销售其取得（不含自建）的不动产（不含其购买的住房）； 其他个人出租（经营租赁）其取得的不动产（不含住房）； 提供劳务派遣服务选择差额纳税的。
		3%	另有规定除外。

为支持广大小规模纳税人企业，包括个体工商户、其他个人，在做好疫情防控工作的前提下正常经营、平稳度过危机，相关部门出台规定，自 2023 年 1 月 1 日至 2023 年 12 月 31 日，小规模纳税人取得适用 3% 征收率的应税销售收入，减按 1% 征收率征收。

（三）小规模纳税人应纳税额的计算

1. 小规模纳税人销售货物或提供应税劳务，实行按照销售额和征收率计算应纳税额的简易办法，并不得抵扣进项税额。小规模纳税人一般适用的增值税征收率为 3%。小规模纳税人应纳税额的计算公式为

应纳税额 = 含税销售额 ÷（1 + 征收率）× 征收率

2. 小规模纳税人销售自己使用过的固定资产，计算公式为

应纳税额 = 含税销售额 ÷（1 + 3%）× 2%

（四）小规模纳税人增值税税收优惠

1. 起征点：根据《财政部 税务总局关于明确增值税小规模纳税人减免增值税等政策的公告》（财政部 税务总局公告 2023 年第 1 号），自 2023 年 1 月 1 日至 2023 年 12 月 31 日，对月销售额 10 万元以下（含本数）的增值税小规模纳税人，免征增值税。

2. 阶段性优惠：根据《财政部 税务总局关于明确增值税小规模纳税人减免增值税等政策的公告》（财政部 税务总局公告 2023 年第 1 号），自 2023 年 1 月 1 日至 2023 年 12 月 31 日，增值税小规模纳税人适用 3% 征收率的应税销售收入，减按 1% 征收率征收增值税；适用 3% 预征率的预缴增值税项目，减按 1% 预征率预缴增值税。

三、典型案例

（一）教学案例及解析

1. 企业概况

公司名称：北京市菱电制冷设备销售有限公司

成立日期：2016 年 05 月 01 日

统一社会信用代码：911138322031501245

地址及电话：北京市朝阳路604号 010－2158342

开户行及账号：中国银行朝阳路朝阳支行 1234567890125

税务登记：增值税小规模纳税人

2. 业务资料及解析

经济业务1

2021年10月销售货物取得不含税销售额为305 000元。开具发票均为增值税普通发票。

解析

业务处理：（1）确认销售额，填写主表第1栏“应征增值税不含税销售额（3%征收率）”；填写主表第18栏：本期应纳税额减征额。（2）填写增值税减免税申报明细表，选择减免税性质为：小规模纳税人减按1%征收率征收增值税。

业务依据：

依据财税〔2021〕7号文件，自2021年1月1日至2021年12月31日，除湖北省外，增值税小规模纳税人适用3%征收率的应税销售收入，减按1%征收率征收增值税；适用3%预征率的预缴增值税项目，减按1%预征率预缴增值税。

经济业务2

2021年11月销售货物取得不含税销售额为120 000元。开具发票均为增值税普通发票。

解析

业务处理：（1）确认销售额，填写主表第1栏“应征增值税不含税销售额（3%征收率）”；填写主表第18栏：本期应纳税额减征额。（2）填写增值税减免税申报明细表，选择减免税性质为：小规模纳税人减按1%征收率征收增值税。

业务依据：

依据财税〔2021〕7号文件，自2021年1月1日至2021年12月31日，除湖北省外，增值税小规模纳税人适用3%征收率的应税销售收入，减按1%征收率征收增值税；适用3%预征率的预缴增值税项目，减按1%预征率预缴增值税。

经济业务3

2021年12月07日，向深圳市大正集团有限公司销售空调专用铜网及过滤网设备，取得销售收入96 000元，由税务机关代开增值税专用发票一张，款项通过银行收讫。

1100193160 北京增值税专用发票 N001108137

1100193160
01108137

代开 此联不作报销、扣税凭证使用

开票日期：2021年12月07日

购买方	名称：深圳市大正集团有限公司 纳税人识别号：914401305196202015 地址、电话：深圳市龙华新区观西路0775-565421230 开户行及账号：中国银行丽江路丽江支行1820660321033				密码区	67/*+3*0/611*++0/+0*/*+3+2 *11*+66666**066611*+66666* 1**+216***6000*261*2*4/*54 203994+-42*64151*6915361/3	
货物或应税劳务、服务名称	规格型号	单位	数量	单价	金额	税率	税额
*家用电器配件*空调专用铜网及过滤网设备		套	300	316.8317	95049.51	1%	950.5
合计					¥95049.51		¥950.50
价税合计（大写）	⊗玖万陆仟圆壹分				（小写） ¥96000.01		
销售方	名称：北京市高新区国家税务局（代开机关） 纳税人识别号：911101087177435004 地址、电话：北京市海淀区上地十街3736号010-83630072 开户行及账号：农行海淀区支行80196910002				备注	代开企业税号：911[illegible]22031501245 代开企业名称：北京市菱电制冷设备销售有限公司	

收款人： 复核： 开票人：陈欣 销售方：章

国税函（2014）257号浙江印钞厂

第一联：记账联 销售方记账凭证

中国农业银行进账单（回单）　　1

2021 年 12 月 07 日

出票人	全称	深圳市大正集团有限公司	收款人	全称	北京市菱电制冷设备销售有限公司
	账号	1820660321033		账号	1234567890125
	开户银行	中国银行丽江路丽江支行		开户银行	中国银行朝阳路朝阳支行
金额	人民币（大写）玖万陆仟元整			千百十万千百十元角分	¥9600000
票据种类	转账支票	票据张数	1		
票据号码	01914822				
复核　记账				银行业务受理章 朝阳路朝阳支行 2021.12.07 受理凭证章 3 收妥抵用（03）	

此联是收款人开户银行交给收款人的收账通知

解析

业务处理：（1）确认销售额，填写主表第1栏“应征增值税不含税销售额（3%征收率）”；填写主表第18栏：本期应纳税额减征额。（2）填写增值税减免税申报明细表，选择减免税性质为：小规模纳税人减按1%征收率征收增值税。（3）由税务局代开的增值税专用发票税额填写在主表的第21栏“本期预缴税额”栏内。

业务依据：

依据财税〔2021〕7号文件，自2021年1月1日至2021年12月31日，除湖北省外，增值税小规模纳税人适用3%征收率的应税销售收入，减按1%征收率征收增值税；适用3%预征率的预缴增值税项目，减按1%预征率预缴增值税。

经济业务 4

2021 年 12 月 12 日，向荆州市益星集团有限公司销售空调不锈钢加厚支架并进行空调移机安装。开具价税合计为 7 130 元的增值税普通发票一张。

011001938350

机器编码：

增值税普通发票 N001003018

北京

011001938350
01003018

开票日期：2021年12月12日

购买方	名称：荆州市益星集团有限公司 纳税人识别号：914218051962020125 地址、电话：湖北省荆州市恒教大厦3层1102室 0716-74822102 开户行及账号：中国银行益星路郝山支行1760000382724
密码区	67/*+3*0/611*++0/+0*/*+3+2/9 *11*+66666**066611*+66666* 1**+216***6000*261*2*4/*547 203994+-42*64151*6915361/3*

货物或应税劳务、服务名称	规格型号	单位	数量	单价	金额	税率	税额
*计家用电器配件*空调不锈钢加		套	5	792.2495	3961.25	1%	39.61
*建筑服务*空调移机安装		套	5	619.6317	3098.16	1%	30.98
合计					¥7059.41		¥70.59
价税合计（大写）	⊗柒仟壹佰叁拾圆整				（小写）	¥7130.00	

销售方	名称：北京市菱电制冷设备销售有限公司 纳税人识别号：911138322031501245 地址、电话：北京市朝阳路604号010-2158342 开户行及账号：中国银行朝阳路朝阳支行1234567890125
备注	

收款人： 复核： 开票人：陈欣 销售方：章

国税函（2014）257号浙江印钞厂

第一联：记账联 销售方记账凭证

解析

业务处理：(1) 确认销售额，填写主表第 1 栏“应征增值税不含税销售额（3%征收率）”；填写主表第 18 栏：本期应纳税额减征额。(2) 填写增值税减免税申报明细表，选择减免税性质为：小规模纳税人减按 1% 征收率征收增值税。

业务依据：

依据财税〔2021〕7 号文件，自 2021 年 1 月 1 日至 2021 年 12 月 31 日，除湖北省外，增值税小规模纳税人适用 3% 征收率的应税销售收入，减按 1% 征收率征收增值税；适用 3% 预征率的预缴增值税项目，减按 1% 预征率预缴增值税。

经济业务 5

2021 年 12 月 16 日，向北京中兴公司销售空调，并向其开具了含税价为 15 000 元的增值税普通发票一张，款项通过银行收讫。

011001938350 北京增值税普通发票 N001003019 011001938350 01003019

北京

机器编码：

开票日期：2021年12月16日

购买方	名 称：北京中心公司 纳税人识别号：911125051962635603 地址、电话：北京市中兴路28号010-86324425 开户行及账号：中国银行中兴路中兴支行12020002374808				密码区	67/*+3*0/611*++0/+0*/*+3+2/9 *11*+66666**066611*+66666* 1**+216***6000*261*2*4/*547 203994+-42*64151*6915361/3*		
货物或应税劳务、服务名称	规格型号	单位	数量	单价	金额	税率	税额	
*空调*空调		台	3	4950.4950	14851.49	1%	148.51	
合 计					¥14851.49		¥148.51	
价税合计（大写）	⊗壹万伍仟圆整				（小写） ¥15000.00			
销售方	名 称：北京市菱电制冷设备销售有限公司 纳税人识别号：911138322031501245 地址、电话：北京市朝阳路604号010-2158342 开户行及账号：中国银行朝阳路朝阳支行1234567890125				备注			

收款人： 复核： 开票人：陈欣 销售方：（章）

国税函（2014）257号浙江印钞厂

第一联：记账联 销售方记账凭证

中国农业银行进账单（回单） 1

2021 年 12 月 16 日

出票人	全 称	北京中兴公司	收款人	全 称	北京市菱电制冷设备销售有限公司
	账 号	12020002374808		账 号	1234567890125
	开户银行	中国银行中兴路中兴支行		开户银行	中国银行朝阳路朝阳支行
金额	人民币（大写）壹万伍仟元整			千百十万千百十元角分	¥1500000
票据种类	转账支票	票据张数	1		
票据号码	01914823				
	复核 记账			银行业务受理章 朝阳路朝阳支行 2021.12.16 受理凭证章 收妥抵用（03）	

此联是收款人开户银行交给收款人的收账通知

解析

业务处理：(1) 确认销售额，填写主表第1栏“应征增值税不含税销售额（3%征收率）”；填写主表第18栏：本期应纳税额减征额。(2) 填写增值税减免税申报明细表，选择减免税性质为：小规模纳税人减按1%征收率征收增值税。(3) 由税务局代开的增值税专用发票税额填写在主表的第21栏“本期预缴税额”栏内。

业务依据：

依据财税〔2021〕7号文件，自2021年1月1日至2021年12月31日，除湖北省外，增值税小规模纳税人适用3%征收率的应税销售收入，减按1%征收率征收增值税；适用3%预征率的预缴增值税项目，减按1%预征率预缴增值税。

经济业务 6

2021 年 12 月 20 日，向百旺金赋科技有限公司初次购买税控盘一个，取得增值税专用发票一张。

1100193350 北京增值税专用发票 N000112534 1100193350 00112534

开票日期：2021年12月20日

购买方	名　　称：北京市菱电制冷设备销售有限公司 纳税人识别号：911138322031501245 地址、电话：北京市朝阳路604号010-2158342 开户行及账号：中国银行朝阳路朝阳支行1234567890125	密码区：67/*+3*0/611*++0/+0*/*+3+2/9 *11*+66666**066611*+66666* 1**+216***6000*261*2*4/*547 203994+-42*64151*6915361/3*

货物或应税劳务、服务名称	规格型号	单位	数量	单价	金额	税率	税额
*信息安全产品*税控盘	TPC-01	个	1	433.63	433.63	13%	56.37
合　计					¥433.63		¥56.37

价税合计（大写）⊗肆佰玖拾圆整　（小写）¥490.00

销售方	名　　称：湖南百旺金赋科技有限公司 纳税人识别号：914301406012802225 地址、电话：长沙市高新开发区国龙大厦0731-21593421 开户行及账号：中国建设银行长沙市高桥支行4300153027543	备注

收款人：　　复核：　　开票人：张玮　　销售方：章

国税函（2014）257号浙江印钞厂　　第二联：抵扣联　购买方抵扣凭证

1100193350 北京增值税专用发票 N000112534 1100193350 00112534

开票日期：2021年12月20日

购买方	名　　称：北京市菱电制冷设备销售有限公司 纳税人识别号：911138322031501245 地址、电话：北京市朝阳路604号010-2158342 开户行及账号：中国银行朝阳路朝阳支行1234567890125	密码区：67/*+3*0/611*++0/+0*/*+3+2/9 *11*+66666**066611*+66666* 1**+216***6000*261*2*4/*547 203994+-42*64151*6915361/3*

货物或应税劳务、服务名称	规格型号	单位	数量	单价	金额	税率	税额
*信息安全产品*税控盘	TPC-01	个	1	433.63	433.63	13%	56.37
合　计					¥433.63		¥56.37

价税合计（大写）⊗肆佰玖拾圆整　（小写）¥490.00

销售方	名　　称：湖南百旺金赋科技有限公司 纳税人识别号：914301406012802225 地址、电话：长沙市高新开发区国龙大厦0731-21593421 开户行及账号：中国建设银行长沙市高桥支行4300153027543	备注

收款人：　　复核：　　开票人：张玮　　销售方：章

国税函（2014）257号浙江印钞厂　　第三联：发票联　购买方记账凭证

解析

业务处理：（1）填写主表第 18 栏：本期应纳税额减征额。（2）填写增值税减免税申报明细表，选择减免税性质为："购置增值税税控系统专用设备抵减增值税"。

业务依据：

依据财税〔2012〕15 号文件：自 2011 年 12 月 01 日起，增值税纳税人购买增值税税控系统专用设备支付的费用以及缴纳的技术维护费可以在增值税应纳税额中全额抵减。

（二）练习案例

1. 案例资料

浙江省艾佳建筑工程有限公司为2016年02月营改增增值税小规模纳税人，适用3%征收率。

经济业务1

2022年04月08日，市政工程项目为营改增前的项目，当月竣工结算，收取工程款51.5万元，开具增值税普通发票，款项尚未收到。

经济业务2

2022年04月15日，将营改增前购进的建筑周转材料出租，预收租金5.15万元，开具企业自制的收款收据，款均已收到。

经济业务3

2022年05月20日，本地A建筑项目为营改增后的项目，于当月竣工结算。收取工程款30.9万元，开具增值税普通发票；另因提前竣工收取奖励款5.15万元，开具企业自制的收款收据，款均已收到。

经济业务4

2022年06月12日，在机构地之外的县（市、区）提供建筑服务，取得含税销售收入20.6万元，在税务机关代开增值税专用发票。

经济业务5

2022年04月至06月企业进项税情况如下：

（1）支付市政府工程项目与劳务派遣公司结算的劳务派遣服务费20万元，取得增值税普通发票一份。

（2）支付A建筑项目建筑设备租赁费，取得增值税普通发票一份，记载金额10万元，税额0.3万元。

（3）取得防伪税控专用设备费用以及技术维护费发票，含税金额为280元。

2. 实验要求

（1）进行实验系统进行填报操作。

（2）申报完成后，进入评分系统选择相对应的案例进行系统评分，将实验报告封面及各报表依此打印，主要的申报表打印如下：

①进行系统评分后打印实验报告封面。

②增值税纳税申报表（适用于增值税小规模纳税人）及其附表。

第三章　企业所得税纳税申报

第一节　查账征收纳税人年度汇算清缴

一、实验流程介绍

以衡信税务实训平台为例，简要介绍企业所得税查账征收汇算清缴实验流程。

（一）企业所得税查账征收汇算清缴系统登录

输入学校编码、学生账号以及密码后，进入学生端，到企业所得税系统选择界面、选择“企业所得税查账征收汇算清缴申报实验系统”，可以看到登录按钮，点击登录后，进入操作界面。

（二）企业所得税查账征收汇算清缴申报实验系统操作流程

1. 申报流程

申报流程见图3－1。

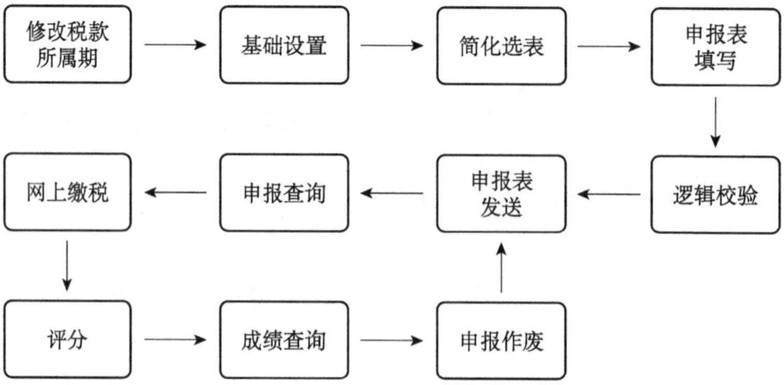

图3－1　申报流程

2. 基础设置

主要介绍关于纳税人基础信息表格的填写，确认企业信息，方便企业所得税的申报。

（1）纳税人信息

选择“基础设置－纳税人信息”进入纳税人信息报表界面。根据案例进行纳税人信息进行填写，可参考右侧的填表说明填写信息表，在完整填写报表后点击保存完成纳税人信息表。

（2）法定比例

选择“基础设置－法定比例”，进入页面后会根据实际情况修改扣除率，右边有对应项目扣除率的填表说明，完成后点击“保存”。

（3）预缴及结转信息

选择“基础设置－预缴/结存信息”，进入页面后根据实际公司预缴及结存的金额填写，左边有相对应项目的填表信息，完成填表后点击“保存”。

3. 简化选表

目前最新的企业所得税年度申报表共有43张，并适用于不同的业务内容。若不经筛选，纳税人填报时将无比烦琐且很可能无从下手。本部分主要介绍关于所得税申报表简化填写的功能，根据年度所得税申报表业务特性的“简化选表答卷”，通过纳税人答题方式来智能筛选出企业本年度需填写的申报表，以此简化纳税人的年度汇算清缴工作。

选择“汇算清缴＞＞简化报表”进入企业所得税简化报表功能页面。

在简化报表页面可以选择性进行手工报表不填写选择，点击修改填报和不填报。

该功能模块提供企业所得税年度申报表（A类）、企业所得税年度申报表（B类）和年度纳税申报表（A类，分支机构）的填写功能，主要功能点包括：

（1）依据企业征收方式显示企业需填写的报表类型；

（2）依据简化选表结果，显示企业需填写的申报表，并按业务性质对需填写的申报表进行归类，方便企业填写；

（3）可按表与表之间的关系自由钻取填写，不强制填表顺序；

（4）依据简表选表结果及纳税人基本信息，置灰无须填写的数据项，减少填报干扰；

（5）表内表间数据自动计算；

（6）提供跟随式填表说明。

4. 申报表填写

选择“申报表填写”进入企业所得税申报表填写界面。

选中需要填写的报表，点击后进入报表页面（以查账征收－非汇总缴纳分支机构为例）。

填写相关数据，确保报表数据完整准确后点击右上角“保存”后保存填写完成的报表。在填写报表的时候，选中对应数据单元格后右边会有相关报表填写指南。

点击左上角可以切换报表，减少保存后退出再进的操作。

点击进入“企业所得税年度申报表”，在报表中大部分数据都是通过报表间自由钻取填写。

备注：

在表格中黑色字体单元格代表可以编辑单元格；红色字体单元格代表合计不可编辑单元格。

钻取功能即代表可以在原始表格未保存情况下打开另外一张报表，同时保证原始报表数据不丢失，又能对新打开报表数据进行更新保存。

5. 税收遵从风险提示

本功能模块主要完成企业所得税年度申报表（A 类）的填写检查，以帮助企业发现申报表填写问题。

选择“申报表填写逻辑校验”进入所得税申报表检查界面。

点击“检查”对企业所得税年度申报进行疑点查询，申报表需填写完整，且报表逻辑关系没有问题通过逻辑校验后，可进行申报发送。

点击“查看详细”可以对存在风险的疑点进行查看。

针对报表完整性检查对话框中，点击“无须填报”按钮，点击“确定该表单无须填报”就可以不再填报此报表。（在这边点击“无须填报”后可以在简化报表界面下选择“填报”就可以再次填写申报。）

针对其他检查问题，点击操作列中的表单名称，弹出当前表单对应的表单填写页面进行修改。

完成表单修改后，点击保存按钮，保存数据，点击关闭弹出表单，回到当前的检查结果详情页面。

6. 申报表发送

选择“申报表发送”进入报表申报发送页面。选中需要申报的报表种类，确认后点击“申报表发送”就可以发送申报表。

7. 税款缴纳

点击“税款缴纳”，出现缴税信息的对话框，核实缴税信息，信息无误，点击“缴税”，实现税款的缴纳。

8. 评分

根据所做案例，填写报表信息、进行申报后，点击“评分”，出现评分案例的选项卡，选中要评分的案例，进行成绩评判。

9. 成绩查询

评分后，查看得分情况，可通过“成绩查询”实现。点击“成绩查询”按钮，查询出所有案例得分情况，点击“查看”可进一步查看案例的每项得分情况，黑色字体显示为操作正确，获得分数；红色字体显示为错误操作，没有获得分数。

10. 封面打印

通过封面打印，打印出报表的首页，同时可打印各个报表，最终装订成册，形成一本实验报告。

11. 申报作废

申报数据有误或者本月要做多套案例练习，采用“申报作废”，将申报表置回成未申报状态，进行报表数据的修改。

点击“申报作废”按钮，出现需作废报表的选项卡，选中要作废的报表，点击

"作废"，将申报表置回成未申报状态。

微课：查账征收纳税人年度汇算清缴操作介绍

二、实验准备

企业所得税是国家对我国境内的企业和其他取得收入的组织的生产经营所得和其他所得依法征收的一种直接税。它是国家参与企业利润分配的重要手段。在中华人民共和国境内，企业和其他取得收入的组织（以下统称企业）为企业所得税的纳税人。除个人独资企业、合伙企业不征收企业所得税外，其他企业均为企业所得税的纳税人。缴纳企业所得税的企业分为居民企业和非居民企业。

应纳税所得额是企业所得税的计税依据，按照企业所得税法的规定，应纳税所得额为企业每一个纳税年度的收入总额，减除不征税收入、免税收入、各项扣除以及允许弥补的以前年度亏损后的余额。基本公式为：

应纳税所得额 = 收入总额 − 不征税收入 − 免税收入 − 各项扣除 − 允许弥补的以前年度亏损

企业应纳税所得额的计算以权责发生制为原则，属于当期的收入和费用，不论款项是否收付，均作为当期的收入和费用；不属于当期的收入和费用，即使款项已经在当期收付，均不作为当期的收入和费用。应纳税所得额的正确计算直接关系到国家财政收入和企业的税收负担，并且同成本、费用核算关系密切。因此，企业所得税法对应纳税所得额的计算作了明确规定，主要内容包括收入总额、扣除范围和标准、资产的税务处理、亏损弥补等。

基于企业所得税上述特点，先将同学们在进行查账征收年度汇算清缴和核定征收年度汇算清缴过程中常见的易错知识点，罗列如下。

（一）一般收入的确认

1. 销售货物收入

它是指企业销售商品、产品、原材料、包装物、低值易耗品以及其他存货取得的收入。企业销售商品同时满足下列条件的，应确认收入的实现：

①商品销售合同已经签订，企业已将商品所有权相关的主要风险和报酬转移给购货方。

②企业对已售出的商品既没有保留通常与所有权相联系的继续管理权，也没有实施有效控制。

③收入的金额能够可靠地计量。

④已发生或将发生的销售方的成本能够可靠地核算。

2. 劳务收入

它是指企业从事建筑安装、修理修配、交通运输、仓储租赁、金融保险、邮电通信、咨询经纪、文化体育、科学研究、技术服务、教育培训、餐饮住宿、中介代理、卫生保健、社区服务、旅游、娱乐、加工以及其他劳务服务活动取得的收入。

企业在各个纳税期末，提供劳务交易的结果能够可靠估计的，应采用完工进度（完工百分比）法确认提供劳务收入。提供劳务交易的结果能够可靠估计，是指同时满足下列条件：

①收入的金额能够可靠地计量。

②交易的完工进度能够可靠地确定。

③交易中已发生和将发生的成本能够可靠地核算。

企业提供劳务完工进度的确定，可选用下列方法：

①已完成工作的测量。

②已提供劳务占劳务总量的比例。

③发生成本占总成本的比例。

企业应按照接受劳务方已收或应收的合同或协议价款确定劳务收入总额，根据纳税期末提供劳务收入总额乘以完工进度，扣除以前纳税年度累计已确认提供劳务收入后的金额，确认为当期劳务收入；同时，按照提供劳务估计总成本乘以完工进度扣除以前纳税期间累计已确认劳务成本后的金额，结转为当期劳务成本。

3. 转让财产收入

指企业转让固定资产、生物资产、无形资产、股权、债权等财产取得的收入。

企业转让股权收入，应于转让协议生效且完成股权变更手续时，确认收入的实现。转让股权收入扣除为取得该股权所发生的成本后，股权转让所得。企业在计算股权转让所得时，不得扣除被投资企业未分配利润等股东留存收益中按该项股权所可能分配的金额。

4. 股息、红利等权益性投资收益

指企业因权益性投资从被投资方取得的收入。股息、红利等权益性投资收益，除国务院财政、税务主管部门另有规定外，按照被投资方作出利润分配决定的日期确认收入的实现。

被投资企业将股权（票）溢价所形成的资本公积转为股本的，不作为投资方企业的股息、红利收入，投资方企业也不得增加该项长期投资的计税基础。

依据《财政部 国家税务总局 证监会关于沪港股票市场交易互联互通机制试点有关税收政策的通知》的规定，自 2014 年 11 月 17 日起，对内地企业投资者通过沪港通投资香港联交所上市股票取得的股息红利所得，计入其收入总额，依法计征企业所得税。其中，内地居民企业连续持有 H 股满 12 个月取得的股息红利所得，依法免征企业所得税。

5. 利息收入

指企业将资金提供给他人使用但不构成权益性投资，或者因他人占用本企业资金取得的收入，包括存款利息、贷款利息、债券利息、欠款利息等收入。利息收入应按照合同约定的债务人应付利息的日期确认收入的实现。

6. 租金收入

指企业提供固定资产、包装物或者其他有形资产的使用权取得的收入。租金收入应按照合同约定的承租人应付租金的日期确认收入的实现。

7. 特许权使用费收入

指企业提供专利权、非专利技术、商标权、著作权以及其他特许使用权取得的收入。特许权使用费收入应按照合同约定的特许权使用人应付特许权使用费的日期确认收入的实现。

8. 接受捐赠收入

指企业接受的来自其他企业、组织或者个人无偿给予的货币性资产、非货币性资产。接受捐赠收入按照实际收到捐赠资产的日期确认收入的实现。

9. 其他收入

指企业取得的除以上收入外的其他收入，包括企业资产溢余收入、逾期未退包装物押金收入、确实无法偿付的应付款项、已经作坏账损失处理后又收回的应收款项、债务重组收入、补贴收入、违约金收入、汇兑收益等。

企业取得财产（包括各类资产、股权、债权等）转让收入、债务重组收入、接受捐赠收入、无法偿付的应付款收入等，不论是以货币形式、还是非货币形式体现，除另有规定外，均应一次性计入确认收入的年度计算缴纳企业所得税。

（二）特殊收入的确认

1. 采取分期收款方式销售货物的，按照合同约定的收款日期确认收入的实现。

2. 企业受托加工制造大型机械设备、船舶、飞机，以及从事建筑、安装、装配工程业务或者提供其他劳务等，持续时间超过12个月的，按照纳税年度内完工进度或者完成的工作量确认收入的实现。

3. 采取产品分成方式取得收入的，按照企业分得产品的日期确认收入的实现，其收入额按照产品的公允价值确定。

4. 企业发生非货币性资产交换，以及将货物、财产、劳务用于捐赠、偿债、赞助、集资、广告、样品、职工福利或者利润分配等用途的，应当视同销售货物、转让财产或者提供劳务，但国务院财政、税务主管部门另有规定的除外。

5. 采取售后回购方式销售商品的，销售的商品按售价确认收入，回购的商品作为购进商品处理。有证据表明不符合销售收入确认条件的，如以销售商品方式进行融资，收到的款项应确认为负债。回购价格大于原售价的，差额应在回购期间确认为利息费用。

6. 采取以旧换新方式销售商品的，应当按照销售商品收入的确认条件确认收入，回收的商品作为购进商品处理。

7. 采用支付手续费方式委托代销的，在收到代销清单时确认收入。

8. 采取商业折扣（折扣销售）条件销售商品：企业为促进商品销售而在商品价格上给予的价格扣除属于商业折扣，商品销售涉及商业折扣的，应当按照扣除商业折扣后的金额确定销售商品收入金额。

9. 采取现金折扣（销售折扣）条件销售商品：债权人为鼓励债务人在规定的期限内付款而向债务人提供的债务扣除属于现金折扣，销售商品涉及现金折扣的，应当按扣除现金折扣前的金额确定销售商品收入金额，现金折扣在实际发生时作为财务费用扣除。

10. 采取折让方式销售商品：企业因售出商品的质量不合格等原因而在售价上给予的减让属于销售折让；企业因售出商品质量、品种不符合要求等原因而发生的退货属于销售退回。企业已经确认销售收入的售出商品发生销售折让和销售退回，应当在发生当期冲减当期销售商品收入。

11. 采取买一赠一等方式组合销售本企业商品的，不属于捐赠，应将总销售金额按各项商品公允价值的比例来分摊确认各项的销售收入。

（三）处置资产收入的确认

1. 企业发生下列情形的处置资产，除将资产转移至境外以外，由于资产所有权属在形式和实质上均不发生改变，可作为内部处置资产，不视同销售确认收入，相关资产的计税基础延续计算。

①将资产用于生产、制造、加工另一产品。

②改变资产形状、结构或性能。

③改变资产用途（如自建商品房转为自用或经营）。

④将资产在总机构及其分支机构之间转移。

⑤上述两种或两种以上情形的混合。

⑥其他不改变资产所有权属的用途。

2. 企业将资产移送他人用于市场推广或销售、用于交际应酬、用于职工奖励或福利、用于股息分配、用于对外捐赠以及其他改变资产所有权属的用途的，因资产所有权属已发生改变而不属于内部处置资产，应按规定视同销售确定收入。

3. 企业发生不属于内部处置资产情形时，属于企业自制的资产，应按企业同类资产同期对外销售价格确定销售收入；属于外购的资产，可按购入时的价格确定销售收入。

（四）不征税收入和免税收入

国家为了扶持和鼓励某些特殊的纳税人和特定的项目，或者避免因征税影响企业的正常经营，对企业取得的某些收入予以不征税或免税的特殊政策，以减轻企业的负担，促进经济的协调；或准予抵扣应纳税所得额，或者是对专项用途的资金作非税收入处理，减轻企业的税负，增加企业可用资金。

1. 不征税收入

（1）财政拨款，是指各级人民政府对纳入预算管理的事业单位、社会团体等组织拨付的财政资金，但国务院和国务院财政、税务主管部门另有规定的除外。

（2）依法收取并纳入财政管理的行政事业性收费、政府性基金。行政事业性收费是指依照法律法规等有关规定，按照国务院规定程序批准，在实施社会公共管理，以及在向公民、法人或者其他组织提供特定公共服务过程中，向特定对象收取并纳入财政管理的费用。政府性基金，是指企业依照法律、行政法规等有关规定，代政府收取的具有专项用途的财政资金。

(3) 国务院规定的其他不征税收入，是指企业取得的，由国务院财政、税务主管部门规定专项用途并经国务院批准的财政性资金。

2. 免税收入

(1) 国债利息收入。为鼓励企业积极购买国债，支援国家建设，税法规定，企业因购买国债所得的利息收入，免征企业所得税。

(2) 符合条件的居民企业之间的股息、红利等权益性收益，是指居民企业直接投资于其他居民企业取得的投资收益。

(3) 在中国境内设立机构、场所的非居民企业从居民企业取得与该机构、场所有实际联系的股息、红利等权益性投资收益。该收益都不包括连续持有居民企业公开发行并上市流通的股票不足12个月取得的投资收益。

(4) 符合条件的非营利组织的收入。具体是指：

①接受其他单位或者个人捐赠的收入。

②除财政拨款以外的其他政府补助收入，但不包括因政府购买服务取得的收入。

③按照省级以上民政、财政部门规定收取的会费。

④不征税收入和免税收入孳生的银行存款利息收入。

⑤财政部、国家税务总局规定的其他收入。不包括其从事营利性活动取得的收入，但国务院财政、税务主管部门另有规定的除外。

符合条件的非营利组织是指：

①依法履行非营利组织登记手续。

②从事公益性或者非营利性活动。

③取得的收入除用于与该组织有关的、合理的支出外，全部用于登记核定或者章程规定的公益性或者非营利性事业。

④财产及其孳生息不用于分配。

⑤按照登记核定或者章程规定，该组织注销后的剩余财产用于公益性或者非营利性目的，或者由登记管理机关转赠给与该组织性质、宗旨相同的组织，并向社会公告。

⑥投入人对投入该组织的财产不保留或者享有任何财产权利。

⑦工作人员工资福利开支控制在规定的比例内，不变相分配该组织的财产。

⑧国务院财政、税务主管部门规定的其他条件。

《中华人民共和国企业所得税法》（以下简称《企业所得税法》）第二十六条第四项所称符合条件的非营利组织的收入，不包括非营利组织从事营利性活动取得的收入，但国务院财政、税务主管部门另有规定的除外。

(五) 扣除项目的范围

《企业所得税法》规定，企业实际发生的与取得收入有关的、合理的支出，包括成本、费用、税金、损失和其他支出，准予在计算应纳税所得额时扣除。

1. 具体的扣除项目

(1) 成本，是指企业在生产经营活动中发生的销售成本、销货成本、业务支出以及其他耗费，即企业销售商品（产品、材料、下脚料、废料、废旧物资等）、提供劳务、转让固定资产、转让无形资产（包括技术转让）的成本。

（2）费用，是指企业每一个纳税年度为生产、经营商品和提供劳务等所发生的销售（经营）费用、管理费用和财务费用。已经计入成本的有关费用除外。

（3）税金，是指企业发生的除企业所得税和允许抵扣的增值税以外的企业缴纳的各项税金及附加。

（4）损失，是指企业在生产经营活动中发生的固定资产和存货的盘亏、毁损、报废损失，转让财产损失，呆账损失，坏账损失，自然灾害等不可抗力因素造成的损失以及其他损失。

企业发生的损失，减除责任人赔偿和保险赔款后的余额，依照国务院财政、税务主管部门的规定扣除。

企业已经作为损失处理的资产，在以后纳税年度又全部收回或者部分收回时，应当计入当期收入。

（5）其他支出，是指除成本、费用、税金、损失外，企业在生产经营活动中发生的与生产经营活动有关的、合理的支出。

2. 扣除项目及其标准

在计算应纳税所得额时，下列项目可按照实际发生额或者规定的标准扣除。

（1）工资、薪金支出。指企业每一纳税年度支付给在本企业任职或者受雇的员工的所有现金形式或者非现金形式的劳动报酬，包括基本工资、奖金、津贴、补贴、年终加薪、加班工资，以及与员工任职或者受雇有关的其他支出。企业发生的合理的工资薪金支出，准予扣除。

（2）职工福利费、工会经费、职工教育经费。

①企业发生的职工福利费支出，不超过工资薪金总额14%的部分准予扣除。

②企业拨缴的工会经费，不超过工资薪金总额2%的部分准予扣除。

③财政部与税务总局联合发布了《关于企业职工教育经费税前扣除政策的通知》，明确自2018年1月1日起，企业发生的职工教育经费支出，不超过工资薪金总额8%的部分，准予在计算企业所得税应纳所得额时扣除；超过部分准予在以后纳税年度结转扣除。

（3）社会保险费。

①企业依照国务院有关主管部门或者省级人民政府规定的范围和标准为职工缴纳的“五险一金”，即基本养老保险费、基本医疗保险费、失业保险费、工伤保险费、生育保险费等基本社会保险费和住房公积金，准予扣除。

②企业为投资者或者职工支付补充养老保险费、补充医疗保险费，在国务院财政、税务主管部门规定的范围和标准内，准予扣除。企业依照国家有关规定为特殊工种职工支付的人身安全保险费和符合国务院财政、税务主管部门规定可以扣除的商业保险费准予扣除。

③企业参加财产保险，按照规定缴纳的保险费，准予扣除，企业为投资者或者职工支付的商业保险费，不得扣除。

（4）利息费用。企业在生产、经营活动中发生的利息费用，按下列规定扣除：

①非金融企业向金融企业借款的利息支出、金融企业的各项存款利息支出和同业拆借利息支出、企业经批准发行债券的利息支出可据实扣除。

②非金融企业向非金融企业借款的利息支出，不超过按照金融企业同期同类贷款利率计算的数额的部分可据实扣除，超过部分不许扣除。

（5）借款费用。

①企业在生产经营活动中发生的合理的不需要资本化的借款费用，准予扣除。

②企业为购置、建造固定资产、无形资产和经过 12 个月以上的建造才能达到预定可销售状态的存货发生借款的，在有关资产购置、建造期间发生的合理的借款费用，应予以资本化，作为资本性支出计入有关资产的成本；有关资产交付使用后发生的借款利息，可在发生当期扣除。

（6）汇兑损失。企业在货币交易中以及纳税年度终了时将人民币以外的货币性资产、负债按照期末即期人民币汇率中间价折算为人民币时产生的汇兑损失，除已经计入有关资产成本以及向所有者进行利润分配外，准予扣除。

（7）业务招待费。企业发生的与生产经营活动有关的业务招待费支出，按照发生额的 60% 扣除，但最高不得超过当年销售（营业）收入的 5‰。

对从事股权投资业务的企业（包括集团公司总部、创业投资企业等），其从被投资企业所分配的股息、红利以及股权转让收入，可以按规定的比例计算业务招待费扣除限额。

（8）广告费和业务宣传费。企业发生的符合条件的广告费和业务宣传费支出，除国务院财政、税务主管部门另有规定外，不超过当年销售（营业）收入 15% 的部分，准予扣除；超过部分，准予结转以后纳税年度扣除。

（9）环境保护专项资金。企业依照法律、行政法规有关规定提取的用于环境保护、生态恢复等方面的专项资金，准予扣除。专项资金提取后改变用途的，不得扣除。

（10）保险费。企业参加财产保险，按照规定缴纳的保险费，准予扣除。

（11）租赁费。企业根据生产经营活动的需要租入固定资产支付的租赁费，按照下列方法扣除：

①以经营租赁方式租入固定资产发生的租赁费支出，按照租赁期限均匀扣除。

②以融资租赁方式租入固定资产发生的租赁费支出，按照规定构成融资租入固定资产价值的部分应当提取折旧费，分期扣除。

（12）公益性捐赠支出。公益性捐赠，是指企业通过公益性社会组织或者县级以上（含县级）人民政府及其部门，用于符合法律规定的慈善活动、公益事业的捐赠。企业当年发生以及以前年度结转的公益性捐赠支出，不超过年度利润总额 12% 的部分，准予在计算应纳税所得额时扣除。超过年度利润总额 12% 的部分，准予结转以后 3 年内在计算应纳税所得额时扣除。

（13）有关资产的费用。企业转让各类固定资产发生的费用，允许扣除。企业按规定计算的固定资产折旧费、无形资产和递延资产的摊销费，准予扣除。

（14）资产损失。企业当期发生的固定资产和流动资产盘亏、毁损净损失，由其提供清查盘存资料，经主管税务机关审核后，准予扣除；企业因存货盘亏、毁损、报废等原因不得从销项税中抵扣的进项税，应视同企业财产损失，准予与存货损失一起在所得税前按规定扣除。

（15）依照有关法律、行政法规和国家有关税法规定准予扣除的其他项目。如会员费、合理的会议费、差旅费、违约金、诉讼费用等。

（16）手续费及佣金支出。

①企业发生的与生产经营有关的手续费及佣金支出，不超过以下规定计算限额以内的部分，准予扣除；超过部分，不得扣除。

保险企业。财产保险企业按当年全部保费收入扣除退保金等后余额的15%（含本数，下同）计算限额；人身保险企业按当年全部保费收入扣除退保金等后余额的10%计算限额。

其他企业。按与具有合法经营资格中介服务机构或个人（不含交易双方及其雇员、代理人和代表人等）所签订服务协议或合同确认的收入金额的5%计算限额。

②企业应与具有合法经营资格中介服务企业或个人签订代办协议或合同，并按国家有关规定支付手续费及佣金。除委托个人代理外，企业以现金等非转账方式支付的手续费及佣金不得在税前扣除。企业为发行权益性证券支付给有关证券承销机构的手续费及佣金不得在税前扣除。

③企业不得将手续费及佣金支出计入回扣、业务提成、返利、进场费等费用。

④企业已计入固定资产、无形资产等相关资产的手续费及佣金支出，应当通过折旧、摊销等方式分期扣除，不得在发生当期直接扣除。

⑤企业支付的手续费及佣金不得直接冲减服务协议或合同金额，并如实入账。

⑥企业应当如实向当地主管税务机关提供当年手续费及佣金计算分配表和其他相关资料，并依法取得合法真实凭证。

3. 不得扣除的项目

在计算应纳税所得额时，下列支出不得扣除：

（1）向投资者支付的股息、红利等权益性投资收益款项。

（2）企业所得税税款。

（3）税收滞纳金，是指纳税人违反税收法规，被税务机关处以的滞纳金。

（4）罚金、罚款和被没收财物的损失，是指纳税人违反国家有关法律、法规规定，被有关部门处以的罚款，以及被司法机关处以的罚金和被没收财物的损失。不包括纳税人按照经济合同规定支付的违约金（包括银行罚息）、罚款和诉讼费用。

（5）超过规定标准的捐赠支出。

（6）赞助支出，是指企业发生的与生产经营活动无关的各种非广告性质支出。

（7）未经核定的准备金支出，是指不符合国务院财政、税务主管部门规定的各项资产减值准备、风险准备等准备金支出。

（8）企业之间支付的管理费、企业内营业机构之间支付的租金和特许权使用费，以及非银行企业内营业机构之间支付的利息。

（9）与取得收入无关的其他支出。

（六）亏损弥补

亏损是指企业依照企业所得税法的规定，将每一纳税年度的收入总额减除不征税收入、免税收入和各项扣除后小于零的数额。税法规定，企业某一纳税年度发生的亏损可以用下一年度的所得弥补，下一年度的所得不足以弥补的，可以逐年延续弥补，但最长不得超过5年。企业在汇总计算缴纳所得税时，其境外营业机构的亏损不得抵减境内营业机构的盈利。

（七）高新技术企业优惠

国家需要重点扶持的高新技术企业减按15%的税率征收企业所得税。根据《高新技术企业认定管理办法》的通知规定，认定为高新技术企业须同时满足以下条件：

（1）企业申请认定时须注册成立1年以上。

（2）企业通过自主研发、受让、受赠、并购等方式，获得对其主要产品（服务）在技术上发挥核心支持作用的知识产权的所有权。

（3）对企业主要产品（服务）发挥核心支持作用的技术属于《国家重点支持的高新技术领域》规定的范围。

（4）企业从事研发和相关技术创新活动的科技人员占企业当年职工总数的比例不低于10%。

（5）企业近3个会计年度（实际经营期不满3年的按实际经营时间计算，下同）的研究开发费用总额占同期销售收入总额的比例符合如下要求：

①最近一年销售收入小于5 000万元（含）的企业，比例不低于5%。

②最近一年销售收入在5 000万元至2亿元（含）的企业，比例不低于4%。

③最近一年销售收入在2亿元以上的企业，比例不低于3%。

其中，企业在中国境内发生的研究开发费用总额占全部研究开发费用总额的比例不低于60%。

（6）近一年高新技术产品（服务）收入占企业同期总收入的比例不低于60%。

（7）企业创新能力评价应达到相应要求。

（8）企业申请认定前一年内未发生重大安全、重大质量事故或严重环境违法行为。

（八）技术先进型服务企业优惠

1. 自2017年1月1日起，在全国范围内对经认定的技术先进型服务企业，减按15%的税率征收企业所得税。

2. 享受本通知第一条规定的企业所得税优惠政策的技术先进型服务企业必须同时符合以下条件：

①在中国境内（不包括港、澳、台地区）注册的法人企业。

②从事《技术先进型服务业务认定范围（试行）》中的一种或多种技术先进型服务业务，采用先进技术或具备较强的研发能力。

③具有大专以上学历的员工占企业职工总数的50%以上。

④从事《技术先进型服务业务认定范围（试行）》中的技术先进型服务业务取得的收入占企业当年总收入的50%以上。

⑤从事离岸服务外包业务取得的收入不低于企业当年总收入的35%。

（九）小型微利企业优惠

自2022年1月1日至2024年12月31日，对小型微利企业年应纳税所得额超过

100 万元但不超过 300 万元的部分，减按 25% 计入应纳税所得额，按 20% 的税率缴纳企业所得税。

上述小型微利企业是指从事国家非限制和禁止行业，且同时符合年度应纳税所得额不超过 300 万元、从业人数不超过 300 人、资产总额不超过 5 000 万元三个条件的企业。从业人数，包括与企业建立劳动关系的职工人数和企业接受的劳务派遣用工人数。

从业人数和资产总额指标，应按企业全年的季度平均值确定。具体计算公式如下：

季度平均值 =（季初值 + 季末值）÷2

全年季度平均值 = 全年各季度平均值之和 ÷4

年度中间开业或者终止经营活动的，以其实际经营期作为一个纳税年度确定上述相关指标。

小型微利企业是指企业的全部生产经营活动产生的所得均负有我国企业所得税纳税义务的企业。仅就来源于我国所得负有我国纳税义务的非居民企业，不适用上述规定。

（十）加计扣除优惠

1. 一般企业研究开发费

企业开展研发活动中实际发生的研发费用，未形成无形资产计入当期损益的，在按规定据实扣除的基础上，从 2023 年 1 月 1 日起，再按照实际发生额的 100% 在税前加计扣除；形成无形资产的，从 2023 年 1 月 1 日起，按照无形资产成本的 200% 在税前摊销。

（1）人员人工费用。

人员人工费用指直接从事研发活动人员的工资薪金、基本养老保险费、基本医疗保险费、失业保险费、工伤保险费、生育保险费和住房公积金，以及外聘研发人员的劳务费用。

直接从事研发活动人员包括研究人员、技术人员、辅助人员。外聘研发人员是指与本企业或劳务派遣企业签订劳务用工协议（合同）和临时聘用的研究人员、技术人员、辅助人员。接受劳务派遣的企业按照协议（合同）约定支付给劳务派遣企业，且由劳务派遣企业实际支付给外聘研发人员的工资薪金等费用，属于外聘研发人员的劳务费用。

工资薪金包括按规定可以在税前扣除的对研发人员股权激励的支出。

直接从事研发活动的人员、外聘研发人员同时从事非研发活动的，企业应对其人员活动情况做必要记录，并将其实际发生的相关费用按实际工时占比等合理方法在研发费用和生产经营费用间分配，未分配的不得加计扣除。

（2）直接投入费用。

①研发活动直接消耗的材料、燃料和动力费用。

②用于中间试验和产品试制的模具、工艺装备开发及制造费，不构成固定资产的样品。样机及一般测试手段购置费，试制产品的检验费。

③用于研发活动的仪器、设备的运行维护、调整、检验、维修等费用，以及通过经营租赁方式租入的用于研发活动的仪器、设备租赁费。

（3）折旧费用。

用于研发活动的仪器、设备的折旧费。

（4）无形资产摊销。

用于研发活动的软件、专利权、非专利技术（包括许可证、专有技术、设计和计算方法等）的摊销费用。

（5）新产品设计费、新工艺规程制定费、新药研制的临床试验费、勘探开发技术的现场试验费。

（6）其他相关费用。

与研发活动直接相关的其他费用，如技术图书资料费、资料翻译费、专家咨询费、高新科技研发保险费，研发成果的检索、分析、评议、论证、鉴定、评审、评估、验收费用，知识产权的申请费、注册费、代理费，差旅费、会议费等。此项费用总额不得超过可加计扣除研发费用总额的 10%。

2. 企业安置残疾人员所支付的工资

企业安置残疾人员的，在按照支付给残疾职工工资据实扣除的基础上，按照支付给残疾职工工资的 100% 加计扣除。

企业享受安置残疾职工工资 100% 加计扣除应同时具备如下条件：

（1）依法与安置的每位残疾人签订了 1 年以上（含 1 年）的劳动合同或服务协议，并且安置的每位残疾人在企业实际上岗工作。

（2）为安置的每位残疾人按月足额缴纳了企业所在区县人民政府根据国家政策规定的基本养老保险、基本医疗保险、失业保险和工伤保险等社会保险。

（3）定期通过银行等金融机构向安置的每位残疾人实际支付了不低于企业所在区县适用的经省级人民政府批准的最低工资标准的工资。

（4）具备安置残疾人上岗工作的基本设施。

（十一）加速折旧优惠

1. 可以加速折旧的固定资产

企业的固定资产由于技术进步等原因，确需加速折旧的，可以缩短折旧年限或者采取加速折旧的方法。可采用以上折旧方法的固定资产是指：

（1）由于技术进步，产品更新换代较快的固定资产。

（2）常年处于强震动、高腐蚀状态的固定资产。

2. 加速折旧规定

对所有行业企业在 2018 年 1 月 1 日至 2023 年 12 月 31 日期间新购进的设备、器具，单位价值不超过 500 万元的，允许一次性计入当期成本费用在计算应纳税所得额时扣除，不再分年度计算折旧。单位价值超过 500 万元的，可缩短折旧年限或采取加速折旧的方法。

对所有行业企业持有的单位价值不超过 5 000 元的固定资产，允许一次性计入当期成本费用在计算应纳税所得额时扣除，不再分年度计算折旧。

按上述规定缩短折旧年限的，最低折旧年限不得低于企业所得税法实施条例第六十条规定折旧年限的60%；采取加速折旧方法的，可采取双倍余额递减法或者年数总和法。

（十二）税额抵免优惠

税额抵免是指企业购置并实际使用《环境保护专用设备企业所得税优惠目录》《节能节水专用设备企业所得税优惠目录》和《安全生产专用设备企业所得税优惠目录》规定的环境保护、节能节水、安全生产等专用设备的，该专用设备的投资额的10%可以从企业当年的应纳税额中抵免：当年不足抵免的，可以在以后5个纳税年度结转抵免。

（十三）减计收入

企业综合利用资源，生产符合国家产业政策规定的产品所取得的收入，可以在计算应纳税所得额时减计收入。

企业以《资源综合利用企业所得税优惠目录》规定的资源作为主要原材料，生产国家非限制和禁止并符合国家和行业相关标准的产品取得的收入，减按90%计入收入总额。

三、典型案例

（一）教学案例及解析

衡信教育科技有限公司成立于2015年01月01日，属于增值税一般纳税人，税务机关核定的企业所得税征收方式为查账征收，按照实际利润预缴方式预缴企业所得税。其他基本信息如下：

非跨地区经营企业，非小型微利企业，非上市公司。资产总额1 000万元，从业人数308人（无残疾人员、无国家鼓励安置的其他就业人员）。

股东信息：周凯（中国国籍，身份证号330101196011120101）投资比例60%；李雅欣（中国国籍，身份证号330101196505065233）投资比例40%。

公司适用的所得税税率为25%。

所属行业：8391 职业技能培训

会计主管：方易元

适用的会计准则：企业会计准则（一般企业）

采用的境外所得抵免方式：不分国（地区）不分项

会计档案存放地：浙江省杭州市

会计核算软件：用友

记账本位币：人民币

会计政策和估计是否发生变化：否

固定资产折旧方法：年限平均法

存货成本计价方法：先进先出法

坏账损失核算方法：备抵法

所得税计算方法：资产负债表债务法（企业会计准则要求对企业所得税采用资产

负债表债务法进行核算。）

按税收规定比例扣除的职工教育经费8%、广告费和业务宣传费15%。

现进行该公司2021年度企业所得税汇算清缴，已经预缴所得税额117.52万元，相关资料如表3-1所示。

表3-1　　**利润表**

编制单位：衡信教育科技有限公司　　2021年12月31日　　单位：人民币万元

项　　目	本月数	本年累计
一、营业收入	1 000.00	8 200.00
减：营业成本	430.00	5 136.00
税金及附加	15.00	205.00
销售费用	90.00	1 010.00
管理费用	105.00	1 250.00
研发费用		
财务费用	9.00	102.00
其中：利息费用		
利息收入		
资产减值损失	50.00	50.00
信用减值损失		
加：其他收益		
投资收益（损失以“－”号填列）	105.00	105.00
其中：对联营企业和合营企业的投资收益		
净敞口套期收益（损失以“－”号填列）		
公允价值变动收益（损失以“－”号填列）	20.00	20.00
资产处置收益（损失以“－”号填列）		
二、营业利润（亏损以“－”号填列）	426.00	572.00
加：营业外收入		174.60
减：营业外支出		39.00
三、利润总额（亏损总额以“－”号填列）	426.00	707.60
减：所得税费用	106.50	117.52
四、净利润（净亏损以“－”号填列）	319.50	590.08
（一）持续经营净利润（净亏损以“－”号填列）		
（二）终止经营净利润（净亏损以“－”号填列）		
五、其他综合收益的税后净额		
（一）不能重分类进损益的其他综合收益		
1. 重新计量设定受益计划变动额		
2. 权益法下不能转损益的其他综合收益		
3. 其他权益工具投资公允价值变动		

续表

项　　目	本月数	本年累计
4. 企业自身信用风险公允价值变动		
……		
（二）将重分类进损益的其他综合收益		
1. 权益法下可转损益的其他综合收益		
2. 其他债权投资公允价值变动		
3. 金融资产重分类计入其他综合收益的金额		
4. 其他债权投资信用减值准备		
5. 现金流量套期储备		
6. 外币财务报表折算差额		

具体明细资料如表 3－2 所示（注：金额单位统一为万元）。

表 3－2　　企业收入明细表

一级科目	明细科目	金额	备注
主营业务收入	销售商品收入	6 800.00	
	提供劳务收入	600.00	
	让渡资产使用权收入	800.00	
营业外收入	非货币性资产交换利得	40.00	
	政府补助利得	12.00	企业不能提供规定资金专项用途的资金拨付文件
	其他	2.60	
	财产转让所得	120	境外所得

解析

业务处理：表 3－2 中，政府补助利得，在计算企业所得税应纳税所得额时，不能作为不征税收入，需要作为营业外收入在《一般企业收入明细表》（A101010）中进行填报。

业务依据：企业从县级以上各级人民政府财政部门及其他部门取得的应计入收入总额的财政性资金，凡同时符合以下条件的，可以作为不征税收入，在计算应纳税所得额时从收入总额中减除：

（1）企业能够提供规定资金专项用途的资金拨付文件；

（2）财政部门或其他拨付资金的政府部门对该资金有专门的资金管理办法或具体管理要求；

（3）企业对该资金以及以该资金发生的支出单独进行核算。

表 3－3 成本支出明细表

一级科目	明细科目	金额	备注
主营业务成本	销售商品成本	4 156.00	
	提供劳务成本	420.00	
	让渡资产使用权成本	560.00	
营业外支出	罚没支出	9.00	工商罚款3万元，合同违约金6万元
	其他	30.00	给购货方回扣12万元，环境保护支出8万元，关联企业赞助支出10万元

解析

业务处理1：表3－3中，工商罚款在计算企业所得税应纳税所得额时，不得扣除；合同违约金可以在计算企业所得税应纳税所得额时税前扣除。需要在《纳税调整项目明细表》（A105000）第19行“罚金、罚款和被没收财物的损失”填写金额3万元。

业务依据：税收滞纳金、罚金、罚款和被没收财物的损失，在计算应纳税所得额时，不得扣除。企业支付企业之间的罚款如违约金、银行贷款逾期罚息、诉讼费、电力公司超量使用电力罚款等，属于企业实际发生的与生产经营活动有关的、合理的支出，可以在企业所得税税前扣除。

业务处理2：本表中，给购货方的回扣，不得在税前扣除。关联企业赞助支出，不得在税前扣除，需要在《纳税调整项目明细表》（A105000）第21行“赞助支出”中进行填报。

业务依据：纳税人销售货物给购货方的回扣，其支出不得在所得税前列支。在计算应纳税所得额时，赞助支出不得扣除。赞助支出，是指企业发生的与生产经营活动无关的各种非广告性质支出。

表 3－4 期间费用明细表

一级科目	明细科目	金额	备注
销售费用	职工薪酬	302.14	
	广告费	707.86	
管理费用	职工薪酬	697.86	
	资产折旧摊销费	58.86	
	其他	493.28	
财务费用	佣金和手续费	0.90	
	利息支出	0.50	
	现金折扣	92.60	
	其他	8.00	

备注：

广告费中包括2021年公司将一批自产产品（适用增值税税率为13%）用于市场推广，该批自产产品不含税公允价值为65 000.00元，生产成本为40 000.00元。

解析

业务处理1：表3－4中，在进行当年企业所得税税前扣除时，广告费和业务宣传费的扣除限额＝营业收入×15%，其中营业收入包括主营业务收入、其他业务收入和视同销售收入。本业务中的广告费未超限额，因此按实际发生额填列《广告费和业务宣传费等跨年度纳税调整明细表》（A105060），第12行和第13行为0。

业务依据：企业发生的符合条件的广告费和业务宣传费支出，除国务院、税务主管部门另有规定外，不超过当年销售（营业）收入15%的部分，准予扣除；超过部分，准予在以后纳税年度结转扣除。

特例：①自2021年1月1日起至2025年12月31日，对化妆品制造或销售、医药制造和饮料制造（不含酒类制造）企业发生的广告费和业务宣传费支出，不超过当年销售（营业）收入30%的部分，准予扣除；超过部分，准予在以后纳税年度结转扣除。

②对签订广告费和业务宣传费分摊协议（以下简称分摊协议）的关联企业，其中一方发生的不超过当年销售（营业）收入税前扣除限额比例内的广告费和业务宣传费支出可以在本企业扣除，也可以将其中的部分或全部按照分摊协议归集至另一方扣除。另一方在计算本企业广告费和业务宣传费支出企业所得税税前扣除限额时，可将按照上述办法归集至本企业的广告费和业务宣传费不计算在内。

③烟草企业的烟草广告费和业务宣传费支出，一律不得在计算应纳税所得额时扣除。

业务处理2：本表中，用于市场推广的自产产品应视同销售，确认销售收入65 000元，对应填入《视同销售和房地产开发企业特定业务纳税调整明细表》（A105010）第1行和第3行的税收金额和纳税调整金额65 000元。同时结转成本，视同销售成本为40 000元，对应填入《视同销售和房地产开发企业特定业务纳税调整明细表》（A105010）第11行和第13行中的税收金额和纳税调整金额40 000元。

同时填写《纳税调整项目明细表》（A105000）。对应填入第2行的税收金额及调增金额65 000元，第13行中的税收金额及调减金额为40 000元，调减金额25 000元。

业务依据：企业将货物、财产、劳务用于捐赠、偿债、赞助、集资、广告、样品、职工福利或者利润分配等用途的，应当视同销售货物、转让财产或者提供劳务。企业发生视同销售情形的，应按照被移送资产的公允价值确定销售收入。

业务处理3：本表中，在计算企业所得税应纳税所得额税前扣除时，允许税前扣除的佣金和手续费为所签订服务协议或合同确认的收入金额的5%，填报《纳税调整项目明细表》（A105000）第23行“佣金和手续费支出”。

业务依据：除保险企业以外的其他企业发生与其经营活动有关的手续费及佣金支出按与具有合法经营资格中介服务机构或个人（不含交易双方及其雇员、代理人和代表人等）所签订服务协议或合同确认的收入金额的5%计算限额。

表3－5　境外所得纳税调整项目

国家	境外税后所得（财产转让所得）	境外所得税率	境外所得换算含税所得	境外直接缴纳的所得税额（可抵免税额）	可抵免限额
美国	78.00	35%	120.00	42.00	30.00

解析

业务处理：表3－5中，可抵免税额42万元大于可抵免限额30万元，超出的12万元可用以后年度抵免限额抵免当年应抵税额后的余额进行抵补，抵补期限最长不得超过5年。《境外所得纳税调整后所得明细表》（A108010）第10列填报金额为42万元，第11列填报金额为30万元，第12列填报金额为第10列和第11列孰小值，即30万元。

业务依据：可抵免所得税额超过抵免限额的跨年度抵补。纳税人来源于境外所得在境外实际缴纳的税款，低于按上述公式计算的抵免限额的，可以从应纳税额中按实扣除；超过抵免限额的，其超过部分不得在本年度的应纳税额中扣除，也不得列为费用支出，但可用以后年度抵免限额抵免当年应抵税额后的余额进行抵补，抵补期限最长不得超过5年。5年，是指从企业取得的来源于中国境外的所得，已经在中国境外缴纳的企业所得税性质的税额超过抵免限额的当年的次年起连续5个纳税年度。

表3－6　免税收入明细表

收入类型	金额	备注
国债利息收入	50.00	
股息（居民企业）	55.00	2020年07月01日直接投资A企业（统一社会信用代码：913308232202643708）220万元，占股5%，2021年12月22日A企业公布利润分配决定，衡信教育科技有限公司获得股利55万元。

解析

业务处理1：表3－6中，国债利息收入50万元为免税收入，填入《免税、减计收入及加计扣除优惠明细表》（A107010）第2行“国债利息收入免征企业所得税”。

业务依据：企业取得的国债利息收入免征企业所得税。国债利息收入是指企业持有国务院财政部门发行的国债取得的利息收入。具体按以下规定执行：

①企业从发行者直接投资购买的国债持有至到期，其从发行者取得的国债利息收入，全额免征企业所得税。

②企业到期前转让国债、或者从非发行者投资购买的国债，其按以下公式计算的国债利息收入，免征企业所得税。

③企业到期前转让国债、或者从非发行者投资购买的国债，其持有期间尚未兑付的国债利息收入，按以下公式计算确定：

国债利息收入 = 国债金额 ×（适用年利率 ÷365）×持有天数

业务处理2：表3－6中，居民企业取得的55万元股息为免税收入，填入《免税、减计收入及加计扣除优惠明细表》（A107010）第3行“符合条件的居民企业之间的股息红利等权益性投资收益免征企业所得税”，以及《符合条件的居民企业之间的股息、红利等权益性投资收益优惠明细表》（A107011）。

业务依据：居民企业直接投资于其他居民企业取得的股息红利免征企业所得税。股息、红利等权益性投资收益不包括连续持有居民企业公开发行并上市流通的股票不足12个月取得的投资收益。

表3－7　资产折旧/摊销情况（备注：企业本年度不享受固定资产加速折旧）

资产项目	会计				税法			
	原值	折旧年限	本年折旧/摊销额	累计折旧/摊销额	原值	折旧年限	本年折旧/摊销额	累计折旧/摊销额
生产专用器具	155.00	10年	15.50	62.00	105.00	10年	10.50	42.00
办公电子设备等	100.00	6年	15.83	79.15	100.00	6年	15.83	79.15
专利权	413.00	15年	27.53	110.12	619.50	15年	41.30	165.20

解析

业务处理：表3－7中，生产专用器具会计折旧额＝15.5万元，

生产专用器具税务折旧额＝10.5万元，

生产专用器具税会差异＝15.5－10.5＝5万元，应调增应纳税所得额5万元。

专利权会计折旧额＝27.53万元，

专利权税务折旧额＝41.3万元，

专利权税会差异 =41.3 −27.53 =13.77 万元，应调减应纳税所得额 13.77 万元。

将上述纳税调整金额填报《资产折旧、摊销情况及纳税调整明细表》(A105080)。

业务依据：企业按照《企业会计准则》计提的折旧与《企业所得税法》及《企业所得税法实施条例》规定之间的差异在年度所得税纳税申报和汇算清缴时应当予以调整。

表 3 −8　职工薪酬调整明细

项目	账载金额	实际发生额	税收金额	备注
职工薪酬	1 000.00	1 000.00	1 000.00	
职工福利费	210.00	210.00	140.00	工资 14% 允许扣除
职工教育经费	40.00	40.00	40.00	工资 8% 允许扣除，超支部分可在以后年度无限结转
工会经费	20.00	20.00	20.00	工资 2% 允许扣除

解析

业务处理 1：表 3 −8 中，在进行当年企业所得税税前扣除时，职工福利费的扣除限额 = 工资薪金 ×14%。填报《职工薪酬支出及纳税调整明细表》(A105050) 第 3 行“职工福利支出”。

业务依据：企业发生的职工福利费支出，不超过工资、薪金总额 14% 的部分，准予扣除。

业务处理 2：表 3 −8 中，在进行当年企业所得税税前扣除时，职工教育经费的扣除限额 = 工资薪金 ×8%。填报《职工薪酬支出及纳税调整明细表》(A105050) 第 4 行“职工教育经费支出”。

业务依据：企业发生的职工教育经费支出，不超过工资、薪金总额 8% 的部分，准予扣除，以后年度准予结转。

业务处理 3：表 3 −8 中，在进行当年企业所得税税前扣除时，职工工会经费的扣除限额 = 工资薪金 ×2%。填报《职工薪酬支出及纳税调整明细表》(A105050) 第 7 行“工会经费支出”。

业务依据：企业发生的工会经费支出，不超过工资、薪金总额 2% 的部分，准予扣除。

表 3 −9　其他纳税调整项目

项目类别	金额	备注
公允价值变动损益	20.00	投资性房地产在 2021 年度的公允价值变动金额
罚金、罚款	3.00	工商罚款 3 万元（不予扣除）
赞助支出	10.00	关联企业赞助支出 10 万元（不予扣除）
与取得收入无关的支出	12.00	给购货方回扣 12 万元（不予扣除）
资产减值准备金	50.00	计提坏账准备 20 万元，存货跌价准备 30 万元

解析

业务处理1：表3-9中，公允价值变动损益计征企业所得税，应调增企业所得税应纳税所得额。填报在《纳税调整项目明细表》（A105000）第7行“公允价值变动损益”，纳税调增栏或纳税调减栏。

业务依据：“公允价值变动损益”余额反映在企业“利润表”中的“营业收入”项下，构成“营业利润”。《企业所得税实施条例》第五十六条规定，企业的各项资产，包括固定资产、生物资产、无形资产、长期待摊费用、投资资产、存货等，以历史成本为计税基础。上述规定中“以历史成本为计税基础”的、企业会计上却“以公允价值计量的金融资产、金融负债以及投资性房地产等”持有期间公允价值的变动，不计入应纳税所得额，纳税调整时通过《纳税调整项目明细表》进行纳税调增或调减。

业务处理2：表3-9中，资产减值准备金50万元不得税前扣除。填报在《纳税调整项目明细表》（A105000）第32行“资产减值准备金”。

业务依据：除财政部和国家税务总局核准计提的准备金可以税前扣除外，其他行业、企业计提的各项资产减值准备、风险准备等准备金均不得税前扣除。

表3-10　企业所得税弥补亏损明细表

年度	盈利额或亏损额	备注
2016年	8.60	
2017年	2.50	
2018年	12.00	
2019年	36.00	
2020年	10.32	

解析

业务处理：表3-10中，企业2016—2020年发生的亏损，可以用下一年度的所得弥补，下一年度的所得不足以弥补的，可以逐年延续弥补，但最长不得超过5年。连续发生年度亏损，必须从第一个亏损年度算起，先亏先补，后亏后补。填报《企业所得税弥补亏损明细表》（A106000）。

业务依据：企业纳税年度发生的亏损，准予向以后度结转，用以后年度的所得弥补，但结转年限最长不得超过五年。

【实验要求】

通过以上纳税申报数据形成纳税申报表依次保存，报表数据上报成功后，进入评分系统选择相对应的案例进行系统评分，将实验报告封面及各报表依次打印，主要的申报表打印如下：

1. 进行系统评分后打印实验报告封面；

2. 企业所得税年度纳税申报主表及其附表。

（二）练习案例

【案例资料】

杭州蒙可跨境电子商务有限公司，成立于2018年02月15日，属于增值税一般纳税人，税务机关核定的企业所得税征收方式为查账征收，按照实际利润预缴方式预缴企业所得税。非跨地区经营企业，非上市公司。公司主要从事网上贸易代理；互联网零售；自营和代理货物及技术进出口业务。公司通过跨境电子商务第三方平台亚马逊开展出口业务。

公司资产总额为2 000万元，总人数30人，皆为大专以上学历。

公司适用的所得税税率为25%。

所属行业：5211 百货零售

会计主管：沈子翼

适用的会计准则：企业会计准则（一般企业）

会计档案存放地：浙江省杭州市

会计核算软件：用友

记账本位币：人民币

会计政策和估计是否发生变化：否

固定资产折旧方法：年限平均法

存货成本计价方法：月末一次加权平均法

坏账损失核算方法：备抵法

所得税计算方法：资产负债表债务法（企业会计准则要求对企业所得税采用资产负债表债务法进行核算。）

按税收规定比例扣除的职工教育经费8%、广告费和业务宣传费15%。

企业股东信息如表3－11所示。

表3－11　　企业股东信息

股东名称	证件类型	证件号码	投资比例
杨阳	身份证	330106198503223873	70%
余海	身份证	330101198005065233	30%

现进行该公司2021年度企业所得税汇算清缴，已经预缴所得税额1 721 251.43元，相关资料如表3－12所示。

表3－12　　利润表

编制单位：衡信教育科技有限公司　　2021年12月31日　　单位：人民币元

项目	本月数	本年累计
一、营业收入	8 985 432.55	25 127 684.00
减：营业成本	4 552 673.33	12 801 292.58
税金及附加	15 125.67	106 196.94

续表

项目	本月数	本年累计
销售费用	1 040 418.73	2 909 448.36
管理费用	529 452.54	1 480 571.98
研发费用		
财务费用	376 069.05	1 074 483.94
其中：利息费用		
利息收入		
资产减值损失	445 684.49	445 684.49
信用减值损失		
加：其他收益		
投资收益（损失以“-”号填列）		105 000.00
其中：对联营企业和合营企业的投资收益		
净敞口套期收益（损失以“-”号填列）		
公允价值变动收益（损失以“-”号填列）		
资产处置收益（损失以“-”号填列）		
二、营业利润（亏损以“-”号填列）	2 026 008.74	6 415 005.71
加：营业外收入		1 130 000.00
减：营业外支出		660 000.00
三、利润总额（亏损总额以“-”号填列）	2 026 008.74	6 885 005.71
减：所得税费用	617 923.31	1 785 001.43
四、净利润（净亏损以“-”号填列）	1 408 085.43	5 100 004.28
（一）持续经营净利润（净亏损以“-”号填列）		
（二）终止经营净利润（净亏损以“-”号填列）		
五、其他综合收益的税后净额		
（一）不能重分类进损益的其他综合收益		
1. 重新计量设定受益计划变动额		
2. 权益法下不能转损益的其他综合收益		
3. 其他权益工具投资公允价值变动		
4. 企业自身信用风险公允价值变动		
……		
（二）将重分类进损益的其他综合收益		
1. 权益法下可转损益的其他综合收益		
2. 其他债权投资公允价值变动		
3. 金融资产重分类计入其他综合收益的金额		
4. 其他债权投资信用减值准备		
5. 现金流量套期储备		
6. 外币财务报表折算差额		

2021 年年度报表资料如下：

1. 2021 年收入与成本明细如下：

（1）销售商品收入 22 727 684. 00 元，销售商品成本 12 301 292. 58 元；

（2）出租办公楼收入 2 400 000. 00 元，出租办公楼成本 500 000. 00 元。

备注：公司 2021 年 12 月 20 日在亚马逊网站上销售的一笔商品于 2022 年 1 月 5 日由于产品质量问题被客户退货，2021 年公司发出商品后，已确认收入 100 000 元，结转成本 80 000 元。但 2022 年 1 月 5 日发生销售退回后，由于属于资产负债表日后调整事项，公司已将 2021 年利润表数据进行了调整，调减营业收入 100 000 元，调减营业成本 80 000 元。上述利润表数据和销售商品收入、成本数据为调整后的最新数据。

2. 公司 2021 年将一笔确实无法偿付的应付款项 1 130 000 元计入营业外收入。

3. 2021 年取得国债利息收入 105 000 元计入投资收益。

4. 营业外支出明细：

（1）通过杭州市政府捐赠 200 000 元，用于杭州亚运会。直接向某希望小学捐赠图书 100 000 元。

（2）发生非广告性的赞助支出 50 000 元，支付违反经济合同的违约金 40 000 元。

（3）缴纳税收滞纳金共计 67 653. 98 元。

（4）因自然灾害导致存货毁损损失 202 346. 02 元，公司将情况说明及相关资料留存备查。

5. 销售费用明细如表 3 – 13 所示。

表 3 – 13　　销售费用明细表

序号	项目	入账金额
1	工资薪金	656 488. 85
2	职工福利费	51 000
3	基本社会保险费	103 591. 8
4	工会经费	6 165. 52
5	住房公积金	105 567. 65
6	业务招待费	54 866. 85
7	广告费	590 087. 85
8	亚马逊月租费用	169 800. 00
9	折旧费	59 008. 78
10	销售佣金	406 889. 98
11	配送费	536 192. 48
12	差旅费	154 788. 60
13	其他费用	15 000. 00
合计		2 909 448. 36

备注：

（1）销售费用中的其他费用为按照谨慎性原则，计提的保证类质量保证销售费用。15 000 元为估计的产品修理费用，会计处理为借记销售费用，贷记预计负债。

（2）亚马逊月租费用、广告费和配送费均为境外支付的费用，有取得境外具有发票性质的收款凭证。

（3）通过银行转账支付给具有合法经营资质的中介服务机构销售佣金 406 889. 98 元，双方签订的合同确认收入金额为 8 000 000 元。

6. 管理费用明细如表 3 – 14 所示。

表 3 – 14　管理费用明细表

序号	项目	入账金额
1	工资薪金	345 147.35
2	职工福利费	50 500
3	基本社会保险费	99 685.68
4	工会经费	6 100.00
5	税务咨询费	7 856.00
6	业务招待费	33 874.26
7	折旧费	49 028.48
8	办公费	651 478.35
9	汽车租赁费	108 000.00
10	差旅费	35 486.58
11	诉讼费	13 000.00
12	运输费	27 465.22
13	保险费	25 897.56
14	汽车维修费	27 052.50
合计		1 480 571.98

备注：

（1）办公费中有 120 000 元未取得合法票据。

（2）2021 年 7 月 1 日以经营租赁方式租入一辆汽车，租期 1 年，支付一年租金 108 000 元，公司一次性计入 2021 年管理费用。

7. 财务费用明细如表 3 – 15 所示。

表 3 – 15　财务费用明细表

序号	项目	入账金额
1	手续费	38 996.30
2	汇兑损益	35 487.64
3	利息支出	1 000 000.00
合计		1 074 483.94

备注：

2020 年 1 月 1 日向非关联公司借款 1 000 万元，期限 3 年，2021 年支付当年的利息费用 799 900 元；2021 年 7 月 1 日向银行借款 600 万元，期限 5 年，2021 年支付利息费用 200 100 元。（2020 年 1 月 1 日本省某金融企业公布的同期同类平均利率为 7%）。

8. 固定资产净残值为 5%，与生产经营有关的器具工具家具按 5 年计提折旧、电子设备按 3 年计提折旧，房屋建筑物按 20 年计提折旧，折旧采用平均年限法，会计与税法无差异，资产明细如表 3 – 16 所示。

表 3 - 16　　资产明细表

资产	资产原值	本年折旧	累计折旧
与生产经营有关的器具工具家具	264 721.05	50 297	174 539.54
电子设备	111 285.03	35 240.26	79 204.76
房屋建筑物	11 000 000.00	522 500	3 304 160.58

9. 2021 年 12 月 31 日，公司某库存商品的账面成本为 3 586 954.35 元，由于市场价格下跌，预计可变现净值为 3 141 269.86 元，因此计提存货跌价准备 445 684.49 元。

10. 职工薪酬明细如表 3 - 17 所示。

表 3 - 17　　职工薪酬明细表

项目	账载金额	实际发生额
工资支出	1 001 636.20	1 001 636.20
福利费用支出	101 500	101 500
工会经费	12 265.52	12 265.52
基本社会保险支出	203 277.48	203 277.48
住房公积金支出	105 567.65	105 567.65

11. 公司近 3 年盈利及亏损情况如表 3 - 18 所示。

表 3 - 18　　盈亏明细表

年度	盈利额或亏损额
2018 年	63 800.00
2019 年	226 900.00
2020 年	850 300.00

【实验要求】

通过以上纳税申报数据形成纳税申报表依次保存，报表数据上报成功后，进入评分系统选择相对应的案例进行系统评分，将实验报告封面及各报表依次打印，主要的申报表打印如下：

1. 进行系统评分后打印实验报告封面；
2. 企业所得税年度纳税申报主表及其附表。

第二节　核定征收纳税人年度汇算清缴

一、实验流程介绍

以衡信税务实训平台为例，简要介绍企业所得税核定征收汇算清缴实验流程。

（一）企业所得税核定征收汇算清缴系统登录

输入学校编码、学生账号以及密码，进入学生端，到企业所得税系统选择界面、选择“企业所得税核定汇算清缴实验系统”，可以看到登录按钮，点击登录后，进入操作界面。

（二）核定征收汇算清缴实验系统操作流程

具体分为修改税款所属期、申报表填写、申报表发送、税款缴纳和评分等五个步骤（图3-2）。

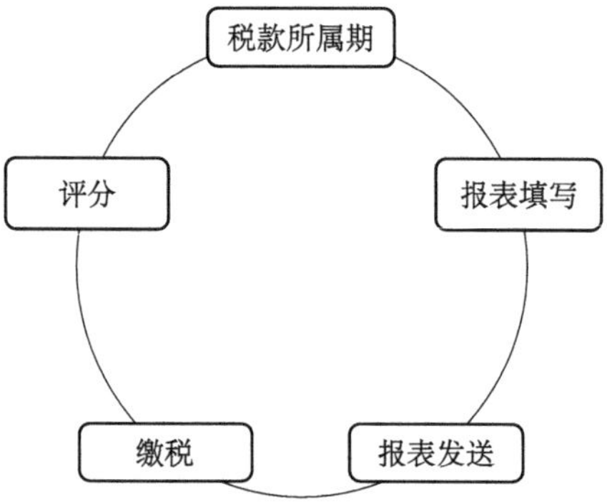

图3-2　核定征收汇算清缴实验流程

1. 选中需要填写的报表，点击后进入报表页面。填写相关数据，确保报表数据完整准确后点击右上角“保存”后保存填写完成的报表。在填写报表的时候，选中对应数据单元格后右边会有相关报表填写指南。

2. 选择“申报表发送”进入报表申报发送页面。选中需要申报的报表种类，确认后点击“申报表发送”就可以发送申报表。

注意：只有申报表填写完成后，才能进行申报表的发送。同时点击申报表发送后才是真正意义上的申报成功。

3. 点击“税款缴纳”，出现缴税信息的对话框，核实缴税信息，信息无误，点击“缴税”，实现税款的缴纳。

4. 根据所做案例，填写报表信息、进行申报后，点击“评分”，出现评分案例的选项卡，选中要评分的案例，点击“评分”，进行成绩评判。

5. 成绩查询

评分后，查看得分情况，可通过“成绩查询”实现。点击“成绩查询”按钮，查询出所有案例得分情况，点击“查看”可进一步查看案例的每项得分情况，黑色字体显示为操作正确，获得分数；红色字体显示为错误操作，没有获得分值。

6. 申报作废

点击“申报作废”按钮，出现需作废报表的选项卡，选中要作废的报表，点击“作废”，将申报表置回成未申报状态。

7. 打印封面

通过封面打印，打印出报表的首页，同时可打印各个报表，最终装订成册形成一本实验报告。

微课：核定征收纳税人年度汇算清缴操作介绍

二、实验准备

（一）核定征收企业所得税的范围

核定征收办法适用于居民企业纳税人具有下列情形之一的，核定征收企业所得税：

（1）依照法律、行政法规的规定可以不设置账簿的。

（2）依照法律、行政法规的规定应当设置但未设置账簿的。

（3）擅自销毁账簿或者拒不提供纳税资料的。

（4）虽设置账簿，但账目混乱或者成本资料、收入凭证、费用凭证残缺不全，难以查账的。

（5）发生纳税义务，未按照规定的期限办理纳税申报，经税务机关责令限期申报，逾期仍不申报的。

（6）申报的计税依据明显偏低，又无正当理由的。

特殊行业、特殊类型的纳税人和一定规模以上的纳税人不适用核定征收办法。上述特定纳税人由国家税务总局另行明确。

根据国家税务总局2012年第27号公告规定，自2012年1月1日起，专门从事股权（股票）投资业务的企业，不得核定征收企业所得税。

（二）核定征收的办法

税务机关应根据纳税人具体情况，对核定征收企业所得税的纳税人，核定应税所得率或者核定应纳所得税税额。

（1）具有下列情形之一的，核定其应税所得率：

①能正确核算（查实）收入总额，但不能正确核算（查实）成本费用总额的。

②能正确核算（查实）成本费用总额，但不能正确核算（查实）收入总额的。

③通过合理方法，能计算和推定纳税人收入总额或成本费用总额的。

纳税人不属于以上情形的，核定其应纳所得税税额。

（2）税务机关采用下列方法核定征收企业所得税：

①参照当地同类行业或者类似行业中经营规模和收入水平相近的纳税人的税负水平核定。

②按照应税收入额或成本费用支出额定率核定。

③按照耗用的原材料、燃料、动力等推算或测算核定。

④按照其他合理方法核定。

实行核定应税所得率征收办法的，应纳所得税税额的计算公式为：

应纳所得税税额 = 应纳税所得额 × 适用税率

应纳税所得额 = 应税收入额 × 应税所得率

或　应纳税所得额 = 成本（费用）支出额 ÷（1 − 应税所得率）× 应税所得率

实行应税所得率方式核定征收企业所得税的纳税人，经营多业的，无论其经营项目是否单独核算，均由税务机关根据其主营项目确定适用的应税所得率。主营项目应为纳税人所有经营项目中，收入总额或者成本（费用）支出额或者耗用原材料、燃料、动力数量所占比重最大的项目。

凡在纳税年度内从事生产、经营（包括试生产、试经营），或在纳税年度中间终止经营活动的纳税人，无论是否在减税、免税期间，也无论盈利或亏损，均应按照企业所得税法及其实施条例和本办法的有关规定进行企业所得税汇算清缴。实行核定定额征收企业所得税的纳税人，不进行汇算清缴。

因此，对于核定征收企业所得税的纳税人，如果其核定方法为“核定应税所得率”，则仍然需要办理企业所得税汇算清缴；而如果其核定方法为“核定应纳所得税额”，则不需要办理汇算清缴。

三、典型案例

（一）教学案例及解析

杭州云朵电子商务有限公司属于中国（杭州）跨境电子商务综合试验区注册的电商企业，税务机关核定企业所得税征收方式为核定征收，采用应税所得率方式核定征收企业所得税，应税所得率为4%。

该企业2021年全年平均从业人数80人，资产总额3 800万元，符合小型微利企业的标准。

该企业按季度预缴税款，年度终了后五个月内汇算清缴，多退少补。所得税纳税年度申报的税款所属期限为2021年。请根据综上所述业务资料结合附表资料进行该企业2021年企业所得税年度申报表（B类）填制申报工作。

1. 该公司2021年的收入总额中包括取得国债利息收入40万元。

2. 公司2020年12月底向杭州乐乐物流有限公司提供借款服务，合同约定借款期限为三年，利息按年支付，合同约定乐乐物流应于2021年12月20日向该公司支付第一年利息金额12万元，由于乐乐物流拖欠未付，该公司在会计上也未将该笔利息确认收入。第四季度预缴时的收入总额并未包含该笔收入。

3. 2021年第四季度的纳税申报表如表3－19所示。

表 3－19　　中华人民共和国企业所得税月（季）度预缴和年度纳税申报表

（B 类，2018 年版）

税款所属期间：2021 年 10 月 1 日至 2021 年 12 月 31 日

纳税人识别号（统一社会信用代码）：91330106341780571F

纳税人名称：杭州云朵电子商务有限公司　　金额单位：人民币元（列至角分）

核定征收方式	□ 核定应税所得率（能核算收入总额的）　□ 核定应税所得率（能核算成本费用总额的） □ 核定应纳所得税额

按季度填报信息									
项　　目	一季度		二季度		三季度		四季度		季度平均值
	季初	季末	季初	季末	季初	季末	季初	季末	
从业人数									
资产总额（万元）									
国家限制或禁止行业	□是　□否				小型微利企业		□是　□否		

按年度填报信息			
从业人数（填写平均值）		资产总额（填写平均值，单位：万元）	
国家限制或禁止行业	□是　□否	小型微利企业	□是　□否

行次	项　　目	本年累计金额
1	收入总额	60 280 000.00
2	减：不征税收入	
3	减：免税收入（4＋5＋10＋11）	400 000.00
4	国债利息收入免征企业所得税	400 000.00
5	符合条件的居民企业之间的股息、红利等权益性投资收益免征企业所得税（6＋7.1＋7.2＋8＋9）	
6	其中：一般股息红利等权益性投资收益免征企业所得税	
7.1	通过沪港通投资且连续持有 H 股满 12 个月取得的股息红利所得免征企业所得税	
7.2	通过深港通投资且连续持有 H 股满 12 个月取得的股息红利所得免征企业所得税	
8	居民企业持有创新企业 CDR 取得的股息红利所得免征企业所得税	
9	符合条件的居民企业之间属于股息、红利性质的永续债利息收入免征企业所得税	
10	投资者从证券投资基金分配中取得的收入免征企业所得税	
11	取得的地方政府债券利息收入免征企业所得税	
12	应税收入额（1－2－3）\ 成本费用总额	59 880 000.00
13	税务机关核定的应税所得率（%）	4.00
14	应纳税所得额（第 12×13 行）\［第 12 行÷（1－第 13 行）×第 13 行］	2 395 200.00
15	税率（25%）	25%
16	应纳所得税额（14×15）	598 800.00
17	减：符合条件的小型微利企业减免企业所得税	434 280.00
18	减：实际已缴纳所得税额	133 582.05
L19	减：符合条件的小型微利企业延缓缴纳所得税额（是否延缓缴纳所得税　□是　□否）	

续表

行次	项　　目	本年累计金额
19	本期应补（退）所得税额（16－17－18－L19）\ 税务机关核定本期应纳所得税额	30 937.95
20	民族自治地方的自治机关对本民族自治地方的企业应缴纳的企业所得税中属于地方分享的部分减征或免征（ □免征　□减征：减征幅度____%　）	
21	本期实际应补（退）所得税额	30 937.95
谨声明：本纳税申报表是根据国家税收法律法规及相关规定填报的，是真实的、可靠的、完整的。 纳税人（签章）：　　年　月　日		
经办人： 经办人身份证号： 代理机构签章： 代理机构统一社会信用代码：	受理人： 受理税务机关（章）： 受理日期：　　年　　月　　日	

国家税务总局监制

解析

业务处理1：该公司2021年的收入总额中包括取得国债利息收入40万元。填报《企业所得税月（季）度预缴和年度纳税申报表》（B100000）第4行“国债利息收入免征企业所得税”。

业务依据：《企业所得税法》第二十六条规定下列收入为免税收入（一）国债利息收入。国家税务总局公告2019年第36号规定，综试区内实行核定征收的跨境电商企业符合小型微利企业优惠政策条件的，可享受小型微利企业所得税优惠政策；其取得的收入属于《中华人民共和国企业所得税法》第二十六条规定的免税收入的，可享受免税收入优惠政策。因此云朵电子商务2021年取得的国债利息收入40万元属于免税收入。填写在第4行“国债利息收入免征企业所得税”，即纳税调减40万元。

业务处理2：公司2020年12月底向杭州乐乐物流有限公司提供借款服务，合同约定借款期限为三年，利息按年支付，合同约定乐乐物流应于2021年12月20日向该公司支付第一年利息金额12万元，由于乐乐物流拖欠未付，该公司在会计上也未将该笔利息确认收入。

业务依据：《企业所得税法实施条例》第十八条第二款规定，利息收入，按照合同约定的债务人应付利息的日期确认收入的实现。公司向乐乐物流提供借款服务，合同约定2021年12月应支付第一年利息12万元，因此云朵电子商务应于2021年12月将该笔12万元利息收入确认为企业所得税收入的实现，缴纳企业所得税，即使款项未收取，由于第四季度预缴时的收入总额并未包含该笔收入，因此年度汇算清缴时需要将该笔12万元加入收入总额中，即纳税调整12万元。

【实验要求】

通过以上纳税申报数据形成纳税申报表依次保存，报表数据上报成功后，进入评分系统选择相对应的案例进行系统评分，将实验报告封面和各报表依次打印，主要的申报表打印如下：

1. 进行系统评分后打印实验报告封面；

2. 企业所得税年度纳税申报主表及其附表。

（二）练习案例

杭州星辰网络科技有限公司 2020 年全年平均从业人数 400 人，资产总额 1 500 万元，不符合小型微利企业的标准。

该企业虽设置账簿，但无专职财务人员管理公司账目，导致账目混乱，成本资料、费用凭证残缺不全，税局人员难以查账征收企业税费，但该企业负责人表明可以能够准确提供销货发票凭证并能够提供当期银行进账单，税务机关出具的企业所得税核定征收鉴定表中注明该企业实行“核定应税所得率（能核算收入总额的）”征收方式，税务机关参照制造行业的应税所得率及企业实际经营规模确定其应税所得率为 9%，企业可在纳税申报期内根据当期的收入总额与应税所得率计算当期应纳税所得额，从而及时填制企业所得税年度纳税申报表，进行纳税申报工作。非汇总企业，无分支机构，按 25% 的税率缴纳企业所得税。

该企业按季度预缴税款，年度终了后五个月内汇算清缴，多退少补。所得税纳税年度申报的税款所属期限为 2020 年。请根据综上所述业务资料结合附表资料进行该企业 2020 年企业所得税年度申报表（B 类）填制申报工作。

1. 2021 年 01 月，该企业进行企业所得税汇算清缴时，发现 2020 年 12 月发生的一笔为 A 公司提供的技术咨询服务 50 780. 00 元业务收入漏报。（不考虑增值税影响）

2. 2020 年第四季度的纳税申报表如表 3 – 20 所示 。

表 3 – 20　　中华人民共和国企业所得税月（季）度纳税申报表（B 类，2018 年版）

税款所属期间：2020 年 10 月 01 日至 2020 年 12 月 31 日

纳税人名称（统一社会信用代码）：杭州星辰网络科技有限公司

纳税人识别号：913303165363129236　　　　金额单位：人民币元（列至角分）

核定征收方式	☑核定应税所得率（能核算收入总额的）　☐ 核定应税所得率（能核算成本费用总额的） ☐ 核定应纳所得税额	
行次	项　　目	本年累计金额
1	收入总额	3 860 580. 00
2	减：不征税收入	
3	减：免税收入（4 +5 +8 +9）	
4	国债利息收入免征企业所得税	
5	符合条件的居民企业之间的股息、红利等权益性投资收益免征企业所得税	
6	其中：通过沪港通投资且连续持有 H 股满 12 个月取得的股息红利所得免征企业所得税	
7	通过深港通投资且连续持有 H 股满 12 个月取得的股息红利所得免征企业所得税	
8	投资者从证券投资基金分配中取得的收入免征企业所得税	
9	取得的地方政府债券利息收入免征企业所得税	
10	应税收入额（1 –2 –3）\ 成本费用总额	3 860 580. 00
11	税务机关核定的应税所得率（%）	9. 00
12	应纳税所得额（第 10 ×11 行）\ ［第 10 行 ÷（1 – 第 11 行）×第 11 行］	347 452. 2

续表

<table>
<tr><td>行次</td><td colspan="3">项　　目</td><td>本年累计金额</td></tr>
<tr><td>13</td><td colspan="3">税率（25%）</td><td>25%</td></tr>
<tr><td>14</td><td colspan="3">应纳所得税额（12×13）</td><td>86 863.05</td></tr>
<tr><td>15</td><td colspan="3">减：符合条件的小型微利企业减免企业所得税</td><td>0</td></tr>
<tr><td>16</td><td colspan="3">减：实际已缴纳所得税额</td><td>36 950.30</td></tr>
<tr><td>17</td><td colspan="3">本期应补（退）所得税额（14－15－16）\ 税务机关核定本期应纳所得税额</td><td>49 912.75</td></tr>
<tr><td colspan="5">按　季　度　填　报　信　息</td></tr>
<tr><td colspan="2">季初从业人数</td><td></td><td>季末从业人数</td><td></td></tr>
<tr><td colspan="2">季初资产总额（万元）</td><td></td><td>季末资产总额（万元）</td><td></td></tr>
<tr><td colspan="2">国家限制或禁止行业</td><td>□是　☑否</td><td>小型微利企业</td><td>☑是　□否</td></tr>
<tr><td colspan="5">按　年　度　填　报　信　息</td></tr>
<tr><td colspan="2">小型微利企业</td><td>☑是　□否</td><td></td><td></td></tr>
<tr><td colspan="5">谨声明：本纳税申报表是根据国家税收法律法规及相关规定填报的，是真实的、可靠的、完整的。</td></tr>
<tr><td colspan="5">纳税人（签章）：　　　年　月　日</td></tr>
<tr><td colspan="3">经办人：
经办人身份证号：
代理机构签章：
代理机构统一社会信用代码：</td><td colspan="2">受理人：
受理税务机关（章）：
受理日期：年　月　日</td></tr>
</table>

国家税务总局监制

【实验要求】通过以上纳税申报数据形成纳税申报表依次保存，报表数据报送成功后，进入评分系统选择相对应的案例进行系统评分，将实验报告封面和各报表依次打印，主要的申报表打印如下：

1. 进行系统评分后打印实验报告封面；
2. 企业所得税年度纳税申报表（B类）。

第四章 个人所得税纳税申报

第一节 自然人税收管理扣缴端申报

一、实验流程介绍

（一）自然人税收管理系统扣缴端登录

登录税务实训平台后，选择“个税－自然人税收管理系统扣缴实训”，进入自然人税收管理系统扣缴实验系统操作界面。在系统首页中可以完成纳税人信息、各报表的填写，也可以根据需要进行申报报送和获取反馈。

（二）自然人税收管理系统操作流程

1. 初始化设置

（1）税款所属期设置

据案例申报时间，确认申报月份，修改电脑时间为申报月份下一个月，系统会根据电脑时间默认为前一个月。（如申报时间为 2020 年 12 月，电脑时间修改为 2021 年 1 月。）

（2）基础设置

基础设置点击公积金之后，会跳转到窗口，根据案例中给出公积金上限、月平均工资等进行修改，点击保存。

修改完成点击确认之后，系统提示“设置成功，请退出系统重新进入生效”，重新进入系统后，需检查是否设置成功，设置成功后，重新进入系统，然后进行下一步操作。

2. 人员信息采集

人员信息采集主要包括【添加】、【导入】、【报送】、【获取反馈】、【导出】、【展开查询条件】和【更多操作】功能；同时显示所有纳税人信息。

（1）单个添加

点击【添加】，进入“境内人员信息”界面，录入人员基本信息，点击【保存】即可添加成功。

若采集人员为境外人员，选择“境外人员”，点击【添加】，录入页面中带星号的境外人员信息，然后点击【保存】，勾选需要报送的境外人员，点击【报送】。若显示“报送成功”，则代表添加完成。

注意事项：

①人员信息采集表中，带“＊”号项为必填项，其他为非必填项，根据实际情况选填。

②添加人员信息时，若滑动鼠标中间的滚动建，会导致选择好的“任职受雇从业类型”发生改变，比如由“雇员”变为“其他”等，故在采集时，尽量使用鼠标拉动采集页面。

单个添加人员的业务场景，适用于单位人员较少的情况。单位人员较多时，建议使用 Excel 模板批量导入功能。

（2）批量导入

点击【导入】→【模板下载】，下载客户端中提供的标准 Excel 模板。将人员各项信息填写到模板对应列，然后点击【导入】→【导入文件】，选择 Excel 文件，导入客户端中。

下载模板之后，进行相应的编辑。返回到填写界面，选择导入文件。导入之后，需要进行【提交数据】。点击【完成】按钮，方可导入成功。

（3）人员信息报送验证

人员信息采集完毕后，需先将人员信息报送至税务机关端进行验证，再获取报送结果和身份验证结果，报送成功的人员才能填写、报送申报表。

点击【报送】，客户端会将报送状态为“待报送”的人员信息报送至税务机关进行验证。

3. 专项附加扣除信息采集

个人所得税专项附加扣除，是指个人所得税法规定的子女教育、继续教育、大病医疗、住房贷款利息、住房租金、赡养老人和三岁以下婴幼儿照护等七项专项附加扣除。

首页功能菜单下点击【专项附加扣除信息采集】，显示可采集的专项附加扣除项目，分别为“子女教育支出信息采集”“继续教育支出信息采集”“住房贷款利息支出信息采集”“住房租金支出信息采集”“赡养老人支出信息采集”“三岁以下婴幼儿照护信息采集”。

所有专项附加扣除信息的采集操作基本类似，只是各项专项附加扣除采集的数据项有所不同。

（1）子女教育支出

点击【子女教育支出】，然后点击【新增】。

根据案例中所给出案例资料添加信息，带“＊”号项为必填项，其他为非必填项，根据实际情况选填。

（2）继续教育支出

点击【继续教育支出】，然后点击【新增】。

根据案例中所给出案例资料添加信息，带“＊”号项为必填项，其他为非必填项，根据实际情况选填。

（3）住房贷款利息支出

点击【住房贷款利息支出】，然后点击【新增】。

根据案例中所给出案例资料添加信息，带“＊”号项为必填项，其他为非必填项，根据实际情况选填。

（4）子女教育支出

点击【子女教育支出】，然后点击【新增】。

根据案例中所给出案例资料添加信息，带“＊”号项为必填项，其他为非必填项，根据实际情况选填。

（5）赡养老人支出

点击【赡养老人支出】，然后点击【新增】。

根据案例中所给出案例资料添加信息，带“＊”号项为必填项，其他为非必填项，根据实际情况选填。

（6）3 岁以下婴幼儿照护支出

点击【三岁以下婴幼儿照护】，然后点击【新增】。

根据案例中所给出案例资料添加信息，带“＊”号项为必填项，其他为非必填项，根据实际情况选填。

添加各项专项扣除后，需要分别进行【报送】及【获取反馈】。

4. 综合所得申报

（1）收入及减除填写

【收入及减除填写】用于录入综合所得各项目的收入及减除项数据，所得项目包括“工资薪金所得”“劳务报酬所得”“稿酬所得”和“特许权使用费所得”等。各所得项目展示所得项目名称、填写人数、收入额合计、状态和操作。

进行报表数据填写，点击【填写】后，有提示按钮，【确定】后会提示是否需要自动导入，可以手动添加或使用模板导入。

①手动添加

点击【添加】，进入“报表新增”界面，录入相应的收入以及扣除，点击【保存】即可添加成功。（以正常工资薪金所得为例，其他报表为同样填写方法。）

②批量导入

点击【导入】→【模板下载】，下载客户端中提供的标准 Excel 模板。将人员各项信息填写到模板对应列，然后点击【导入】→【导入文件】，选择 Excel 文件，导入客户端中。

下载模板之后，进行相应的编辑。返回到填写界面，选择导入文件。导入之后，需要点击【提交数据】。点击【完成】按钮，方可导入成功。

采集完成人员专项附加扣除信息后，在填写其工资薪金报表前（后），可通过“预填专项附加扣除”自动传递附加扣除数据到工资薪金报表中，但此时需注意，按照最新的个税政策，扣除为累计扣除，需特别注意税款所属期。

（2）税款计算

【税款计算】用于收入及减除和附表填写完成后，进行税款计算的步骤，点击后系统自动对填写的所有所得项目进行税款计算。

（3）附表填写

【附表填写】用于在收入及减除中填写了减免税额、免税收入、商业健康保险、税延养老保险情况下，补充相应附表。包括“减免事项附表”“商业健康保险附表”和“税延养老保险附表”。

（4）申报表报送

【申报表报送】：点击后加载申报表报送界面，用于完成报表报送、获取反馈、申报作废、更正申报操作。

点击【获取反馈】，完成申报，也可通过【作废申报】、【更正申报】进行数据修改。

预扣预缴更正申报与作废申报的区别在于，申报成功后是否已缴税款。已缴款时只能更正申报，无法作废报表。

5. 分类所得申报

（1）收入及减除填写

【收入及减除填写】填写一般分类所得代扣代缴所得项目，包括“利息股息红利所得”“其他财产租赁所得”“财产转让所得”和“偶然所得”四类。其中，财产转让所得包括“财产拍卖所得及回流文物拍卖所得”“股权转让所得”其他财产转让所得”三小类。各所得项目展示所得项目名称、填写状态、填写人数、当期收入总额、应纳税额、应补退税额和操作。

点击【填写】，进行【添加】后，进行相应的数据【保存】。

（2）附表填写

【附表填写】：即减免事项附表。当一般分类所得代扣代缴申报填写了“减免税额”或“免税收入”，则需要填写减免事项附表。

（3）申报表报送

【申报表报送】：点击后加载申报表报送界面，用于完成报表报送、获取反馈、申报作废、更正申报操作。

点击【发送申报】按钮后有30秒等待反馈的时间。

点击【获取反馈】，完成申报，也可通过【作废申报】、【更正申报】进行数据修改。

预扣预缴更正申报与作废申报的区别在于，申报成功后是否已缴税款。已缴款时只能更正申报，无法作废报表。

6. 非居民所得申报

（1）收入及减除填写

【收入及减除填写】用于录入非居民代扣代缴所得项目的收入及减除项数据，包括“工资薪金所得”（正常工资薪金、外籍人员数月奖金、解除劳动合同一次性补偿金、个人股票期权行权收入）、“劳务报酬”、“稿酬所得”、“特许权使用费所得”、“利息股息红利所得”、“其他财产租赁所得”、“财产转让所得”（财产拍卖所得及回流文物拍卖所得、股权转让所得、其他财产转让所得）、“偶然所得”八个大类。各所得项目展示所得项目名称、填写状态、纳税人数、当期收入总额、应纳税额、应补退税额和操作。

在填写时，同样有两种方式：手动添加和模板导入，可参考人员信息采集导入、导出。

（2）附表填写

【附表填写】包含“减免事项附表”和“个人股东股权转让信息表”。非居民代扣代缴表中填写了“减免税额”或“免税收入”，需完善减免事项附表；填写了“股权转让所得”报表，需完善个人股东股权转让信息表。

（3）申报表报送

点击【申报表报送】后加载申报表报送界面，用于完成报表报送、获取反馈、申报作废、更正申报操作。

预扣预缴更正申报与作废申报的区别在于，申报成功后是否已缴税款。已缴款时只能更正申报，无法作废报表。

7. 限售股所得申报

（1）收入及减除填写

在填写时，同样有两种方式：手动添加和模板导入，可参考人员信息采集导入、导出。

（2）申报表报送

点击【申报表报送】后加载申报表报送界面，用于完成报表报送、获取反馈、申报作废、更正申报操作。

预扣预缴更正申报与作废申报的区别在于，申报成功后是否已缴税款。已缴款时只能更正申报，无法作废报表。

8. 税款缴纳

报表申报成功后，若采用三方协议缴款方式，则点击【税款缴纳】→【税款缴纳】，界面下方显示欠税相关内容，包括：所得月份、申报表种类、征收品目、税率、税款所属期起止、应补退税额以及缴款期限。

点击【立即缴款】系统会获取企业三方协议，并核对信息是否存在及正确。确认三方协议的开户行、账户名称等基本信息无误后，点击【确认扣款】发起缴款，进度条刷新完毕后得到缴款结果，即完成缴款。

9. 案例评分

点击【评分】按钮后，会自动弹出【请选择评分案例】，选择对应的案例进行评分，点击【确定】按钮，会显示姓名、案例名称以及分数。点击【成绩查询】可以查看详细评分指标。

微课：自然人税收管理扣缴端申报操作介绍

二、实验准备

个人所得税是国家对本国公民、居住在本国境内的个人的所得和境外个人来源于本国的所得征收的一种所得税。个人所得税的纳税义务人及纳税对象为中国公民、个体经营者、个人独资企业投资者、合伙企业投资者、在中国有所得的外籍人员和我国香港、澳门、台湾同胞。上述纳税人依据住所和居住时间两个标准，区分为居民个人和非居民个人，分别承担不同的纳税义务。

基于个人所得税的特点，现将同学们在进行自然人税收管理扣缴端申报和汇算清缴集中申报时常见的易错知识点罗列如下。

（一）征税范围

现行个人所得税的应税所得项目共9项，其中前4项为综合所得：工资薪金、劳务报酬、稿酬、特许权使用费；第5项为经营所得；后4项为分类所得：利息股息；财产租赁；财产转让；偶然所得。

（二）居民个人综合所得应纳税额的计算

居民个人的综合所得，以每一纳税年度的收入额减除费用60 000元以及专项扣除、专项附加扣除和依法确定的其他扣除以及捐赠后的余额，为应纳税所得额。

1. 应税收入

应税收入包括工资薪金收入、劳务报酬收入、稿酬收入和特许权使用费收入。其中，劳务报酬所得、稿酬所得、特许权使用费所得以收入减除20%的费用后的余额为收入额。稿酬所得的收入额减按70%计算，即实际按稿酬收入的56%［计算方式为（1－20%）×70%］计入综合所得的收入额。

保险营销员、证券经纪人取得的佣金收入，属于劳务报酬所得，以不含增值税的收入减除20%的费用后的余额为收入额，收入额减去展业成本以及附加税费后，并入当年综合所得，计算缴纳个人所得税。保险营销员、证券经纪人展业成本按照收入额的25%计算。

2. 专项扣除

专项扣除包括居民个人按照国家规定的范围和标准缴纳的基本养老保险、基本医疗保险、失业保险等社会保险费和住房公积金等。

3. 专项附加扣除①

专项附加扣除包括子女教育、继续教育、大病医疗、住房贷款利息或者住房租金、赡养老人等支出住房贷款利息和住房租金等支出。具体的扣除标准为：

---

① 2023年8月31日，据《国务院关于提高个人所得税有关专项附加扣除标准的通知》（国发〔2023〕13号），自2023年1月1日起，提高3岁以下婴幼儿照护等三项个人所得税专项附加扣除标准，具体如下：①13岁以下婴幼儿照护专项附加扣除标准，由每个婴幼儿每月1 000元提高到2 000元。②子女教育专项附加扣除标准，由每个子女每月1 000元提高到2 000元。③赡养老人专项附加扣除标准，由每月2 000元提高到3 000元。其中，独生子女按照每月3 000元的标准定额扣除；非独生子女与兄弟姐妹分摊每月3 000元的扣除额度，每人分摊的额度不能超过每月1 500元。因本书涉及案例均发生在2023年1月1日之前，所以正文中个人所得税专项附加扣除政策为2023年1月1日之前的政策。

（1）子女教育专项附加扣除。

纳税人的子女接受学前教育和学历教育的相关支出，按照每个子女每年 12 000 元（每月 1 000 元）的标准定额扣除。

受教育子女的父母分别按扣除标准的 50% 扣除；经父母约定，也可以选择由其中一方按扣除标准的 100% 扣除。具体扣除方式在一个纳税年度内不得变更。

（2）继续教育专项附加扣除。

纳税人接受学历继续教育的支出，在学历教育期间按照每年 4 800 元（每月 400 元）定额扣除。同一学历（学位）继续教育的扣除期限不能超过 48 个月。纳税人接受技能人员职业资格继续教育、专业技术人员职业资格继续教育支出，在取得相关证书的当年，按照 3 600 元定额扣除。

个人接受本科及以下学历（学位）继续教育，符合本办法规定扣除条件的，可以由其父母按照子女教育支出扣除，也可以由本人按照继续教育支出扣除，但不得同时扣除。

（3）大病医疗专项附加扣除。

一个纳税年度内，纳税人发生的与基本医保相关的医药费用支出，扣除医保报销后个人负担（指医保目录范围内的自付部分）累计超过 15 000 元的部分，由纳税人在办理年度汇算清缴时，在 80 000 元限额内据实扣除。

纳税人发生的医药费用支出可以选择由本人或者其配偶扣除；未成年子女发生的医药费用支出可以选择由其父母一方扣除。

（4）住房贷款利息专项附加扣除。

纳税人本人或配偶使用商业银行或住房公积金个人住房贷款为本人或其配偶购买住房，发生的首套住房贷款利息支出，在偿还贷款期间，可以按照每年 12 000 元（每月 1 000 元）标准定额扣除，但扣除期限最长不超过 240 个月。非首套住房贷款利息支出，纳税人不得扣除。纳税人只能享受一套首套住房贷款利息扣除。

经夫妻双方约定，可以选择由其中一方扣除，具体扣除方式在一个纳税年度内不得变更。纳税人应当留存住房贷款合同、贷款还款支出凭证。

（5）住房租金专项附加扣除。

纳税人本人及配偶在纳税人的主要工作城市没有住房，而在主要工作城市租赁住房发生的租金支出，可以按照以下标准定额扣除：

①承租的住房位于直辖市、省会城市、计划单列市以及国务院确定的其他城市，扣除标准为每年 18 000 元（每月 1 500 元）。

②承租的住房位于其他城市的，市辖区户籍人口超过 100 万的，扣除标准为每年 13 200 元（每月 1 100 元）。

③承租的住房位于其他城市的，市辖区户籍人口不超过 100 万（含）的，扣除标准为每年 9 600 元（每月 800 元）。

夫妻双方主要工作城市相同的，只能由一方扣除住房租金支出。夫妻双方主要工作城市不相同的，且各自在其主要工作城市都没有住房的，可以分别扣除住房租金支出。

住房租金支出由签订租赁住房合同的承租人扣除。

纳税人及其配偶不得同时分别享受住房贷款利息专项附加扣除和住房租金专项附加扣除。

（6）赡养老人专项附加扣除。

纳税人赡养60岁（含）以上父母以及其他法定赡养人的赡养支出，可以按照以下标准定额扣除：

①纳税人为独生子女的，按照每年24 000元（每月2 000元）的标准定额扣除。

②纳税人为非独生子女的，应当与其兄弟姐妹分摊每年24 000元（每月2 000元）的扣除额度，分摊方式包括平均分摊、被赡养人指定分摊或者赡养人约定分摊，具体分摊方式在一个纳税年度内不得变更。

采取指定分摊或约定分摊方式的，每一纳税人分摊的扣除额最高不得超过每年12 000元（每月1 000元），并签订书面分摊协议。指定分摊与约定分摊不一致的，以指定分摊为准。纳税人赡养2个及以上老人的，不按老人人数加倍扣除。

（7）3岁以下婴幼儿照护个人所得税专项附加扣除。

纳税人照护3岁以下婴幼儿子女的相关支出，按照每个婴幼儿每月1 000元的标准定额扣除。父母可以选择由其中一方按扣除标准的100%扣除，也可以选择由双方分别按扣除标准的50%扣除，具体扣除方式在一个纳税年度内不能变更。

4. 其他扣除

其他扣除包括个人缴付符合国家规定的企业年金、职业年金，个人购买符合国家规定的商业健康保险、税收递延型商业养老保险的支出，以及国务院规定可以扣除的其他项目。

（三）居民个人工资薪金所得的预扣预缴

扣缴义务人向居民个人支付工资、薪金所得时，应当按照累计预扣法计算预扣税款，并按月办理扣缴申报。

累计预扣法，是指扣缴义务人在一个纳税年度内预扣预缴税款时，以纳税人在本单位截至当前月份工资、薪金所得累计收入减除累计免税收入、累计减除费用、累计专项扣除、累计专项附加扣除和累计依法确定的其他扣除后的余额为累计预扣预缴应纳税所得额，适用居民个人工资、薪金所得预扣预缴税率表，计算累计应预扣预缴税额，再减除累计减免税额和累计已预扣预缴税额，其余额为本期应预扣频缴税额。

具体计算公式如下：

本期应预扣预缴税额＝（累计预扣预缴应纳税所得额×预扣率－速算扣除数）－累计减免税额－累计已预扣预缴税额

累计预扣预缴应纳税所得额＝累计收入－累计免税收入－累计减除费用－累计专项扣除－累计专项附加扣除－累计依法确定的其他扣除

其中：累计减除费用，按照5 000元/月乘以纳税人当年截至本月在本单位的任职受雇月份数计算。

对一个纳税年度内首次取得工资、薪金所得的居民个人，扣缴义务人在预扣预缴个人所得税时，可按照5 000元/月乘以纳税人当年截至本月月份数计算累计减除费用。

（四）居民个人劳务报酬、稿酬所得、特许权使用费所得的预扣预缴

劳务报酬所得、稿酬所得、特许权使用费所得，以每次收入额为预扣预缴应纳税所得额，计算应预扣预缴税额。

劳务报酬所得、稿酬所得、特许权使用费所得以收入减除费用后的余额为收入额；其中，稿酬所得的收入额减按70%计算。

劳务报酬所得、稿酬所得、特许权使用费所得，属于一次性收入的，以取得该项收入为一次；属于同一项目连续性收入的，以一个月内取得的收入为一次。

1. 劳务报酬所得预扣预缴税额的计算

（1）居民个人劳务报酬每次收入不超过4 000元的：

预扣预缴税额＝预扣预缴应纳税所得额×预扣率＝（每次收入－800）×20%

（2）每次收入在4 000元以上但预扣预缴应纳税所得额不超过20 000元的：

预扣预缴税额＝预扣预缴应纳税所得额 ×预扣率

＝每次收入×（1－20%）×20%

（3）每次收入的预扣预缴应纳税所得额超过20 000元的：

预扣预缴税额＝预扣预缴应纳税所得额×预扣率－速算扣除数

＝每次收入×（1－20%）×预扣率－速算扣除数

2. 稿酬所得预扣预缴税额的计算

（1）每次收入不超过4 000元的：

预扣预缴税额＝预扣预缴应纳税所得额×预扣率＝（每次收入－800）×70%×20%

（2）每次收入4 000元以上的：

预扣预缴税额＝预扣预缴应纳税所得额×预扣率

＝每次收入×（1－20%）×70%×20%

（五）综合所得的预扣预缴及汇算清缴

1. 单位预扣预缴

居民个人取得综合所得按年计算个人所得税；有扣缴义务人的，由扣缴义务人按月或者按次预扣预缴税款，居民个人年度终了后需要补税或者退税的，按照规定办理汇算清缴。

居民个人向扣缴义务人提供专项附加扣除信息的，扣缴义务人按月预扣预缴税款时应当按照规定予以扣除，不得拒绝。除大病医疗以外，子女教育、赡养老人、住房贷款利息、住房租金、继续教育，纳税人可以选择在单位发放工资薪金时，按月享受专项附加扣除政策。

首次享受时，纳税人应填报《个人所得税专项附加扣除信息表》给任职受雇单位，单位在每个月发放工资时，应为职工办理专项附加扣除。

一个纳税年度内，如未及时将扣除信息报送任职受雇单位，以致在单位预扣预缴工资、薪金所得税未享受扣除或未足额享受扣除的，可以在当年剩余月份内向单位申请补充扣除，也可以在次年3月1日至6日内，向汇缴地主管税务机关进行汇算清缴申报时办理扣除。

2. 年度汇算清缴

居民个人的综合所得各项目应当按月或按次预扣缴，次年进行全年度汇算清缴。

全年综合所得应纳的个人所得税税额 =（全年税前工资薪金总额 + 全年劳务报酬所得额 + 全年稿酬所得额 + 全年特许权使用费所得额 – 60 000 – 全年专项扣除总额 – 全年专项附加扣除总额 – 全年其他扣除总额）×适用税率 – 速算扣除数

纳税人取得综合所得需要办理汇算清缴的，应当在取得所得的次年 3 月 1 日至 6 月 30 日期间办理。需要办理汇算清缴的包括下列情形：

①在两处或者两处以上取得综合所得，且综合所得年收入额减去专项扣除的余额超过 6 万元。

②取得劳务报酬所得、稿酬所得、特许权使用费所得中一项或者多项所得，且综合所得年收入额减去专项扣除的余额超过 6 万元。

③纳税年度内预缴税额低于应纳税额的。

居民个人取得劳务报酬所得、稿酬所得、特许权使用费所得，应当在汇算清缴时向税务机关提供有关信息，办理专项附加扣除。

非居民个人取得综合所得，有扣缴义务人的，由扣缴义务人按月或者按次扣缴税款，不办理汇算清缴。

纳税人同时从两处以上取得工资、薪金所得，并由扣缴义务人办理专项附加扣除的，对同一专项附加扣除项目，纳税人只能选择从其中一处扣除。

（六）税收优惠

1. 个人所得税的免税项目

（1）省级人民政府、国务院部委和中国人民解放军军以上单位，以及外国组织、国际组织颁发的科学、教育、技术、文化、卫生、体育、环境保护等方面的奖金。

（2）国债和国家发行的金融债券利息。国债利息，是指个人持有中华人民共和国财政部发行的债券而取得的利息；所称国家发行的金融债券利息，是指个人持有经国务院批准发行的金融债券而取得的利息。

（3）按照国家统一规定发给的补贴、津贴。是指国务院规定发给的政府特殊津贴、院士（指中国科学院和工程院院士）津贴、资深院士津贴，以及国务院规定免纳个人所得税的其他补贴、津贴。

（4）福利费、抚恤金、救济金。福利费，是指根据国家有关规定，从企业、事业单位、国家机关、社会团体提留的福利费或者工会经费中支付给个人的生活补助费；救济金，是指各级人民政府民政部门支付给个人的生活困难补助费。

（5）保险赔款。

（6）军人的转业费、复员费、退役金。

（7）按照国家统一规定发给干部、职工的安家费、退职费、基本养老金或者退休费、离休费、离休生活补助费。

（8）依照我国有关法律规定应予免税的各国驻华使馆、领事馆的外交代表、领事官员和其他人员的所得。

（9）中国政府参加的国际公约、签订的协议中规定免税的所得。

此外，个人因解除劳动关系取得的一次性补偿收入（包括用人单位发放的经济补偿金、生活补助费和其他补助费用），在当地上年职工平均工资3倍数额以内的部分，免征个人所得税。对持《就业创业证》（注明“自主创业税收政策”或“毕业年度内自主创业税收政策”）或《就业失业登记证》（注明“自主创业税收政策”或附着《高校毕业生自主创业证》》的人员从事个体经营的，在3年内按每户每年8 000元为限额依次扣减其当年实际应缴纳的增值税、城市维护建设税、教育费附加、地方教育附加和个人所得税。限额标准最高可上浮20%，各省、自治区、直辖市人民政府可根据本地区实际情况在此幅度内确定具体限额标准，并报财政部和税务总局备案。

2. 个人所得税的减税项目

有下列情形之一的，可以减征个人所得税，具体幅度和期限，由省、自治区、直辖市人民政府规定，并报同级人民代表大会常务委员会备案：

（1）残疾、孤老人员和烈属的所得。

（2）因自然灾害遭受重大损失的。

国务院可以规定其他减税情形，报全国人民代表大会常务委员会备案。

此外，财政部、国家税务总局还公告了《继续有效的个人所得税优惠政策目录》，纳税人可以参照执行目录所列的优惠政策。

三、典型案例

（一）教学案例及解析

1. 纳税人基础信息

公司名称：杭州艾普出版社有限公司

电话：0571－86512088　邮编：330000

公司地址：浙江省杭州市西湖区文昌西路252号

2. 业务资料

杭州艾普出版社有限公司2021年01月有8名境内人员。公司财务人员张霆计算并发放员工的工资薪金、奖金等，以及预扣预缴个人所得税，8名境内人员的个人所得与个人所得税计算数据如资料1至资料4所示。

请审查2021年01月杭州艾普出版社有限公司的个人所得税计算数据是否正确，并进行个人所得税预扣预缴纳税申报。

资料1（表4－1）：

表4－1　员工基础信息表

工号	姓名	性别	身份证号	联系电话	任职日期	任职受雇从业类型	国籍（地区）
001	杨李	男	23010119830619003X	15666068808	2016－10－08	雇员	中国
002	张霆	女	130582199203030026	18124329009	2017－08－15	雇员	中国
003	洪艺芳	女	340801197006010024			其他	中国

续表

工号	姓名	性别	身份证号	联系电话	任职日期	任职受雇从业类型	国籍（地区）
004	叶美珍	女	340801196307020125			其他	中国
005	林芳	女	340801198201250087			其他	中国
006	陈小勇	男	230101197605230017			其他	中国
007	伊晟	男	46010119850715007X			其他	中国
008	肖智	男	230101198005040054			其他	中国

解析

业务处理：进行人员信息采集。

资料2（表4－2）：

表4－2　2021年01月杭州艾普出版社有限公司工资保险明细表

工号	姓名	应发工资合计	基本养老保险金	基本医疗保险金	失业保险金	住房公积金	代扣个人所得税	实发工资
001	杨李	10 000.00	144.00	36.00	180.00	300.00		
002	张霆	8 000.00	144.00	36.00	180.00	600.00		

备注：

（1）杨李家庭情况：现居杭州，独生子女。需赡养自己母亲（母亲：张凤玉；身份证号：340801195402160265），赡养老人按照规定进行扣除；已婚（妻子：谢雨；身份证号：230201198611220436），有一个女儿（女儿：杨雯；身份证号：340804200306270826）于2020年09月起进入当地杭州第二中学就读高三，子女教育由父亲杨李一人全额扣除。

（2）张霆家庭情况：未婚，在杭州租房居住（租赁房屋地址：杭州市西湖区闻言小区11幢三单元301室；租赁时间：2020年07月－2021年07月；出租房类型：个人），住房租金按照规定进行扣除。

解析

1.001杨李享受子女教育、赡养老人专项附加扣除，进行专项附加扣除信息采集。

业务处理：根据资料杨李子女教育专项附加扣除享受金额为1 000元/月。填报在专项附加扣除。

业务依据：根据《个人所得税专项附加扣除暂行办法》规定，纳税人的子女接受全日制学历教育的相关支出，按照每个子女每月1 000元的标准定额扣除，扣除比例：由夫妻双方协商确定，每一子女可以在本人或配偶处按照100%扣除，也可由双方分别按照50%扣除。

业务处理：根据资料杨李可以享受的赡养老人专项附加扣除为2 000元/月。

业务依据：根据国发〔2018〕41号文件的规定，纳税人为独生子女的，纳税人赡养一位及以上被赡养人（年满60周岁的父母，以及子女均已去世的年满60周岁的祖父母、外祖父母）的赡养支出，按照每月2 000元的标准定额扣除。

2. 002张霆享受住房租金专项附加扣除，进行专项附加扣除信息采集。

业务处理：根据资料张霆可以享受的住房租金专项附加扣除金额为1 500元/月。

业务依据：本人或配偶在主要工作城市没有自有住房；享受人：签订租赁住房合同的承租人；时间：租赁合同（协议）约定的房屋租赁期开始的当月至租赁期结束的当月，提前终止合同（协议）的，以实际租赁期限为准。直辖市、省会（首府）城市、计划单列市1 500元/月；户籍人口超过100万的其他城市1 100元/月；户籍人口不超过100万的其他城市800元/月。

资料3（表4－3）：

表4－3　综合所得申报－劳务报酬所得

姓名	所得项目	收入额
洪艺芳	一般劳务报酬所得	126 930.56
叶美珍	一般劳务报酬所得	10 596.42
肖智	一般劳务报酬所得	96 050.36

解析

进行综合所得申报：

业务处理：以003洪艺芳为例，洪艺芳劳务报酬所得应纳税额＝[126 930.56×（1－20%）]×40%－7 000＝33 617.78（元）

业务依据：根据《中华人民共和国个人所得税法》第六条规定，劳务报酬所得以收入减除20%费用后的余额为收入额。个人兼有不同的劳务报酬所得，应当分别减除费用，计算缴纳个人所得税。每次收入不超过4 000的，定额减除800元；每次收入在4 000元以上的，定率减除20%，其余为应纳税所得额。

资料4（表4－4）：

表4－4　综合所得申报－稿酬所得

姓名	所得项目	收入额
林芳	稿酬所得	8 692.69
陈小勇	稿酬所得	3 600.00
伊晟	稿酬所得	259 030.26

解析

进行综合所得申报：

业务处理：以004林芳为例，林芳稿酬所得应纳税额 =（收入 - 费用）×70% ×20% = ［8 692.69 ×（1 -20%）］×70% ×20% =973.58 元

业务依据：根据《中华人民共和国个人所得税法》第六条规定，稿酬所得以收入减除20%的费用后的余额为收入额。稿酬所得的收入额减按70%计算。每次收入不超过4 000 元的，定额减除800 元；每次收入在4 000 元以上的，定率减除20%。适用20%的比例税率。

【实验要求】

通过以上纳税申报数据形成纳税申报表依次保存，报表数据上报成功后，进入评分系统选择相对应的案例进行系统评分，将各报表依次打印，即综合所得税申报表。

【实验流程】 见图4 -1。

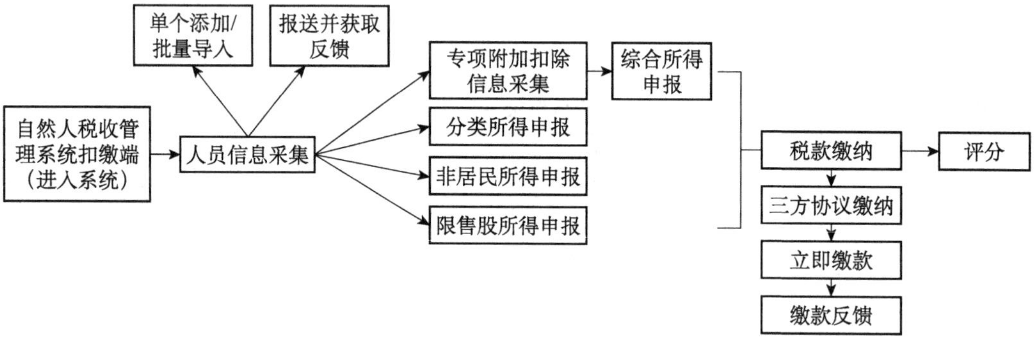

图4 -1 实验流程

（二）练习案例

【案例资料】

1. 纳税人基础信息

公司名称：杭州凯佳信息技术有限公司

统一社会信用代码：913301113303724829

地址及电话：杭州市滨江区西兴街道南环路1482 号 0571 -82683105

开户行及账号：杭州银行股份有限公司科技支行 33010401002763289

2. 业务资料

杭州凯佳信息技术有限公司2021 年01 月有10 名境内人员。公司财务人员余勤计算并发放员工的工资薪金、奖金等，以及预扣预缴个人所得税，10 名境内人员的个人所得与个人所得税计算数据如资料1 至资料4 所示。

2020 年杭州市公积金上限2 290.00 元，职工月平均工资为8 103.67 元，年平均工资为97 244.04 元。

请审查2021 年01 月杭州凯佳信息技术有限公司的个人所得税计算数据是否正确，并进行个人所得税预扣预缴纳税申报。

资料1（表4－5）：

表4－5　　员工基础信息表

工号	姓名	性别	身份证号	联系电话	任职日期	任职受雇从业类型	国籍（地区）
001	罗元发	男	23010119830619003X	15257680535	2010－05－12	雇员	中国
002	贾德善	女	340801196307020125	18187238723	2011－05－14	雇员	中国
003	王仁兴	男	230101197605230017	18123056453	2016－06－14	雇员	中国
004	吴梁	男	230101197404150096	15854170806	2015－05－16	雇员	中国
005	程孝先	男	350402195202142013	18953230036	2016－03－18	雇员	中国
006	余勤	女	130283199307038081	18763057354	2009－09－15	雇员	中国
007	郝爱	女	130425199401156129	15567858517	2016－03－18	雇员	中国
008	孙乔	女	130121199204041822			其他	中国
009	甘薇	女	130582199203030026			其他	中国
010	林柒	女	130533199202235321			其他	中国

资料2（表4－6）：

表4－6　　2021年01月杭州凯佳信息技术有限公司工资保险明细表

工号	姓名	应发工资合计	基本养老保险金	基本医疗保险金	失业保险金	住房公积金	代扣个人所得税	实发工资
001	罗元发	17 200	256	64	16	1720		
002	贾德善	16 000	256	64	16	1 600		
003	王仁兴	8 950	256	64	16	895		
004	吴梁	11 800	256	64	16	1 180		
005	程孝先	9 068	256	64	16	906.80		
006	余勤	10 000	256	64	16	1 000		
007	郝爱	10 300	256	64	16	1030		

备注：

（1）罗元发家庭情况：现居杭州，独生子女，需赡养母亲（母亲：刘梅；身份证号：330201195708250528），赡养老人支出按照政策规定进行扣除；已婚（妻子：苏素；身份证号：330824198609090263），有一个女儿（女儿：罗芬；身份证号：230128200712156026）于2020年09月起进入杭州翠园中学读初一，因妻子未工作，故子女教育由罗元发一人按100%扣除。

（2）郝爱家庭情况：2020年09月郝爱开始攻读在职硕士研究生，预计2022年09月拿到学历证书。

资料3（表4－7）：

01月，公司计算发放2020年12月绩效。

表 4-7　　绩效明细表

序号	姓名	绩效	代扣个人所得税	实发奖金
1	罗元发	1 000		
2	贾德善	1 000		
3	王仁兴	500		
4	吴梁	800		
5	程孝先	800		
6	余勤	800		
7	郝爱	800		

资料4：

（1）01 月，杭州凯佳邀请孙乔给公司财务人员进行培训，支付其报酬 10 000 元。

（2）01 月 12 日，顾客甘薇因达到杭州凯佳公司累计消费的一定额度，故享受一次额外抽奖机会。抽奖取得 3 000 元现金大奖，甘薇现场将其中的 1 000 元通过杭州市人民政府（统一社会信用代码：913346132807161604）捐赠给希望小学，取得捐赠证明，捐赠票据凭证号为 2021774018。

（3）林柒于 2020 年 09 月购入杭州凯佳（境内上市公司）股票，2021 年 01 月转让该股票并从杭州凯佳公司分得红利 4 000 元。

【实验要求】

通过以上纳税申报数据形成纳税申报表依次保存，报表数据上报成功后，进入评分系统选择相对应的案例进行系统评分，将各报表依次打印，主要的申报表打印如下：

1. 综合所得税申报表；
2. 分类所得税申报表。

第二节　个人所得税汇算清缴集中申报

一、实验流程介绍

（一）登录系统

通过电子税务局网址：http：//tax. caidao8. com/login，登录进电子税务局，选择进入个人所得税汇算清缴集中申报系统。

（二）个人所得税汇算清缴集中申报系统操作流程

1. 我的企业

登录进入，显示我的企业、案例查看和我的成绩功能。我的企业包括整个企业所涉及的一系列报税系统，学生根据案例所涉及的内容，选择系统进行实验，针对个人所得税汇缴集中申报，选择访问个税汇算清缴系统。

点击系统进入案例选择界面，显示为教师端发布的案例，可以查看具体案例的基本情况、案例名称、公司、所属行业、发布时间、税种、准则，点击实训进入系统操作界面。

访问个人所得税汇算清缴集中申报，点击进入系统；点击已发布案例的实验系统，可以看到发布的案例，若没发布对应系统的案例，则无显示。

2. 案例详情

在对应已发布案例后点击“实训”，则进入案例详情界面，最上方显示案例名称、税种、准则等信息，点击“案例须知”了解案例详情、上传的案例文档，pdf 格式点击可预览。

进入系统正式实验前，可以通过案例详情查看案例、做完可以清除数据重新实验并提交评分。

页面最下方有四个产品入口，代表当前案例所关联的产品，蓝色表示有权限可做题，灰色表示没有权限不可做题。

3. 报表填写

人员姓名和证件号码从后台新增人员获取，无住所个人附表信息为空，不可修改。选择之后点击确定进入报表填报页面。

填好之后点击保存。这里要注意是否享受免申报有 3 个校验条件：

①收入大于 12 万元且补税大于 400 元或有退税的，下方是否享受免申报都为空，不可选！

②收入大于 12 万元且补税小于 400 元或有退税的，下方是否享受免申报可以选择一种。

③收入少于 12 万元且补税小于 400 元或有退税的，下方是否享受免申报默认勾选为享受，不可选！

【继续教育】支出不能大于【8 400】。【住房租金】支出不能大于【18 000】。【赡养老人】支出不能大于【24 000】。纳税人不得同时享受住房贷款利息和住房租金专项附加扣除（这 2 个专项扣除只能填写一个）。【住房贷款利息】支出不能大于【12 000】。

点击编辑 - 进入附表填写（一共有五张附表）。

商业健康保险附表：商业健康保险总额不能大于 2 400，否则失败提示：总额不能大于 2 400 元。

准予扣除的捐赠额附表：捐赠扣除附表，增加后准予扣除的捐赠额上限同步更新，不得大于 60 000，也不得超过应纳税所得额，保存后需要设置综合所得扣除金额，综合所得扣除金额不得大于上限，最终保存后取综合所得扣除金额和和准予扣除的捐赠额上限的孰小值。

4. 退税申请

只要是应补（退）税额为负数的人员全部在退税申请页面和申报记录查询页面都可以查询到，在退税申请页面可以申请退税。缴税申请和退税申请互斥，一个人的信息只能出现在一处，通过更正申报可以进行切换。作废后则在此处消失。

5. 税款缴纳

应补/退税额为正的，税额大于0元低于400元的，如果不享受免申报则此处有记录，如果享受则此处无记录。年收入小于12万元且税额大于400元的如果选择了不享受此处有记录。点击税款缴纳，提示缴款成功。状态变为缴款成功。初始正常申报，更正过的为更正申报。

缴税申请和退税申请互斥，一个人的信息只能出现在一处，通过更正申报可以进行切换。作废后则在此处消失。

6. 申报记录查询

（1）报送过的这里就有一条记录，显示申报成功的记录和作废的记录，一人只有一条，状态随着申报情况刷新。点击更正申报，提示：是否确认要对［xxx］的申报表进行更正？确定就转到具体填报页面，代入之前的数据，下面最末尾为报送。报送就是保存并报送后，点击报送后，如果是应补（退）税额为负（同退税申请的判断逻辑），则提示申报成功，是否立即办理退税申请业务？可选立即办理或暂不办理。同时状态变为更正申报。若应补（退）税额为正（同税款缴纳的逻辑），则提示申报成功，是否立即办理税款缴纳业务？可选立即办理或暂不办理。享受免申报的直接转到申报记录查询。同时状态变为更正申报。立即办理就转到具体功能，暂不办理就转到申报记录查询。

（2）只能对一笔进行更正，也就是更正只能一次一个，作废可以多选。作废后记录还在（点击人员还可以跳转到报表填报查看之前的信息），报表填写－添加处可以重新增加。

（3）任何情况下都可以做更正和作废。

7. 税款记录查询

有缴款的情况下一人一条。作废和更正即消失，根据前面的状态刷新。

8. 评分

实验完成之后，在案例实验完成后点击评分完成评分。

（三）个人所得税汇算清缴集中申报其他功能

1. 案例评分

申报实验结束，在电子税务局首页可点击提交评分，会显示所有系统的成绩。

2. 数据清除

实验结束后，若要继续做下一个案例，可先进行数据清除，清除之前所做的数据。

3. 案例查看

点击“案例查看”，可查看当前的所有案例，并且显示后台是否有上传此案例的文件，如果上传了，则前台可下载文件，否则前台无法下载。

查看案例名称、下载时间、下载状态、得分情况，针对案例可以进行下载后直接打开，进行案例资料的查看。

4. 我的成绩

查看成绩，可以了解具体得分情况、提交时间、操作包括查看具体得分、实验报告和查看申报详情情况。

微课：个人所得税汇算清缴集中申报操作介绍

二、典型案例

（一）教学案例

1. 纳税人基础信息

纳税人名称：图文有声出版社

纳税人识别号：913322086043772199

组织形式：股份制

所属行业：新闻出版业

纳税人资格：一般纳税人

企税核定类型：查账征收

企业所得税申报期限：季

纳税信用等级：A

纳税人状态：正常

登记日期：2015 年 01 月 05 日

法定代表人：吴宇

身份证号：330646198511062666

经济性质：股份有限责任公司

注册资本：1 200 万元

会计准则：企业会计准则（一般企业）

开户银行：中国农业银行滨江浦沿支行

银行账号：22034857202386785

注册地址：杭州市滨江区西兴街道南环路 1609 号

电话号码：17538082945

生产经营地址：杭州市滨江区西兴街道南环路 1609 号

生产经营范围：出版高校设置的学科、专业、课程所需的教材、教学参考书和教学工具书，与该校主要专业相一致的学术专著和译著，适合高等学校教学需要的通俗政治理论读物，根据学校主管部门确定的分工和安排，为尚未成立出版社的高校出版同一专业的高校教材并出版小说。

会计核算软件：用友

记账本位币：人民币

会计档案存放地：公司档案室

会计政策和估计是否发生变化：否

固定资产折旧方法：年限平均法

存货成本计价方法：先进先出法

所得税计算方法：资产负债表债务法

主管税务机关：国家税务总局杭州市滨江区税务局

是否出口退税企业：否

资料（表4－8）：

表4－8　　员工基础信息表

工号	姓名	性别	身份证号	联系电话	任职日期	任职受雇从业类型	国籍（地区）
001	吴宇	男	23010119830619003X	13857680535	2012－05－12	雇员	中国
002	刘步	女	340801196307020125	18187238723	2013－05－14	雇员	中国
003	韩含	男	230101197605230017	18123056453	2016－08－14	雇员	中国
004	蒋楠	男	230101197404150096	15854170806	2015－09－16	雇员	中国
005	季雨	男	350402195202142013	18953230036	2014－03－18	雇员	中国
006	张雪	女	130283199307038081	18763057354	2010－09－15	雇员	中国
007	余信	女	130425199401156129	15567858517	2016－03－18	雇员	中国
008	甘名	女	130121199204041822	15690278900	2015－07－18	雇员	中国
009	袁泳	女	130582199203030026	17629012347	2012－03－18	雇员	中国

解析

业务处理：进行人员信息采集。

2. 业务资料

2021年04月20日，经与出版社员工进行书面委托确认，图文有声出版社财务人员张雪为出版社相关人员进行2020年个人所得税综合所得年度汇算清缴。

资料：

（1）居民纳税人吴宇，2020年1—12月每月取得工资薪金收入20 000.00元，

每月个人缴付基本养老保险660.00元，基本医疗保险150.00元，失业保险38.00元；住房公积金800.00元。

无配偶，有一个女儿，2019年开始上全日制大学，但是2020年9月开始保留学籍，参与服兵役活动；吴宇和自己弟弟赡养64岁的母亲，和弟弟约定平均分摊，以上专项附加扣除均选择在年终汇算清缴中一次性扣除。

2020年1月，吴宇从中国人寿保险公司购买了商业健康保险，全年保险费为1 200.00元，保单上未注明税优识别码，保单生效日期2020年01月01日。

全年累计预扣预缴个人所得税 15 124.80 元。假设无其他项目综合所得收入。

解析

吴宇商业健康保险，填报《商业健康保险税前扣除情况明细表》。

业务处理：吴宇综合所得汇算清缴应退或应补税额 = [（240 000 − 60 000 − 19 776 − 24 000）×10% − 2 520] − 15 124.8 = − 4 022.4（元）

业务依据：单位统一组织为员工购买或者单位和个人共同负担购买符合规定的商业健康保险产品，单位负担部分应当实名计入个人工资薪金明细清单，视同个人购买，并自购买产品次月起，在不超过 200 元/月的标准内按月扣除。一年内保费金额超过 2 400 元的部分，不得税前扣除。以后年度续保时，按上述规定执行。个人自行退保时，应及时告知扣缴单位。个人相关退保信息保险公司应及时传递给税务机关。

取得工资薪金所得或连续性劳务报酬所得的个人，自行购买符合规定的商业健康保险产品的，应当及时向代扣代缴单位提供保单凭证。扣缴单位自个人提交保单凭证的次月起，在不超过 200 元/月的标准内按月扣除。一年内保费金额超过 2 400 元的部分，不得税前扣除。以后年度续保时，按上述规定执行。个人自行退保时，应及时告知扣缴义务人。

税优识别码：个人购买商业健康保险未获得税优识别码的，其支出金额不得税前扣除。

（2）居民纳税人刘步，2020 年 1—12 月每月取得工资薪金收入 18 000.00 元，每月个人缴付基本养老保险 660.00 元，基本医疗保险 150.00 元，失业保险 38.00 元；住房公积金 800.00 元。

无配偶，2020 年 3 月 20 日，母亲刚满 60 周岁，兄妹四人商讨决定平均分摊，但是母亲指定由刘步分摊一半；2020 年 8 月儿子去往美国就读斯坦福大学，但 9 月患病，学校准予其休学半年，以上专项附加扣除均选择在年末汇算清缴时一次性扣除。

2020 年 1 月，刘步从中国人寿保险公司购买商业健康保险全年保险费为 2 500.00 元，税优识别码：985432987645324561，保单生效日期 2020 年 02 月 01 日，选择年终汇算清缴时一次性扣除。

全年累计预扣预缴个人所得税 11 102.40 元。假设无其他项目综合所得收入。

解析

刘步赡养老人专项附加扣除，进行专项附加扣除信息采集。

业务处理：因 2020 年 3 月 20 日，刘步的母亲刚满 60 周岁，兄妹四人商讨决定平均分摊，但是母亲指定由刘步分摊一半，所以刘步可以享受的赡养老人专项附加扣除金额为 10 000 元。

综合所得汇算清缴应退或应补税额 = [（综合所得收入额 − 60 000 元 − "三险一金"等专项扣除 − 子女教育等专项附加扣除 − 依法确定的其他扣除 − 捐赠）×适用税率 − 速算扣除数] − 减免税额 − 年度已预缴税额。

刘步综合所得汇算清缴应退或应补税额 = [（216 000 − 60 000 − 19 776 − 22 000 − 2 200）×10% − 2 520] − 11 102.4 = − 2 420（元）

业务依据：根据《个人所得税专项附加扣除操作办法（试行）》的规定，纳税人享受符合规定的赡养老人专项附加扣除的计算时间，为被赡养人年满60周岁的当月至赡养义务终止的年末。

（3）居民纳税人韩含，2020 年 1—12 月每月取得工资薪金收入 16 000.00 元，每月个人缴付基本养老保险 660.00 元，基本医疗保险 150.00 元，失业保险 38.00 元；住房公积金 800.00 元。

已婚，2020 年 6 月年韩含通过办理纯公积金贷款购买了首套住房，在 7 月 15 日开始正式偿还第一笔贷款，其住房贷款利息支出符合法定扣除规定，选择由韩含一人全额扣除；2020 年 3 月 20 日有一女儿刚满 3 周岁，未上学，选择与丈夫各按照 50% 进行扣除，以上专项附加均选择在年终汇算清缴时一次性扣除。

全年累计预扣预缴个人所得税 8 702.40 元。假设无其他项目综合所得收入。

解析

韩含住房贷款利息和子女教育专项附加扣除，进行专项附加扣除信息采集。

业务处理：因韩含在 7 月 15 日开始正式偿还第一笔贷款，且选择由韩含一人全额扣除，所以自 2020 年 7 月开始享受住房贷款利息专项附加扣除，金额为 1 000 元/月。因其 2020 年 3 月 20 日有一女儿刚满 3 周岁，选择与丈夫各按照 50% 进行扣除，所以自 2020 年 3 月开始享受子女教育专项附加扣除，金额为 500 元/月。

韩含综合所得汇算清缴应退或应补税额 = ［（192 000 − 7 920 − 60 000 − 1 800 − 456 − 9 600）×10%］ − 2 520 − 8 702.4 = −1 100（元）

业务依据：根据《个人所得税专项附加扣除操作办法（试行）》的规定，纳税人的子女接受全日制学历教育的相关支出，按照每个子女每月 1 000元的标准定额扣除。年满 3 岁至小学入学前处于学前教育阶段的子女，比照本规定执行。父母可以选择由其中一方按扣除标准的 100% 扣除，也可以选择由双方分别按扣除标准的 50% 扣除，具体扣除方式在一个纳税年度内不能变更。

纳税人本人或者配偶单独或者共同使用商业银行或者住房公积金个人住房贷款为本人或者其配偶购买中国境内住房，发生的首套住房贷款利息支出，在实际发生贷款利息的年度，按照每月 1 000 元的标准定额扣除，扣除期限最长不超过 240 个月。纳税人只能享受一次首套住房贷款的利息扣除。

（4）居民纳税人蒋楠，2020 年 1—12 月每月取得工资薪金收入 8 000 元，每月个人缴付基本养老保险 660.00 元，基本医疗保险 150.00 元，失业保险 38.00 元；住房公积金 800.00 元。

2020 年 3 月开始离开家乡来杭州工作，3 月 15 日和中介签订租房合同，租金1 300

元/月，租期 2020 年 03 月 15 日至 2021 年 02 月 15 日，选择在年终汇算清缴时一次性扣除。

全年累计预扣预缴个人所得税 486.72 元。假设无其他项目综合所得收入。

解析

蒋楠住房租金专项附加扣除，进行专项附加扣除采集。

业务处理：因蒋楠 2020 年 3 月开始离开家乡来杭州工作，3 月 15 日和中介签订租房合同，租金 1 300 元/月，租期 2020－03－15 至 2021－02－15，所以蒋楠可自 2020 年 3 月享受 1 000 元/月住房租金专项附加扣除。

蒋楠综合所得汇算清缴应退或应补税额＝［（96 000－7 920－60 000－1 800－456－9 600－15 000）×3%］－486.72＝－450（元）

业务依据：纳税人在主要工作城市没有自有住房而发生的住房租金支出，可以按照直辖市、省会（首府）城市、计划单列市以及国务院确定的其他城市，扣除标准为每月 1 500 元标准定额扣除。

（5）居民纳税人季雨，2020 年 1—12 月每月取得工资薪金收入 10 000.00 元，每月个人缴付基本养老保险 660.00 元，基本医疗保险 150.00 元，失业保险 38.00 元；住房公积金 800.00 元。

独生子女，需要赡养 80 岁的父亲，2020 年 8 月 16 号父亲去世，赡养老人在选择汇算清缴时一次性扣除。

另外，2020 年 4 月从其他公司取得劳务报酬 150 000.00 元。

预缴税款情况如下：

①2020 年度工资薪金所得共预缴个人所得税 1 502.40 元；

②2020 年 6 月取得劳务报酬收入预缴个人所得税 60 400.00 元。

解析

季雨赡养老人专项附加扣除，进行专项附加扣除采集。

业务处理：季雨可以享受的赡养老人专项附加扣除金额为 24 000 元。

综合所得汇算清缴应退或应补税额＝［（综合所得收入额－60 000 元－“三险一金”等专项扣除－子女教育等专项附加扣除－依法确定的其他扣除－捐赠）×适用税率－速算扣除数］－减免税额－年度已预缴税额

季雨综合所得汇算清缴应退或应补税额＝［（120 000＋150 000－30 000－60 000－19 776－24 000）×10%－2 520］－61 902.4＝－50 800（元）

业务依据：根据《个人所得税专项附加扣除操作办法（试行）》的规定，纳税人享受符合规定的赡养老人专项附加扣除的计算时间，为被赡养人年满 60 周岁的当月至赡养义务终止的年末。

（6）居民纳税人张雪，2020 年 1—12 月每月取得工资薪金收入 9 785.00 元，每月个人缴付基本养老保险 660.00 元，基本医疗保险 150.00 元，失业保险 38.00 元；住房公积金 800.00 元。

2020 年 9 月 01 日开始就读成人本科学校，预计毕业时间 2023 年 6 月。

另外，2020 年 5 月印刷操作员张雪因在本出版社出版一本《印刷指南》，取得稿酬收入 3 000.00 元。

①2020 年度工资薪金所得共预缴个人所得税 1 244.40 元；

②2020 年 6 月取得稿酬收入预缴个人所得税 308.00 元。

解析

张雪继续教育专项附加扣除，进行专项附加扣除采集。

业务处理：因张雪 2020 年 9 月 01 日开始就读成人本科学校，所以自 2020 年 9 月开始享受每月 400 元定额标准的继续教育专项附加扣除。

汇算清缴时稿酬所得计算公式：稿酬所得收入额 = 收入 ×（1 - 20%）×70% = 1 680（元）

张雪综合所得汇算清缴应退或应补税额 = [（117 420 + 1 680 - 7 920 - 60 000 - 1 800 - 456 - 9 600 - 1 600）×10% - 2 520] - 1 552.4 = -300（元）

业务依据：根据《个人所得税专项附加扣除操作办法（试行）》的规定，纳税人在中国境内接受学历（学位）继续教育的支出，在学历（学位）教育期间按照每月 400 元定额扣除。同一学历（学位）继续教育的扣除期限不能超过 48 个月。纳税人接受技能人员职业资格继续教育、专业技术人员职业资格继续教育的支出，在取得相关证书的当年，按照 3 600 元定额扣除。

汇算清缴时稿酬所得计算公式：稿酬所得收入额 = 收入 ×（1 - 20%）×70%

（7）居民纳税人余信，2020 年 1—12 月每月取得工资薪金收入 9 800.00 元，每月个人缴付基本养老保险 660.00 元，基本医疗保险 150.00 元，失业保险 38.00 元；住房公积金 800.00 元。

2020 年，余信取得律师资格证书和教师资格证书，余信选择在汇算清缴时一次性扣除。2020 年 3 月 15 日结婚，2018 年两人分别在杭州购买住房，均发生了首套房贷款利息支出，结婚后选择由两人各按 50% 扣除。

另外，2020 年 8 月从本出版社取得特许权使用费 9 000.00 元。

①2020 年度工资薪金所得共预缴个人所得税 1 262.40 元；

②2020 年 6 月取得特许权使用费收入预缴个人所得税 1 440.00 元。

解析

余信婚前个人购买住房住房贷款利息专项附加扣除，进行专项附加扣除采集。

业务处理：因余信 2020 年 3 月 15 日结婚，2018 年两人分别在杭州购买住房，均发生了首套房贷款利息支出，结婚后选择由两人各按 50% 扣除。所以 2020 年 1—2 月余信享受住房贷款专项附加扣除金额为 1 000 元/月，2020 年 3—12 月余信享受住房贷款利息专项附加扣除金额为 500 元/月，2020 年享受的住房贷款利息专项附加扣除金额为 1 000 ×2 + 500 ×10 = 7 000（元）。

解析

余信综合所得汇算清缴应退或应补税额 = ［（117 600 + 9 000 − 1 800 − 60 000 − 19 776 − 10 600）×3%］− 2 702.4 = − 1 669.68（元）

业务依据：根据国发〔2018〕41 号文件规定，夫妻双方婚前分别购买住房发生的首套住房贷款，其贷款利息支出，婚后可以选择其中一套购买的住房，由购买方按扣除标准的100%扣除，也可以由夫妻双方对各自购买的住房分别按扣除标准的50%扣除，具体扣除方式在一个纳税年度内不能变更。

（8）居民纳税人甘名，2020 年 1—12 月每月取得工资薪金收入 12 000.00 元，每月个人缴付基本养老保险 660.00 元，基本医疗保险 150.00 元，失业保险 38.00 元；住房公积金 800.00 元。

无配偶，2020 年 1 月甘名生病，发生的与基本医保相关的医药费用支出自付部分 55 000.00 元符合大病医疗范围；2020 年 4 月儿子生病，发生的与基本医保相关的医药费用支出自付部分 105 000.00 元；2020 年 12 月甘名父母发生的与基本医保相关的医药费用支出自付部分 78 000.00 元。

2020 年 8 月 15 日，甘名通过山东省济南市公益事业基金会（纳税人识别号：91332208604300012O）捐赠现金 50 000 元，捐赠证书号 64645545777，2020 年甘名只抵扣了 43 000 元，还剩 7 000 元，选择在年终汇算清缴的综合所得中扣除。

2020 年度工资薪金所得共预缴个人所得税 3 902.4 元；假设无其他综合所得项目收入。

解析

甘名大病医疗专项附加扣除，进行专项附加扣除采集。

业务处理：目前未将纳税人父母纳入纳税人大病医疗扣除范围。甘名大病医疗专项附加扣除金额：55 000 − 15 000 = 40 000（元）。

甘名的儿子大病医疗专项附加扣除金额：105 000 − 15 000 = 90 000（元），应在 80 000 元限额内据实扣除，应扣除金额为 80 000 元。

甘名可以享受的大病医疗专项附加扣除金额 = 40 000 + 80 000 = 120 000（元）

业务依据：根据国发〔2018〕41 号文件规定，在一个纳税年度内，纳税人发生的与基本医保相关的医疗费用支出，扣除医保报销后个人负担（指医保目录范围内的自付部分）累计超过 15 000 元的部分，由纳税人在办理年度汇算清缴时，在 80 000 元限额内据实扣除。未成年子女发生的医药费用支出可以选择由其父母一方扣除，纳税人及其配偶、未成年子女发生的医药费用支出，可按规定分别计算扣除额。

（9）居民纳税人袁泳，在图文出版社担任高级经理，2020 年 1—12 月在出版社每月取得工资薪金收入 14 000.00 元，每月个人缴付基本养老保险 560.00 元，基本医疗保险 140.00 元，失业保险 35.00 元。

无配偶，儿子在 2020 年 9 月 15 日就读全日制的技工学校，首套房贷款还清后，2020 年 7 月 15 日贷款购买第二套房屋时，银行按首套房贷款利率发放贷款，首套房之前没有享受过扣除，另外因买的是期房，两年后才能领取房产证，第一次还款日 8 月 15 日；以上专项附加扣除均选择在汇算清缴时一次性扣除。

2020 年图文有声出版社已预扣预缴个人所得税 7 398.00 元。

假设袁泳 2020 年无其他综合所得，汇算清缴选择在图文有声出版社为扣缴义务人。

解析

袁泳子女教育和住房贷款利息专项附加扣除，进行专项附加扣除采集：

业务处理：因袁泳无配偶，所以其可享受 1 000 元/月的子女教育专项附加扣除。因其首套房贷款还清后，2020 年 7 月 15 日贷款购买第二套房屋时，银行按首套房贷款利率发放贷款，首套房之前没有享受过扣除，所以其自 2020 年 8 月可享受 1 000 元/月的住房贷款利息扣除。

袁泳 2020 年享受的子女教育专项附加扣除金额 =12 000 元，

袁泳 2020 年享受的住房贷款利息专项附加扣除金额 =5 000 元

袁泳综合所得汇算清缴应退或应补税额 = ［（168 000 − 6 720 − 1 680 − 420 − 60 000 − 12 000 − 5 000）×10% − 2520］ − 7 398 = −1 700（元）

业务依据：有子女处于学前教育和学历教育阶段的纳税人，不论子女在境内、外接受教育，不论接受公办、民办教育，都可以按照每个子女每月 1 000 元的标准定额享受子女教育专项附加扣除。具体可扣除的教育阶段包括学前教育（年满 3 岁至小学入学前）、义务教育（小学、初中教育）、高中阶段教育（普通高中、中等职业、技工教育）、高等教育（大学专科、大学本科、硕士研究生、博士研究生教育）。

《国务院关于印发个人所得税专项附加扣除暂行办法的通知》（国发〔2018〕41 号）规定："所称首套住房贷款是指购买住房享受首套住房贷款利率的住房贷款"。如果纳税人此前未享受过住房贷款利息扣除，那么其按照首套住房贷款利率贷款购买的第二套住房，可以享受住房贷款利息扣除。

【实验要求】通过以上纳税申报数据形成纳税申报表依次保存，报表数据上报成功后，进入评分系统选择相对应的案例进行系统评分，将实验报告封面和各报表依次打印。

【实验流程】见图 4 −2。

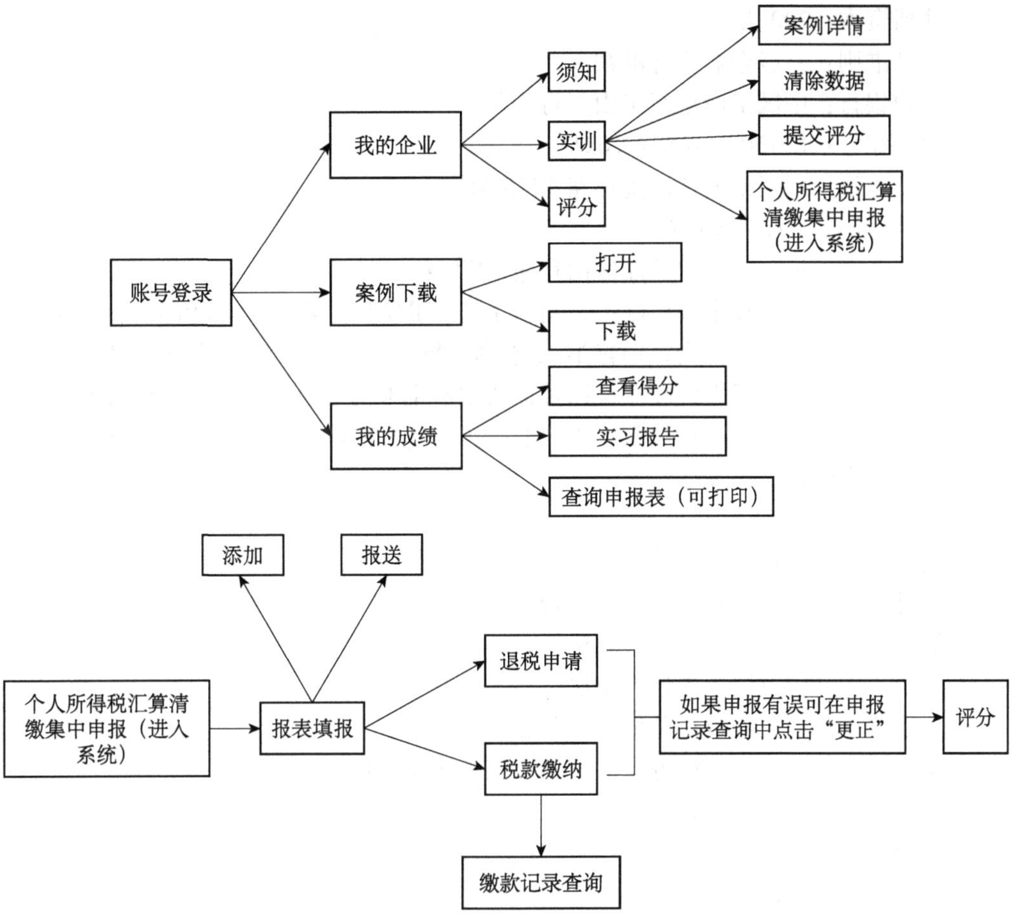

图4-2　实验流程

（二）练习案例

1. 企业基本资料

纳税人名称：杭州热玛吉有限公司

纳税人识别号：913331097384125000

所属行业：医美行业

纳税人资格：一般纳税人

企税核定类型：查账征收

企业所得税申报期限：季

纳税信用等级：A

纳税人状态：正常

登记日期：2014 年 07 月 01 日

法定代表人：李睿

身份证：33010319900407435X

经济性质：有限公司

注册资本：200 万元

会计准则：一般企业会计准则

开户银行：中国工商银行半山支行

银行账号：1202101116804026218

注册地址：杭州市滨江区南环路 1475 号

电话号码：0571 - 80197742

生产经营地址：杭州市滨江区南环路 1475 号

生产经营范围：技术推广服务；销售Ⅰ类、Ⅱ类医疗器械、化妆品、日用品；委托加工化妆品；经济贸易咨询；销售第三类医疗器械。（企业依法自主选择经营项目，开展经营活动；销售第三类医疗器械以及依法须经批准的项目，经相关部门批准后依批准的内容开展经营活动；不得从事本市产业政策禁止和限制类项目的经营活动）

会计核算软件：用友

记账本位币：人民币

会计档案存放地：公司档案室

会计政策和估计是否发生变化：否

固定资产折旧方法：年限平均法

存货成本计价方法：先进先出法

所得税计算方法：资产负债表债务法

主管税务机关：国家税务总局杭州市滨江区税务局

是否出口退税企业：否

2. 业务资料

资料（表 4 - 9）：

表 4 - 9　　员工基础信息表

工号	姓名	性别	身份证号	联系电话	任职日期	任职受雇从业类型	国籍（地区）
001	李国强	男	23010119830619003X	13857680535	2012 - 05 - 12	雇员	中国
002	李睿	女	340801196307020125	18187238723	2013 - 05 - 14	雇员	中国
003	刘峰	男	230101197605230017	18123056453	2016 - 08 - 14	雇员	中国
004	赵苑丽	女	230101197404150096	15854170806	2015 - 09 - 16	雇员	中国
005	苏薇丽	女	350402195202142013	18953230036	2014 - 03 - 18	雇员	中国
006	黄伟波	男	130283199307038081	18763057354	2010 - 09 - 15	雇员	中国
007	宋志豪	男	130425199401156129	15567858517	2016 - 03 - 18	雇员	中国
008	朱志文	男	130121199204041822	15690278900	2015 - 07 - 18	雇员	中国
009	庞正	男	130582199203030026	17629012347	2012 - 03 - 18	雇员	中国
010	邱雨彤	女	130887733309991222	18987302221	2014 - 03 - 18	雇员	中国
011	冉小娜	女	130998787878668681			其他	中国

2021 年 4 月 10 日，经与居民纳税人进行书面委托确认，杭州热玛吉有限公司财务人员苏薇丽为以下纳税人进行个人所得税综合所得年度汇算清缴。

资料：

（1）居民纳税人李国强（雇员）2020 年 1—12 月每月取得工资薪金收入 14 000 元，每月个人缴付“三险一金”2 000 元（基本养老保险 800 元，基本医疗保险 200 元，失业保险 50 元，住房公积金 950.00 元），没有专项附加扣除，已预缴个税 5 880 元。

（2）居民纳税人李睿（雇员）2020 年 1—12 月每月取得工资薪金收入 10 500 元，每月个人缴付“三险一金”2 000 元（基本养老保险 800 元，基本医疗保险 200 元，失业保险 50 元，住房公积金 950.00 元），有两个上小学的孩子，子女教育符合专项附加扣除规定，但其在预缴环节未填报，由李睿一人在税前扣除。全年已预缴个税 1 680 元。在年度汇算时填报了相关信息后，计算全年应纳税款。

（3）居民纳税人刘峰（雇员）于 2020 年 4 月底退休，退休前每月工资收入 25 000 元，每月个人缴付“三险一金”2 000 元（基本养老保险 800 元，基本医疗保险 200 元，失业保险 50 元，住房公积金 950.00 元），退休后领取基本养老金。假设没有专项附加扣除，1—4 月已预缴个税 4 180 元；后 8 个月基本养老金按规定免征个税，妻子 2020 年 6 月住院，扣除医保报销后个人负担 20 000 元，选择由刘峰在税前扣除。

（4）居民纳税人赵苑丽（雇员）2020 年 1—12 月每月取得工资薪金收入 15 600 元，每月个人缴付“三险一金”2 000 元（基本养老保险 800 元，基本医疗保险 200 元，失业保险 50 元，住房公积金 950.00 元），独生子女，需赡养自己 68 岁的父亲，赡养老人符合专项附加扣除规定（每月均扣除），已预缴个税为 5 400 元。另外，2020 年 5 月其在某报刊发表一篇文章取得收入 8 000 元。

（5）居民纳税人黄伟波（雇员）2020 年 1—12 月每月取得工资薪金收入 16 000 元，无免税收入，每季度最后一个月取得 30 000 元季度考核奖金收入；每月个人缴付“三险一金”2 000 元（基本养老保险 800 元，基本医疗保险 200 元，失业保险 50 元，住房公积金 950.00 元），每月可以办理的专项附加扣除为 3 000 元（赡养老人扣除 2 000 元，子女教育扣除 1 000 元），无其他扣除，已预缴个税为 21 480 元。另外，2020 年 3 月取得劳务报酬收入 30 000 元。

（6）居民纳税人宋志豪（雇员）2020 年 1—12 月每月取得工资薪金收入 15 000 元，个人缴付“三险一金”2 000 元（基本养老保险 800 元，基本医疗保险 200 元，失业保险 50 元，住房公积金 950.00 元），每月享受住房租金专项附加扣除 1 500 元，赡养老人专项附加扣除 2 000 元，没有其他减免税等情况，已预缴个税为 2 880 元。另外，2020 年 5 月出让一项专利权，取得收入 50 000 元。

（7）居民纳税人朱伟文（雇员）2020 年 1—12 月每月取得工资薪金收入 25 000 元，个人缴付“三险一金”2 000 元（基本养老保险 800 元，基本医疗保险 200 元，失业保险 50 元，住房公积金 950.00 元），专项附加扣除每月扣除 4 500 元（住房租金扣除 1 500 元，赡养老人扣除 2 000 元，子女教育扣除 1 000 元），平时没有扣除其他项目，全年累计预扣预缴个人所得税 15 480 元。朱伟文 2020 年 5 月 12 日通过杭州红十字会（统一社会信用代码 91330100685839502H）向农村义务教育捐赠现金 20 000 元，

凭证号 121900122056，预扣预缴时没有扣除，假设无其他项目综合所得收入。（备注为：农村义务教育捐赠）

（8）居民纳税人庞正（雇员）是一名残疾人，符合税法规定的减征条件。2020 年 1—12 月每月取得工资薪金收入 15 000 元，每月个人缴付“三险一金”2 000 元（基本养老保险 800 元，基本医疗保险 200 元，失业保险 50 元，住房公积金 950. 00 元），每月专项附加扣除 3 000 元（赡养老人扣除 2 000 元，子女教育扣除 1 000 元），累计预扣预缴个人所得税 3 480 元。

庞正所在省份残疾人减征个人所得税优惠政策规定，残疾人每人每年最多可减征应纳税额 6 000 元；年度汇算无其他可扣除项目。（备注：残疾人减征个人所得税）

【实验要求】

通过以上纳税申报数据形成纳税申报表依次保存，报表数据上报成功后，进入评分系统进行评分。

第五章　纳税实务综合申报实验

一、实验目的

1. 熟悉纳税实务综合申报实验流程。
2. 掌握增值税发票开具原理，开具流程。
3. 掌握增值税发票综合服务系统操作流程。
4. 掌握增值税一般纳税人申报原理、申报流程。
5. 掌握企业所得税查账汇算清缴申报原理、申报流程。
6. 掌握自然人税收管理系统个人所得税预扣预缴申报原理、申报流程。

二、实验模块

1. 增值税发票开具和抄报税

根据任务一中的业务资料一提供的开票业务（业务后注明“开票”），完成增值税专用发票、增值税普通发票的开具与网上抄报税任务。

2. 增值税发票综合服务系统

根据任务一中的业务资料一提供的经济业务，完成增值税发票勾选认证。

3. 增值税一般纳税人及附加税费网上申报

根据任务一中的业务资料一提供的经济业务，结合开具的销售发票，按要求完成增值税一般纳税人及附加税费网上申报。

4. 一般企业查账征收企业所得税年终汇算清缴申报

根据任务一中的业务资料二提供的经济业务，完成企业所得税年度查账汇算清缴网上申报。

5. 自然人税收管理系统个人所得税预扣预缴

根据任务二提供的经济业务，计算该企业自然人税收管理系统申报数据，审核无误进行个人所得税预扣预缴。

三、实验须知

1. 案例业务所涉及的会计、税收法律法规政策截至 2022 年 03 月 31 日。
2. 计算结果以四舍五入方式保留两位小数。
3. 实验案例税款所属期默认当前月份。

四、典型案例

（一）任务一

1. 纳税人基础资料

纳税人名称：杭州小闲趣筷子生产有限公司

统一社会信用代码：913344092710511288

公司成立时间：2013 年 10 月 05 日

法人代表名称：蒋子凡

经济性质：有限责任公司

注册资本：500 万元

资产总额：1 757.55 万元

从业人数：318

股东信息：蒋子凡（中国国籍，身份证 500112197805192136）投资比例 70%；周昕伟（中国国籍，身份证 330604198108125077）投资比例 30%。

注册地址及电话号码：杭州市余杭区余杭街道通济路 105 号 0571－80162918

开户银行及账号：中国农业银行杭州闻堰支行 19172101790311739

营业地址：杭州市余杭区余杭街道通济路 105 号

所属行业：2041 竹制品制造

注册类型：有限责任公司

会计主管：戚秦心

适用的会计准则：企业会计准则（一般企业）

会计档案存放地：公司档案室

会计核算软件：用友

记账本位币：人民币

会计政策和估计是否发生变化：否

固定资产折旧方法：年限平均法

存货成本计价方法：先进先出法

坏账损失核算方法：备抵法

所得税计算方法：资产负债表债务法。（企业会计准则要求对企业所得税采用资产负债表债务法进行核算）

企业主要经营范围：筷子加工销售；厨房用品销售等。（依法须经批准的项目，经相关部门批准后方可开展经营活动）

企业所得税申报：（1）不采用一般企业财务报表格式（2018 年版）；（2）纳税申报企业类型：非跨地区经营企业。

公司为非小型微利企业、非上市公司；属于增值税一般纳税人，税务局核定增值税专用发票最高开票限额为百万元，增值税普通发票的最高开票限额为百万元。所购买固定资产均在当月投入使用。

木制一次性筷子消费税税率为 5%；城建税征收率为 7%、教育费附加为 3%、地方教育费附加为 2%。

表 5－1 **企业商品批发价格一览表**

类别	商品名称	型号	单位	批发价（不含税）	备注
竹木筷	描金工艺木筷子		双	1 620.00 元	
	描花工艺竹筷子		双	1 050.00 元	
	木制一次性筷子		箱	260.00 元	
	竹制一次性筷子		箱	220.00 元	
金属筷	不锈钢筷子		箱	205.00 元	
化学筷	塑料筷子		箱	180.00 元	

2. 业务资料一

杭州小闲趣筷子生产有限公司各税种均按时足额申报纳税，2022 年 04 月初有上期留抵进项税额 56 672.50 元。2022 年 04 月发生的经济业务如下：

经济业务 1

01 日，向杭州永辉超市（统一社会信用代码：913340283MA5013119，地址、电话：杭州市余杭区良渚街道金家渡路 5 号 0571－88467547，开户行及账号：杭州银行余杭支行 3301041600119435）销售商品一批，货款已通过银行转账收取。请开具增值税专用发票一份。

表 5－2 **销售明细表**

货物名称	规格型号	单位	数量	不含税单价（元）
木制一次性筷子		箱	100	260.00
竹制一次性筷子		箱	100	220.00
不锈钢筷子		箱	50	205.00
塑料筷子		箱	80	180.00

会计部门编号 001 **出库单** **NO 21101811**

仓库部门编号 001 2022 年 04 月 01 日

编号	名称	规格	单位	出库数量	单价	金额	备注
1	木制一次性筷子		箱	100			
2	竹制一次性筷子		箱	100			
3	不锈钢筷子		箱	50			
4	塑料筷子		箱	80			
合计				330			

第二联交财务

生产车间或部门： 生产一车间 **仓库管理员：** 宋希文

中国农业银行进账单（回单） 1

2022 年 04 月 01 日

出票人	全称	杭州永辉超市	收款人	全称	杭州小闲趣筷子生产有限公司
	账号	3301041600119435		账号	19172101790311739
	开户银行	杭州银行余杭支行		开户银行	中国农业银行杭州闻堰支行
金额	人民币（大写）捌万贰仟零玖拾肆元伍角整			千百十万千百十元角分	¥ 8 2 0 9 4 5 0
票据种类	转账支票	票据张数	1		
票据号码	30192851				
复核 记账				收款人开户银行盖章	中国农业银行杭州闻堰支行 2022.04.01 收妥抵用（03）

此联是收款人开户银行交给收款人的收账通知

解析

业务处理：进行增值税专用发票的销项采集。同时确认木制一次性筷子的消费税销售额。

业务依据：根据增值税纳税义务发生时间：发生应税销售行为，纳税义务发生时间为收讫销售款项或者取得索取销售款项凭据的当天；先开具发票的，为开具发票的当天。本业务已收取货款且已开具发票，纳税义务已经发生。木质一次性筷子属于应税消费品。

经济业务 2

02 日，公司从杭州吉文批发有限公司购进包装物一批，包装物已入库，取得增值税专用发票一份，款项已通过银行转账支付。

3300191130 浙江增值税专用发票 NO35201871 3300191130 35201871

开票日期：2022年04月02日

购买方	名称：杭州小闲趣筷子生产有限公司 纳税人识别号：913344092710511288 地址、电话：杭州市余杭区余杭街道通济路105号 0571-80162918 开户行及账号：中国农业银行杭州闻堰支行 19172101790311739				密码区	67/*+3*0/611*++0/+0*/*+3+2/9 *11*+66666**066611*+66666* 1**+216***6000*261*2*4/*547 203994+-42*64151*6915361/3*	
货物或应税劳务、服务名称	规格型号	单位	数量	单价	金额	税率	税额
*塑料制品*塑料盒		个	8000	6.25	50000.00	13%	6500
合计					¥50000.00		¥6500.00
价税合计（大写）	⊗伍万陆仟伍佰圆整				（小写）¥56500.00		
销售方	名称：杭州吉文批发有限公司 纳税人识别号：913347082976151123 地址、电话：杭州市海宁路56号 0571-86251340 开户行及账号：中国工商银行海宁支行 663027369984				备注	杭州吉文批发有限公司 913347082976151123 发票专用章	

收款人： 复核： 开票人：周倩 销售方：章

国税函（2014）257号浙江印钞厂

第二联：抵扣联 购买方抵扣凭证

3300191130　浙江增值税专用发票　NO35201871

3300191130
35201871

发票联

开票日期：2022年04月02日

购买方		密码区
名　　称：	杭州小闲趣筷子生产有限公司	67/*+3*0/611*++0/+0*/*+3+2
纳税人识别号：	913344092710511288	*11*+66666**066611*+66666*
地址、电话：	杭州市余杭区余杭街道通济路105号 0571-80162918	1**+216***6000*261*2*4/*54
开户行及账号：	中国农业银行杭州闲堰支行 19172101790311739	203994+-42*64151*6915361/3

货物或应税劳务、服务名称	规格型号	单位	数量	单价	金额	税率	税额
*塑料制品*塑料盒		个	8000	6.25	50000.00	13%	6500.00
合　计					￥50000.00		￥6500.00
价税合计（大写）	⊗伍万陆仟伍佰圆整				（小写）￥56500.00		

银行付讫

销售方		备注
名　　称：	杭州吉文批发有限公司	杭州吉文批发有限公司 913347082976151123 发票专用章
纳税人识别号：	913347082976151123	
地址、电话：	杭州市海宁路56号 0571-86251340	
开户行及账号：	中国工商银行海宁支行 663027369984	

收款人：　　复核：　　开票人：周倩　　销售方：章

国税函（2014）257号浙江印钞厂

第三联：发票联　购买方记账凭证

入库单　No 74640851

送货厂商：杭州吉文批发有限公司

物料类别：☐原材料　☐成品　☑其他　　2022 年 04 月 02 日

品名/品牌	订单号	规格	数量	单位	单价	金额
塑料盒			8000	个	6.25	50000.00

主管：　　品管：　　仓库：　　送货人：王浩伟

解析

业务处理：进行增值税专用发票的进项采集。

业务依据：纳税人从销售方取得的增值税专用发票上注明的增值税额，可以从销项税额中抵扣。

经济业务 3

02 日，向浙江飞鸣科技有限公司（统一社会信用代码：913308734225604395，地址、电话：杭州市西湖区教工路 87 号 0571－88035299，开户行及账号：中国农业银行杭州市西湖支行 1202004588035472）销售商品一批，货款暂未收取。请开具增值税专用发票一份。

表 5－3 销售明细表

货物名称	规格型号	单位	数量	不含税单价（元）
描金工艺木筷子		双	18	1 620.00
描花工艺竹筷子		双	16	1 050.00

出库单

会计部门编号 001　　NO 21101812

仓库部门编号 001　　2022 年 04 月 02 日

编号	名称	规格	单位	出库数量	单价	金额	备注
1	描金工艺木筷子		双	18			
2	描花工艺竹筷子		双	16			
合计				34			

第二联交财务

生产车间或部门：生产一车间　　仓库管理员：宋希文

解析

业务处理：进行增值税专用发票的销项采集。

业务依据：根据增值税纳税义务发生时间：发生应税销售行为，纳税义务发生时间为收讫销售款项或者取得索取销售款项凭据的当天；先开具发票的，为开具发票的当天。本业务虽未收取款项，但已开具发票，纳税义务已经发生。

经济业务 4

03 日，公司从安吉恒艺园林绿化有限公司采购毛竹一批，共支付价款 48 000.00 元，取得增值税专用发票一份，款项已通过银行转账支付。

入库单　　No 74640852

送货厂商：安吉恒艺园林绿化有限公司

物料类别：☐原材料　☐成品　☑其他　　2022 年 04 月 03 日

品名/品牌	订单号	规格	数量	单位	单价	金额
毛竹			20000	棵	2.201835	44036.70

主管：　品管：　仓库：　送货人：王浩伟

3300191130　浙江增值税专用发票　N090182755　3300191130 90182755

（全国统一发票监制章　浙江　国家税务总局监制）　抵扣联

开票日期：2022年04月03日

购买方	名　　称：杭州小闲趣筷子生产有限公司 纳税人识别号：913344092710511288 地址、电话：杭州市余杭区余杭街道通济路105号 0571-80162918 开户行及账号：中国农业银行杭州闻堰支行 19172101790311739				密码区	67/*+3*0/611*++0/+0*/*+3+2/9 *11*+66666**066611*+66666* 1**+216***6000*261*2*4/*547 203994+-42*64151*6915361/3*	
货物或应税劳务、服务名称	规格型号	单位	数量	单价	金额	税率	税额
*林业产品*毛竹		棵	20000	2.201835	44036.70	9%	3963.3
合　计					¥44036.70		¥3963.30
价税合计（大写）	⊗肆万捌仟圆整				（小写）¥48000.00		
销售方	名　　称：安吉恒艺园林绿化有限公司 纳税人识别号：913311059017263302 地址、电话：浙江萧山中栋花木楼（办事处） 0571-80176725 开户行及账号：中国农业银行杭州萧山市心支行 6223040384654				备注	（安吉恒艺园林绿化有限公司 913311059017263302 发票专用章）	

收款人：　　复核：　　开票人：魏琪　　销售方：章

国税函〔2014〕257号浙江印钞厂

第二联：抵扣联　购买方抵扣凭证

3300191130　浙江增值税专用发票　N090182755　3300191130 90182755

（全国统一发票监制章　浙江　国家税务总局监制）　发票联

开票日期：2022年04月03日

购买方	名　　称：杭州小闲趣筷子生产有限公司 纳税人识别号：913344092710511288 地址、电话：杭州市余杭区余杭街道通济路105号 0571-80162918 开户行及账号：中国农业银行杭州闻堰支行 19172101790311739				密码区	67/*+3*0/611*++0/+0*/*+3+2 *11*+66666**066611*+66666* 1**+216***6000*261*2*4/*54 203994+-42*64151*6915361/3	
货物或应税劳务、服务名称	规格型号	单位	数量	单价	金额	税率	税额
*林业产品*毛竹		棵	20000	2.201835	44036.70	9%	3963.3
					银行付讫		
合　计					¥44036.70		¥3963.30
价税合计（大写）	⊗肆万捌仟圆整				（小写）¥48000.00		
销售方	名　　称：安吉恒艺园林绿化有限公司 纳税人识别号：913311059017263302 地址、电话：浙江萧山中栋花木楼（办事处） 0571-80176725 开户行及账号：中国农业银行杭州萧山市心支行 6223040384654				备注	（安吉恒艺园林绿化有限公司 913311059017263302 发票专用章）	

收款人：　　复核：　　开票人：魏琪　　销售方：章

国税函〔2014〕257号浙江印钞厂

第三联：发票联　购买方记账凭证

解析

业务处理：进行增值税专用发票的进项采集。

业务依据：纳税人从销售方取得的增值税专用发票上注明的增值税额，可以从销项税额中抵扣。

经济业务 5

05 日，公司从杭州文化办公用品有限公司购进标签纸 10 000 张，行政管理部门直接领用，取得增值税普通发票一份，款项已通过现金支付。

03301192310 浙江增值税普通发票 N009182777

033011923102
09182777

机器编码：

开票日期：2022年04月05日

购买方	名称：杭州小闲趣筷子生产有限公司 纳税人识别号：913344092710511288 地址、电话：杭州市余杭区余杭街道通济路105号 0571-80162918 开户行及账号：中国农业银行杭州闻堰支行 19172101790311739	密码区	67/*+3*0/611*++0/+0*/*+3+2/9 *11*+66666**066611*+66666* 1**+216***6000*261*2*4/*547 203994+-42*64151*6915361/3*	

货物或应税劳务、服务名称	规格型号	单位	数量	单价	金额	税率	税额
*纸制品*标签纸		张	10000	0.05	500.00	3%	15
合计					¥500.00		¥15.00
价税合计（大写）	⊗伍佰壹拾伍圆整				（小写） ¥515.00		

现金付讫

销售方	名称：杭州文化办公用品有限公司 纳税人识别号：913301090084127521 地址、电话：杭州市滨江区南环路国丰大厦72号 0571-56688901 开户行及账号：中国银行杭州市高新支行 05613575666	备注	杭州文化办公用品有限公司 913301090084127521 发票专用章

收款人： 复核： 开票人：曹伟 销售方：章

国税函〔2014〕257号浙江印钞厂

第二联：发票联 购买方记账凭证

解析

业务处理：本业务不影响增值税，不做处理。

业务依据：纳税人从销售方取得的增值税专用发票、海关进口增值税专用缴款书、完税凭证、机动车销售统一发票上注明的增值税额，可以从销项税额中抵扣。本案例中取得的是普通发票，不属于可以抵扣的票据，不做处理。

经济业务 6

05 日，向浙江好客餐饮管理有限公司（统一社会信用代码：91330106MA27YKY899，地址、电话：杭州市西湖区古墩路 413 号 155 室 0571－81022890，开户行及账号：招商银行杭州分行营业部 571909890610404）销售竹制一次性筷子 200 箱，不含税单价 220.00 元/箱，货款暂未收取。请开具增值税专用发票一份。

出库单

会计部门编号 001　　NO 21101813

仓库部门编号 001　　2022 年 04 月 05 日

编号	名称	规格	单位	出库数量	单价	金额	备注
1	竹制一次性筷子		箱	200			
合计				200			

第二联交财务

生产车间或部门：生产一车间　　仓库管理员：宋希文

解析

业务处理：进行增值税专用发票的销项采集。

业务依据：根据增值税纳税义务发生时间：发生应税销售行为，纳税义务发生时间为收讫销售款项或者取得索取销售款项凭据的当天；先开具发票的，为开具发票的当天。本业务虽未收取款项，但已开具发票，纳税义务已经发生。

经济业务 7

06 日，公司从浙江绿材装饰材料有限公司采购乳胶漆一批，取得增值税专用发票一份，货款暂未支付，货物已验收入库。

3301192180　浙江增值税专用发票　NO30100516　3301192180 30100516

（全国统一发票监制章 浙江 国家税务总局监制）

开票日期：2022年04月06日

购买方	名　　称：杭州小闲趣筷子生产有限公司 纳税人识别号：913344092710511288 地址、电话：杭州市余杭区余杭街道通济路105号 0571-80162918 开户行及账号：中国农业银行杭州闻堰支行 19172101790311739				密码区	67/*+3*0/611*++0/+0*/*+3+2/9 *11*+66666**066611*+66666* 1**+216***6000*261*2*4/*547 203994+-42*64151*6915361/3*		
货物或应税劳务、服务名称	规格型号	单位	数量	单价	金额	税率	税额	
*涂料*乳胶漆		Kg	3	2420.00	7260.00	13%	943.8	
合　计					¥7260.00		¥943.80	
价税合计（大写）	⊗捌仟贰佰零叁圆捌角整				（小写） ¥8203.80			
销售方	名　　称：浙江绿材装饰材料有限公司 纳税人识别号：913308250034262378 地址、电话：杭州市闻林路10号 0571-86258886 开户行及账号：中国工商银行杭州分行闻林支行 6620158628751				备注	（浙江绿材装饰材料有限公司 913308250034262378 发票专用章）		

收款人：　复核：　开票人：孙萌　销售方：章

国税函〔2014〕257号浙江印钞厂

第二联：抵扣联 购买方抵扣凭证

3301192180　浙江增值税专用发票　NO30100516　3301192180 30100516

（全国统一发票监制章 浙江 国家税务总局监制）

开票日期：2022年04月06日

购买方	名　　称：杭州小闲趣筷子生产有限公司 纳税人识别号：913344092710511288 地址、电话：杭州市余杭区余杭街道通济路105号 0571-80162918 开户行及账号：中国农业银行杭州闻堰支行 19172101790311739				密码区	67/*+3*0/611*++0/+0*/*+3+2 *11*+66666**066611*+66666* 1**+216***6000*261*2*4/*54 203994+-42*64151*6915361/3		
货物或应税劳务、服务名称	规格型号	单位	数量	单价	金额	税率	税额	
*涂料*乳胶漆		Kg	3	2420.00	7260.00	13%	943.80	
合　计					¥7260.00		¥943.80	
价税合计（大写）	⊗捌仟贰佰零叁圆捌角整				（小写） ¥8203.80			
销售方	名　　称：浙江绿材装饰材料有限公司 纳税人识别号：913308250034262378 地址、电话：杭州市闻林路10号 0571-86258886 开户行及账号：中国工商银行杭州分行闻林支行 6620158628751				备注	（浙江绿材装饰材料有限公司 913308250034262378 发票专用章）		

收款人：　复核：　开票人：孙萌　销售方：章

国税函〔2014〕257号浙江印钞厂

第三联：发票联 购买方记账凭证

入库单 No 74640853

送货厂商：浙江绿材装饰材料有限公司

物料类别：☐原材料 ☐成品 ☑其他 2022 年 04 月 06 日

品名/品牌	订单号	规格	数量	单位	单价	金额
乳胶漆			3	Kg	2420.00	7260.00

主管： 品管： 仓库： 送货人：周青

解析

业务处理：进行增值税专用发票的进项采集。

业务依据：纳税人从销售方取得的增值税专用发票上注明的增值税额，可以从销项税额中抵扣。增值税一般纳税人购进货物并取得防伪税控系统开具的增值税专用发票后，是否付款不作为进项税额抵扣的条件。

经济业务 8

07 日，向浙江康威食品制造厂（统一社会信用代码：91330109583562573，地址、电话：杭州市下城区密渡桥路360 号0571 – 88053523，开户行及账号：中国农业银行杭州市下城区支行 65531201658453）销售自建的仓库一幢，该仓库为2012 年建造，企业选择按照简易方法计税。房屋款共计 450 000.00 元，已通过银行转账收取。请开具增值税普通发票一份，并在备注栏内注明“房屋坐落地址：浙江省宁波市奉化区岳林街道天峰路 26 号”。

注：公司已按照此计税方法向不动产所在地主管税务机关预缴税款。

中国农业银行进账单（回单） 1

2022 年 04 月 07 日

出票人	全称	浙江康威食品制造厂	收款人	全称	杭州小闲趣筷子生产有限公司
	账号	65531201658453		账号	19172101790311739
	开户银行	农行杭州市下城区支行		开户银行	中国农业银行杭州闻堰支行
金额	人民币（大写）肆拾伍万元整			千百十万千百十元角分	¥ 4 5 0 0 0 0 0 0
票据种类	转账支票	票据张数	1		
票据号码	30192852				
复核 记账				收款人开户银行盖章（中国农业银行 杭州闻堰支行 2022.04.07 受理凭证 收妥抵用（专3））	

此联是收款人开户银行交给收款人的收账通知

解析

业务处理：转让自建仓库应缴增值税 =450 000/（1 +5%）×5% =21 428.57元，需在《增值税及附加税费预缴表》中进行填报。

业务依据：一般纳税人销售其2016 年4 月30 日前自建的不动产，可以选择适用简易计税方法，以取得的全部价款和价外费用为销售额，按照5%的征收率计算应纳税额。纳税人应按照上述计税方法在不动产所在地预缴税款后，向机构所在地主管税务机关进行纳税申报。

经济业务 9

08 日，向温州万合大酒店（统一社会信用代码：91330334222520786E，地址、电话：温州市瓯海区娄桥街道中汇路536 号 0577 -86265818，开户行及账号：中国农业银行温州南塘分理处 19216603404000 1784）销售100 箱不锈钢筷子及50 箱塑料筷子，因在国庆期间购买，故给予其5%的折扣销售，货款暂未收取。请开具增值税专用发票一份。

【开票】

表 5 -4 销售明细表

货物名称	规格型号	单位	数量	不含税单价（元）
不锈钢筷子		箱	100	205.00
塑料筷子		箱	50	180.00

会计部门编号 001 **出库单** NO 21101814

仓库部门编号 001 2022 年 04 月 08 日

编号	名称	规格	单位	出库数量	单价	金额	备注
1	不锈钢筷子		箱	100			
2	塑料筷子		箱	50			
合计				150			

第二联交财务

生产车间或部门：生产一车间 仓库管理员：宋希文

解析

业务处理：进行增值税专用发票的销项采集。

业务依据：(1) 根据增值税纳税义务发生时间：发生应税销售行为，纳税义务发生时间为收讫销售款项或者取得索取销售款项凭据的当天；先开具发票的，为开具发票的当天。本业务已收取款项且已开票，纳税义务已经发生。(2) 折扣销售，同一张发票上“金额”栏分别注明的，可以按折扣后的销售额征收增值税。

经济业务 10

09 日，公司在南方都市报刊登了 1 个月的广告，收到增值税专用发票一份。广告费已通过银行转账支付。

3300191130 浙江增值税专用发票 N019762514 3300191130 19762514

抵扣联

开票日期：2022年04月09日

购买方	名　　称：杭州小闲趣筷子生产有限公司 纳税人识别号：913344092710511288 地址、电话：杭州市余杭区余杭街道通济路105号 0571-80162918 开户行及账号：中国农业银行杭州闻堰支行 19172101790311739	密码区	67/*+3*0/611*++0/+0*/*+3+2/9 *11*+66666**066611*+66666* 1**+216***6000*261*2*4/*547 203994+-42*64151*6915361/3*

货物或应税劳务、服务名称	规格型号	单位	数量	单价	金额	税率	税额
*广告服务*宣传广告费		月	1	7547.17	7547.17	6%	452.83
合　计					￥7547.17		￥452.83
价税合计（大写）	⊗捌仟圆整				（小写）￥8000.00		

销售方	名　　称：杭州南方传媒有限公司 纳税人识别号：913301654098060459 地址、电话：杭州市滨江区网商路700号 0571-85007288 开户行及账号：中国工商银行杭州高新支行 12020262000061029	备注	杭州南方传媒有限公司 913301654098060459 发票专用章

收款人：　复核：　开票人：黄嘉琪　销售方：章

国税函〔2014〕257号浙江印钞厂

第二联：抵扣联 购买方抵扣凭证

3300191130 浙江增值税专用发票 N019762514 3300191130 19762514

发票联

开票日期：2022年04月09日

购买方	名　　称：杭州小闲趣筷子生产有限公司 纳税人识别号：913344092710511288 地址、电话：杭州市余杭区余杭街道通济路105号 0571-80162918 开户行及账号：中国农业银行杭州闻堰支行 19172101790311739	密码区	67/*+3*0/611*++0/+0*/*+3+2 *11*+66666**066611*+66666* 1**+216***6000*261*2*4/*54 203994+-42*64151*6915361/3

货物或应税劳务、服务名称	规格型号	单位	数量	单价	金额	税率	税额
*广告服务*宣传广告费		月	1	7547.17	7547.17	6%	452.83
合　计					￥7547.17		￥452.83
价税合计（大写）	⊗捌仟圆整				（小写）￥8000.00		

银行付讫

销售方	名　　称：杭州南方传媒有限公司 纳税人识别号：913301654098060459 地址、电话：杭州市滨江路网商路700号 0571-85007288 开户行及账号：中国工商银行杭州高新支行 12020262000061029	备注	杭州南方传媒有限公司 913301654098160459 发票专用章

收款人：　复核：　开票人：黄嘉琪　销售方：章

国税函〔2014〕257号浙江印钞厂

第三联：发票联 购买方记账凭证

解析

业务处理：进行增值税专用发票的进项采集。

业务依据：纳税人从销售方取得的增值税专用发票上注明的增值税额，可以从销项税额中抵扣。

经济业务 11

10 日，申报缴纳印花税 347.50 元，取得银行缴税凭证。

电子缴税付款凭证

转账日期：2022 年 04 月 10 日　　　　凭证字号：202010102032930

纳税人全称及纳税人识别号：杭州小闲趣筷子生产有限公司　913344092710511288

付款人全称：杭州小闲趣筷子生产有限公司	
付款人账号：19172101790311739	征收机关名称：国家税务总局杭州市余杭区税务分局
付款人开户银行：中国农业银行杭州闸堰支行	收款国库（银行）名称：余杭区支库
小写（合计金额）：¥347.50	缴款书交易流水号：2020[illegible]09
大写（合计金额）：人民币叁佰肆拾柒元伍角整	税票号码：85413251
税、费 税号：	
税款属期：2022 年 03 月	
税（费）种名称	实缴金额
印花税	347.50

中国农业银行 杭州闸堰支行 2022.04.10 受理凭证章 收妥抵用（03）

第　1　次打印　　　　打印日期：2022 年 04 月 10 日

第二联作付款回单（无银行收讫章无效）　　复核 010　　记账

解析

业务处理：本业务不影响增值税，不做处理。

经济业务 12

10 日，财务部会计完成增值税纳税申报，取得银行缴税凭证。

电子缴税付款凭证

转账日期：2022 年 04 月 10 日　　　　凭证字号：202010112032901

纳税人全称及纳税人识别号：杭州小闲趣筷子生产有限公司　913344092710511288

付款人全称：杭州小闲趣筷子生产有限公司	
付款人账号：19172101790311739	征收机关名称：国家税务总局杭州市余杭区税务分局
付款人开户银行：中国农业银行杭州闸堰支行	收款国库（银行）名称：余杭区支库
小写（合计金额）：¥4916.57	缴款书交易流水号：2020091016577512
大写（合计金额）：人民币肆仟玖佰壹拾陆元伍角柒分	税票号码：85413251
税、费 税号：	
税款属期：2022 年 03 月	
税（费）种名称	实缴金额
增值税	4916.57

中国农业银行 杭州闸堰支行 2022.04.10 受理凭证章 收妥抵用（03）

第　1　次打印　　　　打印日期：2022 年 04 月 10 日

第二联作付款回单（无银行收讫章无效）　　复核 011　　记账

解析

业务处理：本业务不影响增值税，不做处理。

经济业务 13

10 日，财务部会计完成 3 月税费纳税申报，取得银行电子缴税凭证。

电子缴税付款凭证

转账日期：2022 年 04 月 10 日　　凭证字号：202010142032321

纳税人全称及纳税人识别号：杭州小闲趣筷子生产有限公司　913344092710511288

付款人全称：杭州小闲趣筷子生产有限公司

付款人账号：19172101790311739　　征收机关名称：国家税务总局杭州市余杭区税务分局

付款人开户银行：中国农业银行杭州闻堰支行　　收款国库（银行）名称：余杭区支库

小写（合计金额）：￥1797.67　　缴款书交易流水号：2020091016577511

大写（合计金额）：人民币壹仟柒佰玖拾柒元陆角柒分　　税票号码：64201261

税、费 税号：

税款属期：2022 年 03 月

中国农业银行 杭州闻堰支行 2022.04.10 受理凭证章 收妥抵用（03）

税（费）种名称	实缴金额
城建税	344.16
教育费附加	147.50
地方教育费附加	98.33
个人所得税	1207.68

第 1 次打印　　打印日期：2022 年 04 月 10 日

第二联作付款回单（无银行收讫章无效）　　复核 012　　记账

解析

业务处理：本业务不影响增值税，不做处理。

经济业务 14

10 日，财务部出纳从银行取得社会保险费扣款凭证如下：

电子缴税付款凭证

转账日期：2022 年 04 月 10 日　　凭证字号：202010142016451

纳税人全称及纳税人识别号：杭州小闲趣筷子生产有限公司　913344092710511288

付款人全称：杭州小闲趣筷子生产有限公司

付款人账号：19172101790311739　　征收机关名称：国家税务总局杭州市余杭区税务分局

付款人开户银行：中国农业银行杭州闻堰支行　　收款国库（银行）名称：余杭区支库

小写（合计金额）：￥47058.00　　缴款书交易流水号：2020091026501651

大写（合计金额）：人民币肆万柒仟零伍拾捌元整　　税票号码：0231214

税、费 税号：

税款属期：2022 年 03 月

中国农业银行 杭州闻堰支行 2022.04.10 受理凭证章 收妥抵用（03）

税（费）种名称	实缴金额
基本养老保险（企业承担）	17710.00
基本养老保险（个人承担）	10120.00
基本医疗保险（企业承担）	13915.00
基本医疗保险（个人承担）	2530.00
失业保险（企业承担）	632.50
失业保险（个人承担）	632.50
工伤保险	1518.00

第 1 次打印　　打印日期：2022 年 04 月 10 日

第二联作付款回单（无银行收讫章无效）　　复核 013　　记账

解析

业务处理：本业务不影响增值税，不做处理。

经济业务 15

11 日，向杭州鸣翠实业有限公司（统一社会信用代码：913320200574814549，地址、电话：杭州市江干区杭海路 256 号 0571-89032929，开户行及账号：杭州银行江城支行 12028303840238449）销售 50 双描花工艺竹筷子，不含税单价 1 050.00 元/双，款项暂未收取。请开具增值税专用发票一份。

出库单

会计部门编号 001　　NO 21101815

仓库部门编号 001　　2022 年 04 月 11 日

编号	名称	规格	单位	出库数量	单价	金额	备注
1	描花工艺竹筷子		箱	50			
合计				50			

第二联交财务

生产车间或部门：生产一车间　　仓库管理员：宋希文

解析

业务处理：进行增值税专用发票的销项采集。

业务依据：根据增值税纳税义务发生时间：发生应税销售行为，纳税义务发生时间为收讫销售款项或者取得索取销售款项凭据的当天；先开具发票的，为开具发票的当天。本业务已开具发票，纳税义务已经发生。

经济业务 16

11 日，公司向杭州鸣翠实业有限公司销售一批描花工艺竹筷子的同时收取包装物押金 3 000.00 元（单独记账）、包装费 4 200.00 元，款项均已通过银行转账收取。

收款收据　　No 10050701

2022 年 04 月 11 日

今收到 杭州鸣翠实业有限公司支付的包装物押金 3000.00 元整。

金额大写 ⊗ 佰 ⊗ 拾 ⊗ 万 叁 仟 零 佰 零 拾 零 元 零 角 零 分

￥：3000.00

杭州小闲趣筷子生产有限公司财务专用章

核准：　会计：　记账：　出纳：苏青　经手人：

浙江增值税普通发票

发票代码：033011921230
发票号码：40197112
开票日期：2022年04月11日
机器编码：
校验码：

购买方	名称：杭州鸣翠实业有限公司 纳税人识别号：91332020057481454 地址、电话：杭州市江干区杭海路256号 0571-89032929 开户行及账号：杭州银行江城支行 12028303840238449			密码区	67/*+3*0/611*++0/+0*/*+3+2/9 *11*+66666**066611*+66666* 1**+216***6000*261*2*4/*547 203994+-42*64151*6915361/3*		
货物或应税劳务、服务名称	规格型号	单位	数量	单价	金额	税率	税额
*竹制品*包装费			1	3716.81	3716.81	13%	483.19
合计					¥3716.81		¥483.19
价税合计（大写）	⊗肆仟贰佰圆整				（小写）¥4200.00		
销售方	名称：杭州小闲趣筷子生产有限公司 纳税人识别号：91334409271051128 地址、电话：杭州市余杭区余杭街道通济路105号 0571-80162918 开户行及账号：中国农业银行杭州闻堰支行 19172101790311739			备注			

收款人：　复核：　开票人：戚鸣　销售方：（章）

中国农业银行进账单（回单）　1

2022 年 04 月 11 日

出票人	全称	杭州鸣翠实业有限公司	收款人	全称	杭州小闲趣筷子生产有限公司
	账号	12028303840238449		账号	19172101790311739
	开户银行	杭州银行江城支行		开户银行	中国农业银行杭州闻堰支行
金额	人民币（大写）柒仟贰佰元整			千百十万千百十元角分	¥720000
票据种类	转账支票	票据张数	1		
票据号码	30192853				
复核　记账				中国农业银行杭州闻堰支行 2022.04.11 受理凭证章 收妥抵用（03） 收款人开户银行签章	

此联是收款人开户银行交给收款人的收账通知

解析

业务处理：对销售筷子的收入和包装费进行增值税普通发票的销项采集，单独记账的包装物押金不采集。

业务依据：（1）根据增值税纳税义务发生时间：发生应税销售行为，纳税义务发生时间为收讫销售款项或者取得索取销售款项凭据的当天；先开具发票的，为开具发票的当天。本业务已收取款项且已开具发票，纳税义务已经发生。（2）纳税人为销售货物而出租出借包装物收取的押金，单独记账核算的，不并入销售额征税。但对因逾期未收回包装物不再退还的押金，应按所包装货物的适用税率征收增值税。

经济业务 17

13 日，公司转让 2017 年购入的一台设备，购入原价为 107 360.00 元，已计提折旧 67 416.00 元。转让取得含税价 65 835.00 元，款项已通过银行转账收取。

收款收据 No 10050702

2022 年 04 月 13 日

今收到 旧设备转让价款 65835.00 元。

银行收讫

杭州小闲趣筷子生产有限公司 财务专用章

金额大写 ⊗佰 ⊗拾 陆 万 伍 仟 捌 佰 叁 拾 伍 元 零 角 零 分

¥：65835.00

核准： 会计： 记账： 出纳：苏青 经手人：

解析

业务处理：进行无票视同销售销项采集。

业务依据：根据增值税纳税义务发生时间：发生应税销售行为，纳税义务发生时间为收讫销售款项或者取得索取销售款项凭据的当天；先开具发票的，为开具发票的当天。本业务已收取款项，纳税义务已经发生。

经济业务 18

13 日，公司领用上月从浙江绿材装饰材料有限公司购进的乳胶漆 15%（其进项税额已在购进月份抵扣），用于装修职工食堂。

领料单

仓库： 2022 年 04 月 13 日

编号	类别	材料名称	规格	单位	数量		实际价格	
					请领	实发	单价	金额
1		乳胶漆		千克	0.45	0.45	2420.00	1089.00
合计					0.45	0.45		¥1089.00
用途	用于装修职工食堂	领料部门		发料部门		财务部门		
		负责人	领料人	核准人	发料人	审核	会计	
		沈睿	陈琦	王伟	周琦	李毅	汪瑞	

解析

业务处理：进行领用部分进项税额转出的采集。

业务依据：(1) 根据增值税视同销售行为的规定：将自产、委托加工的货物用于集体福利或者个人消费的，应当视同销售。本业务将外购货物关于集体福利的不属于视同销售。(2) 对于外购货物改变用途，原已计入进项税额，但按增值税制度规定不得从销项税额中抵扣的，需要进行进项税额转出。

经济业务 19

14 日，公司从联想科技（杭州分公司）购入电脑 10 台，取得增值税专用发票一份，货款已通过银行转账支付。同时支付杭州长安运输有限公司运费 700.00 元，取得增值税专用发票，运费已通过现金支付。

3300191130 浙江增值税专用发票 NO21193003

3300191130
21193003

开票日期：2022年04月14日

购买方	名称：杭州小闲趣筷子生产有限公司 纳税人识别号：913344092710511288 地址、电话：杭州市余杭区余杭街道通济路105号 0571-80162918 开户行及账号：中国农业银行杭州闻堰支行 19172101790311739	密码区	67/*+3*0/611*++0/+0*/*+3+2/9 *11*+66666**066611*+66666* 1**+216***6000*261*2*4/*547 203994+-42*64151*6915361/3*

货物或应税劳务、服务名称	规格型号	单位	数量	单价	金额	税率	税额
*电子计算机*电脑		台	10	5298	52980.00	13%	6887.40
合　计					¥52980.00		¥6887.40
价税合计（大写）	⊗伍万玖仟捌佰陆拾柒圆肆角整				（小写） ¥59867.40		

销售方	名称：联想科技（杭州分公司） 纳税人识别号：913301044112651019 地址、电话：杭州市下城区白石巷218号 0571-87656939 开户行及账号：中招行杭州分行营业部 5719078810109	备注	联想科技（杭州分公司） 913301044112651019 发票专用章

收款人：　　复核：　　开票人：宁萌萌　　销售方：章

国税函（2014）257号浙江印钞厂

第二联：抵扣联 购买方抵扣凭证

3300191130 浙江增值税专用发票 NO21193003

3300191130
21193003

开票日期：2022年04月14日

购买方	名称：杭州小闲趣筷子生产有限公司 纳税人识别号：913344092710511288 地址、电话：杭州市余杭区余杭街道通济路105号 0571-80162918 开户行及账号：中国农业银行杭州闻堰支行 19172101790311739	密码区	67/*+3*0/611*++0/+0*/*+3+2 *11*+66666**066611*+66666* 1**+216***6000*261*2*4/*54 203994+-42*64151*6915361/3

货物或应税劳务、服务名称	规格型号	单位	数量	单价	金额	税率	税额
*电子计算机*电脑		台	10	5298	52980.00	13%	6887.4
合　计				银行付讫	¥52980.00		¥6887.40
价税合计（大写）	⊗伍万玖仟捌佰陆拾柒圆肆角整				（小写） ¥59867.40		

销售方	名称：联想科技（杭州分公司） 纳税人识别号：913301044112651019 地址、电话：杭州市下城区白石巷218号 0571-87656939 开户行及账号：中招行杭州分行营业部 5719078810109	备注	联想科技（杭州分公司） 913301044112651019 发票专用章

收款人：　　复核：　　开票人：宁萌萌　　销售方：章

国税函（2014）257号浙江印钞厂

第三联：发票联 购买方记账凭证

3301190218 浙江增值税专用发票 N039684051

3301190218
39684051

全国统一发票监制章 浙江 国家税务总局监制

开票日期：2022年04月14日

国税函(2014) 257号浙江印钞厂

购买方		密码区
名称：	杭州小闲趣筷子生产有限公司	67/*+3*0/611*++0/+0*/*+3+2/9
纳税人识别号：	913344092710511288	*11*+66666**066611*+66666*
地址、电话：	杭州市余杭区余杭街道通济路105号 0571-80162918	1**+216***6000*261*2*4/*547
开户行及账号：	中国农业银行杭州闻堰支行 19172101790311739	203994+-42*64151*6915361/3*

货物或应税劳务、服务名称	规格型号	单位	数量	单价	金额	税率	税额
*运输服务*运费		次	1	642.20	642.20	9%	57.80
合计					¥642.20		¥57.80

价税合计（大写）⊗柒佰圆整 （小写）¥700.00

销售方		备注
名称：	杭州长安运输有限公司	起运地：杭州市下城区白石巷218号
纳税人识别号：	913302204561280984	到达地：杭州市余杭区余杭街道通济路105号
地址、电话：	杭州市滨江区滨盛路90号 0571-88340203	货物：毛巾
开户行及账号：	中国工商银行滨江支行 120302004849384	杭州长安运输有限公司 913302204561280984 发票专用章

收款人： 复核： 开票人：董瑞 销售方：（章）

第二联：抵扣联 购买方抵扣凭证

3301190218 浙江增值税专用发票 N039684051

3301190218
39684051

全国统一发票监制章 浙江 国家税务总局监制

开票日期：2022年04月14日

国税函(2014) 257号浙江印钞厂

购买方		密码区
名称：	杭州小闲趣筷子生产有限公司	67/*+3*0/611*++0/+0*/*+3+2
纳税人识别号：	913344092710511288	*11*+66666**066611*+66666*
地址、电话：	杭州市余杭区余杭街道通济路105号 0571-80162918	1**+216***6000*261*2*4/*54
开户行及账号：	中国农业银行杭州闻堰支行 19172101790311739	203994+-42*64151*6915361/3

货物或应税劳务、服务名称	规格型号	单位	数量	单价	金额	税率	税额
*运输服务*运费		次	1	642.20	642.20	9%	57.8
合计					¥642.20		¥57.80

现金付讫

价税合计（大写）⊗柒佰圆整 （小写）¥700.00

销售方		备注
名称：	杭州长安运输有限公司	起运地：杭州市下城区白石巷218号
纳税人识别号：	913302204561280984	到达地：杭州市余杭区余杭街道通济路105号
地址、电话：	杭州市滨江区滨盛路90号 0571-88340203	货物：毛巾
开户行及账号：	中国工商银行滨江支行 120302004849384	杭州长安运输有限公司 913302204561280984 发票专用章

收款人： 复核： 开票人：董瑞 销售方：（章）

第三联：发票联 购买方记账凭证

解析

业务处理：进行增值税专用发票的进项采集。

业务依据：纳税人从销售方取得的增值税专用发票上注明的增值税额，可以从销项税额中抵扣。

经济业务 20

15 日，允许杭州博旭广告有限公司（统一社会信用代码：913301066739596549，地址、电话：杭州市转塘科技经济区块 6 号 0571－86202089，开户行及账号：招商银行杭州高新支行 571904793610709）在本公司 2017 年 4 月建成的厂房（地址：杭州市余杭区南苑街道迎宾路 280 号）围墙上喷涂家电、服装广告。通过银行转账共收取 40 000.00元。请开具增值税普通发票一份。

中国农业银行进账单（回单） 1

2022 年 04 月 15 日

出票人	全 称	杭州博旭广告有限公司	收款人	全 称	杭州小闲趣筷子生产有限公司
	账 号	571904793610709		账 号	19172101790311739
	开户银行	招商银行杭州高新支行		开户银行	中国农业银行杭州闻堰支行
金额	人民币（大写）肆万元整			千 百 十 万 千 百 十 元 角 分	¥ 4 0 0 0 0 0 0
票据种类	转账支票	票据张数	1		
票据号码	30192854				
复核 记账				收款人开户银行盖章（中国农业银行 杭州闻堰支行 2022.04.15）	

此联是收款人开户银行交给收款人的收账通知

解析

业务处理：进行增值税普通发票的销项采集。

业务依据：根据增值税纳税义务发生时间：发生应税销售行为，纳税义务发生时间为收讫销售款项或者取得索取销售款项凭据的当天；先开具发票的，为开具发票的当天。

经济业务 21

15 日，因受低温影响，杭州突下冰雹，公司购进的原材料受此影响，损失了 10%，金额共计 2 607.00 元。

存货盘亏处理通知单

损失的材料，经查属于因受低温影响，杭州突下冰雹导致，报经审批后计入营业外支出。

财务经理：周桐

2022 年 04 月 15 日

会计主管：戚素

（杭州小闲趣筷子生产有限公司）

解析

业务处理：本业务不影响增值税，不做处理。

业务依据：企业因管理不善造成货物被盗、丢失、霉烂变质的损失属于非正常损失，非正常损失货物的进项税额在增值税中不得扣除（已抵扣增值税的需做进项转出）。本业务属于因自然灾害导致的货物损失，不属于非正常损失列举范围，不需要对损失部分进项税额转出，不影响当期增值税。

经济业务 22

15 日，公司销售部职员徐涛向财务部预借 1 500.00 元差旅费，出纳使用现金支付。

杭州小闲趣筷子生产有限公司　　借款单

2022 年 04 月 15 日

借款单位：销售部		
借款理由：预借差旅费		
借款金额：人民币（大写）壹仟伍佰元整　现金付讫		￥1500.00
本部门负责人意见：同意。江庆	借款人签字：徐涛	
会计主管审批：同意。戚秦心	付款方式：现金	出纳：苏青

解析

业务处理：本业务不影响增值税，不做处理。

业务依据：会计分录为

借：其他应收款－徐涛 1 500

贷：库存现金　1 500

经济业务 23

17 日，公司将现有的一台设备（该设备于 2019 年购入）由于性能等原因决定提前报废，原价为 83 000.00 元，相关增值税税额为 10 790.00 元，已计提折旧 81 050.00 元，未计提减值准备。报废时的残值变价含税收入为 3 320.00 元，已通过银行转账收取。

收款收据　　No 10050703

2022 年 04 月 17 日

今收到 公司报废一台设备时取得的残值变价收入共计 3320.00 元。

银行收讫　杭州小闲趣筷子生产有限公司财务专用章

金额大写　⊗佰 ⊗拾 ⊗万 叁仟 叁佰 贰拾 零元 零角 零分

￥：3320.00

核准：　会计：　记账：　出纳：苏青　经手人：

解析

业务处理：进行无票视同销售的销项采集。

业务依据：根据增值税纳税义务发生时间：发生应税销售行为，纳税义务发生时间为收讫销售款项或者取得索取销售款项凭据的当天；先开具发票的，为开具发票的当天。

经济业务 24

17 日，收到杭州市电力有限公司开具的电费增值税专用发票一份，本月用电共计 9 728 度，其中生产车间用电 6 912 度，行政管理部用电 1 723 度，销售部用电 1 093 度，电费已通过银行转账支付。

3300192130 浙江增值税专用发票 NO77360923

3300192130
77360923

开票日期：2022年04月17日

购买方	名　　称：杭州小闲趣筷子生产有限公司 纳税人识别号：913344092710511288 地址、电话：杭州市余杭区余杭街道通济路105号 0571-80162918 开户行及账号：中国农业银行杭州闻堰支行 19172101790311739	密码区	67/*+3*0/611*++0/+0*/*+3+2/9 *11*+66666**066611*+66666* 1**+216***6000*261*2*4/*547 203994+-42*64151*6915361/3*

货物或应税劳务、服务名称	规格型号	单位	数量	单价	金额	税率	税额
*供电*电费		度	9728	1.25	12160.00	13%	1580.80
合　计					¥12160.00		¥1580.80
价税合计（大写）	⊗壹万叁仟柒佰肆拾圆捌角整				（小写）¥13740.80		

销售方	名　　称：杭州市电力有限公司 纳税人识别号：913309865434565654 地址、电话：浙江省杭州市滨盛路152号 0571-87854294 开户行及账号：工行高新支行 1202000374838786	备注	杭州市电力有限公司 913309865434565654 发票专用章

收款人：　　复核：　　开票人：周密　　销售方：（章）

国税函（2014）257号浙江印钞厂

第二联：抵扣联 购买方抵扣凭证

3300192130 浙江增值税专用发票 NO77360923

3300192130
77360923

开票日期：2022年04月17日

购买方	名　　称：杭州小闲趣筷子生产有限公司 纳税人识别号：913344092710511288 地址、电话：杭州市余杭区余杭街道通济路105号 0571-80162918 开户行及账号：中国农业银行杭州闻堰支行 19172101790311739	密码区	67/*+3*0/611*++0/+0*/*+3+2 *11*+66666**066611*+66666* 1**+216***6000*261*2*4/*54 203994+-42*64151*6915361/3

货物或应税劳务、服务名称	规格型号	单位	数量	单价	金额	税率	税额
*供电*电费		度	9728	1.25	12160.00	13%	1580.8
合　计					¥12160.00		¥1580.80
价税合计（大写）	⊗壹万叁仟柒佰肆拾圆捌角整				（小写）¥13740.80		

银行付讫

销售方	名　　称：杭州市电力有限公司 纳税人识别号：913309865434565654 地址、电话：浙江省杭州市滨盛路152号 0571-87854294 开户行及账号：工行高新支行	备注	杭州市电力有限公司 913309865434565654 发票专用章

收款人：　　复核：　　开票人：周密　　销售方：（章）

国税函（2014）257号浙江印钞厂

第三联：发票联 购买方记账凭证

解析

业务处理：进行增值税专用发票的进项采集。

业务依据：纳税人从销售方取得的增值税专用发票上注明的增值税额，可以从销项税额中抵扣。

经济业务 25

18 日，公司收到银行存款利息收入 588.32 元。

中国农业银行业务回单

入账日期：20220418　　回单编号：37660455130906302172　　第 1 次打印
付款方账号：0825　　付款方多级账簿号：
付款方多级账簿名：
付款方户名：
付款方开户行：
收款方账号：19172101790311739　　收款方多级账簿号：
收款方户名：杭州小闲趣筷子生产有限公司
收款方多级账簿名：
收款方开户行：中国农业银行杭州闻堰支行
币种：人民币　　金额：￥588.32
金额（大写）：伍佰捌拾捌元叁角贰分
交易时间：2022-04-18 10:28:45　　日志号：094380925　　状态：正常
附言：利息收入
会计日期：20220418　　渠道：国库信息处理系统　　摘要：公共缴费
打印时间：2022-04-18

中国农业银行股份有限公司
37660455130906302172
回单专用章

解析

业务处理：不确认销项。

业务依据：存款利息属于增值税不征税项目，不征增值税。同时，企业取得的存款利息收入不需要开具发票，银行对于存款利息支出也不需要发票进行入账报销扣除。

经济业务 26

18 日，公司直接向杭州逸夫中学捐赠款项 80 000.00 元，用于助学补助金。

中国农业银行

转账支票存根

48302101

09144223

浙江美织华印刷有限公司●2011 年印刷

附加信息

出票日期　2022 年 04 月 18 日

收款人：杭州逸夫中学
金额：￥80000.00
用途：捐赠

单位主管　　会计

解析

业务处理：本业务不影响增值税，不做处理。

业务依据：通过现金方式的捐赠支出不涉及增值税。

经济业务 27

19 日，向杭州云凯酒店（统一社会信用代码：913305203984564717，地址、电话：杭州市滨江区西兴街道楚天路 208 号 0571－88260975，开户行及账号：中国农业银行滨江支行 12029301083848）销售货物一批，货款已通过银行转账收取。请开具增值税专用发票一份。

表 5－5　　销售明细表

货物名称	规格型号	单位	数量	不含税单价（元）
描金工艺木筷子		双	50	1 620.00
描花工艺竹筷子		双	50	1 050.00
木制一次性筷子		箱	100	260.00
竹制一次性筷子		箱	120	220.00

出库单

会计部门编号 001　　NO 21101816

仓库部门编号 001　　2022 年 04 月 19 日

编号	名称	规格	单位	出库数量	单价	金额	备注
1	描金工艺木筷子		双	50			
2	描花工艺竹筷子		双	50			
3	木制一次性筷子		箱	100			
4	竹制一次性筷子		箱	120			
合计				320			

第二联交财务

生产车间或部门：生产一车间　　仓库管理员：宋希文

中国农业银行进账单（回单）　　1

2022 年 04 月 19 日

出票人	全称	杭州云凯酒店	收款人	全称	杭州小闲趣筷子生产有限公司
	账号	12029301083848		账号	19172101790311739
	开户银行	中国农业银行滨江支行		开户银行	中国农业银行杭州闻堰支行
金额	人民币（大写）贰拾壹万零陆拾柒元整			千百十万千百十元角分	¥ 2 1 0 0 6 7 0 0
票据种类	转账支票	票据张数	1		
票据号码	30192855				
复核　记账				收款人开户银行盖章	中国农业银行杭州闻堰支行 2022.04.19 收妥抵用（03）

此联是收款人开户银行交给收款人的收账通知

解析

业务处理：进行增值税专用发票的销项采集。

业务依据：根据增值税纳税义务发生时间：发生应税销售行为，纳税义务发生时间为收讫销售款项或者取得索取销售款项凭据的当天；先开具发票的，为开具发票的当天。

经济业务 28

20 日，公司接受杭州中明税务师事务所的税务咨询服务，取得增值税专用发票一份，共计支付服务费 9 360.00 元。

3300192130 浙江增值税专用发票 N050501867 3300192130 50501867

开票日期：2022年04月20日

购买方	名称：杭州小闲趣筷子生产有限公司				密码区	67/*+3*0/611*++0/+0*/*+3+2/9	
	纳税人识别号：913344092710511288					*11*+66666**066611*+66666*	
	地址、电话：杭州市余杭区余杭街道通济路105号 0571-80162918					1**+216***6000*261*2*4/*547	
	开户行及账号：中国农业银行杭州闻堰支行 19172101790311739					203994+-42*64151*6915361/3*	
货物或应税劳务、服务名称	规格型号	单位	数量	单价	金额	税率	税额
*鉴证咨询服务*税务咨询服务费		次	1	8830.19	8830.19	6%	529.81
合计					￥8830.19		￥529.81
价税合计（大写）	⊗玖仟叁佰陆拾圆整				（小写）￥9360.00		
销售方	名称：杭州中明税务师事务所				备注		
	纳税人识别号：913301093217568502						
	地址、电话：杭州市上城区延安路305号明珠大厦7F 56631256						
	开户行及账号：中行杭州市延安路支行 789789789785089						

收款人： 复核： 开票人：冯思璐 销售方：章

第二联：抵扣联 购买方抵扣凭证

国税函（2014）257号浙江印钞厂

3300192130 浙江增值税专用发票 N050501867 3300192130 50501867

开票日期：2022年04月20日

购买方	名称：杭州小闲趣筷子生产有限公司				密码区	67/*+3*0/611*++0/+0*/*+3+2	
	纳税人识别号：913344092710511288					*11*+66666**066611*+66666*	
	地址、电话：杭州市余杭区余杭街道通济路105号 0571-80162918					1**+216***6000*261*2*4/*54	
	开户行及账号：中国农业银行杭州闻堰支行 19172101790311739					203994+-42*64151*6915361/3	
货物或应税劳务、服务名称	规格型号	单位	数量	单价	金额	税率	税额
*鉴证咨询服务*税务咨询服务		次	1	8830.19	8830.19	6%	529.81
合计					￥8830.19		￥529.81
价税合计（大写）	⊗玖仟叁佰陆拾圆整				（小写）￥9360.00		
销售方	名称：杭州中明税务师事务所				备注		
	纳税人识别号：913301093217568502						
	地址、电话：杭州市上城区延安路305号明珠大厦7F 56631256						
	开户行及账号：中行杭州市延安路支行 789789789785089						

银行付讫

收款人： 复核： 开票人：冯思璐 销售方：章

第三联：发票联 购买方记账凭证

国税函（2014）257号浙江印钞厂

解析

业务处理：进行增值税专用发票的进项采集。

业务依据：纳税人从销售方取得的增值税专用发票上注明的增值税额，可以从销项税额中抵扣。

经济业务 29

21 日，因在周年庆期间，公司为职员发放职工福利，向每位职员（共 80 人）发放礼品套盒一个，内有本公司生产的描金工艺木筷子一双和描花工艺竹筷子两双。其中描金工艺木筷子的市场含税售价为 1 428.00 元/双，描花工艺竹筷子的市场含税售价为 816.00 元/双。

出库单

会计部门编号 001　　NO 21101817

仓库部门编号 001　　2022 年 04 月 21 日

编号	名称	规格	单位	出库数量	单价	金额	备注
1	描金工艺木筷子		双	1			
2	描花工艺竹筷子		双	2			
合计				3			

第二联交财务

生产车间或部门：生产一车间　　仓库管理员：宋希文

解析

业务处理：按照市场价格进行无票视同销售的销项采集。

业务依据：(1) 据增值税视同销售行为的规定：将自产、委托加工的货物用于集体福利或者个人消费的，应当视同销售。(2) 纳税人有价格明显偏低并且无正当理由或者有视同销售货物行为而无销售额的，按下列顺序确定销售额。

①按纳税人最近时期同类货物的平均销售价格确定。

②按其他纳税人最近时期同类货物的平均销售价格确定。

③按组成计税价格确定［组成计税价格 = 成本 × (1 + 成本利润率)］。

经济业务 30

23 日，公司受杭州博贺原料有限公司（统一社会信用代码：913301627695802660，地址、电话：杭州市文三路 300 号 1 幢 501 室 0571 - 82270165，开户行及账号：中国工商银行杭州市文三路支行 23459800450898798）委托加工竹制筷子一批，原辅材料均由委托方提供，收取含税加工费 26 300.00 元，款项已通过银行转账收取。请开具增值税普通发票一份。

中国农业银行进账单（回单）　　1

2022 年 04 月 23 日

出票人	全　称	杭州博贺原料有限公司	收款人	全　称	杭州小闲趣筷子生产有限公司
	账　号	23459800450898798		账　号	19172101790311739
	开户银行	工行杭州市文三路支行		开户银行	中国农业银行杭州闻堰支行
金额	人民币（大写）贰万陆仟叁佰元整				千百十万千百十元角分 ¥ 2 6 3 0 0 0 0
票据种类	转账支票	票据张数	1		
票据号码	30192856				中国农业银行 杭州闻堰支行 2022.04.23 受理凭证章 收款人开户银行盖章
	复核　记账				

此联是收款人开户银行交给收款人的收账通知

解析

业务处理：进行增值税普通发票的销项采集。

业务依据：根据增值税纳税义务发生时间：发生应税销售行为，纳税义务发生时间为收讫销售款项或者取得索取销售款项凭据的当天；先开具发票的，为开具发票的当天。

经济业务 31

23 日，收到杭州市绿城水务有限公司开具的水费增值税专用发票一份，本月用水共计 4 935 吨，其中生产车间用水 2 724 吨，行政管理部用水 1 264 吨，销售部用水 947 吨，水费已通过银行转账支付。

3300192130　浙江增值税专用发票　N066170828　3300192130　66170828

开票日期：2022年04月23日

购买方	名　　称：杭州小闲趣筷子生产有限公司 纳税人识别号：913344092710511288 地址、电话：杭州市余杭区余杭街道通济路105号 0571-80162918 开户行及账号：中国农业银行杭州闻堰支行 19172101790311739	密码区：67/*+3*0/611*++0/+0*/*+3+2/9 *11*+66666**066611*+66666* 1**+216***6000*261*2*4/*547 203994+-42*64151*6915361/3*

货物或应税劳务、服务名称	规格型号	单位	数量	单价	金额	税率	税额
*水冰雪*水费		吨	4935	3.80	18753.00	9%	1687.77
合　计					¥18753.00		¥1687.77
价税合计（大写）	⊗贰万零肆佰肆拾圆柒角柒分				（小写）¥20440.77		

销售方	名　　称：杭州市绿城水务有限公司 纳税人识别号：913301574192816168 地址、电话：杭州市江干区求实路8号 0571-88251340 开户行及账号：中国工商银行求实路支行 6620088045837643	备注：杭州市绿城水务有限公司 913301574192816168 发票专用章

收款人：　　复核：　　开票人：张玮　　销售方：章

国税函（2014）257号浙江印钞厂

第二联：抵扣联　购买方抵扣凭证

3300192130 浙江 增值税 发票 NO66170828

3300192130
66170828

开票日期：2022年04月23日

购买方	名称：杭州小闲趣筷子生产有限公司 纳税人识别号：913344092710511288 地址、电话：杭州市余杭区余杭街道通济路105号 0571-80162918 开户行及账号：中国农业银行杭州闲堰支行 19172101790311739				密码区	67/*+3*0/611*++0/+0*/*+3+2 *11*+66666**066611*+66666* 1**+216***6000*261*2*4/*54 203994+-42*64151*6915361/3		
货物或应税劳务、服务名称	规格型号	单位	数量	单价	金额	税率	税额	
*水冰雪*水费		吨	4935	3.80	18753.00	9%	1687.77	
合计					¥18753.00		¥1687.77	
价税合计（大写）	⊗贰万零肆佰肆拾圆柒角柒分				（小写） ¥20440.77			
销售方	名称：杭州市绿城水务有限公司 纳税人识别号：913301574192816168 地址、电话：杭州市江干区求实路8号 0571-88251340 开户行及账号：中国工商银行求实路支行 6620088045837643				备注			

收款人： 复核： 开票人：张玮 销售方：章

银行付讫

解析 业务处理：进行增值税专用发票的进项采集。

业务依据：纳税人从销售方取得的增值税专用发票上注明的增值税额，可以从销项税额中抵扣。

经济业务 32

24 日，向杭州佳鑫商场（统一社会信用代码：913308100540145256，地址、电话：杭州市江干区中山路 5 号 0571 - 84638003，开户行及账号：中国农业银行中山路支行 83640050382874）销售货物一批，款项暂未收取。开具增值税普通发票一份。

表 5 - 6 **销售明细表**

货物名称	规格型号	单位	数量	不含税单价（元）
木制一次性筷子		箱	50	260.00
竹制一次性筷子		箱	50	220.00
不锈钢筷子		箱	50	205.00
塑料筷子		箱	50	180.00

会计部门编号 001 **出库单** NO 21101818

仓库部门编号 001 2022 年 04 月 24 日

编号	名称	规格	单位	出库数量	单价	金额	备注
1	木制一次性筷子		箱	50			
2	竹制一次性筷子		箱	50			
3	不锈钢筷子		箱	50			
4	塑料筷子		箱	50			
5							
合计				200			

第二联交财务

生产车间或部门：生产一车间 **仓库管理员：**宋希文

解析

业务处理：进行增值税普通发票的销项采集。

业务依据：根据增值税纳税义务发生时间：发生应税销售行为，纳税义务发生时间为收讫销售款项或者取得索取销售款项凭据的当天；先开具发票的，为开具发票的当天。本业务虽未收取款项，但已开具发票，纳税义务已经发生。

经济业务 33

25 日，销售部职员徐涛出差归来，报销差旅费，同类型的票按合计数再算税额。注：此笔业务铁路旅客运输进项税额抵扣填写在“增值税纳税申报表附列资料（二）第 8b‘其他－税额’栏次”，只填写税额，计算结果以四舍五入方式保留两位小数。

差旅费报销单

附件 3 张 2022 年 04 月 25 日

单位名称	杭州小闲趣筷子生产有限公司	姓名	徐涛		
出差事由	洽谈业务	出差日期	自	04-18	共 3 天
到达地点	武汉		至	04-20	

项目金额	交通工具：火车	汽车	轮船	飞机	其他	住宿费 共 2 天	伙食补助 共 天
	648.00					436.00	240.00
总计金额人民币（大写）	壹仟叁佰贰拾肆元整						￥1324
部门主管	江庆	领款人	徐涛	预支：1500.00	退/补：176.00		

现金收讫

对方科目及边线外各项请勿填写

总经理：蒋子凡 出纳：苏青

04300190010 湖北增值税普通发票 N008928023

043001800104
08928023

机器编码：

开票日期：2022年04月20日

购买方	名　　称：杭州小闲趣筷子生产有限公司 纳税人识别号：913344092710511288 地址、电话：杭州市余杭区余杭街道通济路105号 0571-80162918 开户行及账号：中国农业银行杭州闻堰支行 19172101790311739	密码区	67/*+3*0/611*++0/+0*/*+3+2/9 *11*+66666**066611*+66666* 1**+216***6000*261*2*4/*547 203994+-42*64151*6915361/3*

货物或应税劳务、服务名称	规格型号	单位	数量	单价	金额	税率	税额
*生活服务*餐饮住宿服务					411.32	6%	24.68
合　计					¥411.32		¥24.68
价税合计（大写）	⊗肆佰叁拾陆圆整				（小写）	¥436.00	

销售方	名　　称：武汉九乡酒店有限公司 纳税人识别号：914265106598203379 地址、电话：湖北省武汉市江汉区江南路5号 027-80164595 开户行及账号：中国工商银行江汉区支行 19015649946003521	备注	武汉九乡酒店有限公司 914265106598203379 发票专用章

收款人：　　复核：　　开票人：顾清　　销售方：章

税总函〔2014〕257号浙江印钞厂

第二联：发票联　购买方记账凭证

Z49C028255　　　　检票口 23A

杭州东站　D5586　武汉站
Hang zhou dong　　Wu Han

2022年04月18日　14:52开　07车12C

¥324.00元　网　二等座

限乘当日当次车

3310231987****1436　徐涛

买票请到12306　发货请到95306
中国铁路祝您旅途愉快

90041300491006C028255　杭州东售

Z49C028255　　　　检票口 10A

武汉站　D1782　杭州东站
Wu Han　　Hang zhou dong

2022年04月20日　09:50开　02车14B

¥324.00元　网　二等座

限乘当日当次车

3310231987****1436　徐涛

买票请到12306　发货请到95306
中国铁路祝您旅途愉快

90041300491006C028255　杭州东售

解析

业务处理：对于取得注明旅客身份信息的铁路车票的，按照如下公式计算进项税额：铁路旅客运输进项税额＝票面金额÷（1+9%）×9%。

出差后报销差旅费时会计分录为

借：销售费用　　1 324

　　贷：其他应收款　　1 324

业务依据：增值税一般纳税人购进国内旅客运输服务，可以作为进项税额抵扣的凭证有：增值税专用发票、增值税电子普通发票，注明旅客身份信息的航空运输电子客票行程单、铁路车票以及公路、水路等其他客票。

经济业务 34

25 日，公司支付银行手续费 101.05 元。

中国农业银行业务回单

入账日期：20220425　　回单编号：37718581086542080426　　第 1 次打印
付款方账号:19172101790311739　　付款方多级账簿号：
付款方多级账簿名：
付款方户名：杭州小闲趣筷子生产有限公司
付款方开户行：中国农业银行杭州闻堰支行
收款方账号：　　收款方多级账簿号：
收款方户名：
收款方多级账簿名：
收款方开户行：
币种：人民币　　金额：101.05 元
金额（大写）：壹佰零壹元零伍角整
交易时间：2022-04-25 09:26:36　　日志号：901321264　　状态：正常
附言：付手续费
会计日期：20220425　　渠道：网上银行　　摘要：费用外收
打印时间：2022-04-25

（印章：中国农业银行股份有限公司 37718581086542080426 回单专用章）

解析

业务处理：不能进行进项税额抵扣。

业务依据：《中华人民共和国发票管理办法》第二十条所有单位和从事生产、经营活动的个人在购买商品、接受服务以及从事其他经营活动支付款项，应当向收款方取得发票。取得发票时，不得要求变更品名和金额。没有发票，只有回单，不能作为单位会计凭证入账税前扣除。

经济业务 35

26 日，向杭州郎腾翻译服务有限公司（统一社会信用代码：913320073964355939，地址、电话：杭州市西湖区灵隐街道 18 号 0571－80655519，开户行及账号：上海浦东发展银行杭州和睦支行 95222827475039401）销售描金工艺木筷子及描花工艺竹筷子一批。为及早收回货款，公司与杭州郎腾约定的现金折扣条件为：2/10，1/20，n/30，商品已发出，假定计算现金折扣时不考虑增值税。请开具增值税专用发票一份。

表 5-7　　　　销售明细表

货物名称	规格型号	单位	数量	不含税单价（元）
描金工艺木筷子		双	30	1 620.00
描花工艺竹筷子		双	50	1 050.00

出库单

会计部门编号 001　　　　NO 21101819

仓库部门编号 001　　　　2022 年 04 月 26 日

编号	名称	规格	单位	出库数量	单价	金额	备注
1	描金工艺木筷子		双	30			
2	描花工艺竹筷子		双	50			
合计				80			

第二联交财务

生产车间或部门：生产一车间　　　　仓库管理员：宋希文

解析

业务处理：按照销售收入全额进行销项采集。

业务依据：现金折扣不能冲减增值税进项税金。作为销售方，应当全额确认收入、计提销项税额（增值税额）。现金折扣于实际发生时直接计入当期损益，不能开具红字发票。

经济业务 36

26 日，编制 03 月工资发放表，上月未计提，通过银行存款支付实发工资金额。

表 5-8　　　　工资发放表

2022 年 03 月份工资计算发放表

单位：杭州小闲趣筷子生产有限公司　　　　2022 年 04 月 26 日

序号	岗位	应发	社会保险（个人承担部分）				代扣个人所得税	实发工资
		合计	养老	医疗	失业	小计		
1	总经理	17426.80	440.00	110.00	27.50	577.50	116.48	16732.82
2	财务部	15772.07	880.00	220.00	55.00	1155.00	88.03	14529.04
3	行政部	15546.40	880.00	220.00	55.00	1155.00	83.26	14308.14
4	销售部	106885.49	2200.00	550.00	137.50	2887.50	312.47	103685.52
5	基本生产车间	133018.25	5720.00	1430.00	357.50	7507.50	336.25	125174.50
合计		288649.01	10120.00	2530.00	632.50	13282.50	936.49	274430.02

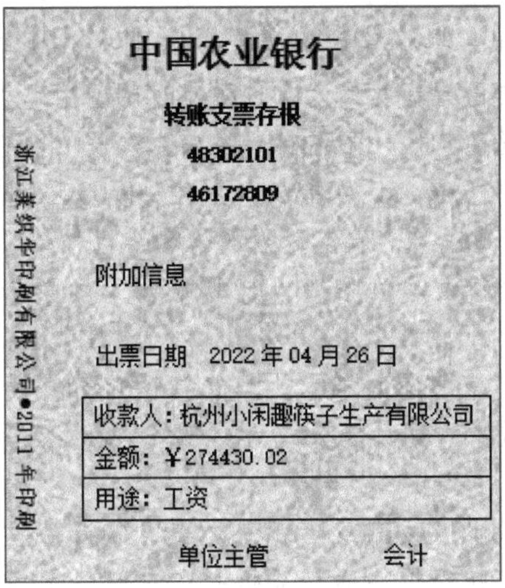

中国农业银行

转账支票存根

48302101

46172809

附加信息

出票日期　2022 年 04 月 26 日

收款人：杭州小闲趣筷子生产有限公司	
金额：￥274430.02	
用途：工资	

单位主管　　会计

浙江美织华印刷有限公司●2011 年印刷

经济业务 37

27 日，现金支付防伪税控开票系统技术维护费 500.00 元，取得增值税普通发票一份。

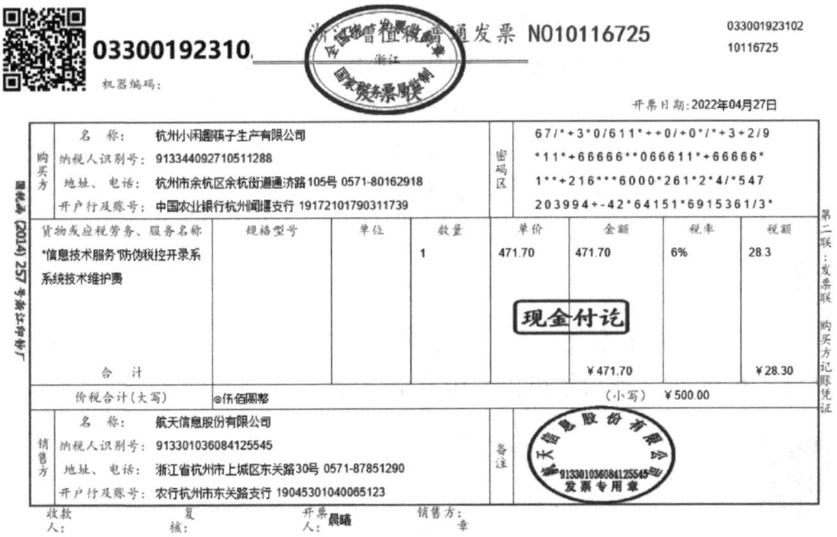

03300192310　普通发票　N010116725　033001923102　10116725

机器编码：　　开票日期：2022年04月27日

购买方	名称：杭州小闲趣筷子生产有限公司 纳税人识别号：91334409271051128 地址、电话：杭州市余杭区余杭街道通济路105号 0571-80162918 开户行及账号：中国农业银行杭州闻堰支行 19172101790311739	密码区：67/*+3*0/611*++0/+0*/*+3+2/9 *11*+66666**066611*+66666* 1**+216***6000*261*2*4/*547 203994+-42*64151*6915361/3*

货物或应税劳务、服务名称	规格型号	单位	数量	单价	金额	税率	税额
*信息技术服务*防伪税控开录系系统技术维护费			1	471.70	471.70	6%	28.3
合计					￥471.70		￥28.30
价税合计（大写）	⊗伍佰圆整				（小写）￥500.00		

销售方	名称：航天信息股份有限公司 纳税人识别号：91330103608412545 地址、电话：浙江省杭州市上城区东关路30号 0571-87851290 开户行及账号：农行杭州市东关路支行 19045301040065123	备注

收款人：　复核：　开票人：晨曦　销售方：章

现金付讫

第二联：发票联　购买方记账凭证

解析

业务处理：公司取得的税控设备维护费普通发票不属于可以抵扣进项的票据，依据财税〔2012〕15 号文件的规定税控设备维护费可以在增值税应纳税额中全额抵减，但不能作为计算增值税加计抵减额的基数。同时应将抵减金额填入《增值税纳税申报表（适用于增值税一般纳税人）》“应纳税额减征额”。

业务依据：以下发票可以作为进项抵扣的凭证：

1. 增值税专用发票、增值税电子专用发票；

2. 增值税电子普通发票（通行费）；［2019 年后通行费电子普通发票可以抵扣，纸质通行费发票只有过桥、过闸费用可以计算抵扣，桥、闸通行费可抵扣进项税额＝桥、闸通行费发票上注明的金额÷（1＋5%）×5%。］

3. 过路费发票，计算抵扣：金额÷1.03×3%；

4. 动车/高铁票、航空运输电子客票行程单，行程单必须注明具体旅客姓名、旅客身份证等等信息，计算抵扣：（票价＋燃油附加费）÷（1＋9%）×9%；

5. 客运汽车发票、船票，取得注明旅客身份信息的公路、水路等其他客票的，其进项税额计算公式为：公路、水路等其他旅客运输进项税额＝票面金额÷（1＋3%）×3%；

6. 农产品收购发票或者销售发票，农产品收购发票左上角会打印“收购”字样，直接根据票面计算抵扣；农产品销售发票直接根据票面计算抵扣，计算抵扣：买价×9%；

7. 机动车销售发票。

此外，《财政部 国家税务总局关于增值税税控系统专用设备和技术维护费用抵减增值税税额有关政策的通知》（财税〔2012〕15 号）第一条规定，增值税纳税人 2011 年 12 月 1 日（含）以后初次购买增值税税控系统专用设备（包括分开票机）支付的费用，可凭购买增值税税控系统专用设备取得的增值税专用发票，缴纳的技术维护费，可凭技术维护服务单位开具的技术维护费发票，在增值税应纳税额中全额抵减（抵减额为价税合计额），不足抵减的可结转下期继续抵减。

经济业务 38

27 日，公司通过银行转账支付顺丰物流运输有限公司本月行政管理部门发生的快递费，共计 476.00 元，取得增值税专用发票一份。

3301191130　浙江增值税专用发票　N055251118　3301191130 55251118

[全国统一发票监制章 浙江 国家税务总局监制]

开票日期：2022年04月27日

购买方	名　　称：杭州小闲趣筷子生产有限公司 纳税人识别号：913344092710511288 地址、电话：杭州市余杭区余杭街道通济路105号 0571-80162918 开户行及账号：中国农业银行杭州闻堰支行 19172101790311739	密码区	67/*+3*0/611*++0/+0*/*+3+2/9 *11*+66666**066611*+66666* 1**+216***6000*261*2*4/*547 203994+-42*64151*6915361/3*

货物或应税劳务、服务名称	规格型号	单位	数量	单价	金额	税率	税额
*物流辅助服务*快递费		次	1	449.06	449.06	6%	26.94
合　计					¥449.06		¥26.94
价税合计（大写）	⊗肆佰柒拾陆圆整				（小写）	¥476.00	

销售方	名　　称：顺丰物流运输有限公司 纳税人识别号：913301152356841016 地址、电话：杭州市西湖区西溪路88号 0571-85540008 开户行及账号：中国工商银行西溪支行 12020089657343	备注	[顺丰物流运输有限公司 913301152356841016 发票专用章]

收款人：　　复核：　　开票人：王森木　　销售方：章

国税函（2014）257 号浙江印钞厂

第二联：抵扣联　购买方抵扣凭证

3301191130　浙江增值税专用发票　NO55251118　3301191130 55251118

开票日期：2022年04月27日

购买方	名　　称：杭州小闲趣筷子生产有限公司 纳税人识别号：913344092710511288 地址、电话：杭州市余杭区余杭街道通济路105号 0571-80162918 开户行及账号：中国农业银行杭州闲堰支行 19172101790311739				密码区	67/*+3*0/611*++0/+0*/*+3+2 *11*+66666**066611*+66666* 1**+216***6000*261*2*4/*54 203994+-42*64151*6915361/3	
货物或应税劳务、服务名称	规格型号	单位	数量	单价	金额	税率	税额
*物流辅助服务*快递费		次	1	449.06	449.06	6%	26.94
合　计					¥449.06		¥26.94
价税合计（大写）	⊗肆佰柒拾陆圆整				（小写）¥476.00		
销售方	名　　称：顺丰物流运输有限公司 纳税人识别号：913301152356841016 地址、电话：杭州市西湖区西溪路88号 0571-85540008 开户行及账号：中国工商银行西溪支行 12020089657343				备注	顺丰物流运输有限公司 913301152356841016 发票专用章	

收款人：　复核：　开票人：王森木　销售方：（章）

国税函（2014）257号浙江印钞厂

第三联：发票联　购买方记账凭证

银行付讫

> **解析**
>
> 业务处理：进行增值税专用发票的进项采集。
>
> 业务依据：纳税人从销售方取得的增值税专用发票上注明的增值税额，可以从销项税额中抵扣。

经济业务 39

28 日，因仓库保管不善，导致上月从一般纳税人企业购进的一批原材料（适用 13% 增值税税率）霉烂变质，该批原材料账面成本 12 万元，其中运费成本 1 万元（当地一般纳税人运输企业提供运输服务），进项税额均已于上月抵扣。

存货盘亏处理通知单

盘亏的材料，经查因仓库保管不善导致。报经审批后计入管理费用。

财务经理：周桐

2022 年 04 月 28 日

会计主管：戚素

杭州小闲趣筷子生产有限公司

> **解析**
>
> 业务处理：进行进项税额转出的采集。
>
> 业务依据：企业因管理不善造成货物被盗、丢失、霉烂变质的损失属于非正常损失，非正常损失货物的进项税额在增值税中不得扣除（需做进项税额转出处理）。

经济业务 40

28 日，公司没收逾期未收回的竹制一次性筷子包装物押金 3 700.00 元。

收款收据 No 10050704

2022 年 04 月 28 日

今收到 逾期未收回的竹制一次性筷子包装物押金 3700.00 元。

银行收讫

杭州小闲趣筷子生产有限公司 财务专用章

金额大写 ⊗ 佰 ⊗ 拾 ⊗ 万 叁 仟 柒 佰 零 拾 零 元 零 角 零 分

￥：3700.00 （盖章）

核准： 会计： 记账： 出纳：苏青 经手人：

解析

业务处理：进行无票视同销售销项采集。

业务依据：纳税人为销售货物而出租出借包装物收取的押金，单独记账核算的，不并入销售额征税。但对因逾期未收回包装物不再退还的押金，应按所包装货物的适用税率征收增值税。

经济业务 41

30 日，公司收到杭州郎腾翻译服务有限公司本月 26 日的货款，共计 721 056.00 元。

中国农业银行进账单（回单） 1

2022 年 04 月 30 日

出票人	全称	杭州郎腾翻译服务有限公司	收款人	全称	杭州小闲趣筷子生产有限公司
	账号	95222827475039401		账号	19172101790311739
	开户银行	上海浦东发展银行杭州和睦支行		开户银行	中国农业银行杭州闸堰支行

金额	千	百	十	万	千	百	十	元	角	分
人民币（大写）壹拾壹万贰仟贰佰贰拾壹元整		￥	1	1	2	2	2	1	0	0

票据种类	转账支票	票据张数	1
票据号码	30192857		

复核 记账

中国农业银行 杭州闸堰支行 2022.04.30 收款人开户银行盖章

此联是收款人开户银行交给收款人的收账通知

解析

业务处理：由于在经济业务 35 中已经开具了发票，进行了销项采集，所以此处不确认销项。

业务依据：根据增值税纳税义务发生时间：发生应税销售行为，纳税义务发生时间为收讫销售款项或者取得索取销售款项凭据的当天；先开具发票的，为开具发票的当天。

经济业务 42

30 日，公司计提本月折旧。

折旧计提表

单位：杭州小闲趣筷子生产有限公司　　2022 年 04 月 30 日　　单位：元

科目	经理室	行政部	财务部	销售部	基本生产车间
自用资产折旧	2116.07	2503.88	1773.26	9015.30	83315.42

解析

业务处理：本业务不影响增值税，不做处理。

经济业务 43

根据上述业务，计算并填写 2022 年 04 月利润表以下项目：营业收入、税金及附加、营业外支出、营业利润、利润总额、净利润；并进行财务报表网上申报。

表 5－9　　利润表

编制单位：杭州小闲趣筷子生产有限公司　　2022 年 04 月　　单位：人民币元

项　目	本月数	本年累计
一、营业收入		8 154 661.70
减：营业成本	470 368.57	3 685 770.42
税金及附加		288 150.46
销售费用	95 503.26	962 503.50
管理费用	113 915.50	1 096 782.72
研发费用		
财务费用	3 771.25	56 771.69
其中：利息费用		
利息收入		
资产减值损失		
信用减值损失		
加：其他收益		
投资收益（损失以“－”号填列）		
其中：对联营企业和合营企业的投资收益		
净敞口套期收益（损失以“－”号填列）		
公允价值变动收益（损失以“－”号填列）		
资产处置收益（损失以“－”号填列）	18 317.06	36 610.75

续表

项　目	本月数	本年累计
二、营业利润（亏损以“－”号填列）		2 101 293.66
加：营业外收入	988.05	47 000.00
减：营业外支出		72 200.90
三、利润总额（亏损总额以“－”号填列）		2 076 092.76
减：所得税费用		519 023.19
四、净利润（净亏损以“－”号填列）		1 557 069.57
（一）持续经营净利润（净亏损以“－”号填列）		
（二）终止经营净利润（净亏损以“－”号填列）		
五、其他综合收益的税后净额		
（一）不能重分类进损益的其他综合收益		
1. 重新计量设定受益计划变动额		
2. 权益法下不能转损益的其他综合收益		
3. 其他权益工具投资公允价值变动		
4. 企业自身信用风险公允价值变动		
……		
（二）将重分类进损益的其他综合收益		
1. 权益法下可转损益的其他综合收益		
2. 其他债权投资公允价值变动		
3. 金融资产重分类计入其他综合收益的金额		
4. 其他债权投资信用减值准备		
5. 现金流量套期储备		
6. 外币财务报表折算差额		

经济业务 44

根据上述业务，计算并填写2022年04月资产负债表以下项目期末数：盈余公积、未分配利润、所有者权益合计、负债和所有者权益（或股东权益）总计。并进行财务报表网上申报。

表5－10　　　　**资产负债表**　　　　会企01表

编制单位：杭州小闲趣筷子生产有限公司　　　2022年04月30日　　　单位：人民币元

资产	期末余额	年初余额	负债和所有者权益（或股东权益）	期末余额	年初余额
流动资产：			流动负债：		
货币资金	8 481 106.10	6 771 042.59	短期借款	500 000.00	300 000.00
交易性金融资产			交易性金融负债		
衍生金融资产			衍生金融负债		

续表

资产	期末余额	年初余额	负债和所有者权益（或股东权益）	期末余额	年初余额
应收票据及应收账款	552 247.32	781 100.23	应付票据及应付账款	718 875.20	588 050.26
预付款项	122 405.00	122 405.00	预收款项	87 000.00	70 000.00
其他应收款	42 160.70	31 800.00	合同负债		
存货	3 025 571.28	2 804 944.30	应付职工薪酬	1 774 261.72	1 233 467.49
合同资产			应交税费	474 916.30	665 541.20
持有待售资产			其他应付款	51 243.46	66 078.50
一年内到期的非流动资产			持有待售负债		
其他流动资产			一年内到期的非流动负债		
流动资产合计	12 223 490.40	10 511 292.12	其他流动负债		
非流动资产：			流动负债合计	3 606 296.68	2 923 137.45
债权投资			非流动负债：		
其他债权投资			长期借款	1 000 000.00	
长期应收款			应付债券		
长期股权投资			其中：优先股		
其他权益工具投资			永续债		
其他非流动金融资产			长期应付款		
投资性房地产			预计负债		
固定资产	1 588 621.10	1 334 670.58	递延收益		
在建工程			递延所得税负债		
生产性生物资产			其他非流动负债		
油气资产			非流动负债合计	1 000 000.00	
无形资产	2 291 680.00	1 017 600.00	负债合计	4 606 296.68	2 923 137.45
开发支出			所有者权益（或股东权益）：		
商誉			实收资本（或股本）	5 000 000.00	5 000 000.00
长期待摊费用			其他权益工具		
递延所得税资产			其中：优先股		
其他非流动资产			永续债		
非流动资产合计	3 880 301.10	2 352 270.58	资本公积		
			减：库存股		
			其他综合收益		
			盈余公积		1 368 730.56
			未分配利润		3 571 694.69
			所有者权益（或股东权益）合计		9 940 425.25
资产总计	16 103 791.50	12 863 562.70	负债和所有者权益（或股东权益）总计		12 863 562.70

3. 业务资料二

2021 年杭州小闲趣筷子生产有限公司企业所得税预缴 141 391.63 元，根据以下业务资料完成2021 年度企业所得税汇算清缴纳税申报，资料如下：

资料1（表5－11）：

表5－11 **利润表** 会企02表

编制单位：杭州小闲趣筷子生产有限公司 2021年12月 单位：人民币元

项　目	本月数	本年累计
一、营业收入	477 167.90	4 639 942.14
减：营业成本	206 513.23	2 242 301.30
税金及附加	22 318.50	194 421.07
销售费用	65 081.33	680 496.16
管理费用	83 093.14	632 407.08
研发费用		
财务费用	9 611.50	124 747.32
其中：利息费用		
利息收入		
资产减值损失	3 950.23	3 950.23
信用减值损失		
加：其他收益		
投资收益（损失以“－”号填列）	600 000.00	1 100 000.00
其中：对联营企业和合营企业的投资收益		
净敞口套期收益（损失以“－”号填列）		
公允价值变动收益（损失以“－”号填列）		
资产处置收益（损失以“－”号填列）		
二、营业利润（亏损以“－”号填列）	686 599.97	1 861 618.98
加：营业外收入	113 068.20	5 248 000.00
减：营业外支出	36 000.00	320 000.00
三、利润总额（亏损总额以“－”号填列）	763 668.17	6 789 618.98
减：所得税费用	190 917.04	1 697 404.75
四、净利润（净亏损以“－”号填列）	572 751.13	5 092 214.23
（一）持续经营净利润（净亏损以“－”号填列）		
（二）终止经营净利润（净亏损以“－”号填列）		
五、其他综合收益的税后净额		
（一）不能重分类进损益的其他综合收益		
1. 重新计量设定受益计划变动额		
2. 权益法下不能转损益的其他综合收益		

续表

项　目	本月数	本年累计
3. 其他权益工具投资公允价值变动		
4. 企业自身信用风险公允价值变动		
……		
（二）将重分类进损益的其他综合收益		
1. 权益法下可转损益的其他综合收益		
2. 其他债权投资公允价值变动		
3. 金融资产重分类计入其他综合收益的金额		
4. 其他债权投资信用减值准备		
5. 现金流量套期储备		
6. 外币财务报表折算差额		

资料2（表5－12）：

表5－12　　营业收入明细表

序号	收入项目	入账金额	备注
1	竹木筷销售收入	1 566 728. 70	
2	金属筷销售收入	1 221 330. 02	
3	化学筷销售收入	1 274 617. 30	
4	提供劳务收入	403 000. 00	
5	下角料、废料销售收入	174 266. 12	
合计		4 639 942. 14	

资料3（表5－13）：

表5－13　　营业外收入明细表

序号	收入项目	入账金额	备注
1	转让专利技术利得	5 040 000. 00	
2	无须偿还的应付账款	95 000. 00	
3	处置固定资产利得	113 000. 00	
合计		5 248 000. 00	

备注：转让"一路福星"合金筷子生产专利技术，取得转让收入5 040 000. 00元，不考虑相关税费（其他数据0填列）。转让专利技术利得符合税收优惠条件。

解析

业务处理：转让收入免征增值税；4万元减半征收企业所得税。填报《增值税减免税申报明细表》和《所得减免优惠明细表》（A107020）。

业务依据：（1）纳税人提供技术转让、技术开发和与之相关的技术咨询、技术服务，免征增值税。（2）居民企业的年度技术转让所得不超过500万元的部分，免征企业所得税；超过500万元的部分，减半征收企业所得税。

资料4（表5-14）：

表5-14 投资收益明细表

序号	收入项目	入账金额	备注
1	国债利息收入	500 000.00	
2	地方政府债券利息收入	280 000.00	
3	股息（居民企业）	320 000.00	2020年7月1日直接投资浙江戚风制造有限公司（统一社会信用代码：913367721089343402）200万元，占股5%，2021年12月23日浙江戚风企业公布利润分配决定，杭州小闲趣筷子生产有限公司获得股利32万元。
4	合计	1 100 000.00	

解析

业务处理：本表中，国债利息收入、地方政府债券利息收入和股息，免征增值税和企业所得税。填报《免税、减计收入及加计扣除优惠明细表》（A107010）第2行、第3行和第11行，以及《增值税减免税申报明细表》。

业务依据：（1）根据财税〔2016〕36号文件规定，国债和地方政府债利息收入免征增值税。（2）企业取得的国债利息收入，免征企业所得税。（3）根据财税〔2013〕5号，对企业和个人取得的2012年及以后年度发行的地方政府债券利息收入，免征企业所得税和个人所得税。（4）居民企业直接投资于其他居民企业取得的股息红利免征企业所得税。股息、红利等权益性投资收益不包括连续持有居民企业公开发行并上市流通的股票不足12个月取得的投资收益。

资料5（表5-15）：

表5-15 营业成本明细表

序号	收入项目	入账金额	备注
1	竹木筷销售成本	751 773.08	
2	金属筷销售成本	605 620.32	
3	化学筷销售成本	614 529.30	
4	提供劳务成本	185 000.00	
5	下角料、废料销售成本	85 378.60	
合计		2 242 301.30	

资料6（表5-16）：

表 5－16　　管理费用明细表

序号	收入项目	入账金额	备注
1	工资薪金	288 556.70	
2	基本社会保险费	26 561.64	
3	住房公积金	17 313.40	
4	业务招待费	37 822.00	
5	折旧费	21 566.34	
6	办公费	15 600.00	
7	房租费	28 000.00	
8	差旅费	44 287.00	
9	包装费	26 500.00	
10	费用化税金	81 200.00	
11	无形资产摊销	45 000.00	
合计		632 407.08	

解析

业务处理：在计算当年企业所得税应纳税所得额时，业务招待费税前扣除限额为实际发生额的60%与营业收入的5‰中的较小者。填报《纳税调整项目明细表》（A105000）第 15 行“业务招待费支出”。

业务依据：企业发生的与生产经营活动有关的业务招待费支出，按照发生额的60%扣除，但最高不得超过当年销售（营业）收入的5‰。

资料7（表5－17）：

表 5－17　　销售费用明细表

序号	收入项目	入账金额	备注
1	工资薪金	301 785.70	
2	基本社会保险费	25 994.42	
3	住房公积金	18 107.14	
4	业务招待费	29 430.00	
5	广告费	65 000.00	
6	销售佣金	180 000.00	
7	折旧费	14 328.90	
8	差旅费	45 850.00	
合计		680 496.16	

备注：

（1）以前年度累计结转至本年的广告费扣除额为 10 300.00 元；

（2）广告费包括公司自产的产品（增值税适用税率为 13%）用于推广试用，成本为 7 300.00 元，按公司的销售政策，市场定价为不含税价 14 200.00 元；

（3）2021 年 10 月与具有合法经营资格中介服务机构签订服务合同，合同上注明对方介绍给本公司 120 万元收入的劳务项目，本公司支付中介服务机构佣金 18 万元。

解析

业务处理（1）：本表中，在进行当年企业所得税税前扣除时，广告费和业务宣传费的扣除限额 = 营业收入 ×15%。其中营业收入包括主营业务收入、其他业务收入和视同销售收入。本业务中的广告费未超限额，因此按实际发生额填列《广告费和业务宣传费等跨年度纳税调整明细表》（A105060），第 12 行和第 13 行为 0。

业务依据：企业发生的符合条件的广告费和业务宣传费支出，除国务院、税务主管部门另有规定外，不超过当年销售（营业）收入 15% 的部分，准予扣除；超过部分，准予在以后纳税年度结转扣除。

业务处理（2）：本表中，用于市场推广的自产产品应视同销售，确认销售收入 14 200 元，对应填入《视同销售和房地产开发企业特定业务纳税调整明细表》（A105010）第 1 行和第 3 行的税收金额和纳税调整金额 14 200 元。同时结转成本，视同销售成本为 7 300 元，对应填入《视同销售和房地产开发企业特定业务纳税调整明细表》（A105010）第 11 行和第 13 行中的税收金额和纳税调整金额 7 300 元。

同时填写《纳税调整项目明细表》（A105000）。对应填入第 2 行的税收金额及调增金额 14 200 元，第 13 行中的税收金额及调减金额为 7 300 元，调减金额 25 000 元。

业务依据：企业将货物、财产、劳务用于捐赠、偿债、赞助、集资、广告、样品、职工福利或者利润分配等用途的，应当视同销售货物、转让财产或者提供劳务。企业发生视同销售情形的，应按照被移送资产的公允价值确定销售收入。

业务处理（3）：本表中，在计算企业所得税应纳税所得额税前扣除时，允许税前扣除的佣金和手续费为所签订服务协议或合同确认的收入金额的 5%。填报《纳税调整项目明细表》（A105000）第 23 行"佣金和手续费支出"。

业务依据：除保险企业以外的其他企业发生与其经营活动有关的手续费及佣金支出按与具有合法经营资格中介服务机构或个人（不含交易双方及其雇员、代理人和代表人等）所签订服务协议或合同确认的收入金额的 5% 计算限额。

资料 8（表 5－18）：

表 5－18　　财务费用明细表

序号	收入项目	入账金额	备注
1	手续费	2 747.32	
2	利息支出	120 000.00	
3	其他	2 000.00	
合计		124 747.32	

备注：

（1）2021 年 1 月初经过批准向本公司职工（与本公司无关联关系）借入与向银行借款同期（按照年利率 8% 向银行借入的期限为 9 个月）的生产经营用资金 100 万元，公司与职工之间签订了借款合同，支付借款利息 12 万元。

（2）支付给银行逾期罚息 2 000 元。

解析

业务处理：(1) 允许税前扣除的利息支出为 $100\times8\%\div12\times9=6$ 万元；(2) 逾期罚息可以在税前扣除。填报《纳税调整项目明细表》(A105000) 第18行“利息支出”。

业务依据：(1) 企业在生产经营活动中发生的下列利息支出，准予扣除：①非金融企业向金融企业借款的利息支出、金融企业的各项存款利息支出和同业拆借利息支出、企业经批准发行债券的利息支出；②非金融企业向非金融企业借款的利息支出，不超过按照金融企业同期同类贷款利率计算的数额的部分。(2) 银行罚息属于纳税人按照经济合同规定支付的违约金，不属于行政罚款，可以在企业所得税税前扣除。

资料9（表5－19）：

表5－19 营业外支出明细表

序号	收入项目	入账金额	备注
1	捐赠支出	300 000.00	
2	违约金支出	7 000.00	
3	诉讼费支出	8 000.00	
4	罚款支出	5 000.00	
合计		320 000.00	

备注：

(1) 2021年8月为解决职工子女上学问题，直接向杭州伊芙小学捐款30万元。

(2) 支付违反购销合同的违约金7 000.00元。

(3) 支付因违反政府规定被相关职能部门处罚的罚款5 000.00元。

解析

业务处理：(1) 直接向杭州伊芙小学捐款30万元不属于税法规定允许税前扣除的公益性捐赠支出。(2) 行政罚款不能税前扣除。填报《纳税调整项目明细表》(A105000) 第19行“罚金、罚款和被没收财物的损失”和第21行“赞助支出”。

业务依据：(1) 企业通过公益性社会组织或者县级（含县级）以上人民政府及其组成部门和直属机构，用于慈善活动、公益事业的捐赠支出，在年度利润总额12%以内的部分，准予在计算应纳税所得额时扣除；超过年度利润总额12%的部分，准予结转以后三年内在计算应纳税所得额时扣除。(2) 罚金、罚款和被没收财物的损失在计算应纳税所得额时不得扣除。

资料10（表5－20）：

表5－20 资产减值情况表

项目	年初余额	本期计提	本期转回	年末余额
坏账准备	11 472.00	3 950.23		15 422.23

解析

业务处理：本表中，坏账准备不得税前扣除。填报《纳税调整项目明细表》（A105000）第33行“资产减值准备金”。

业务依据：除财政部和国家税务总局核准计提的准备金可以税前扣除外，其他行业、企业计提的各项资产减值准备、风险准备等准备金均不得税前扣除。

资料11（表5－21）：

2021年，公司持有的固定资产及无形资产如下，资产按企业会计准则进行核算，固定资产采用年限平均法计提折旧，净残值率为5%，无形资产按10年摊销；折旧年限税法与会计一致。纳税申报按税收政策进行。

表5－21　　折旧摊销情况表

序号	资产	折旧摊销年限	资产原值	本年折旧	累计折旧
1	机器设备	10年	1 362 900.00	157 151.25	1 005 779.75
2	与生产经营有关的器具工具家具	5年	823 507.00	106 466.33	511 038.38
3	电子设备	3年	681 756.20	115 898.55	504 499.58
4	房屋建筑物	20年	3 520 000.00	167 200.00	1 304 160.00
5	无形资产－专利	10年	1 500 000.00	129 194.36	514 907.62

解析

业务处理：由于本经济业务折旧年限税法与会计一致，所以无须做纳税调整。

资料12（表5－22）：

表5－22　　职工薪酬明细表

序号	费用项目	账载金额	实际发生额	备注
1	工资支出	838 965.00	838 965.00	
2	福利费用支出	125 844.00	125 844.00	
3	职工教育经费支出	72 360.00	72 360.00	
4	工会经费	52 066.00	10 142.00	
5	基本社会保险支出	74 154.60	74 154.60	
6	住房公积金支出	50 337.90	50 337.90	
合　计		1 213 727.50	1 171 803.50	

备注：

（1）工资支出符合税法规定。

（2）上缴并取得工会开具收据的工会经费10 142.00元，其余为公司组织活动发生的费用。

（3）2021年公司安置有残疾人员1名，签订劳动合同并缴纳社会保险，符合税收优惠政策要求：公司为残疾人员支付工资15 800.00元、社会保险费2 428.00元、住房公积金1 185.00元。

解析

业务处理（1）：本表中，在进行当年企业所得税税前扣除时，职工福利费的扣除限额 = 工资薪金 ×14%。填报《职工薪酬支出及纳税调整明细表》（A105050）第 3 行“职工福利支出”。

业务依据：企业发生的职工福利费支出，不超过工资、薪金总额 14% 的部分，准予扣除。

业务处理（2）：本表中，在进行当年企业所得税税前扣除时，职工教育经费的扣除限额 = 工资薪金 ×8%。

业务依据：企业发生的职工教育经费支出，不超过工资、薪金总额 8% 的部分，准予扣除，以后年度准予结转。填报《职工薪酬支出及纳税调整明细表》（A105050）第 4 行“职工教育经费支出”。

业务处理（3）：本表中，在进行当年企业所得税税前扣除时，职工工会经费的扣除限额 = 工资薪金 ×2%。填报《职工薪酬支出及纳税调整明细表》（A105050）第 7 行“工会经费支出”。

业务依据：企业发生的工会经费支出，不超过工资、薪金总额 2% 的部分，准予扣除。

业务处理（4）：本表中，在进行当年企业所得税税前扣除时，税前允许扣除的残疾人工资 = 15 800 + 15 800 = 31 600 元。填报《免税、减计收入及加计扣除优惠明细表》（A107010）第 29 行“安置残疾人所支付的工资加计扣除”，填写按照支付给残疾职工工资的 100% 加计扣除的金额。

业务依据：企业安置残疾人员的，在按照支付给残疾职工工资据实扣除的基础上，可以在计算应纳税所得额时按照支付给残疾职工工资的 100% 加计扣除。

（二）任务二

1. 企业基本资料

纳税人名称：杭州康兴物流有限公司

统一社会信用代码：913317260419885612

公司成立时间：2022 年 03 月 28 日

开户银行及账号：招行杭州分行营业部 57001180190415

地址及电话：杭州市西湖区古墩路 106 号 0571 – 81092788

企业主要经营范围：货运代理、仓储保管、配送服务、分批包装等（依法须经批准的项目，经相关部门批准后方可开展经营活动）。

2. 业务资料

杭州康兴物流有限公司财务人员乔雯雯计算并发放员工的工资薪金、奖金等，以及预扣预缴个人所得税。

要求：请进行税款所属期为 2022 年 04 月个人所得税预扣预缴纳税申报，申报资料如下：

资料1（表5－23）：

表5－23 员工基础信息表

工号	姓名	性别	身份证号	联系电话	任职日期	任职受雇从业类型
001	杜若奇	男	330105198406142472	18709280763	2022－04－01	雇员
002	上官雯	女	360502198210188821	13306257754	2022－04－01	雇员
003	谷浩明	男	230101197605230017	13140888829	2022－04－01	雇员
004	秦书	男	230101197404150096	15266060906	2022－04－02	雇员
005	胡蕊	女	350301198906180060	15122126606	2022－04－07	雇员
006	郑志文	男	23010119830619003X	18104436285	2022－04－05	雇员
007	谭欧	男	46010119850715007X	15259916018	2022－04－07	雇员
008	孙青	男	37142819800508053X	13597033824	2022－04－06	雇员
009	乔雯雯	女	130425199401156129	13855136808	2022－04－03	雇员
010	陈强	男	120101198108090016	18749196604	2022－04－08	雇员
011	夏天	女	130533199202235321			其他
012	段辰杰	男	330108198606260851			其他

解析

业务处理：进行人员信息采集。

资料2（表5－24）：

表5－24 2022年04月杭州康兴物流有限公司工资保险明细表

工号	姓名	应发工资合计	基本养老保险金	基本医疗保险金	失业保险金	住房公积金	代扣个人所得税	实发工资
001	杜若奇	14 772.60	496.00	124.00	31.00	1 477.26		
002	上官雯	12 078.10	496.00	124.00	31.00	1 207.81		
003	谷浩明	13 520.00	496.00	124.00	31.00	1 352.00		
004	秦书	12 412.60	496.00	124.00	31.00	1 241.26		
005	胡蕊	9 545.00	496.00	124.00	31.00	954.50		
006	郑志文	10 782.50	496.00	124.00	31.00	1 078.25		
007	谭欧	8 789.70	496.00	124.00	31.00	878.97		
008	孙青	9 767.20	496.00	124.00	31.00	976.72		
009	乔雯雯	8 216.30	496.00	124.00	31.00	821.63		
010	陈强	9 335.40	496.00	124.00	31.00	933.54		

备注：

（1）谷浩明家庭情况：现居杭州，独生子女，需赡养66岁父亲（父亲：谷晓宏；身份证号：231903195411260293），赡养老人符合法定扣除规定。

（2）胡蕊的工资薪金收入中包括取得的独生子女补贴1 000.00元。

（3）谭欧另收到一笔本月公司以误餐补助名义发给职工的津贴700.00元。

（4）陈强的工资薪金收入中包括出差取得的规定标准的差旅费津贴400.00元。

解析

业务处理（1）：根据资料谷浩明可以享受的赡养老人专项附加扣除为2 000元/月，进行专项附加扣除信息采集。

业务依据：根据国发〔2018〕41号文件的规定，纳税人为独生子女的，纳税人赡养一位及以上被赡养人（年满60岁的父母，以及子女均已去世的年满60岁的祖父母、外祖父母）的赡养支出，按照每月2 000元的标准定额扣除。

业务处理（2）：根据资料胡蕊取得的独生子女补贴不需要缴纳个人所得税。

业务依据：个人按规定标准取得独生子女补贴和托儿补助费，不征收个人所得税。但超过规定标准发放的部分应当并入工资薪金所得。独生子女补贴、托儿补助费具体标准根据当地规定。

业务处理（3）：根据资料谭欧收到的700元津贴需要缴纳个人所得税。

业务依据：按规定不征税的误餐补助，是指按财政部门规定，个人因公在城区、郊区工作，不能在工作单位或返回就餐，确实需要在外就餐的，根据实际误餐顿数，按规定的标准领取的误餐费。除上述情形外，单位以误餐补助名义发给职工的补贴、津贴，属于工资薪金，应当并入当月工资、薪金所得计征个人所得税。

业务处理（4）：根据资料陈强取得的差旅费津贴400元不需要缴纳个人所得税。

业务依据：对因公出差，在当地规定标准范围内取得的差旅费津贴不征个人所得税，超过标准部分并入取得当月工资薪金计算缴纳个人所得税。

资料3：

（1）2022年04月，杭州康兴物流有限公司外聘夏天为公司职员做一次技能培训，支付其报酬8 000.00元。

（2）2022年04月，公司举办业务宣传活动。活动期间，段辰杰获得公司赠送的礼品，该礼品价值5 000.00元。

解析

业务处理（1）：根据资料夏天取得的8 000元属于劳务报酬，应缴纳个人所得税，进行综合所得申报。

业务依据：夏天和杭州康兴物流有限公司属于非雇佣关系，所以夏天取得的报酬应为劳务报酬。

业务处理（2）：段辰杰获得公司赠送的礼品，应按照5 000元缴纳个人所得税，进行综合所得申报。

业务依据：本公司员工获得的赠品应该并入“工资、薪金”所得缴纳个人所得税。

五、实验报告

通过以上纳税申报数据形成纳税申报表依次保存，报表数据上报成功后，进入评分系统选择相对应的案例进行系统评分，将实验报告封面和各报表依次打印。

第二篇

税收风险管理

第六章　税收风险管理理论

第一节　税收风险管理与纳税评估

一、税收风险

（一）税收风险的概念

风险是指某种损失发生的可能性，是活动或事件消极的不确定性可能引起的后果与预测目标发生的多种偏离的综合；这种不确定性包括发生与否的不确定、发生时间的不确定和导致结果的不确定。

税收风险是指在征税过程中，由于制度方面的缺陷，政策、管理方面的失误，以及种种不可预知和控制的因素所引起的税源状况恶化、税收调节功能减弱、税收增长乏力，最终导致税收收入不能满足政府实现职能需要的一种可能性。

纳税风险是企业的涉税行为因未能正确有效遵守税收法规而导致企业未来利益的可能损失，具体表现为企业涉税行为影响纳税准确性的不确定因素，结果就是企业多交了税或者少交了税。概括来讲，企业的涉税行为大致可分为三类：税收政策遵从、纳税金额核算、纳税筹划。其中税收政策遵从就是纳什么税的问题，纳税金额核算就是纳多少税的问题，纳税筹划就是如何纳最少的税的问题。

（二）税收风险的分类

企业面临的税收风险主要有两个方面：

一是交易风险，指企业的纳税行为不符合税收法律法规的规定，导致没有合理的缴纳税款，从而面临补税、罚款、加收滞纳金、刑罚处罚，以及声誉损害等风险。例如：企业纳税管理人员职业能力偏低引发的相关税收风险；企业内部税收控制风险机制未建立或执行不利引发的相关税收风险；企业进行纳税管理时，部门之间权责划分与岗位职责体系不健全引发的相关税收风险；企业管理人员的税收风险意识相对薄弱引发税收风险。

二是纳税遵从风险，指企业的经营行为未能有效适用税收政策而导致未来利益损失的不确定因素，即对于税收优惠政策的不合理使用，缴纳了更多的税款，给企业带来了一定的经济损失。例如：企业未能及时更新最新可适用税收政策系统；企业未能对自身内部发生的新变化做出适用税收政策判断；企业缺乏外部机构对自身纳税义务的指导性制度。

其中纳税遵从风险是企业纳税风险中最大的一种风险。

（三）税收风险形成的原因

目前企业存在的税收风险主要由三大环节产生，一是经营者决策产生的税收风险，二是业务部门做业务产生的税收风险，三是财务核算与缴税产生的税收风险。具体表现在如下六个方面。

第一，企业法制观念不强，纳税意识淡薄。无论是经营者还是财会人员都缺乏对税收政策以及行政执法的掌握和了解，纳税态度比较消极，没有在思想上形成纳税遵从意识，没有从真正法律上意识到税法的严肃性，过分注重单位利益，社会责任感不强。企业的经营者理财意识错误，往往有意识地漏税、骗税和不正当避税，或者总想利用“关系”来解决税务问题。

第二，财会人员的政策水平和业务水平偏低。企业财务工作人员日常偏重于会计核算，对税收知识及办税技能重视不够，造成技术性差错，导致了少交税款，而遭到税务部门处罚；或是只对经常发生的税种有基本了解，忽略了对税法的全面研究和学习，没有全面掌握各项业务事项的性质，对税收政策理解不准确，对某些业务事项的发生是否纳税模糊不清，多交了税，但是自己浑然不知，造成企业经济效益的流失。

第三，没有设置专门的税务岗位。由于没有真正意识到税务管理的重要性，大多数企业没有设置专门的税务岗位，基本上都在财务部门内部安排一个办税人员，而且是让一个会计或者出纳来兼任办税人员，这种岗位安排使办税人员日常工作重点仍然在会计核算，无法集中精力专注于税务管理。

第四，没有及时跟踪国家税收政策的变化。税收政策和其他政策一样具有一定的时效性，随着经济环境的变化，为了适应改变了的经济环境，旧的税收政策必须不断地取消或改变，新的政策不断推出，因此一些税收政策具有不定期或相对较短的时效性，而企业往往没有配备专门的人员和部门去主动、及时地收集、了解这些税收政策。

第五，企业经营活动的多元性。税收贯穿企业生产经营的全过程，有的企业特别是一些集团企业经营范围很广，涉及不同行业的生产活动，必然涉及不同种类的税种，企业税收的复杂性增加了税收风险。

第六，缺乏税收管理制度。企业因为经营行为而交税，目前大多数企业都很重视管理，将管理渗透到公司的每个部门，如营销管理、采购管理、财务管理等，甚至对公司的每一项业务都进行了管理，如固定资产的管理、原材料的管理、费用控制管理等。但企业在经营过程中最缺乏的一种管理就是税收管理，绝大多数企业的税收问题都是交由财务这个“事后”部门全权处理，因此造成经营者在决策时缺乏税收意识。业务部门做业务、签合同时缺乏税收意识，当税收结果产生之后由财务人员来调整、解决，这种经营过程中对税收管理的忽略，增加了潜在的税收风险。

（四）税收风险与税收风险管理

税务机关将企业按照其税务合规程度、风险管控能力以及纳税情况等因素进行分类，从而开展有针对性的税收风险管理工作。根据企业涉税风险由低到高的情况，将企业划分为五个风险等级，对于不同风险等级的企业，分别采取相对应的税收风险管理办法。

一级风险企业：遵从激励。税务部门实行服务辅导管理，着重宣传最新税收政策，原则上第二年不列为检查和评估对象，以鼓励纳税人自觉提高税法遵从度。

二级风险企业：风险控制。管理部门实行评估提醒管理，要加强日常管理以及涉税政策辅导、宣传等纳税服务工作，一方面，对规模较小、会计核算不太规范的中小企业，主要通过对其生存经营、同行业税负率、同行业毛利率、资金运营等情况进行调查分析，测定企业基准税额，据此进行风险控制；另一方面，对其他的二级风险企业可选择一部分企业采取案头分析和实地调查相结合的办法进行风险控制。

三级风险企业：风险核查。管理部门对纳税人生产经营、财务核算进行进一步分析、比对或实地核查，并视情况督促纳税人自我纠正或提请税务检查。评估部门对列入大企业管理的企业异常情况进行纳税评估，采取约谈说明和实地核查等方式查实问题，并发放税收风险预警通知实行风险提醒，促进纳税人自我修正，提高依法纳税水平，降低纳税风险等级和提升纳税信用等级。

四级风险企业、纳税评估。四级风险管理部门需要对企业实行监控检查管理，要将其列为重点监控对象，强化管理，并采取以下措施：

①严肃追究违法违规行为的有关责任并责令限期改正；

②列入年度检查计划重点检查对象和纳税评估对象；

③对纳税人报送资料进行严格审核，并可根据需要进行实地复核；

④领发票的实行收旧供新、严格限量供应等办法；

⑤情节严重的，依照税收法律、行政法规的规定收缴其发票或者停止向其发售发票。

五级风险企业：税务稽查。税务稽查是税收征收管理工作的重要步骤和环节，是税务机关代表国家依法对纳税人的纳税情况进行检查监督的一种形式。税务稽查的依据是具有各种法律效力的各种税收法律、法规及各种政策规定，具体包括日常稽查、专项稽查和专案稽查。税务稽查的基本任务是根据国家税收法律、法规、查处税收违法行为，保障税收收入，维护税收秩序，促进依法纳税，保证税法的实施。因此税务稽查必须以事实为依据，以国家发布的税收法律、法规、规章为准绳，依靠人民群众，加强与司法机关和其他有关部门的配合。税务稽查的范围包括税务法律、法规、制度等的贯彻执行情况，纳税人生产经营活动及税务活动的合法性，偷、逃、抗、骗税及滞纳情况。

(五) 税收风险管理与纳税评估

基层部门的税收风险管理主要是通过纳税辅导和纳税评估来完成，其中纳税辅导是税务机关在税款征收之前主动帮助纳税人解决纳税中存在的问题的一种制度，纳税评估则是税务机关在纳税人和扣缴义务人进行纳税申报之后对申报情况的真实性和准确性作出判断并采取进一步征管措施的制度。纳税评估的评估任务经省、市局风险等级排序后，通过税收风险管理系统发布到区局的风险任务统筹岗，风险任务统筹岗及时发布任务至风险应对部门。高风险任务的应对部门为一般稽查部门，而稽查部门为市局主管税务稽查工作的职能部门，剩余的中、低风险任务则由基层县区级税务部门处理。

二、纳税评估

(一) 纳税评估的概念

纳税评估是应对税收风险的一种方式，是税务机关运用数据信息对比分析的方法，对纳税人和扣缴义务人纳税申报情况的真实性和准确性作出定性和定量的判断，并采取进一步征管措施的管理行为。纳税评估工作的目的是强化税源管理，降低税收风险，减少税款流失，发现征收管理过程中的不足，强化管理监控功能，不断提高税收征管的质量和效率；纳税评估体现服务型政府的文明思想，寓服务于管理之中，在帮助纳税人发现和纠正在履行纳税义务过程中出现的错漏，矫正纳税人的纳税意识和履行纳税义务的能力等方面具有十分重要的作用。

（二）纳税评估的对象

纳税评估的对象为主管税务机关负责管理的所有纳税人及其应纳所有税种。纳税评估对象可采用计算机自动筛选、人工分析筛选和重点抽样筛选等方法筛选纳税评估对象，依据税收宏观分析、行业税负监控结果等数据，结合各项评估指标及其预警值和税收管理员掌握的纳税人实际情况，参照纳税人所属行业、经济类型、经营规模、信用等级等因素进行全面、综合的审核对比分析。

综合审核对比分析中发现有问题或疑点的纳税人要作为重点评估分析对象，重点税源户、特殊行业的重点企业、税负异常变化、长时间零税负和负税负申报、纳税信用等级低下、日常管理和税务检查中发现较多问题的纳税人要列为纳税评估的重点分析对象。

（三）纳税评估的目的

纳税评估是防止虚假纳税申报的有效手段。纳税评估的信息资料不仅包括税务机关内部采集的信息，还可以通过信息网络获取其他经济管理部门的外部信息。通过掌握税基和纳税人的资金周转情况，了解资金的来龙去脉，可以对纳税申报进行监控。

纳税评估可以通过信息反馈机制解决征收管理中“疏于管理、淡化责任”的问题。纳税评估处于税款征收与税务稽查的中间环节，税款征收与税务稽查的结果可通过纳税评估反馈到税务登记、发票管理、行政审批等各个征管环节，既可保证税收征管各个环节的协调统一，又可剖析问题，区分责任。

纳税评估是一个纳税服务过程。税务机关通过信息化手段，设置能够了解和掌握纳税人财务核算和相关经营情况的纳税申报表，并结合审查账簿报表，可以及时发现并纠正纳税申报中的错误与偏差，帮助纳税人提高纳税申报质量；纳税评估通过约谈、举证等方式，可以有效解决纳税人因主观疏忽或对税法理解错误而产生的涉税问题，充分体现税务行政执法教育与惩戒相结合的原则。

（四）纳税评估的特点

纳税评估的特点一般有以下几个方面：

纳税评估一般在税务机关工作场所进行。纳税评估的主体是主管税务机关，由评估专业人员具体实施。客体是纳税义务人和扣缴义务人。在实施纳税评估时，一般仅限于税务机关内部，不对客体进行实地稽查。

纳税评估的基础信息资料来源广泛。纳税评估的信息资料主要来源于税务管理信息系统存储的信息资料，包括税务登记、纳税申报、行政审批、发票、财务核算等资料，以及从银行、政府机关、行业协会等取得的外部信息数据。

纳税评估侧重的是事后评估。纳税评估的工作环节一般在纳税人、扣缴义务人按期缴纳税款及办理有关纳税事项之后。

纳税评估借助于计算机技术和数理统计学等现代科学手段，对评估客体的各项涉税指标等进行比较和分析，以揭示其异常波动程度，作为评定纳税人申报税款是否真实、准确的参照。

纳税评估注重评估客体的陈述申辩。在实施评估过程中，由于纳税评估的全面性与信息资料的局限性之间存在差异，评估主体可以通过约谈、提交纳税资料的方式，要求评估客体陈述举证，降低评估误差，进而提高评估的准确性。

（五）纳税评估的工作内容

纳税评估工作遵循强化管理、优化服务，分类实施、因地制宜，人机结合、简便易行的原则。纳税评估工作主要由基层税务机关的税源管理部门及其税收管理员负责，重点税源和重大事项的纳税评估也可由上级税务机关负责。纳税评估工作按照属地管理原则开展，对同一纳税人申报缴纳的各个税种的纳税评估要相互结合、统一进行，避免多头重复评估。

纳税评估主要工作内容及工作流程如下：

第一步，对纳税人申报纳税资料进行案头的初步审核比对，以确定进一步评估分析的方向和重点。

第二步，通过各项指标与相关数据的测算，设置相应的预警值，将纳税人的申报数据与预警值相比较；将纳税人申报数据与财务会计报表数据进行比较，与同行业同期相关数据或类似行业同期相关数据进行横向比较；将纳税人申报数据与历史同期相关数据进行纵向比较。

第三步，根据不同税种之间的关联性和勾稽关系，参照相关预警值进行税种之间的关联性分析，分析纳税人应纳相关税种的异常变化；应用税务机关日常管理中所掌握的情况和积累的经验，将纳税人申报情况与其生产经营实际情况相对照，分析其合理性，以确定纳税人申报纳税中存在的问题及其原因；通过对纳税人生产经营结构，主要产品能耗、物耗等生产经营要素的当期数据、历史平均数据、同行业平均数据以及其他相关经济指标进行比较，推测纳税人实际纳税能力。

拓展阅读

对纳税人纳税申报资料进行审核分析时，要包括以下重点内容：纳税人是否按照税法规定的程序、手续和时限履行申报纳税义务，各项纳税申报附送的各类抵扣、列支凭证是否合法、真实、完整；纳税申报主表、附表及项目、数字之间的逻辑关系是否正确，适用的税目、税率及各项数字计算是否准确，申报数据与税务机关所掌握的相关数据是否相符；收入、费用、利润及其他有关项目的调整是否符合税法规定，申请减免缓抵退税，亏损结转、获利年度的确定是否符合税法规定并正确履行相关手续；与上期和同期申报纳税情况有无较大差异等。

对实行定期定额（定率）征收税款的纳税人以及未达起征点的个体工商户，可参照其生产经营情况，利用相关评估指标定期进行分析，以判断定额（定率）的合理性和是否已经达到起征点并恢复征税。

（六）纳税评估结果处理

对纳税评估中发现的计算和填写错误、政策和程序理解偏差等一般性问题，以及存在的疑点问题经约谈、举证、调查核实等程序认定事实清楚，不具有漏税、避税等违法嫌疑，无须立案查处的，可提请纳税人自行改正。

需要纳税人自行补充的纳税资料，以及需要纳税人自行补正申报、补缴税款、调整账目的，税务机关应督促纳税人按照税法规定逐项落实。对纳税评估中发现的需要提请纳税人进行陈述说明、补充提供举证资料等问题，应由主管税务机关约谈纳税人。税务约谈要经所在税源管理部门批准并事先发出《税务约谈通知书》，提前通知纳税人。税务约谈的对象主要是企业财务会计人员，因评估工作需要，必须约谈企业其他相关人员的，应经税源管理部门批准并通过企业财务部门进行安排。纳税人因特殊困难不能按时接受税务约谈的，可向税务机关说明情况，经批准后延期进行。纳税人可以委托具有执业资格的税务代理人进行税务约谈，税务代理人代表纳税人进行税务约谈时，应向税务机关提交纳税人委托代理合法证明。

对评估分析和税务约谈中发现的必须到生产经营现场了解情况、审核账目凭证的，应经所在税源管理部门批准，由税收管理员进行实地调查核实。对调查核实的情况，要作认真记录。需要处理处罚的，要严格按照规定的权限和程序执行。

发现纳税人有逃避追缴欠税、骗取出口退税、抗税或其他需要立案查处的税收违法行为嫌疑的，要移交税务稽查部门处理。对税源管理部门移交稽查部门处理的案件，税务稽查部门要将处理结果定期向税源管理部门反馈。

第二节　纳税评估流程

目前，我国实行的是风险管理下的纳税评估。税务管理部门对低风险任务采取提示、提醒、涉税辅导等方式，对低、中风险任务进行纳税评估，对高风险任务进行税务稽查。纳税评估是税务机关的中心工作之一，在现代法治观念下，程序公正和执法规范成为评税的基本要求。

纳税评估流程分为纳税评估基础流程和行业专项纳税评估流程。

一、纳税评估基础流程

纳税评估基础流程大致可以分为六个步骤（图 6－1），具体包括：评估信息采集；确定评估对象；实施评估分析；疑点问题核实；处理评估结果；评估结果反馈。

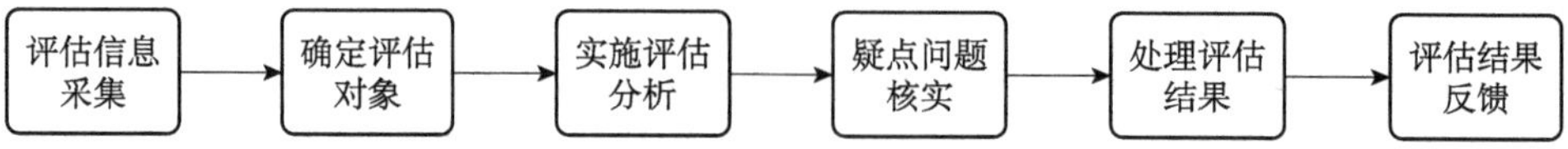

图 6－1　纳税评估基础流程

（一）评估信息采集

信息采集一般包括企业生产经营信息和税局内部信息两方面，企业生产经营信息可通过调取生成的税务登记情况（包括变更、验换证）、纳税申报、税款征收、延期（逾期）申报、纳税、催报催缴、代扣代缴税款申报、减免税执行、发票领用存、日常检查、其他有关涉税情况、企业财务报表等方式来采集；税局内部信息则主要关注稽查部门处理、处罚决定书、稽查报告、结论、建议、稽查处理执行结果反馈单、国税工商等外部资料。

（二）确定评估对象

税务机关对采集到的信息进行分析处理，利用计算机生成年度分税种纳税情况记录表、年度纳税清算表和审核分析工作底稿；调取生成的征管质量考核得分汇总统计表及其他有关资料提示纳税异常的方面，并根据计算机调取的资料，直接生成正常户、基本正常户、异常户。依据计算机提示，分析各涉税事宜，确定评估对象。

（三）实施评估分析

纳税评估程序的第一个环节是案头分析，案头分析的一般方法包括税负对比分析法、能耗测算法、工业增加值评估法、工时（工资）耗用法、投入产出法和设备生产能力法等。税务机关对掌握的第一手数据进行勾稽比对，对关键指标进行初步评估，同时将企业的税款申报数据与真实的财务数据等进行逻辑关系比对，并与同行业税负、相同经营规模的企业纳税情况进行横向比较分析，检验企业申报数据的逻辑关系是否正确、企业经营规模与税收缴纳状况是否吻合。

在评估分析中，如果发现异常情况，评估程序进入约谈举证阶段。评估人员根据情况对企业进行约谈，约谈阶段也会强调企业自身审查的重要性，若企业能在约谈阶段交代出所有疑点或者更正自身审查的错误的，待税务机关核查无误后填写《纳税评估情况报告》。

企业在约谈阶段无法准确、完整地解决问题，继续故意隐藏财务实际状况，约谈后仍存有疑问的，则转入下一个程序即实地检查阶段。实地检查无问题的，或者存在一定问题由管理人员进行处罚的，可填写《纳税评估情况报告》。

实地检查发现有逃、骗、抗税或其他税收违法行为的，将被移交给征收管理科等待进入税务稽查环节。

（四）疑点问题核实

根据被评估对象存在的疑点，可采用计算机技术和人工分析相结合的方法，通过指标测算、行业数据模型、评析对比等方式对现有资料、采集的资料和企业约谈后上交的资料进行详细审核分析，在分析时，可根据需要向政府其他机关部门如银行、统计局等索取相关资料，得出被评估对象的初步分析结果。对尚未解决的疑点进行深入调查分析和实地分析，将了解的内部控制情况与实际调查情况相核对，检查是否相符，从而验证疑点。

（五）处理评估结果

评估人员对前一阶段的评估程序中的疑点问题进行核实，最终形成评估调查结论。

对于能在约谈阶段交代出所有疑点或者更正自身错误的企业，责令其立刻进行补缴税款，不进行加罚处理。但对于企业在约谈之后还存在疑点一直无法解决，且直到稽查环节后才确定企业有逃、骗、抗税或其他税收违法行为并对此行为进行处罚时，应当将该评估对象列为不诚实对象，并根据欠税金额比例进行加罚处理。

（六）评估结果反馈

企业在收到税务机关的评估结果或处罚通知后，应在规定时间内补缴税款，并根据税局的管理建议调整自身财务做法的不妥当之处，更正财务上忽略的内容。

二、行业专项纳税评估流程

行业专项纳税评估流程与一般流程大致类似，分为八个步骤（图 6－2），具体包括：行业信息采集；确定评估对象；建立行业指标体系；选择行业评估模型；实施评估分析；疑点问题核实；处理评估结果；评估结果反馈。

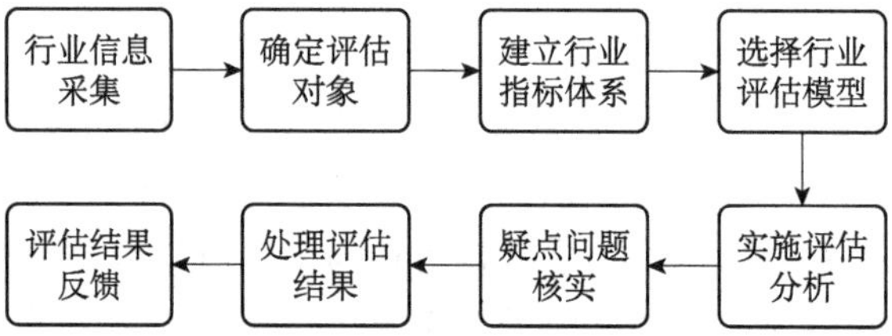

图 6－2　行业专项评估流程

（一）行业信息采集

信息采集的方法主要有报告法、共享法和收集法。报告法是指税务机关按照税收法律、法规的规定要求纳税人向税务机关报送涉税数据信息资料而取得数据信息资料的方法。共享法是指税务机关通过与其他部门的信息而收集、获取纳税人的数据信息资料。收集法指税务机关特别是纳税评估人员根据纳税评估等税收征管工作的需要，有针对性地收集一些涉税信息资料。在采集行业信息的过程中，要特别关注行业特点，分析行业生产经营流程，辨别行业财务核算的特点，同时要注意行业特殊税收政策。

（二）确定评估对象

确定评估对象的方法与纳税评估基础流程基本一致，具体包括申报材料勾稽法、资料逻辑错误比对法、特征选择法和综合得分排序法。申报材料勾稽法指依据纳税人向税务机关提供的数据信息之间的勾稽关系的正确与否来确定评估对象。资料逻辑错误比对法是对企业的各类数据间一定的逻辑关系进行初步分析以此确定评估对象。特征选择法是指根据纳税人的某一特征确定纳税评估对象的方法。综合得分排序法是由计算机自动筛选出的疑点纳税人，按疑点指标数量多少和疑点指标值偏离度自动计算得分，根据分值多少排序，一般来说同区域、同行业、同规模正常经营企业的某些涉税指标一般应处于某个合理区间，由此可确定评估对象。

知识示例

逻辑错误比对法

征管系统中房产税税源信息反映某企业房产原值为5 000万元，土地面积为20 000平方米，这些数据信息表明企业应当按照相关的规定计算申报缴纳房产税与土地使用税。但是企业的纳税信息资料却表明，该企业在某年内未申报缴纳任何房产税与土地使用税。

该企业税源信息与纳税信息之间显然存在冲突。显然，根据上述资料，税务机关很有必要将该纳税人纳入房产税与土地使用税纳税评估。

综合得分排序法

某税务机关确定的某行业企业所得税贡献率（实际缴纳企业所得税与主营业务收入的比率）预警区间为3%～5%，但是某纳税人的企业所得税税负水平仅为1.5%，而另一纳税人的税负率则高达9%。

显然，这两个纳税人的税负水平都已经溢出了预警区间，税务机关有必要对其实施纳税评估。

（三）建立行业纳税评估指标体系

行业纳税评估各类指标的具体概念和内涵将在本书第三节中介绍和分析，本小节重点介绍建立行业纳税评估指标体系的步骤及方法。

1. 确定指标选取原则

纳税评估指标体系是指有内在联系且能够全面反映该行业纳税状况的一系列指标组合。构建行业纳税评估指标体系有三个原则：一是针对性强，指标设置要符合行业特点和开展纳税评估的需要；二是具备可操作性，指标设定多样化、问题指向明晰化、指标功能通俗化，便于评估人员操作；三是赋值区间化，无论是比率指标还是绝对值指标，只有加强测算确定合理区间才能更好发挥作用。

2. 将纳税评估指标分类

按照指标的属性和参照对象可以分为横向分析指标、纵向分析指标、多维分析指标；按照分析的方向和内容分为财务分析指标和税种分析指标；按照指标的应用范围分为通用分析指标和特定分析指标。

3. 选取核心指标

核心指标的选取必须是在充分考虑行业特点和分析行业生产经营流程的基础上，根据行业财务核算要点，摸清行业规律后选取的。

知识示例

绝对值指标——单位面积建筑成本；疑点指向：单位面积成本若超出预警值范围，且与同行业、同类项目单位面积成本横向比较相差较大，则企业有可能存在多列成本问题。

相对值指标——管理费用变动率；疑点指向：可能存在税前多列支管理费用问题。

税种指标类——企业所得税税负率；疑点指向：低于标准值可能存在不计或少计销售（营业）收入、多列收入费用、扩大税前扣除范围等问题，运用其他相关指标深入评估分析。

4. 确定预警值

指标预警值是指税务机关根据宏观税收分析、行业税负监控、纳税人生产经营和财务会计核算情况以及内外部相关信息，运用数学方法测算出的算术加权平均值及其合理变动范围税务部门可在对行业企业进行充分调查的基础上得到行业平均水平。测算预警值，应综合考虑地区、规模、类型、生产经营季节、税种等因素，考虑同行业、同规模、同类型纳税人各类相关指标的若干年度的平均水平，以使预警值更加真实、准确和具有可比性。从横向比较来看，可根据当地实际情况确定一个幅度，比如超出同类企业“会税差异率”平均值的5%可视为异常，从而确定预警区间范围；从纵向比较来看，也可根据行业历史同期数据设置合理的预警值。正确选对关键评估指标是第一步，准确合理确定指标预警值更重要。那么如何计算预警参数？

知识链接

计算预警参数

①计算平均值。平均值即行业税收风险指标平均水平，以增值税平均税负为例。

$$\text{行业增值税平均税负} = \frac{\sum \text{风险期应纳增值税额}}{\sum \text{风险期销售收入}}$$

②计算标准差。标准差体现较为合理的行业指标的最高值与最低值。

$$S = \sqrt{\frac{\sum (s_i - \bar{s})^2}{n - 1}}$$

③计算离散系数。离散参数是标准差与平均值的比值。离散系数较大，说明行业税收风险指标变异较大，税收风险较高。

$$\text{离散参数}\ \delta = \frac{\text{标准差}}{\text{平均税负}}$$

④计算和确定预警参数区间范围：

第一，当离散系数<0.6时，预警值下限=平均值-标准差，预警值上限=平均值+标准差；

第二，当离散系数>0.6时，预警值下限=平均值-0.6S，预警值上限=平均值+0.6S。

案例分析

某地区某行业的增值税税负平均值为3.63%，行业税负的标准差为1.72%，行业税负的离散系数为0.475，请确定行业的预警值。

解析　预警值下限 = 3.63% − 1.72% = 1.91%，则预警值为1.91%。

（四）选择行业评估模型

在广泛调研的基础上，充分采集行业信息，为建立精确的行业评估模型打基础；之后选择典型企业采集详细数据，对评估模型进行验证和修正；最后确定成型的评估模型。

（五）实施评估分析

纳税评估分析的一般方法包括税负对比分析法、工业增加值评估法、投入产出法、能耗测算法、工时（工资）耗用法、设备生产能力法等。

1. 税负对比分析法

税负即税收负担率，是应纳税额与课税对象的比率，它比较直观地体现了一个企业实现税收的能力和负担水平。行业内全部企业的应纳税总额与课税对象总额之比，即行业税负。行业税负反映了行业内企业的总体负担水平。行业中单个企业的税负在一定时期内对行业税负的背离，造成企业税负与行业税负的差异。而税负对比分析法是税务部门对企业税负背离行业税负进行有效监控的方法之一。它是通过企业税负与行业税负的对比，对税负异常的企业围绕关联指标展开分析，从而发现企业税收问题的一种方法。

税负对比分析法的适用范围很广，基本上对所有行业均适用。需要注意的是，税负对比分析法属于综合分析法，影响因素较多，涉及税基的多个方面。因此，用该法发现企业税负异常时，应结合其他分析方法进行多角度分析。

知识链接

税负对比分析法——税负差异率

税负差异率 =（企业税收负担率 − 行业税收负担率）÷ 行业税收负担率

影响税负差异率的因素有以下几点：

1. 季节性因素。企业生产经营受季节的影响变化，进入销售淡季时，造成应税销售收入降低，同时，为销售旺季准备生产，购进货物大幅增加，造成购销失衡等。

2. 政策性因素。出口企业出口销售额占销售总额的比例突然增加，直接免抵税额增加，应纳税额减少，税负降低。

3. 价格因素。受市场竞争影响，企业经营的货物价格本期大幅度下降，增值额减少，税负降低。

4. 经营范围发生较大变化等特殊情况。

2. 工业增加值评估法

工业增加值是指工资、利润、折旧、税金的合计。工业增加值评估法包括应纳税额与工业增加值弹性评估模型以及工业增加值税负评估模型。

（1）应纳税额与工业增加值弹性评估模型

一般情况下，应纳税额与工业增加值弹性系数为1，对弹性系数小于1的，可根据行业一定时期的发展状况，确定一定区间作为预警值。弹性系数小于预警值，则企业可能有少缴税金的问题，应通过其他相关纳税评估指标与评估方法，并结合纳税人生产经营的实际情况进一步分析，对其申报真实性进行评估。

知识链接

应纳税额与工业增加值弹性评估模型

$$\text{应纳税额与工业增加值弹性系数}=\frac{\text{应纳税额增长率}}{\text{工业增加值增长率}}$$

$$\text{应纳税额增长率}=\frac{\text{当期应纳税额}-\text{基期应纳税额}}{\text{基期应纳税额}}\times 100\%$$

$$\text{工业增加值增长率}=\frac{\text{当期工业增加值}-\text{基期工业增加值}}{\text{基期工业增加值}}\times 100\%$$

（2）工业增加值税负评估模型

应用该指标分析本企业工业增加值税负与同行业工业增加值税负的差异，如低于同行业工业增加值平均税负，则企业可能存在隐瞒收入、少缴税款等问题，结合其他相关评估指标和方法进一步分析，对其申报真实性进行评估。

知识链接

工业增加值税负评估模型

工业增加值税负差异率=（本企业工业增加值税负 + 同行业工业增加值税负）×100%

其中：

本企业工业增加值税负 = 本企业应纳税额 + 本企业工业增加值

同企业工业增加值税负 = 同行业应纳税额总额 ÷ 同行业工业增加值

3. 投入产出法

投入产出法是根据企业评估期实际投入原材料、辅助材料、包装物等的数量，按照确定的投入产出比（定额）测算出企业评估期的产品产量，结合库存产品数量及产品销售量、销售单价测算分析纳税人实际产销量、销售收入，并与纳税人申报信息进行对比分析的方法。投入产出法主要适用于产品相对较为单一的工业企业。由于测算、分析侧重的内容和角度不同，不同的行业适用的投入产出测算指标和模型不同，以及投入产出表现形式的不同，分析的方法也不尽相同，如按其表现形式可分为投入产出比、单位产品定耗的分析；按其侧重面的不同可分为原材料投入产出比、废料的产出及再利用率、单位产品辅助材料（包装物）耗用定额的分析等。

（1）投入产出比模型

实际应用中该模型进行分析的重点在于根据已确定的行业或产品的投入产出比及企业评估期原材料的耗用数量，测算出产品生产数量，与企业账面记载产品产量相比对，同时结合产品库存数量及销售单价等信息进行关联测算，并与企业实际申报的应税销售收入对比，查找企业可能存在的问题。

知识链接

投入产出比

测算应税销售收入 =（期初库存产品数量 + 评估期产品数量 − 期末库存产品数量）×评估期产品销售单价

评估期产品数量 = 当期投入原材料数量×投入产出比

问题值 =（测算应税销售收入 − 企业实际申报应税销售收入）×适用税率（征收率）

（2）单位产品定耗模型

该方法是通过单位产品耗用原材料定额指标，评估产品实际产量和销售额，进而评估出纳税人是否存在有隐瞒销售收入的问题。单位产品耗用原材料定额可以根据产品配方中的定额直接确定。单位产品定耗既可以是单位产品耗用原材料定额，也可以是单位产品耗用辅助材料和包装物定额等。分析应用时要灵活运用，关联分析，及时查找企业可能存在的线索和问题。

知识链接

单位产品定耗模型

测算应税销售收入 =（期初库存产品数量 + 评估期产品数量 − 期末库存产品数量）×评估期产品销售单价

评估期产品数量 = 评估期原材料或包装物耗用量 ÷ 单位产品耗用原材料或包装物定额

问题值 =（测算应税销售收入 − 企业实际申报应税销售收入）×适用税率（征收率）

单位产品定耗模型的应用还需要注意几个问题：一是注意测算分析和实地调查相结合。对测算分析结果，必须深入调查，从企业仓库保管、库存明细账目、辅助材料、包装物耗用等多方面印证、分析，查找线索。二是注意模型中指标的计量单位，特殊情况下必须进行单位换算，以免出现错误。三是对农副产品收购、废旧物资收购等企业可利用该法关联分析收购发票开具的真实性。

4. 能耗测算法

能耗测算法主要是根据纳税人评估期内水、电、煤、气、油等能源、动力的生产耗用情况，利用单位产品能耗定额测算纳税人实际生产、销售数量，并与纳税人申报信息对比、分析的一种方法。其中耗电、耗水等数据可从电力部门、自来水公司等取得核实，相对较为客观。该分析方法广泛应用于工业企业。对账务核算不健全、材料耗用情况难以估算，但可从第三方取得客观能耗信息的小规模企业或个体工商户同样适用。

知识链接

能耗测算法

评估期产品产量 = 评估期生产能耗量 ÷ 评估期单位产品能耗定额

评估期产品销售数量 = 期初库存产品数量 + 评估期产品数量 − 期末库存产品数量

评估期收入测算数 = 评估期产量 × 评估期产品销售单价 × 适用税率（征收率）

问题值 =（测算应税销售收入 − 企业实际申报应税销售收入）× 适用税率（征收率）

此法就是根据生产耗用的电力、水、煤、气等能量耗用定额指标，测算产品产量，进而测算其销售额和应纳税额，与申报信息进行对比分析，查找企业纳税疑点和线索的方法。应用能耗测算法进行评估分析时还应注意以下几个问题。

正常的企业非生产性（办公照明、空调使用等）用电占比例很小，可以忽略不记。但对差异额较大的，应分析是否存在隐瞒产量，少计销售收入的可能，是否存在将电转售其他企业或用于非应税项目等情况，少计其他业务收入或多抵进项情况；对需要由电费推算用电量的，应考虑扣除企业缴纳的基本电费。

应加强同当地电业管理部门、自来水公司等单位的联系，核实企业用电量、用水量等数据的真实性；同时，要求纳税人申报时向主管税务机关提供电力、自来水发票复印件；或利用金税工程中供电系统的抄税信息核实。

在实际分析中，应选取企业生产经营中最具客观实在性、企业不易人为改变、不易隐瞒、便于收集、纳税评估可操作性强的指标。对能耗指标的分析应用，应充分考虑企业生产设备、生产工艺、工人熟练程度等因素的影响。指标的运用不可生搬硬套，应因地制宜，根据当地实际选用或增设辅助指标，确定科学、合理的参考系数，多个指标并用，便于发现问题和疑点。

5. 工时（工资）耗用法

工时耗用法是指在单位产品耗用生产时间基本确定的前提下，按照纳税人在一定时期耗用工时总量，分析、测算该时期内的产品产量及销售数量或销售额，并与中报信息对比分析的方法，工资耗用是生产耗用工时反映在货币上的金额表现。该方法主要适用于单位产品耗用工时或若工资基本稳定，工资或工时记录完整、核算规范的工业企业。由于工时在纳税人的账面不反映，不易于收集，所以工时往往反映在工资上。这部分工资仅仅指生产一线工人的工资，即生产成本中的直接人工成本部分，可以在会计核算健全的纳税人账簿、凭证中直接反映。

知识链接

工时（工资）耗用法

评估期产品产量 = 评估期生产人员工时总量（工资总额）或某主要生产环节工时总量（工资总额）÷单位产品耗用工时（工资）

应税销售收入测算数 =（期初库存产品数量 + 评估期产品产量 - 期末库存产品数量）×评估期产品销售单价

问题值 =（测算应税销售收入 - 企业实际申报应税销售收入）×适用税率（征收率）

该方法主要是通过生产耗用的工时或者工资测算产品产量，进而测算其销售额和应纳税额，与申报信息进行对比分析，查找纳税疑点和线索。应用该方法时要注意：企业的生产工时（工资）标准或者关键生产环节工时（工资）标准应相对稳定，相关数据应易于收集和计算；参考当地同行业或规模、效益相近企业的生产工时（工资）标准，便于税企双方工时（工资）标准的共同认可；生产工时总量（工资总额）的所属期要与生产产品的所属期配比。

6. 设备生产能力法

设备生产能力法是指主要生产设备在原料、动力和人员等正常运转下产出的能力，可分为设计生产能力和实际生产能力。其中设计生产能力指按照国家标准生产或引进的设备，经过国家有关部门审验、认可的标准性生产能力；实际生产能力是指设备在实际运转时的生产能力。

在一般情况下，设备的实际生产能力与设计生产能力有一定出入。随着各个行业国标、强制性国标及行业管理标准的出台和完善，设备的实际生产能力越来越接近设计生产能力。设备生产能力法就是按照纳税人投入生产的单位设备生产能力，测算、分析纳税人的实际生产量，进而核实应税销售收入，并与纳税人申报信息对比、分析是否存在涉税问题的方法。该方法主要适用于些特定的行业，如造纸业、水泥制造业、微粉、发电等行业。该方法与其他分析方法结合使用，效果会更好。

知识链接

设备生产能力法

评估期产品产量 = 评估期若干设备的日产量或时产量×评估期正常工作日或工作时

测算应税销售收入 =（期初库存产品数量 + 评估期产品产量 - 期末库存产品数量）×评估期产品销售单价

问题值 =（测算应税销售收入 - 企业实际申报应税销售收入）×适用税率（征收率）

该方法通过设备生产能力、生产耗用的时间测算产品的生产量，进而测算其销售额和应纳税额，并与申报信息进行对比分析，查找涉税疑点和线索。使用该方法时应注意：设备生产能力可从随机文件中得到，随机文件包括产品说明书、合格证、装箱单等，产品说明书对了解和掌握纳税人的设备生产能力较为重要；实地查看时要注意正确区分设备的规格、型号、数量和生产能力；设备生产能力一般有幅度，要结合企业实际情况进行掌握。

案例分析

基本情况：

湖南某精密科技有限公司成立于2013年10月，于2016年底正式投产，注册地址在长沙高新技术产业开发区内，注册资本为2 500万元，从业人数130人。行业为电气机械及器材制造业，主要从事光源器件陶瓷插芯及相关产品的加工、研发、生产及销售。产品的原材料主要是二氧化锆。该公司是全省最大的陶瓷插芯生产基地。2018年6月被认定为增值税一般纳税人。2023年实现销售收入2 631万元，入库增值税15.84万元，增值税税负率为0.64%，所得税零入库。

评估分析：

该公司固定资产系一次投入，投资额非常大，但企业都希望保持高产出率生产以谋求最大经济效益，基于这个假设，评估人员认为：对其设计生产能力与申报情况推算的生产能力进行对比分析，可以推断出实际与申报的产销量差异。

评估人员到生产车间了解了生产设备的产出率，并取得了设备的产品说明书。选择了该公司素材车间生产流程的第一道工序所使用的注射成型机进行测算，该设备为每天24小时不间断生产，除去法定节假日，全年按300天计算，该设备共有4台，产出率为14.545粒/分钟。

讨论

请根据以上数据，补全下表，并分析该企业产量是否存在问题。

设备名称	设备数	产出率（粒/分钟）	生产时间（分钟）	测算产量（粒）	账面产量（粒）	产量差异（粒）
注射成型机	4	14.545			13 389 964	

解析

设备名称	设备数	产出率（粒/分钟）	生产时间（分钟）	测算产量（粒）	账面产量（粒）	产量差异（粒）
注射成型机	4	14.545	432 000	25 133 760	13 389 964	11 743 796

其中：生产时间 = 评估期实际生产天数 × 每天分钟数 = 300 × 1 440
= 432 000（分钟）

测算产量 = 设备数 × 产出率 × 生产时间
= 4 × 14.545 × 432 000 = 25 133 760（粒）

按照该公司提交的申报资料推算出账面产量为13 389 964粒，与测算产量差异11 743 796粒，差异过大，极有可能存在隐瞒真实销售收入的问题。

（六）疑点问题核实

疑点问题核实项与上一小节基础流程中的疑点问题核实项基本一致，税务机关对评估对象存在的疑点问题进行核实时最常用的是评估约谈和实地调查。评估约谈方法主要有开门见山法、换位否定法、各个击破法、虚实结合法、闲谈漫聊法等。实地调查有观察、核对、检查三种方式。

1. 开门见山法

对于已经非常清晰，纳税人无法自圆其说的疑点，要抓住要害，开门见山地切入主题，达到迅速突破其心理防线，提高约谈效率的目的。

知识示例

开门见山法

某水泥厂平时纳税一贯比较正常，但10月发生负申报，销售收入57.5万元，评估人员当月进行案头审计时却发现，该厂申报资料显示购进主料金额96.6万元，资产负债表存货科目余额13.8万元。评估人员分析，购进货物大大高于申报的销售收入，但其库存的原料、产成品余额很小，外购的主料如何耗用？比对分析明显异常。

解析

评估人员找该厂总经理李某进行约谈，开门见山询问："你厂9月进、销倒挂，库存的主料和产成品不多，你们外购的主料用到哪里去了？你厂是诚信纳税单位，不要砸了自己的信誉牌子。"李某思索很久后承认：10月厂里资金流转十分困难，有近20万元的资金缺口，当时厂里要求财务在当月实现的税款上想想办法，11月申报时再一并补上。根据这一情况，评估人员责成该厂进行自查，及时补缴税款和滞纳金。

2. 换位否定法

对于疑点问题进行换位思考，评估人员要站在纳税人的角度把所有的可能性答案考虑全面，先找出对方是否存在可以解释的合理原因，得到否定答案后，再将疑点正面抛出，使对方无法自圆其说。

知识示例

换位否定法

某印刷厂主要从事收购猪毛、木材，生产毛刷等业务。经资料分析，其存货余额达90万元，应付账款余额达80万元，可能存在虚增存货的行为。

解析

在约谈时，评估人员先问其收购时是否采用现金收购、截至评估日还外欠多少收购材料款、还有没有其他性质的外欠款项。被评估人回答说："我们收购时全都是一手交钱一手交货，别的方面也从不欠别人一分钱，倒是别人欠了我们不少的货款钱。"此时，再问其为什么应付账款余额这么大。由于事先堵住了其退路，最后被约谈人只得承认了虚开收购发票虚增存货、多抵扣进项税款的事实。

3. 各个击破法

对于社会关系背景复杂、约谈对象难以突破的约谈人，可将企业法人代表和会计同时分开进行约谈，便于各个突破完成约谈工作。这样做的好处是取证迅速，避免了社会关系说情对约谈效果的困扰。

知识示例

各个击破法

某摩托车经销单位因税负较低被纳入评估对象，评估人员事先通过缜密分析，认为目前购摩托车者在上牌照前均要根据购车发票金额缴纳车购税，可能存在购车发票上的金额低于实际成交金额的情况。

解析

评估人员将该企业的法人代表和会计同时约到税务机关，先和法定代表人约谈。让会计在另一房间等候，由于法人代表不知会计是否会承认，会计也不知法人代表是否已承认，最终两人均承认有未按实开具发票、漏记销售收入的行为。

4. 虚实结合法

对核算不规范，通过评估分析发现的疑点问题较多、线索不明朗的纳税人，评估人员要虚实结合，将疑点问题分开，就某一个疑点问题多次约谈，让被约谈人摸不清楚问题出在哪里，更不明白哪个问题该重点应付，经过多次反复询问，更容易让纳税人暴露问题。

知识示例

虚实结合法

某企业因长期零、负申报且期末留抵税额较大，被列入评估对象。

解析

评估人员专门就售价问题先和企业会计人员进行约谈，会计人员当时无法说清原因，回去后立即向负责人汇报，他们认为评估人员提出的售价问题非常重要，于是专门组织了财务人员研究对策，评估人员再次约谈时，会计人员对售价这块解释得比较合理。评估人员又针对单位能耗与产成品的配比关系进行约谈，企业又全力以赴应对。评估人员再次针对工资的发放等问题找会计人员进行约谈，这样企业疲于应对各种约谈。最后，通过约谈的逐步深入，并辅以外调掌握的一些情况，评估人员专门就收购发票的开具问题找会计人员进行约谈，这时企业已无法再集中人力、精力来自圆其说，终于交代了有不规范开具收购发票的行为，并主动做进项税额转出。

5. 闲谈漫聊法

对评估分析中发现的疑点问题一时难以直接求证的，在约谈时不可直奔主题，如商贸企业税负偏低的问题，由于企业经营方式多变，资金运作情况隐蔽，即便是实际工作中也难以求证。因此在约谈时要采取闲谈漫聊、由外及里的方法。先以聊天的方式拉近与被约谈人的心理距离，从被约谈人的叙述中捕捉有用的信息，当被约谈人在闲聊中透露出有价值的信息后，再一针见血地提问，使其无法抵赖或回避问题。

知识示例

闲谈漫聊法

某市百货大楼旺季申报销售才100万元，计算机筛选显示其当期销售额变动率同比异常。

解析

评估人员向该企业经理发出了约谈通知，企业经理被约来后，约谈人员问道：最近你们的经营情况怎么样，经营毛利高不高？春节期间销售怎么样？经理回答：今年旺季销售不行，竞争太激烈了，如今的生意难做。约谈人员再问：据我们了解，全国商业零售行业销售形势很好，其他地方像你们这样规模的，春节前三天销售额高达二三百万，你们是不是资金方面有什么困难？经理回答说：我们哪有那么好，平时一天有10多万，春节前三天也才销售了100多万元。根据张某提供的情况，约谈人员立即反问：就按你刚才说的计算，为什么你们2月申报销售才100万？张某此时哑口无言，只得承认收入没有全部入账。

6. 实地核查法

实地核查法的应用主要有观察式、核对式、检查式。观察式是指到纳税人生产经营的车间、仓库、工地等场所，实地观察纳税人的产供销各环节的运行情况和内部管理控制情况，从中发现管理薄弱环节和存在问题。核对式是指对纳税评估对象提供的举证资料深入纳税人经营场所或相关单位进行核对，确认其提供资料真实性。检查式是指对经案头分析、税务约谈、纳税人自查仍然不能排除疑点的纳税评估对象，转入检查程序实施全面检查。

（七）处理评估结果和评估结果反馈

处理评估结果和评估结果反馈与基础流程中的处理评估结果和评估结果反馈基本一致。

第三节　纳税评估指标

一、纳税评估数据来源及指标分类概述

（一）纳税评估数据来源

纳税评估的主要依据及数据来源形式有多种，包括：

“一户式”存储的纳税人各类纳税信息资料，如纳税人税务登记的基本情况，纳税人申报纳税资料，财务会计报表以及税务机关要求纳税人提供的其他相关资料，增值税交叉稽核系统各类票证比对结果等。

税收管理员通过日常管理所掌握的纳税人生产经营实际情况，包括生产经营规模、产销量、工艺流程、成本、费用、能耗、物耗情况等各类与税收相关的数据信息。

上级税务机关发布的宏观税收分析数据，行业税负的监控数据，各类评估指标的预警值。

本地区的主要经济指标、产业和行业的相关指标数据，外部交换信息，以及与纳税人申报纳税相关的其他信息。

从企业直接获取的与企业息息相关的数据来源可分为生产经营数据表、财务会计报表、涉税业务表单三类。生产经营数据表包括企业基础信息表和企业生产经营基础信息和业务综合表。财务会计报表包括资产负债表、现金流量表、利润表、利润分配表。涉税业务表单包括纳税申报书、税务文书和票证类。

其中纳税申报书涉及增值税、企业所得税、个人所得税、消费税、土地增值税、资源税、印花税、房产税、城镇土地使用税、城市维护建设税、教育费附加、车辆购置税。税务文书包括《纳税人减免税申请审批表》、《纳税人减免税备案登记表》、《税务登记表》、个体工商户定额信息采集表（商业）、个体工商户定额信息采集表（工业生产及来料加工）、个体工商户定额信息采集表（修理修配业）、《变更税务登记表》、《定税清册表》。票证类包括《增值税发票最高开票限额申请单》《发票票种核定》《发票领购单》《代开增值税发票缴纳税款申报单》。

（二）纳税评估指标分类

纳税评估指标是税务机关筛选评估对象、进行重点分析时所选用的主要指标，税务机关可以通过纳税评估指标反映的信息，来识别、判断纳税人是否如实申报纳税，并进一步判断纳税行为中的错误和异常行为及其程度。

在实际应用中，纳税评估指标众多，分类方法也较为多样，按反映内容分为税收负担类、申报合法类、纳税能力类、生产经营类和财务管理类；按税种分类可分为增值税类、消费税类和企业所得税类等；按指标测算内容分为宏观指标、中观指标和微观指标；按指标的数量性质分为定量指标和定性指标；按指标的计算方法分为比率指标变动率和配比指标等；按重要性分类可分为一级指标、二级指标和三级指标。

2005 年 3 月 11 日国家税务总局 43 号文印发了《纳税评估管理办法（试行）》的通知，第 2 章第 6 条规定：纳税评估指标分为通用分析指标和特定分析指标两大类，使用时可结合评估工作实际不断细化和完善。本章节据此详细介绍通用分析指标和特定分析指标两大类，在实际使用时要综合运用各类指标，并参照评估指标预警值进行配比分析。

拓展阅读

是否设置科学合理的评估指标是影响纳税评估成效的关键因素，只有以“资金流”“实物流”“信息流”为核心建立科学的行业纳税评估指标体系，才能从根本上抓住纳税评估的核心环节，堵塞税收管理的漏洞。

二、通用分析指标

（一）纳税评估通用分析指标一览

根据国税发〔2005〕43 号文《纳税评估管理办法（试行）》中关于通用分析指标

的列举和介绍，本书总结出通用分析指标一览如表6－1所示。

表6－1　　纳税评估通用分析指标一览

类别	指标名称	计算公式
收入类	主营业务收入变动率	（本期主营业务收入－基期主营业务收入）÷基期主营业务收入×100%
成本类	单位产成品原材料耗用率	本期投入原材料÷本期产成品成本×100%
	主营业务成本变动率	（本期主营业务成本－基期主营业务成本）÷基期主营业务成本×100%
费用类	主营业务费用变动率	（本期主营业务费用－基期主营业务费用）÷基期主营业务费用×100%
	营业（管理、财务）费用变动率	［本期营业（管理、财务）费用－基期营业（管理、财务）费用］÷基期营业（管理、财务）费用×100%
	成本费用率	（本期营业费用＋本期管理费用＋本期财务费用）÷本期主营业务成本×100%
	成本费用利润率	利润总额÷成本费用总额×100%
利润类	主营业务利润变动率	（本期主营业务利润－基期主营业务利润）÷基期主营业务利润×100%
	其他业务利润变动率	（本期其他业务利润－基期其他业务利润）÷基期其他业务利润×100%
资产类	净资产收益率	净利润÷平均净资产×100%
	总资产周转率	（利润总额＋利息支出）÷平均总资产×100%
	存货周转率	主营业务成本÷［（期初存货成本＋期末存货成本）÷2］×100%
	应收（付）账款变动率	［期末应收（付）账款－期初应收（付）账款］÷期初应收（付）账款×100%
	固定资产综合折旧率	基期固定资产折旧总额÷基期固定资产原值总额×100%
	资产负债率	负债总额÷资产总额×100%

（二）通用分析指标应用

纳税评估通用分析指标是一种有效的评估纳税人纳税行为的方法，通过综合考虑多个方面的指标，可以全面了解纳税人的情况，为税务部门提供有力的支持和依据，同时也有助于促进纳税人诚信经营，推动税收征管工作的健康发展。要应用纳税评估通用分析指标，首先需要收集纳税人的财务数据，包括收入、成本、费用、利润等信息。然后根据上述指标对这些数据进行分析和比较，以确定纳税人的纳税情况和能力。最后，根据分析结果提出相应的建议和措施，帮助纳税人改进纳税行为，提高税收征收效率。

1. 主营业务收入变动率

主营业务收入变动率指标见表6－2。

表6－2　　主营业务收入变动率指标应用

指标名	主营业务收入变动率
计算公式	（本期主营业务收入－基期主营业务收入）÷基期主营业务收入×100%
数据来源	利润表、一般企业收入明细表
指标含义	如主营业务收入变动率超出预警值范围，可能存在少计收入问题和多列成本等问题，可运用其他指标进一步分析。

续表

指标名	主营业务收入变动率
风险识别	企业主营业务收入，正常情况应该呈正常的增长态势，但如果企业主营业务收入变动率下降，远远低于行业平均水平，可能有少计收入风险隐患。若主营业务收入变动率突然大幅度增长并大幅度超出行业平均变动率水平，风险指向企业有可能存在虚开增值税发票或虚开其他可以扣除税费凭证的税收风险。将企业主营业务收入变动率与税务机关、行业协会发布的行业平均变动率进行对比，偏差越大，税收风险越高。
评估分析	第一步，将主营业务收入变动率与物资采购的时期、平均库存水平、生产能力、生产周期、行业平均价格等涉税大数据进行综合比对审核分析。第二步，将企业的销售票据与销售合同、运输方式、付款方式以及出库发货审核手续等涉税大数据进行综合比对审核分析。

2. 主营业务成本变动率

主营业务收入变动率指标见表6－3。

表6－3　　主营业务成本变动率指标应用

指标名	主营业务成本变动率
计算公式	（本期主营业务成本－基期主营业务成本）÷基期主营业务成本×100%
数据来源	利润表、一般企业成本支出明细表
指标含义	企业的主营业务成本变动率反映产品的生产制造成本的变动情况，主营业务成本变动率异常，一般是指生产制造成本增长异常偏高，包括同一企业在不同时期主营业务成本变动率异常，以及企业与本行业平均主营业务成本变动率相比异常。
风险识别	主营业务成本变动率过高，增长过快，风险指向企业可能存在多转原材料（辅助材料、包装物）成本、多转人工成本，少缴增值税、企业所得税及其附加税费的税收风险；主营业务成本变动率过低，可能存在销售交易不真实，虚开增值税专用发票等风险隐患。与税务机关、行业协会发布的行业平均主营成本变动率进行对比分析，或将同一企业不同时期的该指标数据进行对比，偏差越大，税收风险越高。
评估分析	主营业务成本变动率过高，对企业的主营成本结构及明细科目作进一步深入分析核实，确认企业是否存在多转原材料（辅助材料、包装物）成本、多转人工成本而造成的少缴增值税、企业所得税及其附加税费的税收风险。主营业务成本变动率过低，则可能存在销售交易不真实或虚开增值税专用发票等风险隐患，应采取有效措施进行风险控制。

3. 成本费用利润率

主营业务收入变动率指标见表6－4。

表6－4　　成本费用利润率指标应用

指标名	成本费用利润率
计算公式	利润总额÷成本费用总额×100%
数据来源	利润表
指标含义	它表明企业在一定时期内为取得利润而付出的代价，从企业支出方面补充评价企业的收益力。

续表

指标名	成本费用利润率
风险识别	将企业的指标值与行业预警标准值相比较，计算其中的差距，当指标值大于或等于行业预警标准值时，视为企业在该指标上没有风险；企业指标值低于行业预警标街时，则视为企业在该指标存在多列成本、费用等的问题。其低于预警值的幅度越大，税收风险越高。
评估分析	结合企业相关财务信息和第三方信息，对成本费用项目明细进行进一步深入分析核实；运用物耗、电耗、水耗等涉税大数据，针对所得税的应纳税所得额及有关的资产状况、营业收入、成本费用及税前扣除项目等进行进一步深入分析核实。

4. 主营业务利润变动率

主营业务收入变动率指标见表6－5。

表6－5　　主营业务利润变动率指标应用

指标名	主营业务利润变动率
计算公式	（本期主营业务利润－基期主营业务利润）÷基期主营业务利润×100%
数据来源	利润表
指标含义	若与预警值相差较大，可能存在多结转成本或不计、少计收入问题。
风险识别	主营业务利润变动率小于行业预警值，显示预警，其低于预警值的幅度越大，税收风险越高。风险指向企业可能存在销售价格偏低、少计收入、多计成本费用的税收风险；或者存在关联交易转移利润，少缴企业所得税的税收风险。
评估分析	结合企业相关财务信息和第三方信息，对销售收入和成本费用项目明细进行进一步深入分析核实；对有关的资产状况、营业收入、成本费用及税前扣除项目等进行进一步分析核实。

5. 净资产收益率

主营业务收入变动率指标见表6－6。

表6－6　　净资产收益率指标应用

指标名	净资产收益率
计算公式	净利润÷平均净资产×100%
数据来源	资产负债表、利润表
指标含义	若与预警值相差较大，可能存在少计收入、多记成本费用的问题。
风险识别	企业净资产收益率低于行业预警值幅度较大，企业可能存在少计收入、多计成本费用、扩大税前扣除范围的情况，造成少缴所得税的税收风险。偏离的幅度越大，税收风险越高。
评估分析	重点审核分析企业的利润表、资产负债表，计算净资产收益率，进一步分析核实企业的资产、主营业务收入、成本费用扣除明细，核实确认企业是否存在少计收入或多计成本费用、扩大税前扣除范围，少缴所得税的税收风险点；提醒并辅导企业开展风险自查。

6. 总资产周转率

主营业务收入变动率指标见表6－7。

表 6-7 总资产周转率指标应用

指标名	总资产周转率
计算公式	（利润总额+利息支出）÷平均总资产×100%
数据来源	一般企业成本支出明细表、利润表
指标含义	分析总资产周转情况，推测销售能力。
风险识别	企业总资产周转率低于设定行业预警值，表明总资产周转率速度过慢，可能存在少申报销售（营业）收入、虚列或多列资产的税收险点，低于预警值的幅度越大，税收风险越高。
评估分析	需进一步核实纳税人申报的收入是否合理及纳税人的定资产申报的真实性。

7. 应收账款变动率

主营业务收入变动率指标见表 6-8。

表 6-8 应收账款变动率指标应用

指标名	应收账款变动率
计算公式	（期末应收账款-期初应收账款）÷期初应收账款×100%
数据来源	资产负债表
指标含义	企业应收账款变动率大于地区同行业、同类型企业应收账款变动率指标预警值，表现为异常的税收风险特征，可能存在少计或延迟确认收入所造成的税收风险。
风险识别	能存在因隐瞒收入，造成少缴货劳税和所得税的税收风险。高于预警值的偏离幅度越大，税收风险越高。
评估分析	对报告期应收账款的真实性作进一步深入分析核实。

（三）指标配比分析

1. 主营业务收入变动率与主营业务利润变动率配比分析

（1）指标描述：

正常情况下，二者基本同步增长，指标值趋近于 1 是合理的，0.8—1.2 是相对合理区间，1.2 是预警的上限值。偏离合理区间的幅度越大，税收风险越高。

（2）风险识别：

当比值小于 1 且相差较大、二者都为负时，可能存在企业多列成本费用、扩大税前扣除范围问题。

当比值大于 1 且相差较大、二者都为正时，可能存在企业多列成本费用、扩大税前扣除范围等问题。

当比值为负数，且前者为正后者为负时，可能存在企业多列成本费用、扩大税前扣除范围等问题。

（3）评估分析：

结合“主营业务利润率”指标进行分析，了解企业历年主营业务利润率的变动情况，对“主营业务利润率”指标也异常的企业，应通过年度申报表及附表分析企业收入构成情况，以判断是否存在少计收入问题。

结合资产负债表中“应付账款”“预收账款”和“其他应付款”等科目的期初、

期末数进行分析，如出现“应付账款”和“其他应付账款”红字和“预收账款”期末大幅度增长等情况，应判断存在少计收入问题。

运用物耗、电耗、水耗等涉税大数据，针对所得税的应纳税所得额及有关的资产状况。营业收入、成本费用及税前扣除项目等进行进一步深入分析核实，锁定具体的风险点，提醒并辅导企业开展风险自查。

2. 主营业务收入变动率与主营业务成本变动率配比分析

（1）指标描述：

主营业务收入变动率与主营业务成本变动率正常情况下是同方向、同幅度增减变化的，比值应接近于1，0.8—1.2是相对合理区间，0.8是预警的下限值。当两者比值与1相差较大时，表现为异常的税收风险特征。

（2）风险识别：

当比值小于1且相差较大、二者都为负时，可能存在企业多列成本费用、扩大税前扣除范围等问题。

当比值大于1且相差较大、二者都为正时，可能存在企业多列成本费用、扩大税前扣除范围等问题。

当比值为负数，且前者为正后者为负时，可能存在企业多列成本费用、扩大税前扣除范围等问题。

（3）评估分析：

结合“主营业务收入变动率”指标，对企业主营业务收入情况进行分析，通过分析企业年度申报表及附表营业收入表，了解企业收入的构成情况，判断是否存在少计收入的情况；

结合资产负债表中“应付账款”“预收账款”和“其他应付账款”等科目的期初、期末数额进行分析，如“应付账款”和“其他应付账款”出现红字和“预收账款”期末大幅度增长情况，应判断存在少计收入问题。

结合主营业务成本率对年度申报表及附表进行分析，了解企业成本的结转情况，分析是否存在改变成本结转方法、少计存货（含产成品、在产品和材料）等问题。

3. 主营业务收入变动率与主营业务费用变动率配比分析

（1）指标描述：

主营业务收入变动率与主营业务费用变动率正常情况下基本是同步增长的。

（2）风险识别：

当比值小于1且相差较大、二者都为负时，可能存在企业多列成本费用、扩大税前扣除范围等问题。

当比值大于1且相差较大、二者都为正时，可能企业存在多列成本费用、扩大税前扣除范围等问题。

当比值为负数，且前者为正后者为负时，可能存在企业多列成本费用、扩大税前扣除范围等问题。

（3）评估分析：

结合资产负债表中“应付账款”“预收账款”和“其他应付账款”等科目的期初、

期末数进行分析。如“应付账款”和“其他应付账款”出现红字和“预收账款”期末大幅度增长等情况，应判断存在少计收入问题。

结合主营业务成本，通过年度申报表及附表分析企业成本的结转情况，以判断是否存在改变成本结转方法、少计存货（含产成品、在产品和材料）等问题。

结合“主营业务费用率”“主营业务费用变动率”两项指标进行分析，与同行业的水平比较。

通过损益表对营业费用、财务费用、管理费用的若干年度数据分析三项费用中增长较多的费用项目，对财务费用增长较多的，结合资产负债表中短期借款、长期借款的期初、期末数进行分析，以判断财务费用增长是否合理，是否存在基建贷款利息列入当期财务费用等问题。

4. 主营业务成本变动率与主营业务利润变动率配比分析

（1）指标描述：

正常情况下，主营业务成本变动率与主营业务利润变动率比值接近1。

（2）风险识别：

当两者比值大于1且都为正时，可能存在多列成本的问题。

前者为正，后者为负时，视为异常，可能存在多列成本、扩大税前扣除范围等问题。

（3）评估分析：

结合主营业务成本率对年度申报表及附表进行分析，了解企业成本的结转情况，分析是否存在改变成本结转方法、少计存货（含产成品、在产品和材料）等问题。

结合“主营业务利润率”指标进行分析，了解企业历年主营业务利润率的变动情况，对“主营业务利润率”指标也异常的企业，应通过年度申报表及附表分析企业收入构成情况，以判断是否存在少计收入问题。

5. 资产利润率、总资产周转率、销售利润率配比分析

（1）指标描述：

综合分析本期资产利润率与上年同期资产利润率，本期销售利润率与上年同期销售利润率，本期总资产周转率与上年同期总资产周转率。

（2）风险识别：

如果本期总资产周转率 $-$ 上年同期总资产周转率 >0，本期销售利润率 $-$ 上年同期销售利润率 $\leqslant 0$，而本期资产利润率 $-$ 上年同期资产利润率 $\leqslant 0$ 时，说明本期的资产使用效率提高，但收益不足以抵补销售利润率下降造成的损失，可能存在隐匿销售收入、多列成本费用等问题。

如果本期总资产周转率 $-$ 上年同期总资产周转率 $\leqslant 0$，本期销售利润率 $-$ 上年同期销售利润率 >0，而本期资产利润率 $-$ 上年同期资产利润率 $\leqslant 0$ 时，说明资产使用效率降低，导致资产利润率降低，可能存在隐匿销售收入问题。

6. 存货变动率、资产利润率、总资产周转率配比分析

（1）指标描述：

比较分析本期资产利润率与上年同期资产利润率，本期总资产周转率与上年同期总

资产周转率。

（2）风险识别：

若本期存货增加不大，即存货变动率≤0，本期总资产周转率 - 上年同期总资产周转率≤0，可能存在隐匿销售收入问题。

案例分析

多指标综合练习

通过采集数据，评估人员对某公司涉税资料进行了综合分析，结果如下：

主营业务收入差异值为15.73%，主营业务成本差异值为-14.79%，主营业务费用变动率为69.66%，成本费用变动率为14.1%，应收账款变动率为136%，主营业务利润变动率为-20%，所得税贡献差异率为-0.56%。请分析该公司存在的风险疑点。

解析

通过指标分析，该公司可能存在以下风险疑点：

（1）该公司本年度主营业务收入与主营业务成本变动率基本一致，均比上年减少，而主营业务费用却比上年异常增高，企业可能存在多列费用问题。

（2）本年应收账款增长率较上年增长率增高许多，而销售收入却减少，企业可能存在隐瞒收入、虚增成本的问题。

（3）主营业务收入变动率与主营业务利润变动率配比分析：（-15.73%）÷（-20%）=0.79<1。正常情况下，两者基本同步增长，当比值小于1且相差较大，两者都为负时，可能存在企业多列成本费用，扩大税前扣除范围问题。

三、分税种特定分析指标

（一）分税种特定分析指标一览表

根据国税发〔2005〕43号文《纳税评估管理办法（试行）》中关于分税种特定分析指标的列举和介绍，本书总结了几种常见的分税种特定分析指标如表6-9所示。

表6-9 分税种特定分析指标一览

类别	指标名称	计算公式
增值税	增值税税负率	（本期应纳税额÷本期应税主营业务收入）×100%
	应纳税额与工（商）业增加值弹性系数	应纳税额增长率÷工（商）业增加值增长率
	工（商）业增加值税负差异率	［本企业工（商）业增加值税负÷同行业工（商）业增加值税负］×100%
	进项税金控制额	（期末存货较期初增加额+本期销售成本+期末应付账款较期初减少额）×主要外购货物的增值税税率+本期运费支出数×7%
	投入产出评估分析指标	当期原材料（燃料、动力等）投入量÷单位产品原材料（燃料、动力等）使用量

续表

类别	指标名称	计算公式
企业所得税类	所得税税收负担率	应纳所得税额÷利润总额×100%
	主营业务利润税收负担率	（本期应纳税额÷本期主营业务利润）×100%
	应纳税所得额变动率	（评估期累计应纳税所得额－基期累计应纳税所得额）÷基期累计应纳税所得额×100%
	所得税贡献率	应纳所得税额÷主营业务收入×100%
	所得税贡献变动率	（评估期所得税贡献率－基期所得税贡献率）÷基期所得税贡献率×100%
	所得税负担变动率	（评估期所得税负担率－基期所得税负担率）÷基期所得税负担率×100%
消费税	消费税税收负担率	（本期应纳税额÷本期应税业务收入）×100%
	消费税税负变动率	（评估期税负担率－基期税负率）÷基期税负率×100%
印花税类	印花税税负变动系数	本期印花税负担率÷上年同期印花税负担率
	印花税同步增长系数	应纳税额增长率÷主营业务收入增长率
资源税类	资源税税负变动系数	本期资源税税收负担率÷上年同期资源税税收负担率
	资源税同步增长系数	应纳税额增长率÷主营业务收入（产品销售收入）增长率

（二）分税种特定分析指标应用

分税种特定分析指标是针对不同税种而制定的专门的评估指标，用于评估纳税人在特定税种下的纳税行为和能力，税务部门在进行纳税评估时，需要根据不同的税种制定相应的评估指标，并根据实际情况进行综合分析和比较。

1. 增值税税收负担率

增值税税收负担率指标应用见表6－10。

表6－10　　增值税税收负担率指标应用

指标名	增值税税收负担率
计算公式	（本期应纳税额÷本期应税主营业务收入）×100%
数据来源	增值税主表、利润表
风险识别	计算分析纳税人税负率，与销售额变动率等指标配合使用，将销售额变动率和税负率与相应的正常峰值进行比较，销售额变动率高于正常峰值，税负率低于正常峰值的；销售额变动率低于正常峰值，税负率低于正常峰值的和销售额变动率及税负率均高于正常峰值的均可列入疑点范围。
评估分析	运用全国增值税专用发票查询系统对纳税评估对象的抵扣联进行检查验证。根据评估对象报送的增值税纳税申报表、资产负债表、损益表和其他有关纳税资料，进行毛益率测算分析、存货、负债、进项税额综合分析和销售额分析指标的分析，对其形成异常申报的原因作出进一步判断。 与预警值对比。销售额变动率高于正常峰值及税负率低于预警值或销售额变动率正常，而税负率低于预警值的，以进项税额为评估重点，查证有无扩大进项抵扣范围、骗抵进项税额、不按规定申报抵扣等问题，对应核实销项税额计算的正确性。 对销项税额的评估，应侧重查证有无账外经营、瞒报、迟报计税销售额、混淆增值税与营业税征税范围、错用税率等。

2. 应纳税额与工（商）业增加值弹性分析

增值税税收负担率指标应用见表6－11。

表6－11　　应纳税额与工（商）业增加值弹性分析应用

指标名	应纳税额与工（商）业增加值弹性系数
计算公式	应纳税额增长率÷工（商）业增加值增长率 其中： 应纳税额增长率＝（本期应纳税额－基期应纳税额）÷基期应纳税额×100%； 工（商）业增加值增长率＝［本期工（商）业增加值－基期工（商）业增加值］÷基期工（商）业增加值×100%
数据来源	增值税主表、利润表、损益表
风险识别	应纳税额是指纳税人缴纳的增值税应纳税额；工（商）业增加值是指工资、利润、折旧、税金的合计。弹性系数小于预警值，则企业可能有少缴税金的问题。
评估分析	应通过其他相关纳税评估指标与评估方法，并结合纳税人生产经营的实际情况进一步分析，对其申报真实性进行评估。

3. 工（商）业增加值税负分析

增值税税收负担率指标应用见表6－12。

表6－12　　工（商）业增加值税负分析应用

指标名	工（商）业增加值税负差异率
计算公式	［本企业工（商）业增加值税负÷同行业工（商）业增加值税负］×100% 其中： 本企业工（商）业增加值税负＝本企业应纳税额÷本企业工（商）业增加值； 同行业工（商）业增加值税负＝同行业应纳税额总额÷同行业工（商）业增加值
数据来源	增值税主表、利润表、损益表
风险识别	应用该指标分析本企业工（商）业增加值税负与同行业工（商）业增加值税负的差异，如低于同行业工（商）业增加值平均税负，则企业可能存在隐瞒收入、少缴税款等问题。
评估分析	应通过其他相关纳税评估指标与评估方法，并结合纳税人生产经营的实际情况进一步分析，对其申报真实性进行评估。

4. 进项税金控制额

增值税税收负担率指标应用见表6－13。

表6－13　　进项税金控制额指标应用

指标名	本期进项税金控制额
计算公式	（期末存货较期初增加额＋本期销售成本＋期末应付账款较期初减少额）×主要外购货物的增值税税率＋本期运费支出数×7%

续表

指标名	本期进项税金控制额
数据来源	增值税主表、利润表、损益表
风险识别	先计算本期进项税金控制额，以进项税金控制额与增值税申报表中的本期进项税额核对，若前者明显小于后者，则可能存在虚抵进项税额和未付款的购进货物提前申报抵扣进项税额的问题。
评估分析	将增值税纳税申报表计算的本期进项税额，与纳税人财务会计报表计算的本期进项税额进行比较；与该纳税人历史同期的进项税额控制额进行纵向比较；与同行业、同等规模的纳税人本期进项税额控制额进行横向比较；与税收管理员掌握的本期进项税额实际情况进行比较，查找问题，对评估对象的申报真实性进行评估。

5. 投入产出评估分析指标

增值税税收负担率指标应用见表6-14。

表6-14　投入产出评估分析指标应用

指标名	投入产出评估分析指标
计算公式	当期原材料（燃料、动力等）投入量÷单位产品原材料（燃料、动力等）使用量 其中： 单位产品原材料（燃料、动力等）使用量是指同地区、同行业单位产品原材料（燃料、动力等）使用量的平均值。
数据来源	增值税主表、利润表、损益表
风险识别	对投入产出指标进行分析，测算出企业实际产量。根据测算的实际产量与实际库存进行对比，确定实际销量，从而进一步推算出企业销售收入，如测算的销售收入大于其申报的销售收入，则企业可能有隐瞒销售收入的问题。
评估分析	通过其他相关纳税评估指标与评估方法，并与税收管理员根据掌握税负变化的实际情况进行比较，对评估对象的申报真实性进行评估。

6. 所得税税收负担率

增值税税收负担率指标应用见表6-15。

表6-15　所得税税收负担率指标应用

指标名	所得税税收负担率
计算公式	应纳所得税额÷利润总额×100%
风险识别	与当地同行业同期和本企业基期所得税负担率相比，低于标准值可能存在不计或少计销售（营业）收入、多列成本费用、扩大税前扣除范围等问题。
评估分析	①根据往年纳税人申报纳税等情况，结合评估、稽查反馈信息，调整修正行业所得税税负预警值，使预警值更加科学合理，提高税收风险分析识别的准确性。 ②对预警企业开展案头分析，结合企业相关财务信息和第三方信息，运用物耗、电耗、水耗等涉税大数据，针对所得税的应纳税所得额及有关营业收入、成本费用及税前扣除项目等进行进一步深入分析核实。

7. 主营业务利润税收负担率

增值税税收负担率指标应用见表6-16。

表6-16　主营业务利润税收负担率指标应用

指标名	主营业务利润税收负担率
计算公式	（本期应纳税额÷本期主营业务利润）×100%
评估分析	上述指标设定预警值并与预警值对照，与当地同行业同期和本企业基期所得税负担率相比，如果低于预定值，企业可能存在销售未计收入、多列成本费用、扩大税前扣除范围等问题，应作进一步分析。

8. 应纳税所得额变动率

增值税税收负担率指标应用见表6-17。

表6-17　应纳税所得额变动率指标应用

指标名	应纳税所得额变动率
计算公式	（评估期累计应纳税所得额-基期累计应纳税所得额）÷基期累计应纳税所得额×100%
风险识别	关注企业处于税收优惠期前后，该指标如果发生较大变化，可能存在少计收入、多列成本，人为调节利润问题；也可能存在费用配比不合理等问题。

9. 所得税贡献率

增值税税收负担率指标应用见表6-18。

表6-18　所得税贡献率指标应用

指标名	所得税贡献率
计算公式	应纳所得税额÷主营业务收入×100%
风险识别	将当地同行业同期与本企业基期所得税贡献率相比，低于标准值视为异常，可能存在不计或少计销售（营业）收入、多列成本费用、扩大税前扣除范围等问题。
评估分析	①根据往年纳税人申报纳税等情况，结合评估、稽查反馈信息，调整修正行业所得税贡献率预警值，使预警值更加科学合理，提高税收风险分析识别的准确性。 ②对预警企业开展案头分析，结合企业相关财务指标数据和第三方信息，运用物耗、电耗、水耗等涉税大数据，针对所得税的应纳税所得额及有关营业收入，成本费用及税前扣除项目等进行进一步深入审核分析。

10. 所得税贡献变动率

增值税税收负担率指标应用见表6-19。

表6-19　所得税贡献变动率指标应用

指标名	所得税贡献变动率
计算公式	（评估期所得税贡献率-基期所得税贡献率）÷基期所得税贡献率×100%

续表

指标名	所得税贡献变动率
风险识别	与企业基期指标和当地同行业同期指标相比，低于标准值可能存在不计或少计销售（营业）收入、多列成本费用、扩大税前扣除范围等问题。
评估分析	①对应纳税所得额及有关收入确认。成本费用及税前扣除项目进一步深入分析核实：分析排查是否存在少计应税收入、扩大税前扣除范围、非正常情况亏损等税收风险。 ②对预警企业开展案头分析，结合企业相关财务信息和第三方信息，运用物耗、电耗、水耗等涉税大数据，针对所得税的应纳税所得额及有关营业收入、成本费用及税前扣除项目等进行进一步深入分析核实。

11. 所得税负担变动率

增值税税收负担率指标应用见表6－20。

表6－20　　所得税负担变动率指标应用

指标名	所得税负担变动率
计算公式	（评估期所得税负担率－基期所得税负担率）÷基期所得税负担率×100%
风险识别	与当地同行业同期和本企业基期税负率相比，低于标准值可能存在不计或少计收入、多列成本费用、扩大税前扣除范围等问题。
评估分析	运用其他相关指标深入详细评估，并结合上述指标评估结果，进一步分析企业销售（营业）收入、成本、费用的变化和异常情况及其原因。

12. 消费税税收负担率

增值税税收负担率指标应用见表6－21。

表6－21　　消费税税收负担率指标应用

指标名	消费税税收负担率
计算公式	（本期应纳税额÷本期应税业务收入）×100%
风险识别	计算分析纳税人税负率，与销售额变动率等指标配合使用，将销售额变动率和税负率与相应的正常峰值进行比较，销售额变动率高于正常峰值、税负率低于正常峰值的，销售额变动率低于正常峰值、税负率低于正常峰值的和销售额变动率及税负率均高于正常峰值的均可列入疑点范围。

13. 消费税税负变动率

增值税税收负担率指标应用见表6－22。

表6－22　　消费税税负变动率指标应用

指标名	消费税税负变动率
计算公式	（评估期税负担率－基期税负率）÷基期税负率×100%
风险识别	与当地同行业同期和本企业基期税负率相比，低于标准值可能存在不计或少计收入、多列成本费用等问题。

续表

指标名	消费税税负变动率
评估分析	根据往年纳税人申报纳税等情况，结合企业相关财务信息和第三方信息，针对消费税的应纳税所得额及有关营业收入、成本费用等进行进一步深入分析核实。

14. 印花税税负变动系数

增值税税收负担率指标应用见表6-23。

表6-23 印花税税负变动系数指标应用

指标名	印花税税负变动系数
计算公式	本期印花税负担率÷上年同期印花税负担率 其中：印花税负担率=（应纳税额÷计税收入）×100%
风险识别	本指标用于分析可比口径下印花税额占计税收入的比例及其变化情况。本期印花税负担率与上年同期对比，正常情况下二者的比值应接近1。当比值小于1，可能存在未足额申报印花税问题。

15. 印花税同步增长系数

增值税税收负担率指标应用见表6-24。

表6-24 印花税同步增长系数指标应用

指标名	印花税同步增长系数
计算公式	应纳税额增长率÷主营业务收入增长率 其中：应纳税额增长率=[（本期累计应纳税额-上年同期累计应纳税额）÷上年同期累计应纳税额]×100%； 主营业务收入增长率=[（本期累计主营业务收入额-上年同期累计主营业务收入额）÷上年同期累计主营业务收入额]×100%
风险识别	本指标用于分析印花税应纳税额增长率与主营业务收入增长率，评估纳税人申报（贴花）纳税情况真实性。适用于工商、建筑安装等行业应纳税额增长率与主营业务收入增长率对比分析。正常情况下二者应基本同步增长，比值应接近1。当比值小于1，可能存在未足额申报印花税问题。
评估分析	分析中发现高于或低于预警值的，要借助其他指标深入分析并按照总局纳税评估管理办法规定处理。

16. 资源税税负变动系数

增值税税收负担率指标应用见表6-25。

表6-25 资源税税负变动系数指标应用

指标名	资源税税负变动系数
计算公式	资源税税负变动系数=本期资源税税收负担率÷上年同期资源税税收负担率 其中：资源税税收负担率=[应纳税额÷主营业务收入（产品销售收入）]×100%
风险识别	分析纳税人申报缴纳的资源税占应税产品销售收入的比例及其变化情况，评估纳税人申报的真实性。本指标是本期资源税负担率与上年同期资源税负担率的对比分析。一般在产品售价相对稳定的情况下二者的比值应接近1。
评估分析	当比值小于1，可能存在未足额申报资源税问题，进入下一工作环节处理。当比值大于1，无问题。

17. 资源税同步增长系数

增值税税收负担率指标应用见表6－26。

表6－26　资源税同步增长系数指标应用

指标名	资源税同步增长系数
计算公式	应纳税额增长率÷主营业务收入（产品销售收入）增长率 应纳税额增长率＝［（本期累计应纳税额－上年同期累计应纳税额）÷上年同期累计应纳税额］×100%； 主营业务收入（产品销售收入）增长率＝｛［本期累计主营业务收入（产品销售收入）－上年同期累计主营业务收入（产品销售收入）］÷上年同期累计主营业务收入（产品销售收入）｝×100%
风险识别	本指标是应纳税额增长率与主营业务收入（产品销售收入）增长率的对比分析。正常情况下二者应基本同步增长（在产品销售单价没有较大波动的情况下），比值应接近1。当比值小于1，可能存在未足额申报资源税问题。
评估分析	分析中发现高于或低于预警率指标的要借助其他指标深入分析并按照总局纳税评估管理办法规定处理。

（三）指标综合应用方法

1. 企业所得税纳税评估指标使用方法

对企业所得税进行评估时，为便于操作，可将通用指标中涉及所得税评估的指标进行分类并综合运用（表6－27）。

表6－27　企业所得税纳税评估指标分类

分类	指标名称
一类指标	主营业务收入变动率、所得税税收负担率、所得税贡献率、主营业务利润税收负担率
二类指标	主营业务成本变动率、主营业务费用变动率、营业（管理、财务）费用变动率、主营业务利润变动率、成本费用率、成本费用利润率、所得税负担变动率、所得税贡献变动率、应纳税所得额变动率及通用指标中的收入、成本、费用、利润配比指标
三类指标	存货周转率、固定资产综合折旧率、营业外收支增减额、税前弥补亏损扣除限额及税前列支费用评估指标

各类指标出现异常，应对可能影响异常的收入、成本、费用、利润及各类资产的相关指标进行审核分析：

一类指标出现异常，要运用二类指标中相关指标进行审核分析，并结合原材料、燃料、动力等情况进一步分析异常情况及其原因。

二类指标出现异常，要运用三类指标中影响的相关项目和指标进行深入审核分析，并结合原材料、燃料、动力等情况进一步分析异常情况及其原因。在运用上述三类指标的同时，对影响企业所得税的其他指标，也应进行审核分析。

2. 印花税指标评估综合分析

首先审核纳税申报表中本期各税目应纳税额与上期应纳税额、上年同期应纳税额相比有无重大差异，能否合理解释。

其次关注是否连续零申报，能否合理解释。审查适用税目税率等是否正确，是否有错用税目以适用低税率，有无将按比例税率和按定额税率计征的凭证相互混淆，有无将载有多项不同性质经济业务的经济合同误用税目税率，应税合同计税依据是否正确。

之后关注申报单位所属行业所对应的应税凭证是否申报纳税，参考同行业的合同签订情况以及其他影响印花税纳税的情况进行调查，评估纳税人印花税的纳税状况。对于签订时无法确定金额的应税凭证，在最终结算实际金额时是否按规定补贴了印花税。审核增值税及附加税费申报表中申报项目是否有租赁、建筑安装、货物运输、销售不动产、转让无形资产等应税收入，是否申报缴纳了印花税。实行印花税汇总缴纳的纳税人，其利润表中的“主营业务收入”与申报的购销合同计税金额或加工承揽合同的计税金额是否合理，有无异常现象，能否合理解释。根据利润表中“财务费用”以及资产负债表中的“短期借款”和“长期借款”项目的变动情况，确定申报借款合同的计税金额是否合理。资产负债表中“实收资本”项目和“资本公积”项本期数与上期数相比是否增加，增加数是否申报缴纳印花税。“管理费用”等科目中体现的保险支出与已申报情况进行对比是否有出入。审核资产负债表中的“固定资产”科目中“不动产”项目增加或减少情况，据此检查纳税人书立领受的“产权转移书据”是否缴纳了印花税。审核资产负债表中的“在建工程”科目是否有建筑、设备安装等项目，“委托加工物资”科目是否发生委托加工业务，是否申报缴纳了印花税。审核其他业务收入和营业外收入项目是否有应税收入并审核有无查补收入。

3. 资源税指标评估综合分析

首先审核资源税纳税申报表中项目、数字填写是否完整，适用税目、单位税额、应纳税额及各项数字计算是否准确。

审核资源税纳税申报表、代扣代缴代收代缴税款报告表中申报项目是否有收购未税矿产品。关注企业是否连续零申报，能否合理解释。是否以矿产品的原矿作为课税数量，折算比率是否合理。关注纳税人自产自用的产品是否纳税。纳税人开采或者生产不同税目的产品是否分别核算纳税，未分别核算的，是否有从低选择税率的问题。纳税人本期各税目、税额与上期应纳税额、上年同期应纳税额相比有无较大差异，能否合理解释。减税、免税项目的课税数量是否单独核算，未单独核算或者不能准确提供课税数量的，是否按规定申报缴纳了资源税。

与上期申报表进行比对，审核增减变化情况，并与同期矿产资源补偿费增减变化进行比对。审核扣缴义务人取得的资源税管理证明。审核利润表中的应税矿产品“销售（营业）收入”与企业产品产销存明细表中应税矿产品产量比率增减变化情况，同时与申报表中资源税申报额进行比对，审核增减变化情况。审核纳税人申报的课税数量与其利润表中的“主营业务收入”或者“其他业务收入”的比率是否合理，以期发现纳税人有无少申报课税数量的情况。是否有将销售收入直接计入“营业外收入”“盈余公积”等账户。是否有将已实现的销售收入挂“应付账款”账户，不结转销售收入。审核应税产品期初库存量加当期产量减当期销量减当期自用量是否与期末库存量一致。

四、纳税评估指标应用

纳税评估能否有效地开展和达到预期的目的，关键在于建立科学、合理的纳税评估指标体系。如何建立科学的评估指标体系，完善纳税评估指标体系和确保纳税评估指标体系的良性运转是纳税评估工作永恒的主题。纳税人纳税的真实性，不仅体现在税负率指标上，其他与企业生产经营情况相关的指标也能够从不同侧面、不同角度进行反映，并且往往更加真实。评估人员有必要设计科学的指标，建立较为完善的评估指标体系，利用掌握的大量企业申报资料、财务报表、稽核资料、稽查资料、其他相关部门传递的资料和评估人员采集的生产经营等涉税信息，对纳税人的生产经营、纳税情况进行比较全面的评估分析，深入分析纳税人申报的真实性及其原因，作出初步判断，取得事半功倍的效果。

根据前文的学习，我们已经知道建立评估体系的步骤大致是：设计纳税评估指标体系的总体架构，确定指标的名称和功能，确定指标的计算方法和计量单位，确定指标的数据来源和计算时间，确定预警区间或预警值。下面我们通过案例分析熟悉纳税评估指标的应用。

案例分析

某钨矿是家主要从事钨产品开采和选取的集体企业，地处山旮旯深处，交通不便，该企业从业员工138人，执行中小企业会计制度，缴纳增值税、资源税、企业所得税、城建税、印花税、教育费附加等，2019年缴纳各项税费376 214.89元。

2020年，当地税局评估人员在查阅该企业2019年度财务报表及纳税申报等资料后发现，该企业虽然按时缴纳了各项税收，但是却反映亏损1 964 705.42元，与年度钨产品价格持续上涨、企业生产经营红火、不断扩大规模不匹配。于是，当地税局将其确定为纳税评估对象，提取数据进行相关指标分析。

其中，企业主营业务收入变动率为21.62%，主营业务成本变动率为26.54%，成本费用率为6.03%，主营业务利润变动率为8.06%，主营业务成本变动率为26.54%。

解析

1. 通用指标分析

(1) 主营业务收入变动率异常。主营业务收入变动率为21.62%，超出正常范围，可能存在少计销售收入等问题。

(2) 主营业务成本变动率异常。主营业务成本变动率为26.54%，超出正常范围，可能存在销售未计收入和多列成本费用、扩大税前扣除问题。

(3) 成本费用率异常。成本费用率为6.03%，超出同行业水平，可能存在多列费用问题。

2. 配比指标分析

(1) 2019年主营业务收入变动率为21.62%，主营业务利润变动率为8.06%，两者比值为2.68 >1，并且都为正数，企业可能存在多列成本费用、扩大税前扣除范围等问题。

（2）2019 年主营业务收入变动率为 21.62%，主营业务成本变动率为 26.54%，两者增减幅度不配比，收入变动率明显比成本变动率低，可能存在多列成本费用问题。

（3）2019 年主营业务成本变动率为 26.54%，主营业务利润变动率为 8.06%，两者比值为 3.29 >1，并且都为正数。可能存在少计收入或多列成本问题。

案例分析

某房地产开发有限公司成立于2000 年1 月27 日，注册资本6 000 万元。公司主营业务为房地产开发与经营、实业项目投资、资产受托管理、投资管理咨询、房屋中介服务等。

评估人员在全面采集该纳税人“一户式”档案中存储的申报资料及相关涉税信息的基础上，对选取的评估指标值进行了计算，开展了横向和纵向的比较分析。该公司相关数据如表 6 –28、表 6 –29 所示。

表 6 –28　　通用分析指标

指标	2018 年	2019 年	2020 年
主营业务收入变动率	–9.23%	251.39%	27.32%
主营业务成本变动率	–1.75%	207%	–25.47%
主营业务利润变动率	–2.68%	11.39%	8.64%
主营业务成本率	97.10%	84.84%	86.99%
存货周转率	180.37%	18.52%	–8.3%

表 6 –29　　分税种特定分析指标

指标	2018 年	2019 年	2020 年
增值税负担率	5.12%	5.02%	4.57%
企业所得税负担率	0	20.03%	34.05%
企业所得税贡献率	0	1.32%	1.54%
企业所得税税源含量	–11.13%	6.60%	4.5%
准予扣除项目比重	111.13%	93.40%	95.47%

解析

1. 通用指标分析

（1）分析点 1：从该企业 3 年的主营业务收入变动率与主营业务利润变动率配比分析来看，两者变动不同步且相差较大。结合主营业务收入变动率与主营业务成本变动率的配比分析，发现2018 年主营业务收入变动率与主营业务成本变动率的配比比率为 527%，远远大于历史同期水平，且两者都为负值，说明企业存在收入大幅下降的情况，成本并未下降，指标呈反向异常变动。据此，评估人员怀疑企业可能存在隐匿收入、多列成本、人为调节利润的问题。

（2）分析点2：从主营业务成本率指标分析的结果来看，该企业主营业务成本率一直保持在85%左右，而2018年竟高达97.1%，并且与当地同行业相比明显偏离行业成本率平均水平。据此，评估人员怀疑企业存在多列成本问题。

（3）分析点3：企业2018年存货周转率高达180.37%，可能存在的情况：一是企业商品房销售火爆，当年开发产品期末余额几乎为零；二是企业可能多列主营业务成本。

2. 分税种特定指标分析

（1）分析点1：通过增值税指标分析，可以看出企业3年来增值税缴纳情况基本正常，税负指标比较接近预警值。

（2）分析点2：通过企业所得税指标分析，可以看出2018年准予扣除项目占收入的比重明显，高于历史同期水平，而且税源含量（税源含量=企业所得税应纳税所得额÷收入总额×100%）指标纵向比较出现异常，致使应纳税所得额2018年出现负值，税收负担率和贡献率均为0。企业可能存在多列成本，扩大税前扣除问题。

（3）分析点3：通过对企业的申报资料分析，发现企业2020年固定资产中房屋及建筑物增加2 914 183.65元，但未发现房产税缴纳记录。企业2020年可能存在少缴房产税问题。

拓展阅读

大数据与纳税评估

随着数字经济的快速发展和金税四期的全面实施，智慧税务建设已经成为当前税务工作的重要方向。这一趋势不仅给纳税评估带来了新的挑战、新的要求和新的机遇，也对我们的税收征管工作提出了更高的要求。

随着经济的持续发展以及减税降费的实施，我国纳税人的数量不断增长，同时由于电子商务的不断发展、数字经济的出现、国际避税手段的增多以及企业经营地点的不断模糊，纳税人的经济业务越来越繁多，越来越多的交易方式也不断从实物交易转变为无形的产品交易，加剧了征纳双方的信息不对称。涉税数据的大量增长和征纳双方的信息不对称增加了纳税评估的难度，使用传统纳税评估的手段难以对海量的涉税数据进行有效评估，亟须大数据技术的支持。

2015年9月，国家税务总局印发了《“互联网+税务”行动计划》的通知，2015年12月中共中央办公厅、国务院办公厅印发了《深化国税、地税征管体制改革方案》，2021年中共中央办公厅、国务院办公厅印发了《关于进一步深化税收征管改革的意见》，2020年8月国家税务总局依托阿里云建设的全国税务系统统一的智慧税收大数据平台等系统的运行，为纳税评估采集、存储、分析和挖掘了海量的涉税数据，大数据正在运用于纳税评估。

但是，我国税收大数据技术的普适性还不够高。税务部门对于国地税合并之前的数据管理资料收集不足，未能将大数据相关技术和知识进行沉淀并推广。税务部门对非结构化数据分析不足，对于大数据技术中较为重要的人工智能、可视化分析知识图谱、算法平台等尚未引入建设。在对纳税人的税收风险进行评估的过程中，纳税评估指标和模型的有效性逻辑性、精确性是决定纳税评估是否成功的关键。在税收大数据背景下随着纳税评估指标模型建设的经验积累和对数据的深入分析与挖掘，我国各税种的纳税评估指标和模型已经较为完善，但是运用税收大数据对多个关联税种的纳税评估指标和模型的设计还不够科学。在横向关联指标和模型方面，我国运用大数据进行联动全面评估管理的能力还不够强，在一定程度上造成了税源的流失和征管资源的浪费。在纵向关联指标和模型方面，我国运用大数据设计的纳税评估指标和模型缺少对业务链上的不同纳税主体的纵向分析指标和模型。

面对这些变化和挑战，我们应该积极适应并主动应对，不断提高自身的综合素质和管理能力，推动税收征管工作的不断创新和发展。

第七章　白酒制造业税收风险管理

第一节　知识准备

一、实验目标

通过学习，使学生了解白酒制造生产流程和业务类别，掌握白酒制造纳税评估对象的确定、案头审核分析方法、约谈举证及实地核查方法等内容，纵向掌握白酒制造业务流程，从采购环节、生产环节、销售环节、储运环节、资产管理等环节中查找容易产生税收风险的重要节点。横向掌握区分风险事项、分别按照重点税收风险和一般性税收风险分别进行识别和分析。帮助学生掌握白酒制造业纳税评估的流程，研究分析白酒制造业存在的税收风险，探索学习建立白酒制造业纳税评估指标，可以通过团队协作完成白酒制造业税收风险防控案例分析实验。

通过税收风险管控教学与实验，让企业财税岗位人员站在税务局管理企业纳税遵从度评价的角度来训练、观察、分析、判断企业涉税处理是否合理、是否存在税收风险点，学习税务局如何通过风险指标、风险特征模型的运用，结合各类数据获取及验证的经验和方法来指导企业业务组织、纳税管理，同时也通过这个过程，培养学生依法进行涉税处理和业务合理安排的法制观念、成本意识、全局视野。

通过白酒制造业发展现状了解我国经济社会发展的现状以加强学生的国情教育；通过税收风险防控分析的过程引导学生树立岗位责任意识，引导学生践行爱岗敬业。

二、实验知识准备

（一）行业定义

白酒是指以粮谷为主要原料，以大曲，小曲或麸曲、酶制剂及酵母等为糖化发酵剂，经蒸煮、糖化、发酵、蒸馏、陈酿、勾调而制成的蒸馏酒，酒精度（体积分数）在18%—60%的蒸馏酒产品的生产。

按照国家统计局发布的《国民经济行业代码》规定，白酒制造的行业属性及编号为：制造业（门类行业代码：C）—酒、饮料和精制茶制造业（大类行业代码：15）—酒的制造（中类行业代码：151）—白酒制造（小类行业代码：1512）。

（二）白酒类型划分

1. 按生产工艺不同分类

固态法白酒。以粮谷为原料，以大曲、小曲、麸曲等为糖化发酵剂，采用固态发酵法或半固态发酵法工艺所得的基酒，经陈酿、勾调而成的，不直接或间接添加食用酒精及非自身发酵产生的呈色呈香呈味物质，具有本品固有风格特征的白酒。属我国传统的白酒酿造工艺，优质粮食酒一般均采用固态法酿制。

液态法白酒。以粮谷为原料，采用液态发酵法工艺所得的基酒，可添加谷物食用酿造酒精，不直接或间接添加非自身发酵产生的呈色呈香呈味物质，精制加工而成的白酒。生产方法与酒精生产类似，产量大，质量一般。

固液法白酒。以液态法白酒或以谷物食用酿造酒精为基酒，利用固态发酵酒醅或特制香醅串蒸或浸蒸，或直接与固态法白酒按一定比例调配而成，不直接或间接添加非自身发酵产生的呈色呈香呈味物质，具有本品固有风格的白酒。

2. 按所用糖化发酵菌种及原料的不同分类

大曲酒。以大曲为糖化发酵剂，以高粱、小麦为主要原料酿制，一般采用固态发酵，酒质较好，多数名优白酒均以大曲酿制。

小曲酒。以小曲为糖化发酵剂，以稻米等为原料酿制而成，一般采用半固态发酵。

麸曲酒。以纯培养的曲霉菌及纯培养的酒母作为糖化、发酵剂，以薯类为主要原料酿制，发酵时间短，出酒率高，为多数酒厂所采用，此类酒产量最大，以大众为消费对象。

混合曲酒。以大曲、小曲或麸曲等其中两种或两种以上糖化发酵剂酿制而成的白酒，或以糖化酶为糖化剂，加酿酒酵母等发酵酿制而成的白酒。

3. 按香型分

按香型分为：酱香型、浓香型、清香型、米香型、凤香型、豉香型、芝麻香型、特香型、兼香型、浓酱兼香型、老白干香型、董香型、馥郁香型等白酒。

（三）行企特点

1. 原度酒的生产特点

一般是以高粱、小麦、大米、糯米等农产品中的一种或几种为主要原料，以大曲、小曲或麸曲以及酒母为糖化发酵剂，主要经过蒸煮、糖化、发酵、蒸馏、陈酿、勾兑等工艺过程而制成的蒸馏酒，酒精度（体积分数）一般在60%左右。

2. 产成品的生产特点

以原度酒或酒精加纯净水进行勾兑，然后用含活性炭的净化机进行净化，并加香精搅拌，再通过化验、过滤，最后灌装、包装销售。

3. 白酒产品使用不同曲药的特点

大曲药酒发酵期长，出酒率低；小曲药酒发酵期短，出酒率相对较高。

4. 影响白酒产品出酒率的因素众多

白酒产品的投入产出比例（即出酒率）受原材料质量、生产技术水平、人员设备能力、气候状况等多种因素的影响。

5. 白酒产品的营销特点

主要表现为品牌种类繁多，产销数量巨大，价格水平参差不齐，多采用设立关联销售公司的方式进行营销。

6. 纳税环节的特点

从消费税纳税环节分析，消费税属于价内税，并实行单一环节征收，从白酒生产到终端销售的环节中只有生产企业需要缴纳消费税，在之后的批发、零售环节中，不必再缴纳消费税。

7. 消费品的特点

从消费品研究框架的三个维度：品牌、渠道和产品对白酒行业进行分析，主要包括以下特点：

（1）品类单一，创新难度大

对于消费品来讲，一条典型的成长路径就是跨品类延伸，比如康师傅和雀巢等企业都是通过品类创新来实现了跨越式发展。不同于其他食品饮料子行业，白酒很难实现品类创新，具有典型“品类单一，品牌众多”的特点。因此，白酒企业通常采用多产品线的结构来进行市场扩张，如洋河蓝色经典采用的是跨价格带的品牌组合系列，采用的是单一主导产品模式，依靠品牌拉力实现全国化高端产品的全覆盖。

（2）白酒行业具有很大的市场容量

据统计，2022 年一季度，全国规模以上白酒企业 959 家，完成酿酒总产量 202. 4 万千升，规模以上白酒企业累计完成销售收入 1 969. 8 亿元，实现利润总额 537. 6 亿元。位居食品饮料板块第一，白酒总市值超万亿。整体来看，我国白酒行业目前总体规模（销量）已经趋于平稳，未来将是存量博弈下的内部结构升级和集中度提升。

（3）核心竞争力是品牌，品牌稀缺性是白酒的重要属性

酒水行业的最高壁垒是品牌，由于品牌的稀缺性，在行业分化的大背景下，市场向优势品牌企业集中。白酒属于传统的有文化附着力的行业，品牌血统优劣决定着企业未来发展的高度，而传统和文化需要时间的积淀，没有根基的新品牌很难被接受，因此具备老名酒基础的上市企业会在未来发展中分享行业分化带来的发展机遇时，具有更大优势。

（4）白酒行业集中度较低，呈区域分布的特点

白酒行业的市场容量巨大，但生产企业的数量众多。另外，不同地理区域对口味和品牌等的偏好也不尽相同，这就导致市场分散化现象明显，市场集中度偏低。这种分散主要体现在两个方面，一方面是行业收入的分散，另一方面是区域分布的分散。

（5）带宽，弹性大，各价格段都能实现汇量

酒品类的价格跨度比较大，产品从 10 元的二锅头到 1 000 元以上的茅台都有分布，并且在不同的价位段上都能卖上量。不同价位白酒的推广模式和渠道要素有着不同的特点，这就要求企业在营销资源和营销模式的推广上要进行相应的配置，产品定位和营销模式能否匹配是衡量产品运作能否成功的关键指标。高端酒运作的核心要素是品牌力，次高端的核心要素是品牌影响力和营销渠道能力，中高端酒的核心要素是终端的掌控和

营销推广能力，而中低端的核心要素就是品牌知名度和网络分销能力。

白酒行业的毛利率水平普遍较高，其中高端品牌酒企的高毛利率尤为突出。在高毛利率的优势下，白酒价格空间更大，利润弹性更高，这就决定了白酒的渠道利润允许多级分配，代理买断品牌 + 传统经销 + 密集分销 + 团购 + 电商，多渠道并存，可进行渠道和终端拦截。

（6）具有文化消费、聚饮消费属性，和餐饮关联度高

白酒是文化附着力很强的行业，其承载的社交礼仪、文化传承等消费因素已经超越了产品本身的价值。因此，白酒企业在市场推广中会更多地挖掘和塑造其独特的品牌形象，而品牌的诉求点主要包括历史、传统、文化、工艺等。作为文化载体，白酒可以满足情感沟通、商务应酬等需求，因此，白酒具有很强的聚饮消费属性，和餐饮关联度高。

（四）行业发展趋势

1. 产业结构不断升级，消费结构逐步向中、高端方向转型

首先，随着人均可支配收入的增加，白酒消费进入品质消费阶段，消费升级促使中高端及以上白酒产品的消费比重提升。在“少喝点、喝好点”的趋势下，消费行为更趋理性，高品质、高性价比产品将更受欢迎。白酒行业品牌意识逐渐崛起，品牌集中度在进一步提高，行业进入了新一轮的发展周期。其次，我国白酒产业进一步呈现规模化、工业化、多元化新格局，给白酒行业带来新一轮发展机遇，许多白酒企业紧紧抓住新的发展机遇，适应新的发展需求，把握发展方向，加快发展步伐，不断把自己的企业引向新高点。

2. 区块链 + 白酒的新模式使产品更加安全

随着白酒行业市场的不断火热，不少白酒制造商为了牟取更高的利润、追求经济利益，缩减生产成本，使越来越多的假冒伪劣产品出现在市场上，扰乱了市场秩序。区块链的出现在很大程度上缓解了这一问题。2020 年 3 月 30 日，五粮液集团举办了“五粮液数字酒证”发布会，白酒五粮液正式开启区块链 + 白酒的营销模式，在酒瓶上嵌入特殊二维码，把二维码存储到区块链上，全程监控产品。区块链技术为每一瓶白酒贴上了独特标签，无法更改。白酒行业应用区块链，能够解决区域性仓储、配送、促销、混搭等资源和数据的共享难题，满足无界、共享、实时、最优的资源配置需求。因此，区块链技术的应用必将助力我国白酒行业的发展。

3. 创新多元化发展渠道趋势明显

如今，数字经济迅速发展，其多种多样的形式对传统经济造成巨大冲击。对白酒行业来说，传统渠道的经销商库存压力比较大，迅速补货的效率较低，给线下销售带来了阻碍，因此需要在变局中谋求发展，营销渠道的创新和拓展成为企业实现新突破的必选项。为了突破困局，市场上兴起了“网红直播卖酒”的风潮。对于白酒行业而言，网红直播对企业的销售增长和新模式的发展具有很大的作用。酒类传统消费场景被改变，新的消费习惯正在形成，线上消费的持续增长是大势所趋。抖音、快手、自媒体、直播，都成了酒行业从业者热衷的销售和推广工具。企业和经销商都需要根据自己的情况逐步尝试和布局新兴的渠道。

（五）涉税管理难点

第一，由于白酒生产企业从价计征消费税的计税依据和应征增值税的计税依据相同，部分生产企业为了规避消费税税基，以成本价甚至低于成本价销售白酒给其关联的独立核算的销售公司，由销售公司统一按照市场价对外销售，使生产环节应缴纳的增值税转移到了流通环节，导致商品流通企业增值税税负明显提高，利润增加，而生产企业增值税税负相对较低，且大都处于亏损状态。

第二，白酒生产企业原辅材料进货渠道多，增值税进项税额抵扣凭证来源广，原材料购进和生产耗用数量的真实性难以核实，尤其是税务机关对农产品收购数量、农产品收购价格及发票的真实性难以有效核实；再者，遇到原材料因管理不善造成霉烂变质，不按规定做进项税额转出处理。

第三，白酒生产受多种因素影响，加之工艺比较复杂，生产程序较多，生产周期较长，税务人员受专业知识等因素的限制，一直以来对白酒产品的原材料耗用、动力消耗、出酒率等投入产出指标是否准确难以确定。

第四，同类企业之间、同一企业不同时期间税负不均衡。纳税人以原料产品的购销以及季节性因素为幌子，采取账外经营等方式隐匿销售收入或者人为调节销售时间，使销售业务的真实性和完整性难以监控。

第五，企业将产品无偿赠送他人、用于业务招待、职工福利等是普遍存在的现象，在上述过程中，企业可能存在没有将用于业务招待、赠送、职工福利等产品按视同销售进行相应的会计和税务处理，导致销项税额减少，造成少缴税的情况；另外，收取的包装物押金未按规定计提增值税、消费税，收取的违约金等长期在往来账上反映，不按规定确认收入；为经销商定制低档酒，人为降低价格少确认收入。

第六，电子商务征税有关标准不够完善。线上消费模式具备了虚拟化交易空间，造成税收中的有关规定无法在线上消费模式中得到较好的运用，从而在相当大的程度上对税收的具体管辖权未能进行合理的确定，以致面向线上消费模式征税的实际标准不够完善。电子商务税收技术存在不足。与传统意义上的税收管理比较起来，线上消费模式有关凭证均使用电子凭证方式加以传递，鉴于电子凭证能被修改和删除，且不会留下各种线索与痕迹，这样一来就会造成无法科学地确定税收的各项依据，而且由于电子支票和电子货币的使用者大多使用网名，从而也提升了税收的难度，造成电子商务具体销售量难以核实确定。

第二节　白酒制造业税收风险管理理论

一、白酒制造业主要涉税风险领域及税收风险点

（一）主要涉税风险领域

采购阶段：采购环节涉及直接采购农产品、基酒和包装材料，农产品收购发票的开

具是潜在风险。

生产阶段：虚增成本费用、包装物与酒分离、给销售企业价格过低等是生产阶段的主要涉税风险。

储运阶段：企业发生存货盘亏、毁损和报废损失等，因管理不善或违反法律法规而造成的非正常损失，存在没有作进项税额转出的风险。

销售阶段：可能存在价外费用没有计提税金、广宣费用重复列支、延迟确认收入、消费税最低计税价格不符合标准等风险。

（二）税收风险点

白酒制造业的税收风险点如表 7－1 所示。

表 7－1　　白酒制造业税收风险点分析

税收风险点	税收风险描述	影响税种
虚抵农产品原材料进项税额的风险	1. 白酒生产企业收购农产品时自行开具农产品收购发票，由于货物品名数量、单价可自行调控，发票的开具存在较大的随意性，部分企业通过虚开收购发票、抬高收购价格和虚增收购数量等行为，虚抵进项税； 2. 从农产品批发商手中购买粮食，不按规定取得发票，而是虚构农业生产者，大量开具收购发票，在自己违规抵扣税款的情况下，还导致批发商偷逃了税收； 3. 擅自扩大收购发票使用范围，将运输费、装卸费、保险费、仓储费等其他费用都计入农产品买价以抵扣税款。	增值税
将外购酒及酒精生产的产品作为基数计算允许抵扣农产品进项税额的风险	白酒生产企业将外购的酒及酒精生产的产品销售后，计入当期自产产品销售数量，在计算当期允许抵扣农产品进项税额时多抵扣进项税额。	增值税
研发费用加计扣除不符合税法规定，少缴企业所得税的风险	1. 将未直接从事研发活动的人员工资薪金及社保费用列入加计扣除范围； 2. 账务上不能准确划分日常生产经营和用于研究开发的机器设备、原材料； 3. 未设立研发支出辅助账，未对研发费用进行单独归集和核算。	企业所得税
残疾人员工资加计扣除不符合税法规定，少缴企业所得税的风险	1. 未履行残疾人工资加计扣除税收优惠备案手续； 2. 将不符合残疾人条件的员工计入残疾人实际发放工资基数进行加计扣除。	企业所得税
未按照规定申报核定消费税最低计税价格，少缴税款的风险	1. 白酒生产企业销售给关联销售单位的白酒，消费税计税价格低于最终一级销售公司对外销售价格 70% 以下的，未向税务机关申报核定消费税最低计税价格； 2. 企业在向税务机关申报核定消费税最低计税价格时，未按最终一级销售单位对外销售价格来计算申报。	消费税
将包装物和白酒分离，导致未计或少计税款的风险	白酒生产企业为了降低应纳税款，可能存在不按正常的生产程序和有关包装物核算管理规定进行会计成本核算和销售核算，将包装物价值从销售额中分离出来，分别开具两张发票，且包装物价值不计消费税或将包装过程转移到销售公司，另行核算，降低消费税计税依据。	消费税

续表

税收风险点	税收风险描述	影响税种
受托加工包装业务（贴牌）收取的加工费、包装收入未计收入少缴税款的风险	白酒生产企业受托加工业务，收取一定的加工费用，或将收取的加工费用以加班费的名义直接发放给包装生产车间的工人或者包装车间设立小金库，年底以绩效考核或者以奖金形式发放，收取的加工费未申报缴纳增值税、企业所得税，未代收代缴消费税。	增值税、企业所得税、消费税
酒糟销售未按规定申报纳税的风险	1. 白酒生产企业销售副食品酒糟，未计收入，未计提销项税额； 2. 销售酒糟符合免税条件的，未计算分摊应转出的进项税额。	增值税、企业所得税
因管理不善或违反法律法规造成非正常损失的存货未按规定转出进项税额的风险	1. 企业发生存货盘亏、毁损和报废损失等，因管理不善或违反法律法规而造成的非正常损失，应作进项税额转出； 2. 企业发生存货盘亏、毁损和报废等，正常损失的，应作所得税清单申报；非正常损失的，应作所得税专项申报，企业可能存在未按规定进行所得税清单申报或专项申报，或应专项申报作所得税清单申报。	增值税、企业所得税
因管理不善或违反法律法规发生的固定资产非正常损失，存在少缴纳税款的风险	企业取得的不动产等固定资产因管理不善造成被盗、丢失、霉烂变质，以及因违反法律法规造成货物或者不动产被依法没收、销毁、拆除的情形，可能存在未将其进项税额转出的风险。	增值税
将符合资本化条件的固定资产改建和大修理支出，一次性在企业所得税前扣除的风险	白酒企业固定资产改建和大修理支出符合应资本化条件的，不能在税前一次性扣除。	企业所得税
处置使用过的固定资产未计销项税额的风险	处置使用过的固定资产属于销售货物的行为，应当计算缴纳增值税。	增值税
将视同销售的基酒作为正常损耗的风险	在原酒储存过程中，原酒损耗率异常，可能存在将已销售原酒计入基酒损耗，少计销售收入。	增值税、消费税
价外费用少计或未计收入，少申报或未报税款的风险	白酒企业销售白酒时向经销商收取的品牌使用费、手续费、补贴、基金、集资费、返还利润、奖励费、违约金、滞纳金、延期付款利息、赔偿金、代收款项、代垫款项、包装费、包装物租金、储备费、优质费、运输装卸费以及其他各种性质的价外收费少计或不计收入，少申报增值税。	增值税、消费税
广宣费用重复列支或未实际支付少缴企业所得税的风险	1. 白酒销售企业在列支广告费、业务宣传费、管理费用时，将应由总部、生产企业和经销商共同分摊的费用，在本企业重复列支，未作纳税调整少缴企业所得税； 2. 白酒销售企业计提市场开发费等费用未实际支付，在企业所得税汇算清缴时未作纳税调整，少缴企业所得税。	企业所得税
未准确划分业务宣传费、业务招待费和会议费，少缴企业所得税的风险	白酒企业在经营过程中，发生的与生产经营活动有关的业务招待费支出按照发生额的60%扣除，但最高不得超过当年销售（营业）收入的5‰。发生的符合条件的广告费和业务宣传费支出，不超过当年销售（营业）收入15%的部分，准予扣除。由于以上两种费用在企业所得税申报时都有扣除限制，企业可能将这两种费用混入会议费，少缴企业所得税。	企业所得税

续表

税收风险点	税收风险描述	影响税种
未按规定确认收入少缴纳税款的风险	1. 未如实申报销售收入，白酒生产企业利用部分酒产品需要窖藏、产销在一定时段内不能直接反映对应关系的特征，隐匿瞒报酒类产品的产、销数量，侵蚀从量计征消费税的税基，导致消费税流失； 2. 销售白酒产品不开票，未计收入； 3. 白酒企业销售货物，通常是先款后货，有大量的预收账款，存在发出商品未按规定申报纳税，将已实现的销售收入长期计入往来账户延迟或隐匿收入。	消费税、增值税、企业所得税
自产、委托加工或外购的白酒发生视同销售行为，未缴纳税款的风险	1. 将自产、委托加工或购买的白酒无偿赠送他人，白酒企业对经销商的赠酒可能不满足买赠行为条件，应视同销售计算缴纳税款； 2. 将自产、委托加工的白酒用于发放职工福利和个人消费，未视同销售计算缴纳税款。	消费税、增值税
销售新产品或产品价格连续发生变化，未核定或重新核定最低计税价格，少缴消费税的风险	1. 白酒企业每年都有各类新品种酒、定制酒或特供酒，其消费税计税价格在低于销售单位对外销售价格（不含增值税）70%以下时，未及时按规定报送税务机关核定消费税最低计税价格； 2. 已核定最低计税价格的白酒，其销售单位对外销售价格持续上涨或下降时间达到3个月以上、累计上涨或下降在20%（含）以上的，未按规定报送税务机关重新核定最低计税价格。	消费税
将粮食白酒按其他酒申报，少缴消费税的风险	酒类产品按原料划分，适用不同消费税税率。白酒生产企业对白酒品种界定不清，易将高税率的采用低税率计税，少缴消费税。	消费税
委托加工产品收回后加价销售未补交消费税的风险	企业委托加工收回的应税消费品，以高于受托方的计税价格出售的，未按照规定申报缴纳高于收回价格部分的消费税。	消费税
将部分加工、包装业务在关联销售企业核算，少缴纳消费税的风险	白酒生产企业为降低消费税税基，采用降低生产公司生产成本的方法，将包装物和生产环节使用的固定资产在关联销售公司列支、计提折旧、抵扣进项税额，存在生产企业少缴消费税，关联销售公司多抵扣进项税额、多列支企业所得税成本费用的风险。	消费税

二、白酒制造业纳税评估方法

结合白酒制造业的工艺流程、经营特点、税收征管难点，在纳税评估工作过程中，可采用税负对比分析法、投入产出法等多种评估方法，通过多种评估方法的运用，以达到对纳税人的产销量与申报收入等数据信息的有效对比。

（一）税负对比分析法

1. 评估模型

增值税税负变动率 =（评估期增值税税负率 − 基期增值税税负率）÷基期增值税税负率

增值税税负差异率 =（评估期增值税税负率 − 行业增值税税负率）÷行业增值税税负率

销售收入变动率 =（评估期实际销售收入 - 基期销售收入）÷基期销售收入

平均售价变动率 =（评估期平均售价 - 基期平均售价）÷基期平均售价

2. 应用分析要点

（1）采用税负对比分析法时，影响企业生产销售收入因素较多，应着重从以下几个方面综合分析：

①季节性因素。白酒生产企业生产经营受季节性影响较大，要充分考虑评估期生产、销售的淡旺季等客观因素的影响。

②基期确定因素。在基期选择上应合理选择历史同期各数据进行比较。一般情况下，基期数应以评估期前三年平均数据为依据。

③价格因素。受市场竞争影响，企业销售产品价格在评估期大幅下降或上升，造成税负异常。

④受产品结构、市场经营策略、新产品开发等特殊情况的影响，易造成评估期各指标异常。

（2）应用要点

①分析白酒生产企业评估所属期与历史同期企业增值税税负变动情况。

②分析白酒生产企业评估所属期与本行业增值税税负率之间的差异情况。

③分析白酒生产企业评估所属期应税销售收入与历史同期销售收入变动情况。

④分析白酒生产企业评估所属期产品销售结构与历史同期的变动情况。

3. 指标参考范围

行业风险指标按当地具体情况予以测算，并定期予以调整公布。白酒制造行业风险指标预警区间参考值如表 7 - 2 所示。

表 7 - 2　　白酒制造行业风险指标预警区间参考值

评估指标	增值税税负变动率	增值税税负差异率	销售收入变动率	平均售价变动率
预警区间	±10%	±10%	<10%	±10%

4. 数据来源

从企业评估所属期的有关财务报表、申报资料及账簿、凭证中取得相关数据。

（二）投入产出法

1. 评估模型

测算应税销售收入 =（期初库存产品数量 + 评估期产品数量 - 期末库存产品数量）×评估期产品销售单价

评估期产品数量 = 当期投入原材料数量 × 投入产出比

问题值 =（测算应税销售收入 - 企业实际申报应税销售收入）×适用税率（征收率）

2. 应用分析要点

根据已确定的行业或产品的投入产出比及企业评估期原材料的耗用数量，测算出产品生产数量与企业账面记载产品产量进行比对，同时结合产品库存数量及销售单价等信息进行关联测算，并与企业实际申报的应税销售收入对比，查找企业可能存在的问题。

3. 数据来源

企业的投入产出分析数据重点为原材料的实际投入量及产品的产出量，该数据主要依据企业提供的纳税申报资料以及企业财务报表中收集。

（三）出酒率法

1. 评估模型

评估期企业出酒率 = 评估期原酒生产量 ÷ 评估期酿酒用粮领用量

评估期酿酒用粮领用量 = 期初库存原料粮 + 本期购进原料粮 − 期末库存原料粮 − 本期制曲用粮

问题值 = （行业出酒率参考值 − 评估期企业出酒率） × 评估期酿酒用粮领用量

2. 应用分析要点

（1）疑点判断

①如果出酒率低于预警值，应着重分析审核粮食购进及期末库存变动情况，是否有利用收购发票虚抵进项税额的情形；如果粮食购进抵扣情况正常，应当着重分析审核基础酒产量，是否有少计产量从而少申报销售量的情形。

②在粮食购进正常的情况下，将本期基础酒产量与按理论出酒率和投粮量计算的产量进行比对，如果前者大于后者差异过大，应分析审核本期基础酒领用量、期末库存是否属实，是否有少计基础酒产量从而少计领用量的情形。

③本期成品酒的领用量小于账面领用量，在基础酒期末库存量真实可信的情况下，可以断定少计成品酒产量，从而存在少申报销售量的问题。如果领用量与账面领用量相等或基本一致，应进一步审核基础酒期末库存量，是否存在领用不下库存，有意隐瞒成品酒产量问题。

④在进行上述①—③步分析，确定成品酒本期入库量后，着重分析成品酒期末库存的真实性。

成品酒期末库存量的分析，可按照成品酒仓库面积、吨酒占用面积计算数量，计算仓库所能容纳的成品量，与账面成品量进行比较。如果可能容纳量大于账面库存量，则存在虚拟库存，少报销售量。

（2）应用要点

①应用本方法的重点在于核实粮食的购进及使用情况，从而确定抵扣凭证的真实性以及测算出产品销售量的正确性。

②计算出酒率时，要注意白酒的出酒率受多种因素影响，主要是温度、酸度、水分、淀粉的含量。一般情况下，大曲酒出酒率低于 35%，小曲酒出酒率低于 53%，为异常情况。

③在应用本方法时，要注意测算分析和实地核查相结合。对测算分析的结果，必须深入调查，从企业仓库保管、库存明细账目、生产车间记录、粮食检验记录等多方印证、分析。

④对仓储面积，除数据采集外，还应深入企业实际测算。

3. 标准值参考范围（具体运用要结合本地实际）

①基础酒出酒率。

大曲酒：以60.5度基础酒计算，出酒率为35%—42%；

小曲酒：以57.5度基础酒计算，出酒率为53%—60%。

②主要度数白酒密度如表7-3所示。

表7-3 主要度数白酒密度

度数	密度	度数	密度	度数	密度
29	0.963 20	44	0.941 32	59	0.911 38
30	0.962 21	45	0.939 54	60	0.909 16
31	0.960 95	46	0.937 73	61	0.906 91
32	0.959 66	47	0.935 88	62	0.904 63
33	0.958 34	48	0.934 00	63	0.902 32
34	0.956 98	49	0.932 00	64	0.899 99
35	0.955 59	50	0.930 14	65	0.897 64
36	0.954 15	51	0.928 16	66	0.895 26
37	0.952 69	52	0.926 16	67	0.892 86
38	0.951 18	53	0.924 12	68	0.890 45
39	0.949 63	54	0.922 06	69	0.887 99
40	0.948 05	55	0.919 96	70	0.885 51
41	0.946 42	56	0.917 84	71	0.883 02
42	0.944 76	57	0.915 70	72	0.880 51
43	0.943 06	58	0.913 53		

③主要度数白酒的主要加浆系数如表7-4所示。

表7-4 主要度数白酒的主要加浆系数

目标度数	加浆系数	目标度数	加浆系数	目标度数	加浆系数
28	1.295 5	39	0.622 6	50	0.239 5
29	1.213 4	40	0.579 3	51	0.212 6
30	1.136 9	41	0.538 2	52	0.186 9
31	1.065 6	42	0.498 7	53	0.161 2
32	0.998 1	43	0.461 2	54	0.137 8
33	0.934 9	44	0.425 6	55	0.114 7
34	0.875 5	45	0.391 3	56	0.092 2
35	0.819 1	46	0.358 2	57	0.070 4
36	0.766	47	0.326 7	58	0.049 5
37	0.715 8	48	0.296 6	59	0.029 2
38	0.667 9	49	0.267 5		

加浆系数 = 目标度数白酒重量 ÷ 基础酒重量 - 1

④成品仓容面积。普通1×6包装箱（375mm×255mm×350mm），每2 000瓶酒按

最高叠放层数（10层）堆放，占据仓容面积3.1843平方米。

4. 数据来源

①从企业财务账和生产报表采集的基础酒入库量和粮食领用量，可以计算出白酒产品出酒率。

②通过企业以及生产报表采集。按不同度数归集，将成品酒体积按相应的密度换算重量。

③从企业账面数据和库容说明书采集成品酒仓库面积。

（四）耗用酒精定额法

1. 评估模型

评估期耗用酒精量 = 期初酒精库存量 + 本期购进量 - 期末酒精库存量

评估期产成品产量 = 评估期耗用酒精量 × 勾兑成品酒比例测算应税销售收入

= (期初库存产品数量 + 评估期产品数量 - 期末库存产品数量) × 评估期产品销售单价

问题值 = （测算应税销售收入 - 企业实际申报应税销售收入） × 适用税率

2. 应用分析要点

本评估办法适用于以勾兑白酒为主的酒厂，此方法与税负分析法结合应用，分析评估期企业酒精的投入、产出情况与白酒的产出情况是否相吻合，测算评估期产品量与账列白酒产量的差异，从而查找出企业可能隐匿的白酒产量和虚抵的进项税额等问题。

评估期测算的销售量、销售收入与企业申报数不符的，可能存在隐瞒销售数量、销售收入问题，应进一步分析评估。

3. 标准值参数范围

标准值参数最高值见表7－5，具体运用要结合本地实际。

表7－5　　酒精勾兑成品酒比例（最高值）预警参考

品种	1吨酒精勾兑成品酒吨数
38度	2.58吨
46度	2.06吨
50度	1.90吨

4. 数据来源

从企业财务账或者生产记录上可采集白酒的产量和酒精投入量。

（五）粮食投入测算法

1. 评估模型

粮食投入量 = 窖池总容积 × 200 × 365 ÷ 发酵周期

2. 应用分析要点

自酿白酒生产企业必须将原粮投入酒池进行发酵，每个酒窖池填装原粮数量和出酒周期大体固定，那么根据酒窖池数量、每一酒窖池投粮数量和出酒区间，可以大致估算企业原酒生产能力，从而评估企业是否存在少申报产销量的情况。应用本方法的关键在于确定窑池容积和发酵周期，应到生产车间实地勘察，先确定每口窑池的容积，再计算窑池总容积；同时结合查看车间生产记录，以确定每口窑池的发酵期。计算的粮食投入量，是理论计算的最大投入量，如果纳税账面投入量大于本投入量，则存在虚拟粮食购进、虚抵进项税额问题。

3. 标准值参数范围（具体运用要结合本地实际）

（1）投料比

粮食与糠壳、曲药的混合物在窖池中发酵。窖池大小一般介于18—30立方米。每立方米可容纳粮食200斤左右，糠壳按粮食重量的32%—45%配合，曲药按粮食重量的22%—30%配合。

（2）发酵期

大曲酒发酵期为60—90天；小曲酒发酵期为7天左右。

4. 数据来源

直接通过企业原材料、辅助材料购销存记录可获得粮食等投入量；窖池的容积可通过企业的资产备查簿或行业数据确定，发酵期可直接到生产车间实地勘测结合查看生产记录。

（六）单位产品定耗模型

1. 评估模型

测算应税销售收入=（期初库存产品数量+评估期产品数量－期末库存产品数量）×评估期产品销售单价

评估期产品数量=评估期原材料或包装物耗用量÷单位产品耗用原材料或包装物定额

问题值=（测算应税销售收入－企业实际申报应税销售收入）×适用税率（征收率）

2. 应用分析要点

该方法是通过单位产品耗用原材料定额指标，评估产品实际产量和销售额，进而评估出纳税人是否存在有隐瞒销售收入的问题。单位产品耗用原材料定额可以根据产品配方中的定额直接确定。单位产品定耗既可以是单位产品耗用原材料定额，也可以是单位产品耗用辅助材料和包装物定额等，分析应用时要灵活运用，关联分析，及时查找企业可能存在的线索和问题。

3. 应用要点

①注意测算分析和实地调查相结合。对测算分析结果，必须深入调查，从企业仓库保管、库存明细账目、辅助材料、包装物耗用等多方面印证、分析，查找线索。

②注意模型中指标的计量单位，特殊情况下必须进行单位换算，以免出现错误。

③对白酒生产企业可利用该法关联分析收购发票开具的真实性。

4. 标准值参数范围

见表7－6。以包装物为例，具体运用要结合本地实际。

表7－6 包装物损耗率参数

指标包装物名称	损耗率参照值
瓶	5%
商标	2%
瓶盖	2%

（七）能耗测算法

能耗测算法广泛应用于工业企业，尤其适用于账务核算不健全、材料耗用情况难以估计，但可从第三方取得客观能耗信息的企业。

1. 评估模型

评估期产品产量＝评估期生产能耗量÷评估期单位产品能耗定额

评估期产品销售数量 ＝评估期期初产品数量＋评估期产品产量－评估期期末库存数量

评估期销售收入测算数＝评估期产量×评估期产品销售数量×适用税率（征收率）

问题值＝（测算应税销售收入－企业实际申报应税销售收入）×适用税率（征收率）

此方法是根据生产耗用的电力、水、煤、气等能量耗用定额指标，测算产品产量，进而测算其销售额和应纳税额，与申报信息进行对比分析，查找企业纳税疑点和线索的方法。

2. 应用分析要点

（1）正常的企业非生产性（办公照明、空调使用等）用电占比例很小，可以忽略不计。但对差异额较大的，应分析是否存在隐瞒产量，少计销售收入的可能，是否存在将电转售其他企业或用于非应税项目等情况，少计其他业务收入或多抵扣进项的情况；对需要由电费推算用电量的，应考虑扣除企业缴纳的基本电费。

（2）应加强同当地电业管理部门等单位的联系，核实企业用电量、用水量等数据的真实性。同时，要求纳税人申报时向主管税务机关提供电力、自来水发票复印件，或利用金税工程中供电系统的抄税信息核实。

（3）在实际分析中，应选取企业生产经营中最具客观实在性、企业不易人为改变、不易隐瞒、便于收集、纳税评估可操作性强的指标。对能耗指标的分析应用，应充分考虑企业生产设备、生产工艺、工人熟练程度等因素的影响。

三、白酒制造业纳税评估相关指标

白酒制造业的相关风险指标和模型见表7－7。

表 7－7　　白酒制造业纳税评估指标模型

序号	风险指标名称	指标模型公式
1	增值税税负率	（本期应纳税额÷本期应税主营业务收入）×100%
2	毛利率	（主营业务收入－主营业务成本）÷主营业务收入×100%
3	所得税贡献率	应纳所得税额÷主营业务收入×100%
4	其他应付款变动率	（期末其他应付款－期初其他应付款）÷期初其他应付款×100%
5	原酒出酒率	原酒入库数量÷原材料领用量×100%
6	总税负增减变动率	公司交纳的所有税额÷营业收入×100%
7	存货周转率	主营业务成本÷［（期末存货成本＋期初存货成本）÷2］×100%
8	增值税与消费税计税依据之比	增值税计税依据÷消费税计税依据
9	酒类消费税应税收入与销售数量变动弹性系数	消费税应税收入变动率÷销售数量变动率
10	进销项税弹性系数	进项税额变动率÷销项税额变动率
11	灌装车间领用包装物酒瓶等的损耗率	（出库数量－入库数量）÷出库数量×100%
12	合格证数量与箱数对比	（合格证出库数量－箱出库数量）÷合格证出库数量

第三节　典型案例

一、实验内容及资料

（一）学习指引

本案例中税务局风险管理人员以企业上报的财务报表数据分析为基础，运用纳税评估相关指标、结合白酒行业企业特点展开分析，查找可能存在的税收风险点，结合白酒类生产纳税人经营及纳税情况对比，进行案头分析。

（二）案例资料

1. 企业基本信息

纳税人名称：××老窖酒业有限公司（下称“××老窖”）

统一社会信用代码：913301097384125999

公司成立于 2002 年 12 月 20 日，由××老窖集团有限公司（下称“集团公司”）投资设立，注册资金：12 999 万元，所属行业为：酒、饮料和精制茶制造业，主要经营范围：白酒、玻璃制品生产、销售。

2003 年 1 月 1 日，× ×老窖经所属税务机关认定成为增值税一般纳税人。

2009 年 12 月 31 日，集团公司投资设立全资子公司——× ×老窖销售有限公司（下称“销售公司”），销售公司负责× ×老窖产品对外销售业务。

× ×老窖老厂区占地面积 13 000 平方米，现有职工 580 余人，现有制酒车间 6 个，3 000 余条窖池，制曲车间 1 栋，酒库 5 栋、办公楼 1 栋、包装车间及成品包材库 1 栋，建设有 14 条灌装生产线，以及配电房、污水处理设备、水池等相应配套的基础硬件设施，投资规模与年产量在同行业中处于中偏上水平，属大中型白酒生产企业。

目前，× ×老窖正在建设新厂区，新厂区按照规划建设完工后，将新增窖池 1 500 多条，8 条灌装生产线。

× ×老窖尚未取得自营进出口权，国税管辖税种为增值税和消费税，企业所得税由地税管辖。

2. 企业经营情况

白酒企业按品牌影响力、生产工艺、生产规模不同分类如下：

按品牌影响力不同分为传统品牌型、现代新品型、优势综合型、区域发展型、区域退守型 5 类。传统品牌型有很高的知名度和美誉度，有厚重历史沉淀；现代新品型是采用定牌生产方式运作的新品牌；优势综合型是有一定历史根基，既有传统名酒优势，也具备现代商业运作模式的品牌；区域发展型是将目标定位于一定区域的品牌；区域退守型是随市场竞争加剧而退守的区域性品牌。

按生产工艺不同分为自酿、外购及自酿加外购生产 3 类企业。一般而言，小酒厂不具备酿酒条件，多为外购原酒或酒精勾兑生产。

× ×老窖属于现代新品型自酿白酒企业，主要产品是多次档、多口味、多度数系列不同粮食白酒，以玉米和高粱为主要原材料，稻壳为辅料，副产品为酒糟。

2018 年 3 月，× ×老窖实现销售收入 39 961 494. 67 元，销售成本 24 536 357. 73 元，申报缴纳增值税税额 2 571 437. 19 元，申报缴纳消费税税额 9 113 575. 34 元；

2018 年 4 月，× ×老窖实现销售收入 47 641 704. 15 元，销售成本 30 964 551. 07 元，申报缴纳增值税税额 2 351 158. 79 元，申报缴纳消费税税额 10 772 707. 76 元。

3. 业务说明

粮食白酒按酿造工艺不同分为大曲酒和小曲酒两种，大曲酒是指以小麦为原料的曲药酿制的白酒，小曲酒是指以麦麸为原料的曲药酿制的白酒。大曲酒一般采用多种粮食酿制，小曲酒一般采用单一粮食酿造。

工艺流程：原料—粉碎—发酵—蒸馏—储存—勾调—灌装—封口—包装成品。

原料预处理。将原料粮粉碎后按一定比例混合均匀，按照不同类型白酒混蒸混烧的方法进行配醅。相关设备有粉碎机、皮带输送机、斗式提升机、螺旋式输送机、送风设备等。

入池发酵。粮食与糠壳、曲药的混合物在窖池中发酵，发酵时间一般为 40—90 天不等，一般而言，发酵时间与酒质成正比关系。

蒸酒。蒸酒是对发酵成熟的配料进行蒸煮，将醅中的酒精、水、高级醇、酸类等有效成分蒸发为蒸汽，冷却即可得到白酒。蒸馏过程中最先蒸馏出来的酒与中间过程或最后蒸馏出来的酒口味不同。最先蒸馏出来的称为“头酒”，最后蒸馏出来的酒称为“尾酒”。这两部分酒水分、杂质较多，一般作为调香勾兑或续蒸之用。

单位原粮所能酿出酒的比率称为出酒率，出酒率是企业考核生产班组的重要指标。出酒率与发酵期呈反向相关关系，发酵期每延长 20 天，出酒率大致将下降 1 个百分点。

原酒储存。中间过程蒸馏出来的酒，根据酒质不同，经检验后确定等级，一般分为 A、B、C、D 四档（也有企业按特级、甲级、乙级等划分等级），作为原酒入库，储存在酒池、酒罐或酒坛内，贮酒时间数月乃至十年不等。

成品酒勾调。成品酒的勾调是指用储存期数月乃至 5 年、10 年或 20 年等时间不同的原酒，按照白酒产品档次高低、香型、度数不同，在勾兑池中采用不同勾兑工艺进行加浆降度生产成品酒。

加浆降度生产过程中的加浆系数是指基础酒在勾兑为成品酒的过程中，降度后的酒与基础酒的重量比例关系。

灌装及包装成品。包装车间按生产通知要求从勾兑好的成品池中抽取产品酒到大罐中，采用自动化生产线进行成品酒装瓶、包装成品。

4. 数据对比表

同地区同规模白酒行业企业分析指标情况如表 7－8 所示。

表 7－8　　同地区同规模白酒行业企业分析指标情况

序号	指标项目	正常区间	预警区间
1	生产企业消费税计税价格与销售单位对外销售价格占比	70%—90%	70% 以下
2	白酒行业主副产品产量比例	1:2.5—1:3	1:2.5 以下
3	免税收入销售额与应税货物销售额占比	0.3%—1%	0.3% 以下
4	白酒生产企业原酒出酒率	33%—45%	33% 以下
5	白酒生产企业增值税税负率	5.5%—6.8%	5.5% 以下
6	白酒生产企业销售毛利率	40%—70%	40% 以下

注：按上述指标项目对纳税对象进行评估，风险判断标准：预警区间无指标项目满足：无风险；一个指标项目满足：低风险；两个指标项目满足：中风险；三个及以上项目满足：高风险。

（三）财务报表

相关财务报表见表 7－9 至表 7－16。

表 7－9 **2018 年 3 月资产负债表**

编制单位：××老窖酒业有限公司 填表日期：2018 年 4 月 10 日 单位：元

资　产	行次	期末余额	年初余额	负债及所有者权益（或股东权益）	行次	期末余额	年初余额
流动资产：	1	—	—	流动负债：	34	—	—
货币资金	2	60 266 627. 81	47 992 186. 39	短期借款	35	—	—
交易性金融资产	3	—	—	交易性金融负债	36	—	—
应收票据	4	1 865 759. 00	3 567 173. 50	应付票据	37	—	—
应收账款	5	2 059 750. 88	5 436 089. 21	应付账款	38	122 896 028. 56	98 666 511. 63
预付款项	8	17 719 218. 48	21 569 005. 71	预收款项	39	68 178 785. 90	73 710 903. 61
应收利息	7	—	—	应付职工薪酬	40	4 228 724. 12	7 135 917. 46
应收股利	8	—	—	应交税费	41	14 821 165. 77	18 309 317. 08
其他应收款	9	5 993 555. 00	4 568 906. 61	应付利息	42	—	—
存货	10	122 567 174. 68	95 419 438. 10	应付股利	43	—	—
一年内到期的非流动资产	11	—	—	其他应付款	44	20 877 651. 23	17 556 348. 87
其他流动资产	12	—	—	一年内到期的非流动负债	45	—	—
流动资产合计	13	210 472 085. 85	178 552 799. 52	其他流动负债	46	—	—
非流动资产：	14			流动负债合计	47	231 002 355. 58	215 378 998. 65
可供出售金融资产	15	—	—	非流动负债：	48		
持有至到期投资	16	—	—	长期借款	49	—	—
长期应收款	17	—	—	应付债券	50	—	—
长期股权投资	18	—	—	长期应付款	51	—	—
投资性房地产	19	—	—	专项应付款	52	—	—
固定资产	20	149 931 779. 63	162 389 046. 15	预计负债	53	—	—

续表

资　产	行次	期末余额	年初余额	负债及所有者权益（或股东权益）	行次	期末余额	年初余额
在建工程	21	32 731 042. 70	16 759 172. 21	递延所得税负债	54	—	—
工程物资	22	—	—	其他非流动负债	55	—	—
固定资产清理	23	6 213 797. 06	4 796 137. 60	非流动负债合计	56	—	—
生产性生物资产	24	—	—	负债合计	57	231 002 355. 58	215 378 998. 65
油气资产	25	—	—	所有者权益（或股东权益）	58	—	—
无形资产	26	83 060 904. 00	90 562 174. 23	实收资本（或股本）	59	129 990 000. 00	129 990 000. 00
开发支出	27	—	—	资本公积	60	26 790 543. 00	26 790 543. 00
商誉	28	—	—	减：库存股	61	—	—
长期待摊费用	29	—	—	盈余公积	62	65 741 355. 80	65 741 355. 80
递延所得税资产	30	7 599 101. 31	8 617 943. 60	未分配利润	63	36 484 456. 17	23 776 375. 86
其他非流动资产	31	—	—	所有者权益（或股东权益）合计	64	259 006 354. 97	246 298 274. 66
非流动资产合计	32	279 536 624. 70	283 124 473. 79		65		
资产总计	33	490 008 710. 55	461 677 273. 31	负债和所有者权益（或股东权益）合计	66	490 008 710. 55	461 677 273. 31
经办人： 经办人证件类型： 经办人证件号码： 代理机构： 代理机构统一社会信用代码： 申报日期：				受理人： 受理税务机关： 受理日期：			

表 7－10 **2018 年 4 月资产负债表**

编制单位：××老窖酒业有限公司　　填表日期：2018 年 5 月 7 日　　单位：元

资　产	行次	期末余额	年初余额	负债及所有者权益（或股东权益）	行次	期末余额	年初余额
流动资产：	1	—	—	流动负债：	34	—	—
货币资金	2	65 345 178. 13	47 992 186. 39	短期借款	35	—	—
交易性金融资产	3	—	—	交易性金融负债	36	—	—
应收票据	4	2 387 198. 50	3 567 173. 50	应付票据	37	—	—
应收账款	5	3 287 198. 12	5 436 089. 21	应付账款	38	108 699 979. 21	98 666 511. 63
预付款项	8	19 748 231. 08	21 569 005. 71	预收款项	39	66 916 382. 09	73 710 903. 61
应收利息	7	—	—	应付职工薪酬	40	4 371 980. 30	7 135 917. 46
应收股利	8	—	—	应交税费	41	15 286 003. 13	18 309 317. 08
其他应收款	9	5 345 901. 00	4 568 906. 61	应付利息	42	—	—
存货	10	116 487 128. 65	95 419 438. 10	应付股利	43	—	—
一年内到期的非流动资产	11	—	—	其他应付款	44	32 910 830. 27	17 556 348. 87
其他流动资产	12	—	—	一年内到期的非流动负债	45	—	—
流动资产合计	13	212 600 835. 48	178 552 799. 52	其他流动负债	46	—	—
非流动资产：	14			流动负债合计	47	228 185 175. 00	215 378 998. 65
可供出售金融资产	15	—	—	非流动负债：	48		
持有至到期投资	16	—	—	长期借款	49	—	—
长期应收款	17	—	—	应付债券	50	—	—
长期股权投资	18	—	—	长期应付款	51	—	—
投资性房地产	19	—	—	专项应付款	52	—	—
固定资产	20	148 136 981. 40	162 389 046. 15	预计负债	53	—	—

续表

资　产	行次	期末余额	年初余额	负债及所有者权益（或股东权益）	行次	期末余额	年初余额
在建工程	21	32 731 042.70	16 759 172.21	递延所得税负债	54	—	—
工程物资	22	—	—	其他非流动负债	55	—	—
固定资产清理	23	5 367 148.67	4 796 137.60	非流动负债合计	56	—	—
生产性生物资产	24	—	—	负债合计	57	228 185 175.00	215 378 998.65
油气资产	25	—	—	所有者权益（或股东权益）	58	—	—
无形资产	26	82 230 461.72	90 562 174.23	实收资本（或股本）	59	129 990 000.00	129 990 000.00
开发支出	27	—	—	资本公积	60	26 790 543.00	26 790 543.00
商誉	28	—	—	减：库存股	61	—	—
长期待摊费用	29	—	—	盈余公积	62	65 741 355.80	65 741 355.80
递延所得税资产	30	7 156 723.69	8 617 943.60	未分配利润	63	37 516 119.86	23 776 375.86
其他非流动资产	31	—	—	所有者权益（或股东权益）合计	64	260 038 018.66	246 298 274.66
非流动资产合计	32	275 622 358.18	283 124 473.79		65		
资产总计	33	488 223 193.66	461 677 273.31	负债和所有者权益（或股东权益）合计	66	488 223 193.66	461 677 273.31
经办人： 经办人证件类型： 经办人证件号码： 代理机构： 代理机构统一社会信用代码： 申报日期：				受理人： 受理税务机关： 受理日期：			

表 7-11　　2018 年 3 月利润表

编制单位：××老窖酒业有限公司　　填表日期：2018 年 4 月 10 日　　单位：元

项　　目	行次	本期金额	本年累计
一、营业收入	1	39 961 494. 67	366 653 452. 03
减：营业成本	2	24 536 357. 73	225 827 219. 57
税金及附加	3	10 531 682. 85	94 565 715. 65
销售费用	4	799 229. 89	7 153 069. 01
管理费用	5	1 962 040. 49	19 312 364. 41
财务费用	6	-211 795. 92	-1 406 163. 28
资产减值损失	7	482 899. 99	3 336 099. 91
加：公允价值变动收益（损失以“-”号填列）	8	0. 00	0. 00
投资收益（损失以“-”号填列）	9	0. 00	0. 00
其中：对联营企业和合营企业的投资收益	10	0. 00	0. 00
二、营业利润（亏损以“-”号填列）	11	1 861 079. 64	17 865 146. 76
加：营业外收入	12	215 435. 78	1 473 762. 10
减：营业外支出	13	154 726. 98	2 394 801. 78
其中：非流动资产处置损失	14	0. 00	0. 00
三、利润总额（亏损总额以“-”号填列）	15	1 921 788. 44	16 944 107. 08
减：所得税费用	16	480 447. 11	4 236 026. 77
四、净利润（净亏损以“-”号填列）	17	1 441 341. 33	12 708 080. 31
五、每股收益：	18		
（一）基本每股收益	19	0. 00	0. 00
（二）稀释每股收益	20	0. 00	0. 00

表 7-12　　2018 年 4 月利润表

编制单位：××老窖酒业有限公司　　填表日期：2018 年 5 月 7 日　　单位：元

项　　目	行次	本期金额	本年累计
一、营业收入	1	47 641 704. 15	414 295 156. 18
减：营业成本	2	30 964 551. 07	256 791 770. 64
税金及附加	3	12 341 473. 12	106 907 188. 77
销售费用	4	857 550. 67	8 010 619. 68
管理费用	5	2 305 894. 64	21 618 259. 05
财务费用	6	-252 501. 03	-1 658 664. 31
资产减值损失	7	235 502. 39	3 571 602. 30
加：公允价值变动收益（损失以“-”号填列）	8	0. 00	0. 00
投资收益（损失以“-”号填列）	9	0. 00	0. 00
其中：对联营企业和合营企业的投资收益	10	0. 00	0. 00
二、营业利润（亏损以“-”号填列）	11	1 189 233. 29	19 054 380. 05
加：营业外收入	12	337 998. 14	1 811 760. 24
减：营业外支出	13	151 679. 84	2 546 481. 62
其中：非流动资产处置损失	14	0. 00	0. 00
三、利润总额（亏损总额以“-”号填列）	15	1 375 551. 59	18 319 658. 67
减：所得税费用	16	343 887. 90	4 579 914. 67
四、净利润（净亏损以“-”号填列）	17	1 031 663. 69	13 739 744. 00
五、每股收益：	18		
（一）基本每股收益	19	0. 00	0. 00
（二）稀释每股收益	20	0. 00	0. 00

表 7－13　　2018 年 3 月增值税纳税申报表（一般纳税人适用）

根据国家税收法律法规及增值税相关规定制定本表。纳税人不论有无销售额，均应按税务机关核定的纳税期限填写本表，并向当地税务机关申报。

税款所属期：自 2018 年 03 月 01 日 至 2018 年 03 月 31 日　填表日期：2018 年 04 月 10 日　电话号码：

纳税人识别号：913301097384125999　所属行业：白酒制造业　法定代表人姓名：

纳税人名称：××老窖酒业有限公司　注册地址：××省××市××路××号　生产经营地址：××省××市××路××号

开户银行：　银行账号：　登记注册类型：　金额单位：元至 角 分

项　目		栏次	一般项目		即征即退项目	
			本月数	本年累计	本月数	本年累计
销售额	（一）按适用税率计税销售额	1	39 936 126. 69	366 435 140. 21	0. 00	0. 00
	其中：应税货物销售额	2	39 936 126. 69	366 435 140. 21	0. 00	0. 00
	应税劳务销售额	3	0. 00	0. 00	0. 00	0. 00
	纳税检查调整的销售额	4	0. 00	0. 00	0. 00	0. 00
	（二）按简易办法计税销售额	5	0. 00	0. 00	0. 00	0. 00
	其中：纳税检查调整的销售额	6	0. 00	0. 00	0. 00	0. 00
	（三）免、抵、退办法出口销售额	7	0. 00	0. 00	—	—
	（四）免税销售额	8	25 367. 98	218 311. 82	—	—
	其中：免税货物销售额	9	25 367. 98	218 311. 82	—	—
	免税劳务销售额	10	0. 00	0. 00	—	—
税款计算	销项税额	11	6 789 141. 54	62 293 973. 83	0. 00	0. 00
	进项税额	12	4 236 639. 14	38 561 452. 23	0. 00	0. 00
	上期留抵税额	13	0. 00	0. 00	0. 00	—
	进项税额转出	14	18 934. 79	110 413. 11	0. 00	0. 00
	免、抵、退应退税额	15	0. 00	0. 00	—	—
	按适用税率计算的纳税检查应补缴税额	16	0. 00	0. 00	—	—
	应抵扣税额合计	17＝12＋13－14－15＋16	4 217 704. 35	—	0. 00	—

续表

税款计算	实际抵扣税额	18（如 17 < 11，则为17，否则为11）	4 217 704.35	38 451 039.12	0.00	0.00
	应纳税额	19 = 11 − 18	2 571 437.19	23 842 934.71	0.00	0.00
	期末留抵税额	20 = 17 − 18	0.00	0.00	0.00	—
	简易计税办法计算的应纳税额	21	0.00	0.00	0.00	0.00
	按简易计税办法计算的纳税检查应补缴税额	22	0.00	0.00	—	—
	应纳税额减征额	23	0.00	0.00	0.00	0.00
	应纳税额合计	24 = 19 + 21 − 23	2 571 437.19	23 842 934.71	0.00	0.00
税款缴纳	期初未缴税额（多缴为负数）	25	2 875 973.07	27 883 757.63	0.00	0.00
	实收出口开具专用缴款书退税额	26	0.00	0.00	—	—
	本期已缴税额	27 = 28 + 29 + 30 + 31	2 875 973.07	27 883 757.63	0.00	0.00
	①分次预缴税额	28	0.00	—	0.00	—
	②出口开具专用缴款书预缴税额	29	0.00	—	—	—
	③本期缴纳上期应纳税额	30	2 875 973.07	27 883 757.63	0.00	0.00
	④本期缴纳欠缴税额	31	0.00	0.00	0.00	0.00
	期末未缴税额（多缴为负数）	32 = 24 + 25 + 26 − 27	2 571 437.19	2 571 437.19	0.00	0.00
	其中：欠缴税额（≥0）	33 = 25 + 26 − 27	0.00	—	0.00	—
	本期应补（退）税额	34 = 24 − 28 − 29	2 571 437.19	—	0.00	—
	即征即退实际退税额	35	—	—	0.00	0.00
	期初未缴查补税额	36	0.00	0.00	—	—
	本期入库查补税额	37	0.00	0.00	—	—
	期末未缴查补税额	38 = 16 + 22 + 36 − 37	0.00	0.00	—	—
授权声明	如果你已委托代理人申报，请填写下列资料：　为代理一切税务事宜，现授权　（地址）　为本纳税人的代理申报人，任何与本申报表有关的往来文件，都可寄予此人。　授权人签字：		申报人声明		本纳税申报表是根据国家税收法律法规及相关规定填报的，我确定它是真实的、可靠的、完整的。　声明人签字：	
主管税务机关：			接收人：		接收日期：	

表 7－14

2018 年 4 月增值税纳税申报表（一般纳税人适用）

根据国家税收法律法规及增值税相关规定制定本表。纳税人不论有无销售额，均应按税务机关核定的纳税期限填写本表，并向当地税务机关申报。

税款所属期：自 2018 年 04 月 01 日 至 2018 年 04 月 30 日；填表日期：2018 年 05 月 07 日；电话号码：

纳税人识别号：913301097384125999；所属行业：白酒制造业；法定代表人姓名：

纳税人名称：××老窖酒业有限公司；注册地址：××省××市××路××号；生产经营地址：××省××市××路××号

开户银行：；银行账号：；登记注册类型：；金额单位：元至角分

项目		栏次	一般项目		即征即退项目	
			本月数	本年累计	本月数	本年累计
销售额	（一）按适用税率计税销售额	1	47 619 538.80	414 054 679.01	0.00	0.00
	其中：应税货物销售额	2	47 619 538.80	414 054 679.01	0.00	0.00
	应税劳务销售额	3	0.00	0.00	0.00	0.00
	纳税检查调整的销售额	4	0.00	0.00	0.00	0.00
	（二）按简易办法计税销售额	5	0.00	0.00	0.00	0.00
	其中：纳税检查调整的销售额	6	0.00	0.00	0.00	0.00
	（三）免、抵、退办法出口销售额	7	0.00	0.00	—	—
	（四）免税销售额	8	22 165.35	240 477.17	—	—
	其中：免税货物销售额	9	22 165.35	240 477.17	—	—
	免税劳务销售额	10	0.00	0.00	—	—
税款计算	销项税额	11	8 095 321.60	70 389 295.43	0.00	0.00
	进项税额	12	5 815 657.77	44 377 110.00	0.00	0.00
	上期留抵税额	13	0.00	0.00	0.00	—
	进项税额转出	14	71 494.96	181 908.07	0.00	0.00
	免、抵、退应退税额	15	0.00	0.00	—	—
	按适用税率计算的纳税检查应补缴税额	16	0.00	0.00	—	—
	应抵扣税额合计	17＝12＋13－14－15＋16	5 744 162.81	—	0.00	—

续表

税款计算	实际抵扣税额	18（如 17 < 11，则为 17，否则为 11）	5 744 162.81	44 195 201.93	0.00	0.00
	应纳税额	19 = 11 − 18	2 351 158.79	26 194 093.50	0.00	0.00
	期末留抵税额	20 = 17 − 18	0.00	0.00	0.00	—
	简易计税办法计算的应纳税额	21	0.00	0.00	0.00	0.00
	按简易计税办法计算的纳税检查应补缴税额	22	0.00	0.00	—	—
	应纳税额减征额	23	0.00	0.00	0.00	0.00
	应纳税额合计	24 = 19 + 21 − 23	2 351 158.79	26 194 093.50	0.00	0.00
税款缴纳	期初未缴税额（多缴为负数）	25	2 571 437.19	30 455 194.82	0.00	0.00
	实收出口开具专用缴款书退税额	26	0.00	0.00	—	—
	本期已缴税额	27 = 28 + 29 + 30 + 31	2 571 437.19	30 455 194.82	0.00	0.00
	①分次预缴税额	28	0.00	—	0.00	—
	②出口开具专用缴款书预缴税额	29	0.00	—	—	—
	③本期缴纳上期应纳税额	30	2 571 437.19	30 455 194.82	0.00	0.00
	④本期缴纳欠缴税额	31	0.00	0.00	0.00	0.00
	期末未缴税额（多缴为负数）	32 = 24 + 25 + 26 − 27	2 351 158.79	2 351 158.79	0.00	0.00
	其中：欠缴税额（≥0）	33 = 25 + 26 − 27	0.00	—	0.00	—
	本期应补（退）税额	34 = 24 − 28 − 29	2 351 158.79	—	0.00	—
	即征即退实际退税额	35	—	—	0.00	0.00
	期初未缴查补税额	36	0.00	0.00	—	—
	本期入库查补税额	37	0.00	0.00	—	—
	期末未缴查补税额	38 = 16 + 22 + 36 − 37	0.00	0.00	—	—
授权声明	如果你已委托代理人申报，请填写下列资料：为代理一切税务事宜，现授权（地址）为本纳税人的代理申报人，任何与本申报表有关的往来文件，都可寄予此人。授权人签字：		申报人声明		本纳税申报表是根据国家税收法律法规及相关规定填报的，我确定它是真实的、可靠的、完整的。声明人签字：	
主管税务机关：			接收人：		接收日期：	

表 7－15　　2018 年 3 月酒类消费税纳税申报表

税款所属期：2018 年 03 月						
纳税人名称（公章）：××老窖酒业有限公司				纳税人识别号：913301097384125999		
填表日期：2018 年 4 月 10 日				金额单位：元至 角 分		
项目	适用税率			销售数量	销售额	应纳税额
应税消费品名称	定额税率		比例税率			
粮食白酒	0.5	元/斤	20%	2 252 700.00	39 936 126.69	9 113 575.34
薯类白酒	0.5	元/斤	20%			0.00
啤酒	250	元/吨	—			0.00
啤酒	220	元/吨	—			0.00
黄酒	240	元/吨	—			0.00
其他酒	—	—	10%			0.00
						0.00
						0.00
						0.00
合计						9 113 575.34
				声明		
本期准予抵减税额：	0.00			此纳税申报表是根据国家税收法律的规定填报的，我确定它是真实的、可靠的、完整的。 经办人（签章）： 财务负责人（签章）： 联系电话：		
本期减（免）税额：	0.00					
期初未缴税额：	9 361 093.28					
本期缴纳前期应纳税额：	9 361 093.28			（如果你已委托代理人申报，请填写） 授权声明 为代理一切税务事宜，现授权 （地址）为 本纳税人的代理申报人，任何与本申报表有关的往来文件，都可寄予此人。 授权人签章：		
本期预缴税额：	0.00					
本期应补（退）税额：	9 113 575.34					
期末未缴税额：	9 113 575.34					
以下由税务机关填写						
受理人（签章）：			受理日期	年　月		受理税务机关（章）：

表 7－16　　2018 年 4 月酒类消费税纳税申报表

税款所属期：2018 年 04 月						
纳税人名称（公章）：××老窖酒业有限公司				纳税人识别号：913301097384125999		
填表日期：2018 年 5 月 07 日				金额单位：元至 角 分		
项目	适用税率			销售数量	销售额	应纳税额
应税消费品名称	定额税率		比例税率			
粮食白酒	0.5	元/斤	20%	2 497 600.00	47 619 538.80	10 772 707.76
薯类白酒	0.5	元/斤	20%			0.00
啤酒	250	元/吨	—			0.00
啤酒	220	元/吨	—			0.00

续表

税款所属期：2018 年 04 月						
黄酒	240	元/吨	—			0.00
其他酒	—	—	10%			0.00
						0.00
						0.00
						0.00
合计						10 772 707.76
				声明		
本期准予抵减税额：	0.00			此纳税申报表是根据国家税收法律的规定填报的，我确定它是真实的、可靠的、完整的。 经办人（签章）： 财务负责人（签章）： 联系电话：		
本期减（免）税额：	0.00					
期初未缴税额：	9 113 575.34					
本期缴纳前期应纳税额：	9 113 575.34			（如果你已委托代理人申报，请填写） 授权声明 为代理一切税务事宜，现授权 （地址）为 本纳税人的代理申报人，任何与本申报表有关的往来文件，都可寄予此人。 授权人签章：		
本期预缴税额：	0.00					
本期应补（退）税额：	10 772 707.76					
期末未缴税额：	10 772 707.76					
以下由税务机关填写						
受理人（签章）：			受理日期	年 月		受理税务机关（章）：

（四）案头分析

1. 案头资料

销售公司负责××老窖产品对外销售业务，经查询双方销售合同及结算记录，××老窖所有产品与销售公司结算价为销售公司零售价的 50%。

2018 年 4 月，因管理不善导致一批包装盒被雨水浸泡，给公司造成 113 万元损失，责任人员按公司规定予以处罚，并在全公司通报批评。

根据产品生产工艺流程，经查询生产车间生产记录，××老窖在酿酒过程中产生的酒糟等副产品与行业平均水平相当。

2018 年 3 月，公司对客户的包装物押金和自制信誉保证金进行了一一核查，确认未退还的信誉保证金为违约金和罚款，包装物押金余额为包装物毁损不予退还金额，同时，公司按标准另行收取后续产品的包装物押金和自制信誉保证金，4 月已收到该款项。

检察人员抽查了两批次白酒生产记录单，其中：第一批次原酒入库数量 23 156kg，原材料领用量 62 157kg；第二批次原酒入库数量 25 718kg，原材料领用量 68 742kg。

假定××老窖所生产主副产品对外销售比例一致。

2. 风险点判断和结论

未退还的信誉保证金的违约金和罚款及毁损包装物的押金符合税法征税的条件，但企业未按税法规定计征增值税、消费税。

免税收入销售额与应税货物销售额配比低于0.3%，可能存在相应的进项税额未转出，处于预警区间。

进项税额增长率大于销项税额增长率，导致增值税税负率降低，可能存在少缴增值税。

第一批次原料出酒率 = 原酒入库数量 ÷ 原材料领用量 ×100% =23 156 ÷62 157 ×100% =37.25%；第二批次原料出酒率 =25 718 ÷68 742 ×100% =37.41%，属于正常范围。

与销售公司结算价格为零售价格的50%，低于对外销售价格，可能存在降低消费税税基。

管理不善造成包装盒损失113万元，根据税法规定，管理不善的损失相应进项税额需要转出，可能存在部分进项税额未转出。

3、4月营业外收入变动比较大，可能存在应税收入未申报纳税。

3. 风险特征分析计算

3月增值税应税收入39 936 126.69元，应纳增值税税额2 571 437.19元；4月增值税应税收入47 619 538.8元，应纳增值税税额2 351 158.79，增值税应税收入增加但应纳增值税税额减少。

其他应付款变动率 =（期末其他应付款 - 期初其他应付款）÷期初其他应付款 ×100% =（32 910 830.27 -20 877 651.23）÷20 877 651.23 ×100% =57.64%，变动较大。

××老窖与销售公司的结算价格为零售价50%，低于销售单位对外销售价格×70%。

2018年3月销售毛利率 =（主营业务收入 - 主营业务成本）÷主营业务收入 ×100% =（39 961 494.67 -24 536 357.73）÷39 961 494.67 ×100% =38.60%，4月销售毛利率 =（47 641 704.15 -30 964 551.07）÷47 641 704.15 ×100% =35.01%。

2018年3月免税收入销售额与应税货物销售额占比 =25 367.98 ÷39 936 126.69 ×100% =0.06%，4月免税收入销售额与应税货物销售额占比 =22 165.35 ÷47 619 538.8 ×100% =0.05%。

2018年4月管理不善造成包装盒的损失113万元，需要转出的进项税额为113 ×17% =19.21万元。（注意：此处原材料为2018年5月1日前采购，增值税税率应为17%。）

2018年3月应纳增值税税额2 571 437.19元，应税货物及劳务销售额39 936 126.69元，因不涉及产品直接出口，本期增值税税负率 =2 571 437.19 ÷39 936 126.69 ×100% =6.44%。

2018年4月应纳增值税税额2 351 158.79元，应税货物及劳务销售额47 619 538.8元，因不涉及产品直接出口，本期增值税税负率 =2 351 158.79 ÷47 619 538.8 ×100% =4.94%，处于预警区间。

营业外收入增长率 = （本期营业外收入 - 基期营业外收入） ÷基期营业外收入 × 100% = （337 998. 14 - 215 435. 78） ÷215 435. 78 ×100% =56. 89%，变动较大；

销项税额变动率 = （本期销项税额 - 基期销项税额） ÷基期销项税额 ×100% = （8 095 321. 6 - 6 789 141. 54） ÷6789141. 54 ×100% =19. 24%；

进项税额变动率 = （本期进项税额 - 基期进项税额） ÷基期进项税额 ×100% = （5 815 657. 77 - 4 236 639. 14） ÷4 236 639. 14 ×100% =37. 27%；

进项税额变动率远大于销项税额变动率。

4. 风险信息排除确认

× ×老窖在酿酒过程中产生的酒糟等副产品与行业平均水平相当，纳税申报免税收入销售额偏低，低于0. 3%，处于预警区间，企业肯定存在少报增值税免税销售额。

未退还的信誉保证金的违约金和罚款及毁损包装物的押金符合税法征税的条件，但未按税法规定计征增值税、消费税，肯定存在少报增值税、消费税。

符合税法条件的包装物押金，信誉保证金的违约金、罚款等未按税法计征增值税，直接销售大米毁损等进项税少转出等都会导致增值税税负率偏低。

符合税法计税条件的包装物押金，信誉保证金等未计税，长期挂账其他应付款，肯定存在收取价外费用少确认收入。

× ×老窖与销售公司按销售公司零售价 50% 结算，消费税税基偏低，属于关联方交易，肯定存在关联交易降低消费税税基。

2018 年 4 月管理不善造成包装盒损失 113 万元，需要进项转出金额为 19. 21 万元，而增值税申报表进项税转出金额为 71 494. 96 元，企业肯定存在非正常流动资产损失未进行进项税转出。

5. 风险应对经验策略

按照前述风险判断、分析、确认结果，对× ×老窖酒业有限公司 2018 年 3 月和 2018 年 4 月纳税遵从情况进行分析，评定其风险等级为：高。

依据：生产企业消费税计税价格与销售单位对外销售价格占比低于 70%，处于预警区间；免税收入销售额与应税货物销售额占比低于 0. 3%，处于预警区间；白酒生产企业增值税税负率低于 5. 5%，处于预警区间；白酒生产企业销售毛利率低于 40%，处于预警区间。共计四个项目处于预警区间，属于高风险。

查实管理不善造成损失进项税额转出情况，应做而未做转出的进项税额部分，补缴增值税。

其他应付款变动较大，需逐笔查实企业取得价外费用、违约金等款项符合收入确认条件未及时确认，长期在其他应付款等往来科目挂账。

核查企业产品中主副产品产出比率规律，根据产出比率和主产品数量确认副产品产出量，并根据副产品销售单价确定副产品销售额。

根据采购及入库明细与进项税额抵扣明细比对，排查进项税额抵扣的真实性、合理性，查找进项税额增长率远大于销项税额增长率的原因。

逐笔核实营业外收入，检查是否有应税收入未申报纳税。

收入增长小于成本增长，需检查每月结转成本计算单的品种、数量、单价、金额的真实性。

查实企业消费税计税价格偏低的情况，核定企业消费税最低计税价格，按照最低计税价格与原计税价格差额补缴消费税。

二、实验总结

本案例将税收风险管理理论与税种管理特点紧密结合起来，加强风险监控，发挥风险应对纳税评估的作用，堵塞管理漏洞，提高征管质效。日常征管中应重视第三方信息，重视评估方法的选择应用，重视风险管理作用的发挥。

第一，该案例把握行业特点，从案头分析到风险应对。白酒生产行业涉及多个主要税种，如增值税、消费税和企业所得税等。增值税进项抵扣政策也较繁杂，有凭票抵扣，也有农产品采集进项抵扣。消费税既有从价，也有从量征收。

风险应对根据案头分析风险判断与排查确认的结果有的放矢，具有很强的借鉴作用。

第二，对白酒生产行业进行纳税估时，应重点关注以下几个方面的涉税风险点。

一是少计销售收入。

少计销售收入可能是因资金结算管理过于松散造成的。白酒生产、销售过程一般为：生产企业—销售公司 — 一级代理商（经销商）— 批发商 — 饭店（超市）— 消费者，同时还在各地设立办事处。销售过程中，企业大量使用现金结算，甚至将货款打入财务人员个人卡内，另外企业面对的客户很多是不索取发票的，可能存在少缴税款的问题。

视同销售未确认收入，如用于业务招待、赠送、职工福利、抵债等业务的酒产品未按规定计税；将产品移送至非独立核算的异地销售机构，未视同销售计提增值税。

收取的包装物押金未按规定计提增值税、消费税。

外购酒基、酒精、包装物不入账、少入账，隐瞒实际产量、少计销售收入。

另外，小酒厂往往财务核算不健全、内控缺失，采用账外经营方式偷逃税款现象严重。

二是消费税计税价格偏低。

按照《白酒消费税最低计税价格核定管理办法》（国税函〔2009〕380 号），白酒生产企业销售给销售单位的白酒，生产企业消费税计税价格低于销售单位对外销售价格（不含增值税，下同）70% 以下的，税务机关应核定消费税最低计税价格，一般按照销售公司对外销售价格的 60% 调整。调研发现，规模以上企业均采取设立销售公司的形式达到少缴消费税的目的，有的企业甚至采取设立二级销售公司逐级加价方式，消费税计税价格按一级销售公司为基数计算，从而达到少缴消费税的目的。还有企业在发票开具上做手脚，一是采用多开折扣额方式，二是通过与经销商签订合同，将一部分销售费用从价格中减除，从而降低销售公司对外销售价格，少计消费税。

三是进项税额抵扣问题。

农产品抵扣方面。部分企业本不生产基酒，采取虚假自制基酒入库、出库方式骗抵农产品进项税额。

非正常损失方面。原材料、酒产品霉烂变质等不按规定做进项税额转出处理。

取得的运费发票与自身经营无关，或与运力、物流不符。

销售免税酒糟产品未按规定做进项税额转出处理。

四是行业经营方式和营销模式调整带来的税收风险。

多种促销手段造成涉税风险。如白酒企业利用节假日推出“买一赠一”、买白酒赠手机、其他商品、购物卡等促销措施；有的企业发挥旅游优势，建立白酒博物馆，利用旅游旺季扩大销售业绩。营销模式的改变也带来了涉税风险：

①有的白酒销售公司为转移促销费用，按照销售规模收取一定的价外费用，将返利费用、兑奖支出及渠道建设费用以保证金形式直接从销售收入中分离，达到少缴增值税目的；②推出封坛酒，顾客付款后可无限期储存，以产品未发出为由少计增值税和消费税；③对销售商、代理商的实物返利、实物兑奖未按规定计税；④为销售商定制低档酒，降低价格少计收入；⑤买赠活动应客户的要求对赠品不开票，采取将产品数量由“件”变“套”等虚假出库方式，少申报增值税和消费税；⑥收取的违约金、串户罚款长期在往来账上反映。

本案例选择了白酒行业中的大中型白酒生产企业为评估对象，在评估分析环节，通过调取企业的基本情况表、财务报表和纳税申报表等有关申报资料和企业备案的相关资料，并向企业了解各种经营信息，利用财务分析、纳税调整结合企业自身特点，有针对性地进行纳税评估。通过本案例的评估，进一步进行分析、归纳、总结，以便找准白酒行业的纳税评估对象。

本案例中税务局风险管理人员以企业上报的财务报表数据分析为基础，运用纳税评估相关指标、结合白酒行业企业特点展开分析，查找可能存在的税收风险点，利用消费税税负率、增值税税负率、销售毛利率、投入产出比等筛选指标，结合白酒类生产纳税人经营及纳税情况对比，查找企业存在的疑点，经过分析、约谈、评估处理，完成评估。通过对该白酒生产企业的典型评估剖析，为各税源管理单位提供了风险样本，有效地促进了白酒生产企业的税源管理。对重点税源实行精细化、专业化管理，充分发挥纳税评估的作用，加强对白酒生产企业的监控管理，对于确定纳税评估对象是具有可操作性和现实意义的。

三、知识拓展

1. 筛选纳税评估对象

筛选纳税评估对象要依据税收宏观分析、行业税负监控结果等信息，结合各项评估指标及其预警值和风险应对人员掌握的纳税人实际情况，参照纳税人所属行业、经济类型、经营规模、信用等级等因素进行全面、综合的审核对比分析。

2. 重点评估分析对象

经综合审核对比分析，发现有问题或疑点的纳税人要作为重点评估分析对象；重点税源户、特殊行业的重点企业，将销售收入增加而税收下降、销售增幅与税收增幅不匹配、销售收入规模、税收规模与生产经营规模不匹配的企业以及税负异常变化、税负率低于同地区同行业、长时间零税负和负税负申报、纳税信用等级低下，日常管理和税务检查中发现较多问题的纳税人作为重点纳税评估对象。

3. 行业税收管理建议

应重视对白酒生产企业与其关联的独立核算的白酒销售公司之间转移定价问题的增值税、消费税管理。应加强对白酒生产企业增值税进项税额的管理，特别是对收购农产品进项税额抵扣税款的真实性、合法性的管理。白酒生产企业所耗用的酒瓶、瓶盖、商标以及内外包装物属于白酒产品价格的组成部分，其在关联企业核算的部分也应属于增值税、消费税管理的重点。对于购进酒精或白酒（基酒），勾兑成品酒，其生产周期短、隐蔽性强，应强化管理。税收管理员在日常征管工作中应加强对企业经营情况生产经营模式的熟悉与了解，密切注意企业生产和销售情况，加强动态管理。应积极进行市场调研，及时了解市场信息，特别是要了解产品的价格信息，掌握工作主动权。

第八章　道路运输业税收风险管理

第一节　知识准备

一、实验目标

通过本实验，使学生了解道路运输业经营特点，掌握道路运输业纳税评估对象的确定、案头审核分析方法、约谈举证及实地核查方法等内容，纵向掌握道路运输业业务流程，从接单、流转、配送、储存、流通加工、特殊事项等环节中查找容易产生税收风险的重要节点；横向掌握区分风险事项、分别按照重点税收风险和一般性税收风险分别进行识别和分析。帮助学生掌握道路运输业纳税评估的流程，研究分析现行道路运输业存在的税收风险，探索学习建立道路运输业纳税评估指标，通过团队协作完成道路运输业税收风险防控案例分析实验，提高道路运输业纳税评估的技巧和水平。

通过税收风险管控教学与实验，让企业财税岗位人员站在税务局管理企业纳税遵从度评价的角度来训练、观察、分析、判断企业涉税处理是否合理、是否存在税收风险点，学习税务局如何通过风险指标、风险特征模型的运用，结合各类数据获取及验证的经验和方法来指导企业业务组织、纳税管理，同时也通过税收风险管控分析的过程，培养学生依法进行涉税处理和业务合理安排的法制观念、成本意识、全局视野。

通过道路运输业发展现状了解我国经济社会发展的现状以加强学生的国情教育；通过税收风险防控分析的过程引导学生树立岗位责任意识、依法纳税意识、引导学生践行爱岗敬业。

二、实验知识准备

（一）行业定义

道路运输是指在公共道路（包括城市、城间、城乡间、乡间能行驶汽车的所有道路）上使用汽车或其他运输工具，从事旅客或货物运输及其相关业务活动的总称。根据国家统计局发布的《国民经济行业代码》，道路运输行业明细代码为 G54；道路货物运输业属于交通运输行业大类中几小类之一，行业代码为 G5430。

道路货物运输是指所有道路的货物运输活动。包括下列活动：普通货物道路运输活动；普通货车道路运输活动、冷藏车道路运输活动、罐车道路运输活动、其他普通车辆专业货物运输活动；集装箱道路运输活动；大型货物道路运输活动；危险货物道路运输活动；邮件包裹道路运输活动；搬家运输活动；小型货车（含小面包车）运输；专门为超市、连锁店、加盟店提供送货的活动；城市内大件物品送货大门的活动；以道路运输为主的物流公司（中心）的活动；非机动车货物运输活动；其他道路货物运输活动。

不包括：汽车货运站（场），小件物品速递、宅急送，道路货物运输打包服务；道路货运代办服务；货物装卸站、货场、仓库的经营管理活动。

（二）行业类别划分

道路货物运输是指在公路上通过交通运输工具运送货物的活动，具体是指经营公路货运和与之相关联的产业。公路货运以其小批量、多批次、灵活方便的优势可以实现门到门运输，连接机场、港口、铁路枢纽和对外口岸，为其他运输方式提供集疏服务。根据运输业务的属性分类，道路货物运输行业企业可以分为以下几个类别：

1. 自运业务

自运业务是指纳税人利用自备车辆为客户提供运输业务，从而取得营业收入，这也是最简明的运输经营形式。

2. 联运业务

联运业务是指联程运输业务，货物必须依靠他人提供运输服务才能送达目的地。具体是指两个或两个以上运输企业完成货物从发送地点到到达地点所进行的运输业务，联运业务的表现为一次购买、一次收费、一票到底。对承揽联运业务的纳税人来说，其实是向货主统揽该项运输业务，利用自备车辆承运一段路程，然后转给其他公司（个人），纳税人向货主统一收取运费，联运合作方将发票开给纳税人，纳税人再将运费支付给合作方的过程。

3. 货运代理业务

货运代理的前提条件是承运人自己没有车辆，同时承运人不对货损负有责任，不承担相应法律义务。它是指纳税人向货主统揽一项运输业务，然后直接发包给有运输能力的公司（个人），从中赚取差价或者手续费。

4. 物流企业

物流企业是指在提供运输劳务的同时，还提供货物仓储、挑选整理等劳务。

（三）行业经营特点

1. 进入门槛较低，经营主体复杂

货运行业准入门槛较低，有合规的运输工具即可参与运输，整个行业小规模企业数量较多，企业规模参差不齐。经营主体有私营、国营甚至外资企业。整个行业呈现经营主体多、经营规模小、经营秩序较为散乱的特点。

2. 经营形式多样

在经营方式上，同一纳税人的应税劳务既有自运、联运，也有代理，多种经营方式共存在物流企业极其普遍，混合经营形式普遍存在。在运输形式上，有散货运输、集装箱运输、灌装运输、挂车运输、冷藏运输等。在组织形式上，有长途运输、短途运

输等。

3. 车辆挂靠方式复杂

主要挂靠方式有：车辆过户到公司，但是车辆的所有费用或者部分费用不在公司列支的挂靠；车辆不过户，仅收取管理费，公司为车主代办保险、代交各项规费的挂靠；公司与车主共同出资购买，车辆过户到公司，公司缴纳保险和各种税费，财务将公司承揽的运输业务取得的收入入账，车主自己承揽的业务就不入账。造成收支不完全纳入财务核算的隐形挂靠。

4. 不规范经营现象普遍

货运企业均存在不同程度的超载、超宽等运输方式，车辆证照标示运载能力与车辆实际运载力不符，存在不规范现象。

5. 企业财务核算水平参差不齐

企业规模大小不同，经营方式多样，费用支出零碎、烦琐，油料费、路桥费等主要支出可能无法直接配比。经营者有意无意间可能存在隐瞒、少计收入情况。

6. 存在内在联系

企业的运输力量、营业收入、路桥费、油料费、司机薪酬等主要费用之间存在一定的关系，虽然路桥费、油料费、司机薪酬等主要费用无法直接核实其真实性，但市场竞争的结果就是货运运价会有一个行业平均价格，这使不同企业之间的运输力量、营业收入、主要费用三者之间也有一个趋于相近的平均值。

7. 驾驶员工资主要采取包干制

纳税人与驾驶员约定，一项运输业务完成后，公司向驾驶员支付定额费用，结余归己。费用支付方式由驾驶员提供油费、过路费等发票到公司报销。

（四）行业发展趋势

1. 道路运输发展趋势

国内道路运输行业企业规模普遍偏小，业务单一，经营管理方式粗放，且市场竞争不规范，行业竞争异常激烈，价格几乎成为竞争的唯一手段。随着国民经济对道路运输要求的提高，运输覆盖范围也呈逐步扩大态势，运输结构逐步优化，集约化、规模化、网络化经营将是道路运输企业的发展目标，也是企业适应现有竞争格局的有效手段。

2. 道路运输的信息化、智能化发展趋势

道路运输业的发展，促进了物资的流通和人员的往来。然而，随之而来的交通拥挤、道路阻塞、交通事故频发、空气污染严重等问题也威胁着人们的生活和社会的进步。先进的信息技术、数据通信传输技术、电子控制技术及计算机处理技术的智能运输管理系统将会被广泛使用，以有效提高公路交通安全水平和通行效率，推动运输资源的优化配置，提高企业的调度及运营能力。因此，信息化、智能化将是未来道路运输业发展的重要方向。

3. 道路运输的节能化、环保化发展趋势

2020 年 9 月，中国国家主席习近平在第七十五届联合国大会上宣布，我国二氧化碳排放力争于2030年前达到峰值，争取在2060年前实现碳中和。“双碳”目标是党中央、国务院从战略高度推动绿色发展作出的重要部署，也是我国向国际社会作出的承诺。随着我国城市化进程的加快，道路运输承担的客货运输量逐年增长，汽车保有量越来越大，道路运输业造成的能源消耗和环境污染问题，日益受到各级政府相关部门的重视和担忧。为助力“双碳”目标的实现，未来，从场站规划、线路布局、车辆改进及运输管理等方面实现道路运输的节能化、环保化将是行业可持续发展的必然要求。

4. 道路运输的安全性、舒适性要求将继续提高

道路运输服务是一种社会服务，而社会服务质量则是人们生活质量的重要体现。随着我国国民经济的持续增长，产业结构的升级和人民生活水平的提高，居民对道路运输的消费需求层次逐步提升，客户的基本要求也逐步从“走得了”变为“走得好”，并对运输服务的安全性、舒适性、时效性提出了更高要求。因此，道路运输企业不仅要加大在技术装备和服务设施等硬件设施的建设，更要重视在服务理念、服务模式、服务管理上的创新，以满足客户的消费升级需求，提高企业的市场竞争力。

（五）涉税管理难点

1. 行业经营方式复杂，税收管控难度大

道路运输业由于自有车辆有限，挂靠经营形式比较普遍。挂靠方（车主、船主通常为自然人）利用所挂靠的企业、组织等经济主体身份，获得自身难以取得的营运资格、开具货物运输业增值税专用发票的资格、交易信用等，而且在事故处理、保险赔付等方面获得一定的便利。被挂靠方则以收取“管理费”“服务费”等名义获取利润、代开发票。挂靠经营双方虽然貌似是利益共同体，但在实践中，被挂靠方对挂靠方的管理通常是松散的，实际车主和名义车主往往不一致，再加之规费收取利益驱动，导致部分车辆跨区域办理车辆登记及挂靠，车籍所在地、企业注册地和实际经营地往往不一致，挂靠方实际上处于个体经营状况，涉税风险大，税收难以管控。

2. 成本费用难以取得，区域财政税收返还，引发各种涉税风险

被挂靠人以收取挂靠户的管理费计收入，而经营过程中发生的购车、汽（柴）油、修理修配等费用全部由挂靠人承担，挂靠人无法按增值税管理要求取得合法有效凭证，即使取得合法凭证，被挂靠人也并非都能在成本中列支或抵扣。此外，部分运输车辆所有权未过户，不属于被挂靠人，被挂靠人无法计提车辆的折旧费用，无法取得经营过程中的其他成本、费用票据，即便是被挂靠人有车辆，收入与成本也很难完全匹配，被挂靠人收取的管理费无法承受企业所得税支出，必然会导致纳税人通过变相虚列成本费用、接受虚开发票的方式来平衡利润。由于路桥费、停车费、油料费、司机薪酬等费用难以核实其真实性，征管难度较大。同时，由于货运企业车辆存在不稳定、流动性大的特点，每辆车的收入与成本不能一一对应，难以配比，造成部分企业通过“账外账”“两本账”的方式逃避缴纳税款。有些地区为了满足财政增长需要，采取财政返还的形式，降低企业实际税负，吸引外地税源，使这些地区某些企业铤而走险，采取虚开、多开货物运输业专用发票等方式来骗取财政返还，导致国家税收大量流失。

3. 混业经营现象普遍，税率分歧产生漏洞，实务操作有空可钻

部分企业在从事货物运输的同时，也从事港口码头服务、场站服务、货物运输代

理、仓储和装卸搬运等物流辅助服务。根据税法规定，货物运输业务属于交通运输业，适用9%增值税税率；货运代理、仓储、装卸搬运、港口码头服务等业务属于物流辅助服务，适用6%增值税税率。判断货物运输还是货运代理则以是否直接提供货物运输劳务作为标准。实务中，税务机关和纳税人在税目、税率的适用上往往会产生分歧，易引发涉税风险。

第二节 道路运输业税收风险管理理论

一、道路运输业主要涉税风险领域及税收风险点

（一）主要涉税风险领域

收入环节—成本环节—核算环节—开票环节。

（二）税收风险点

道路运输业的税收风险点分析如表8－1所示。

表8－1 道路运输业的税收风险点分析

税收风险点	税收风险描述	影响税种
收入难以准确计量，有虚开发票的空间	挂靠经营中，大多数挂靠人只是将企业承揽的运输业务取得的收入入账，自行承揽的业务不入账，加之交通运输企业能取得进项税发票，给隐瞒收入虚开发票留下了空间。	增值税，企业所得税
成本难以准确核算，有虚抵发票的风险	一是成品油抵扣比例畸高，在正常情况下，运输企业燃油成本应占运输成本的30%—35%，一般不超过40%。二是成品油进项税发票来源地异常，一些企业长期在异地运输，可加油开具的增值税专用发票却显示在本地；或一些企业运输路线在本地，可加油开具的增值税专用发票却显示在外地。三是修理费发票比例低，配件发票比例高、配件类型单一，虚构维修车辆、更换配件，进行进项税额抵扣。	增值税，企业所得税
核算混乱，有少计收入等风险	运输企业具有挂靠经营，现金结算，只是组织运输，实际并不能对挂靠户财务进行有效的财务核算的特点，造成了企业往往核算混乱，存在少计其他业务收入和营业外收入的风险。	企业所得税
税率多档，发票开具有风险	纳税人发票开具品目和规定税率不一致，或是通过所谓的税收筹划混淆税目，达到少缴税款或是多开销项税的目的。比如将短距离运输按装卸搬运的税率缴税；比如签订虚假的出租汽车合同，将实质交通运输业务混淆为动产租赁等。	增值税

二、道路运输业纳税评估方法

纳税评估方法主要包括税负分析法、营运能力分析法、油耗分析法。实际工作中，

将这三种方法配合使用，能更准确地找出纳税人的涉税问题。

（一）税负分析法

税负分析法，需要首先根据货运行业宏观税收数据分析结果，找出行业税收风险较高、涉税问题较多的县（区、市），然后对该县（区、市）该行业的所有纳税人，进行微观税收分析，选出风险高、偏离值大的纳税人，从而确定纳税评估对象。这种方法对各行业普遍适用，也是开展行业纳税评估初期最常用的方法。

1. 评估模型

（1）行业税负指标

行业实际税负 = 行业申报入库税额 ÷ 行业营业收入总额

行业申报入库税额 = ∑单户纳税人入库税额

行业营运收入总额 = ∑单户纳税人营业收入

行业宏观税负 = 行业申报入库税额 ÷ 统计部门货运业 GDP

（2）单户税负指标

实际税负 = 入库税额 ÷ 营业收入

（3）开票额变动率与入库税额变动率指标

开票额变动率 = （当期开票额 − 上期开票额） ÷ 上期开票额

入库税额变动率 = （当期入库税额 − 上期入库税额） ÷ 上期入库税额

2. 应用分析要点

（1）行业税负指标的计算值分区县进行排序，指标值越大，初步表明该区县风险较高，以此确定重点评估的区县。

（2）单户税负指标的计算值分户排序，指标值越大，该户纳税人涉税问题可能较多，从而将该户列为评估对象。

（3）开票额变动率与入库税额变动率指标用来判断发票开具额与应纳税额是否同向增长，如果指标计算值越高，表明该户风险越高，通过计算值排序，确定出评估对象。

3. 税负标准值参数范围

见表 8 − 2。

表 8 − 2 道路运输业税负参数范围

税种	税负取值
综合税负	4.35%—5.55%
其中：增值税及附加	3.33%
企业所得税	1.05%—2.25%

异常值设定：3.5% ≤实际税负 <4.35%；

预警值设定：实际税负 <3.5%。

4. 数据来源

数据来源主要包括：货运发票开票系统、统计部门公开发布的行业统计数据，征管系统数据。

（二）营运能力分析法

营运能力分析法，是根据纳税人全部车辆，考虑实际经营中的影响因素，测算出所有车辆满负荷营运、正常营运、较差营运情况下的营业收入，然后与公司发票开票额和营业收入进项比对，从而找出涉税疑点的方法。

1. 评估模型

（1）公司营业收入测算

营业收入 = ∑四种车型（总载质量 × 每吨每天营运收入 × 营运天数）

（2）偏离值测算

偏离值 = 实际营业收入 - 测算营业收入

偏离系数 = 偏离值 ÷ 测算营业收入

异常值设定：30% ≥偏离系数 > 10%

预警值设定：偏离系数 > 30%

（3）税收差异测算

税收差异 = 偏离值 × 适用税率

2. 应用分析要点

该方法能较为正确地测算出纳税人是否存在虚开、代开运发票的行为，特别是账面营运收入额（开票额）远远超过满负荷运营状态下测算出的营业收入额时，这类纳税人税收风险很高，应作为重点评估对象，对营运业务的真实性进行重点核实。

计算全部车辆载质量时，应根据机动车登记证区分车辆类型，同时分自备车、挂靠车分别汇总，摸清纳税人车辆权属情况和车辆载重情况。

确定每吨每天营运收入时，要充分考虑实际运输过程中普遍存在的超载现象，了解纳税人经营状况，同时区分长途、短途，计算平均值。

对不符合三个条件的挂靠车辆，应特别关注是否存在以公司名义开具发票的情况。

每一公司的运输业务类型大多比较固定，评估时应深入调查纳税人的业务类型和盈利模式。

3. 标准值参数范围（指标值的确定）

（1）核定总载质量的确定（按车辆类型）

根据我国新的汽车分类国家标准（GB9417 - 89），依据公路运行时厂定最大总质量（GA），将载货汽车分为四类（表 8 - 3）。

表 8 - 3　汽车分类

车辆类型	最大总质量（GA）
微型	GA≤1.8 吨
轻型	1.8 吨 < GA≤6 吨
中型	6 吨 < GA≤14 吨
重型	GA > 14 吨

纳税人车辆核定总载质量 = $\sum$单个车辆载质量（分车辆类型）

（2）每吨每天营运收入和评估期天数的确定（分车辆类型、经营状况）

将车辆营运状况分为满负荷、正常、较差三类，再将营运线路分为长途运输和短途运输两种，测算出每吨每天营运收入和评估期营运天数。

微型车：该车型主要从事零星短途运输，因此长途运输不考虑，且有时空闲时间较多，收费相对较高（表 8 –4）。

表 8 –4　　微型车运营数据

经营状况	营运天数		每吨每天营运收入	
	市内（短途）	市外（长途）	市内（短途）	市外（长途）
满负荷	300		160	
正常	240		140	
较差	180		120	

轻型车（表 8 –5）：该车型与微型车相似，只是营运时间多一些。

表 8 –5　　轻型车运营数据

经营状况	营运天数		每吨每天营运收入	
	市内（短途）	市外（长途）	市内（短途）	市外（长途）
满负荷	310		150	
正常	260		130	
较差	200		110	

中型车（表 8 –6）：该车型既有短途也有长途，企业不一样，业务也不同。

表 8 –6　　中型车运营数据

经营状况	营运天数		每吨每天营运收入	
	市内（短途）	市外（长途）	市内（短途）	市外（长途）
满负荷	300	330	130	140
正常	250	300	120	130
较差	180	240	100	110

重型车（表 8 –7）：该车与中型车类似，既有短途也有长途，但营运时间相对较长。

表 8 –7　　重型车运营数据

经营状况	营运天数		每吨每天营运收入	
	市内（短途）	市外（长途）	市内（短途）	市外（长途）
满负荷	330	350	130	140
正常	300	330	120	130
较差	200	250	100	110

4. 数据来源

车管部门车辆登记情况，纳税人财务报表数据，固定资产中的车辆明细账，综合征管系统。

（三）油耗分析法

油耗分析法是根据纳税人评估期内所耗用的燃油数，利用耗油量、里程（公里数）、营运收入之间的关系，测算出与用油数相对应的实际营运收入，与纳税人账面收入进行比较的一种分析方法。

1. 评估模型

（1）营业收入测算指标

测算营运收入＝∑（汽车行程公里×三类经营状况每吨公里平均运费×平均载质量）

汽车行程公里＝∑（四类车型货物运输耗油量÷每百公里耗油量）

例：假设某企业评估期内整车运输油费为15万元，油价为5元/升，每百公里耗油量为30升，整车平均载质量为30吨；按照2008年重庆货运整车平均运费表，则测算营运收入＝（150 000/5/30）×100×30×0.289＝86.70万元。

（2）偏离值测算

偏离值＝实际营业收入－测算营业收入

偏离系数＝偏离值÷测算营业收入

异常值设定：30%≥偏离系数＞10%

预警值设定：偏离系数＞30%

（3）税收差异测算

税收差异＝偏离值×适用税率

2. 应用分析要点

该方法通过测算营运收入和纳税人账面收入进行比对，能及时发现交通运输行业较为普遍存在的虚列油费支出、偷逃所得税，或虚开、代开货运发票的行为。若测算营运收入大于账面收入，有可能存在虚增成本费用的问题；若测算营运收入小于账面收入，有可能存在虚开或代开发票的问题。

油耗分析法的关键在于油耗的真实性，对于金额较大的油费发票，可通过发函协查的方式进行验证。

确定每百公里油耗量时，应充分了解企业车辆的营运情况，分车辆类型，分空载、满载、平均值取值，同时还应充分考虑普遍存在的超载现象。

确定吨公里平均运费时，应充分了解车辆的承运类别，分整车、零担重货、零担轻货取值，同时要考虑到油价变动对运费的影响。

3. 标准值参数范围（相关指标值的确定）

（1）每百公里耗油量（表8－8）

表 8－8　　每百公里耗油量　　单位：升

车型	每百公里耗油量（空载）	每百公里耗油量（满载）	每百公里耗油量（平均）
微型	8—10	10—12	8—12
轻型	12—14	14—18	12—18
中型	18—20	20—24	18—26
重型	26—28	28—32	26—32

在实际用车中，油耗受复杂因素影响，如车龄、车的保养状况、磨损程度、载重、车速、驾驶技术等都会影响油耗，实际测算中可以根据上述影响因素进行测算的修正。

（2）实际货物运输耗油量

实际货物运输耗油量（升）＝纳税人账列油费÷油价

（3）每吨公里平均运费

公路运费收费分为整车（FCL）和零担（LCL）两种，后者一般比前者高 30%—50%。按我国公路运输部门规定，一次托运货物在两吨半以上的为整车运输，适用整车费率；不满两吨半的为零担运输，适用零担费率。

（4）平均载质量

平均载质量＝核定总载质量（考虑超载）÷车辆数量

4. 数据来源

企业的油耗可从成本费用账上获取，应注意将货物运输的油耗和行政办公的油耗区分开。采取加油卡核算的，可从加油站获取油耗信息。大型的运输企业为了内部成本控制，可能会有对燃料消耗的考核制度。其中的燃油消耗定额确定、油料消耗统计方法等对油耗的测算也有一定的帮助。

三、道路运输业纳税评估相关指标

道路运输业纳税评估风险指标及模型公式见表 8－9。

表 8－9　　道路运输业纳税评估风险指标及模型

序号	风险指标名称	风险指标模型公式
1	增值税税负率	（本期应纳税额÷本期应税主营业务收入）×100%
2	企业税费负担率	某企业税费总量÷该企业营业收入×100%
3	企业所得税贡献率	风险期应纳所得税额÷风险期主营业务收入×100%
4	增值税弹性系数	风险期应纳税额变动率÷风险期销售收入变动率
5	进项税额与销项税额弹性系数	风险期进项税额变动率÷风险期销项税额变动率
6	销售收入变动率	（风险期销售收入－基期销售收入）÷基期销售收入×100%
7	销售利润率	风险期利润总额÷风险期销售收入×100%
8	销售成本率	风险期销售成本÷风险期销售收入×100%
9	油耗成本率	风险期油耗金额÷风险期主营业务收入×100%
10	工资费用率	风险期工资费用÷风险期主营业务收入×100%

第三节 典型案例

一、实验内容及资料

（一）学习指引

本案例中税务局风险管理人员以企业上报的财务报表、增值税申报表、印花税申报表等数据分析为基础，通过税负分析、营运能力分析，结合道路运输业特点展开，查找可能存在的税收风险点，利用主营业务利润税负率、增值税税负率、印花税同步增长系数、主营业务利润率等筛选指标，结合道路运输业纳税人经营及纳税情况对比，进行案头分析。本案例需要学习者完成的主要任务是：

1. 利用案例提供的各类信息、数据对可能存在的税收风险点进行判断选择，同时说明思考的方法和思路。

2. 对据以判断选择的风险指标、指标模型、数据、依据等进行判断选择，同时说明思考的方法和思路。

3. 对明显不存在或明显存在的判断依据进行排除或确认，同时说明思考的方法和思路。

4. 对如何获取或验证风险点的数据、指标等的做法和经验进行判断选择，同时补充思考的方法和思路。

（二）案例资料

1. 企业基本信息

纳税人名称：杭州××货运有限公司（简称"××货运"）

统一社会信用代码：913301097384125000

公司成立时间：2009 年 7 月 1 日

经济性质：其他有限责任公司

注册资金：1 000 万

注册地址：杭州市滨江区南环路 375 号

经营范围：普通货物运输；商品汽车运输；仓储服务（不含化学危险品）；设备租赁；物流信息咨询；企业管理。

企业集团总部在杭州，2009 年 7 月注册成立并开始经营，2009 年 11 月认定为增值税一般纳税人。员工共 64 人，其中：总经理 1 人，经理 3 人，司机 50 人，普通员工 10 人。

2. 企业经营情况

（1）经营模式

公司化经营：负责车辆的管理、调度以及司乘人员的招聘、培训、考核、监督、安全工作的管理，经营者按照以下方式运营：①定期定线；②定线不定期；③定区不定期。

承包经营：将具备线路经营权的车辆承包给外部经营者，与公司外部经营者签订相关承包经营合同，承包经营方可根据合同约定自行管理车辆，或遵守货运企业管理并根据合同约定向货运企业缴纳承包费用。

挂靠经营：挂靠车主出资购买车辆，以道路客运企业的资质和名义进行经营，并向企业支付相应的管理费或有偿服务费的经营方式，经营中的风险和安全责任全部由车主承担。

联运业务：纳税人向货主统揽一项运输业务，利用自备车辆承运一段路程，然后转给其他公司（个人）纳税人向货主统一收取运费，联运合作方将发票开给纳税人，纳税人再将运费支付给合作方。

（2）企业经营数据

该企业的经营数据如图 8－1 至图 8－6 及表 8－10 所示。

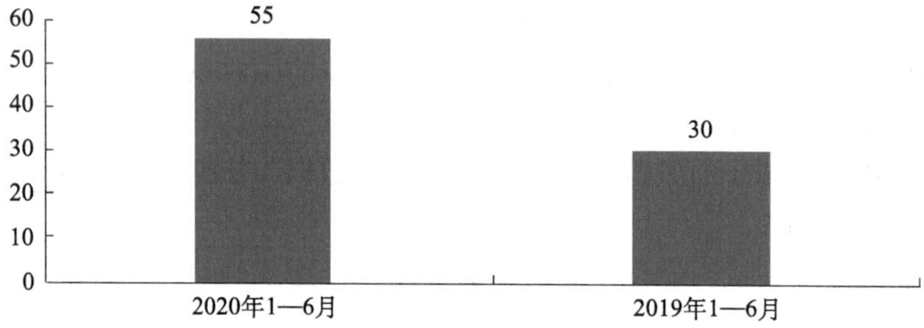

图 8－1　油费占成本百分比明细

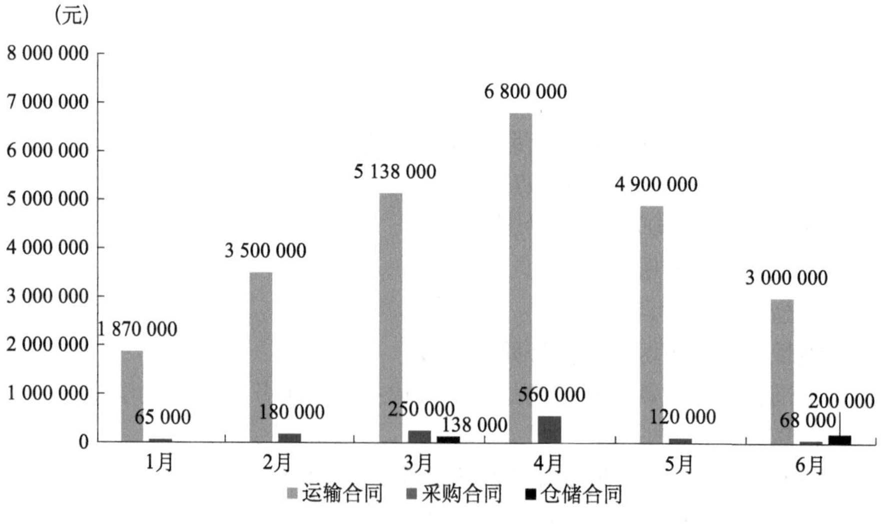

图 8－2　2020 年 1—6 月合同签订明细

表 8－10　　2020 年取得进项发票分配表

时间	合肥市德邦物流有限公司		其他	
	份数	进项税额（元）	份数	进项税额（元）
1 月	10	86 258	5	98 260
2 月	16	166 258	12	156 300
3 月	18	284 412	13	282 368
4 月	2	287 990	23	426 300
5 月	3	145 200	15	356 320
6 月	5	62 300	15	302 500
合计	54	1 032 418	83	1 622 048

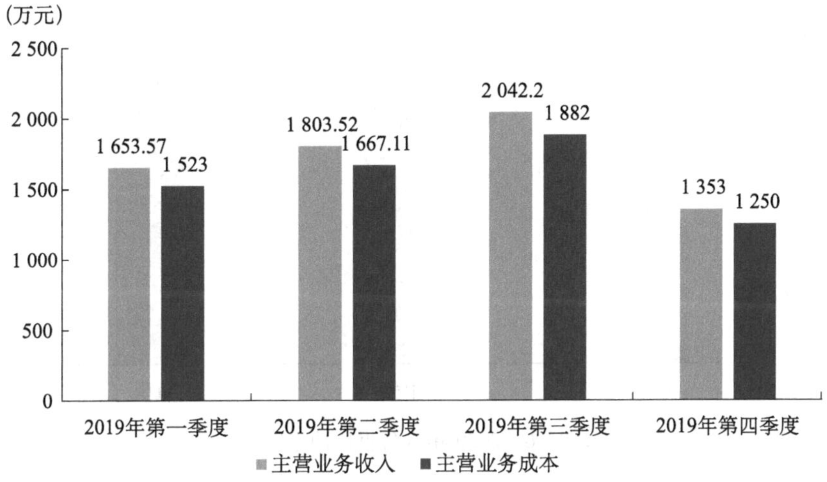

图 8－3　2019 年经营业绩信息

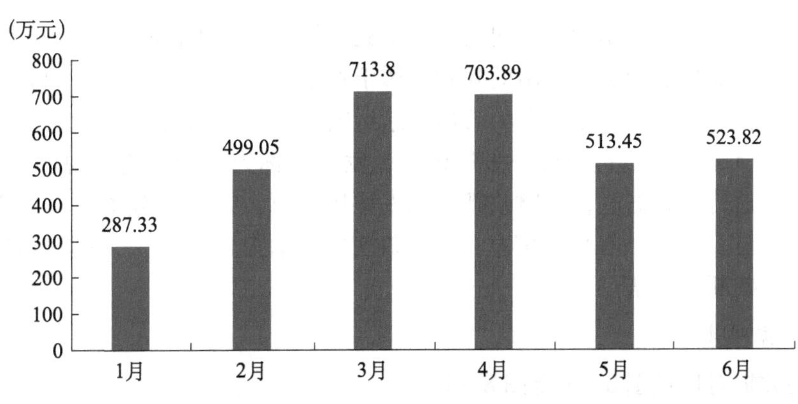

图 8－4　2020 年 1—6 月增值税专用发票开具情况

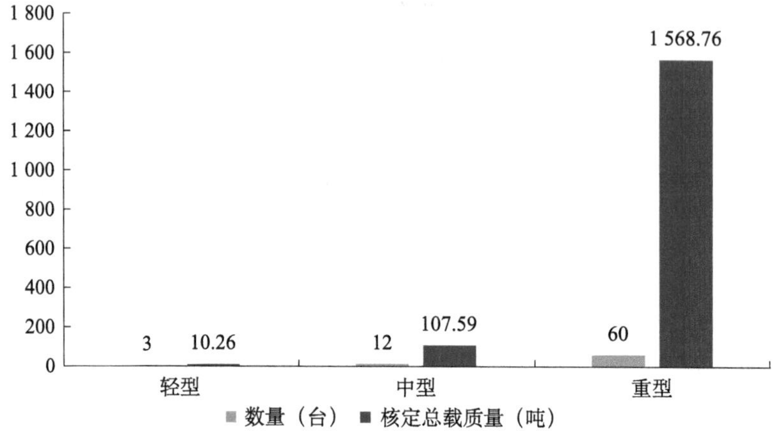

图 8－5　2020 年 1—6 月运输工具、运输数量分布

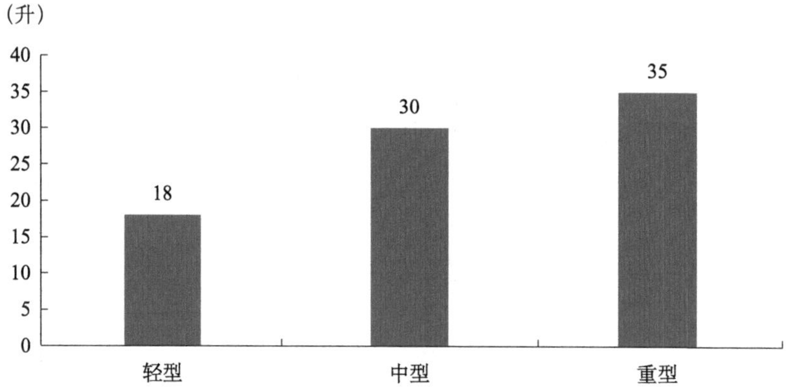

图 8－6　2020 年百公里耗油量明细

（3）其他情况

所有业务均发生在浙江、安徽、江西，其申报营业收入都是南部地区取得收入。

公司中型车、重型车为母公司与某大型央企签订的常年合同，其运营情况基本为满负荷运转，运输目的为黄河以南的外省，属于长途、重型车主要运送钢材，中型车主要运输电器及化工产品等，小型车为市内短途运输，运营情况较差。

2020 年 5 月 ××货运取得一张过桥票，发票名称为“山西省非税收入专用收据”，联次为车辆通行费收据联，有财政部门的发票监制章，票面记载了“总限重、总轴重、车道、收费员、车型”等详细信息，出站口明确表示为“太原”，发票从票面来看要素齐全，初步判断为真票。

3. 数据对比

相关数据对比见图 8－7 至图 8－11。

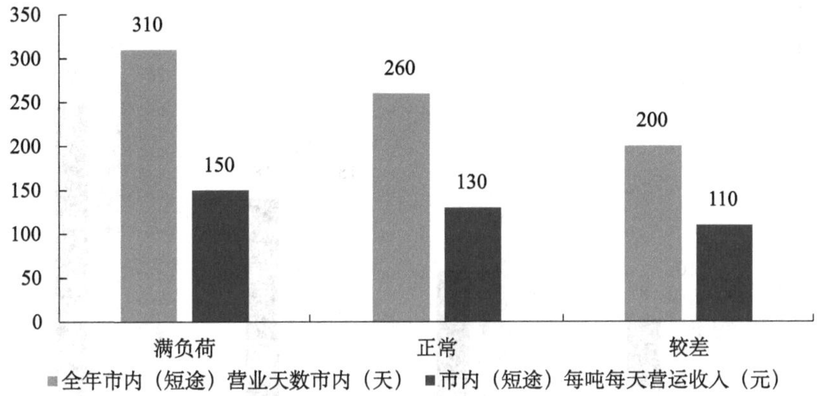

图 8－7　2020 年轻型车营业天数与收入行业数据

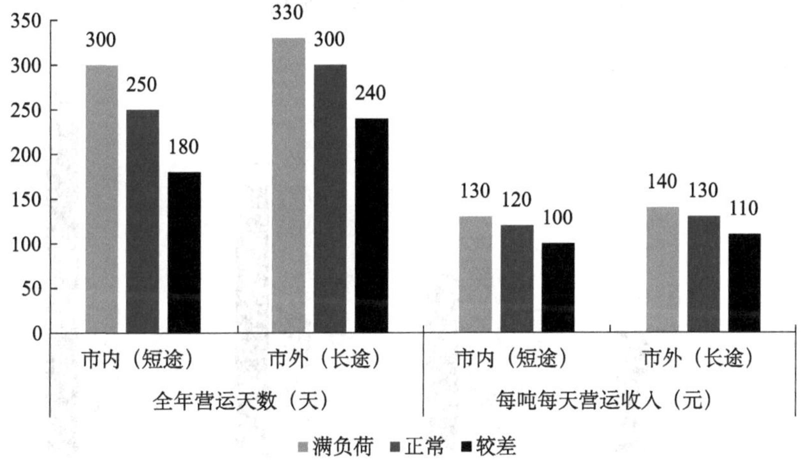

图 8－8　2020 年中型车营业天数与收入行业数据

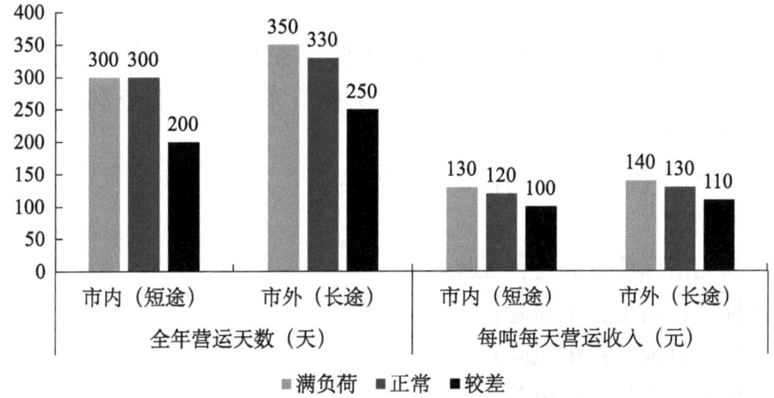

图 8－9　2020 年重型车营业天数与收入行业数据

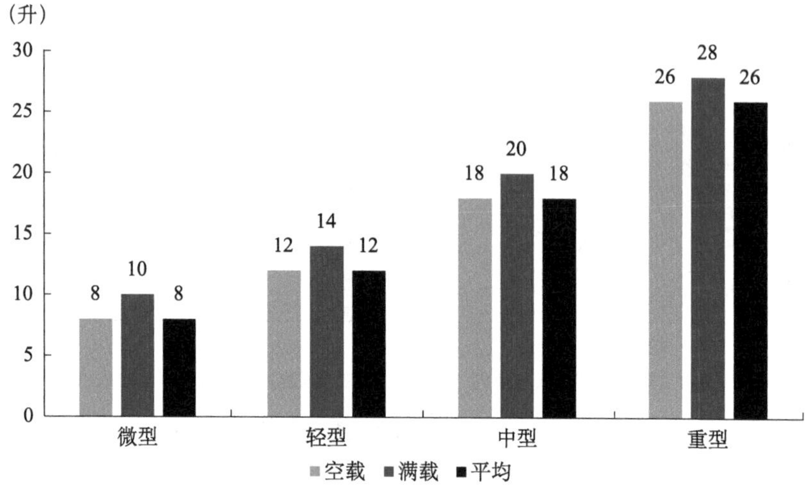

图 8－10　2020 年行业百公里最低耗油量参考

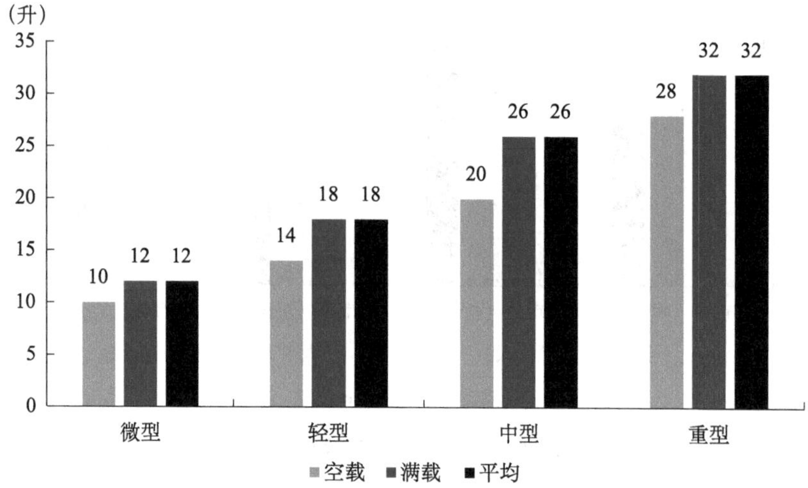

图 8－11　2020 年行业百公里最高耗油量参考

预警值：增值税税负率、营业收入、主营业务利润率偏离度：异常范围［10%，20%）、预警值范围［20%，＋∞）；增值税税负率、主营业务利润率标准可以参考 2019 年度行业平均值。

行业增值税一般纳税人平均税负为 1.72%。

风险判断标准：

预警区间无指标项目满足：无风险；

一个指标项目满足：低风险；

两个指标项目满足：中风险；

三个指标项目满足：高风险。

4. 业务说明

运输公司的经营运作由公司各职能部门分工进行。由业务部门进行运输业务承接及实施营运，由财务部门进行款项催收及款项结算与发票开具，安全保卫部门进行交通安全管理，办公室或机械维护部门进行运输工具领用及维护。具体运作流程如图 8－12 所示。

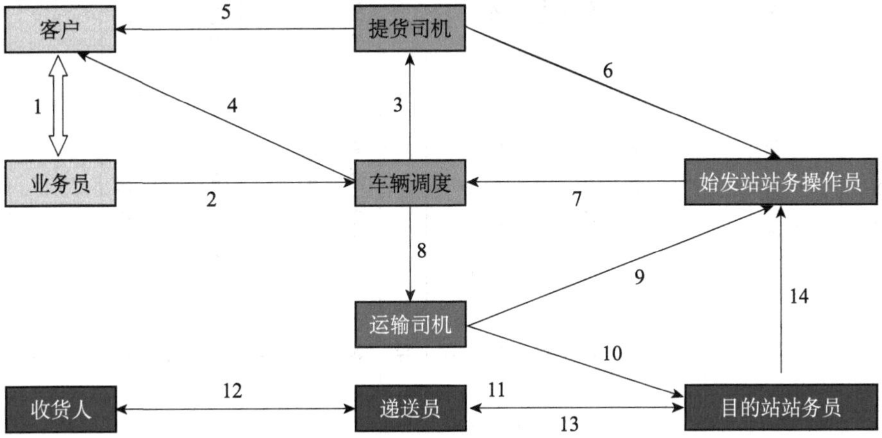

图 8－12 运作流程

5. 相关税收法规

根据财税〔2019〕11 号《财政部 税务总局关于继续对城市公交站场道路客运站场、城市轨道交通系统减免城镇土地使用税优惠政策的通知》：

对城市公交站场、道路客运站场、城市轨道交通系统运营用地，免征城镇土地使用税。

城市公交站场运营用地，包括城市公交首末车站、停车场、保养场、站场办公用地、生产辅助用地。

道路客运站场运营用地，包括站前广场、停车场、发车位、站务用地、站场办公用地、生产辅助用地。

城市轨道交通系统运营用地，包括车站（含出入口、通道、公共配套及附属设施）、运营控制中心、车辆基地（含单独的综合维修中心、车辆段）以及线路用地，不包括购物中心、商铺等商业设施用地。

城市公交站场、道路客运站场，是指经县级以上（含县级）人民政府交通运输主管部门等批准建设的，为公众及旅客、运输经营者提供站务服务的场所。

城市轨道交通系统，是指依规定批准建设的，采用专用轨道导向运行的城市公共客运交通系统，包括地铁系统、轻轨系统、单轨系统、有轨电车、磁浮系统、自动导向轨道系统、市域快速轨道系统，不包括旅游景区等单位内部为特定人群服务的轨道系统。

纳税人享受本通知规定的免税政策，应按规定进行免税申报，并将不动产权属证明、土地用途证明等资料留存备查。

（三）财务报表

相关财务报表见表 8－11 至表 8－18。

表 8－11

2020 年第一季度资产负债表

编制单位：杭州××货运有限公司　　填表日期：2020 年 4 月 10 日　　单位：元

资　　产	行次	期末余额	年初余额	负债及所有者权益（或股东权益）	行次	期末余额	年初余额
流动资产：	1			流动负债：	34		
货币资金	2	2 414 294. 12	5 421 420. 00	短期借款	35	300 000. 00	300 000. 00
交易性金融资产	3	—	—	交易性金融负债	36	—	—
应收票据	4	—	—	应付票据	37	—	—
应收账款	5	1 500 000. 00	890 000. 00	应付账款	38	1 250 000. 00	1 514 425. 96
预付款项	8	3 850 000. 00	2 890 000. 00	预收款项	39	2 874 380. 00	1 750 000. 00
应收利息	7	—	—	应付职工薪酬	40	523 000. 00	625 000. 00
应收股利	8	—	—	应交税费	41	115 080. 60	183 200. 00
其他应收款	9	400 000. 00	—	应付利息	42	—	—
存货	10	125 300. 00	65 320. 00	应付股利	43	—	—
一年内到期的非流动资产	11	—	—	其他应付款	44	4 140 770. 00	3 145 000. 00
其他流动资产	12	—	—	一年内到期的非流动负债	45	320 000. 00	1 356 000. 00
流动资产合计	13	8 289 594. 12	9 266 740. 00	其他流动负债	46	—	—
非流动资产：	14			流动负债合计	47	9 523 230. 60	8 873 625. 96
可供出售金融资产	15	—	—	非流动负债：	48		
持有至到期投资	16	—	—	长期借款	49	500 000. 00	500 000. 00
长期应收款	17	—	—	应付债券	50	—	—
长期股权投资	18	—	—	长期应付款	51	—	—
投资性房地产	19	—	—	专项应付款	52	—	—
固定资产	20	20 397 600. 00	18 318 080. 00	预计负债	53	—	—

续表

资　　产	行次	期末余额	年初余额	负债及所有者权益（或股东权益）	行次	期末余额	年初余额
在建工程	21			递延所得税负债	54	—	—
工程物资	22	—	—	其他非流动负债	55	—	—
固定资产清理	23			非流动负债合计	56	500 000.00	500 000.00
生产性生物资产	24	—	—	负债合计	57	10 023 230.60	9 373 625.96
油气资产	25	—	—	所有者权益（或股东权益）	58	—	—
无形资产	26			实收资本（或股本）	59	10 000 000.00	10 000 000.00
开发支出	27	—	—	资本公积	60		
商誉	28	—	—	减：库存股	61	—	—
长期待摊费用	29	—	—	盈余公积	62	821 119.40	821 119.40
递延所得税资产	30			未分配利润	63	7 842 844.12	7 390 074.64
其他非流动资产	31	—	—	所有者权益（或股东权益）合计	64	18 663 963.52	18 211 194.04
非流动资产合计	32	20 397 600.00	18 318 080.00		65		
资产总计	33	28 687 194.12	27 584 820.00	负债和所有者权益（或股东权益）合计	66	28 687 194.12	27 584 820.00
经办人： 经办人证件类型： 经办人证件号码： 代理机构： 代理机构统一社会信用代码： 申报日期：				受理人： 受理税务机关： 受理日期：			

表 8－12 **2020 年第二季度资产负债表**

编制单位：杭州××货运有限公司 填表日期：2020 年 7 月 7 日 单位：元

资　　产	行次	期末余额	年初余额	负债及所有者权益（或股东权益）	行次	期末余额	年初余额
流动资产：	1			流动负债：	34		
货币资金	2	3 864 293.16	5 421 420.00	短期借款	35	300 000.00	300 000.00
交易性金融资产	3	—	—	交易性金融负债	36	—	—
应收票据	4			应付票据	37	—	—
应收账款	5	3 500 000.00	890 000.00	应付账款	38	2 850 000.00	1 514 425.96
预付款项	8	4 850 000.00	2 890 000.00	预收款项	39	3 234 646.00	1 750 000.00
应收利息	7	—	—	应付职工薪酬	40	963 000.00	625 000.00
应收股利	8	—	—	应交税费	41	185 080.60	183 200.00
其他应收款	9	580 000.00	—	应付利息	42	—	—
存货	10	105 300.00	65 320.00	应付股利	43	—	—
一年内到期的非流动资产	11	—	—	其他应付款	44	3 540 770.00	3 145 000.00
其他流动资产	12	—	—	一年内到期的非流动负债	45	320 000.00	1 356 000.00
流动资产合计	13	12 899 593.16	9 266 740.00	其他流动负债	46	—	—
非流动资产：	14			流动负债合计	47	11 393 496.60	8 873 625.96
可供出售金融资产	15	—	—	非流动负债：	48		
持有至到期投资	16	—	—	长期借款	49	500 000.00	500 000.00
长期应收款	17	—	—	应付债券	50	—	—
长期股权投资	18	—	—	长期应付款	51	—	—
投资性房地产	19	—	—	专项应付款	52	—	—
固定资产	20	18 397 600.48	18 318 080.00	预计负债	53	—	—

续表

资　　产	行次	期末余额	年初余额	负债及所有者权益（或股东权益）	行次	期末余额	年初余额
在建工程	21			递延所得税负债	54	—	—
工程物资	22	—	—	其他非流动负债	55	—	—
固定资产清理	23			非流动负债合计	56	500 000.00	500 000.00
生产性生物资产	24	—	—	负债合计	57	11 893 496.60	9 373 625.96
油气资产	25	—	—	所有者权益（或股东权益）	58	—	—
无形资产	26			实收资本（或股本）	59	10 000 000.00	10 000 000.00
开发支出	27	—	—	资本公积	60	—	—
商誉	28	—	—	减：库存股	61	—	—
长期待摊费用	29	—	—	盈余公积	62	821 119.40	821 119.40
递延所得税资产	30	—	—	未分配利润	63	8 582 577.64	7 390 074.64
其他非流动资产	31	—	—	所有者权益（或股东权益）合计	64	19 403 697.04	18 211 194.04
非流动资产合计	32	18 397 600.48	18 318 080.00		65		
资产总计	33	31 297 193.64	27 584 820.00	负债和所有者权益（或股东权益）合计	66	31 297 193.64	27 584 820.00
经办人： 经办人证件类型： 经办人证件号码： 代理机构： 代理机构统一社会信用代码： 申报日期：				受理人： 受理税务机关： 受理日期：			

表 8－13 **2020 年第一季度利润表**

杭州××货运有限公司 填表日期：2020 年 4 月 10 日 单位：元

项　目	行次	本期金额	本年累计
一、营业收入	1	15 535 700.00	15 535 700.00
减：营业成本	2	14 759 000.00	14 759 000.00
税金及附加	3	20 028.00	20 028.00
销售费用	4	122 933.71	122 933.71
管理费用	5	173 525.65	173 525.65
财务费用	6	1 520.00	1 520.00
资产减值损失	7	—	—
加：公允价值变动收益（损失以“－”号填列）	8	—	—
投资收益（损失以“－”号填列）	9	—	—
其中：对联营企业和合营企业的投资收益	10	—	—
二、营业利润（亏损以“－”号填列）	11	458 692.64	458 692.64
加：营业外收入	12	150 000.00	150 000.00
减：营业外支出	13	5 000.00	5 000.00
其中：非流动资产处置损失	14	—	—
三、利润总额（亏损总额以“－”号填列）	15	603 692.64	603 692.64
减：所得税费用	16	150 923.16	150 923.16
四、净利润（净亏损以“－”号填列）	17	452 769.48	452 769.48
五、每股收益：	18	－	－
（一）基本每股收益	19	－	－
（二）稀释每股收益	20	－	－

表 8－14 **2020 年第二季度利润表**

杭州××货运有限公司 填表日期：2020 年 7 月 7 日 单位：元

项　目	行次	本期金额	本年累计
一、营业收入	1	17 321 700.00	32 857 400.00
减：营业成本	2	16 171 100.00	30 930 100.00
税金及附加	3	176 292.00	196 320.00
销售费用	4	137 066.29	260 000.00
管理费用	5	193 474.35	367 000.00
财务费用	6	－	1 520.00
资产减值损失	7	－	－
加：公允价值变动收益（损失以“－”号填列）	8	－	－
投资收益（损失以“－”号填列）	9	－	－
其中：对联营企业和合营企业的投资收益	10	－	－
二、营业利润（亏损以“－”号填列）	11	978 767.36	1 437 460.00
加：营业外收入	12	200 000.00	350 000.00
减：营业外支出	13	10 000.00	15 000.00
其中：非流动资产处置损失	14	－	－
三、利润总额（亏损总额以“－”号填列）	15	833 767.36	1 437 460.00
减：所得税费用	16	129 691.84	280 615.00
四、净利润（净亏损以“－”号填列）	17	704 075.52	1 156 845.00
五、每股收益：	18	－	－
（一）基本每股收益	19	－	－
（二）稀释每股收益	20	－	－

表 8－15 **2020 年 3 月增值税纳税申报表（一般纳税人适用）**

根据国家税收法律法规及增值税相关规定制定本表。纳税人不论有无销售额，均应按税务机关核定的纳税期限填写本表，并向当地税务机关申报。

税款所属期：自 2020 年 03 月 01 日至 2020 年 03 月 31 日 | 填表日期：2020 年 04 月 07 日 | 电话号码：

纳税人识别号：913301097384125000 | 所属行业： | 法定代表人姓名：

纳税人名称：杭州××货运有限公司 | 注册地址：××省××市××路××号 | 生产经营地址：××省××市××路××号

开户银行： | 银行账号： | 登记注册类型： | 金额单位：元至角分

项目		栏次	一般项目		即征即退项目	
			本月数	本年累计	本月数	本年累计
销售额	（一）按适用税率计税销售额	1	7 138 000.00	15 535 700.00	—	—
	其中：应税货物销售额	2	—	—	—	—
	应税劳务销售额	3	7 138 000.00	15 535 700.00	—	—
	纳税检查调整的销售额	4	—	—	—	—
	（二）按简易办法计税销售额	5	—	—	—	—
	其中：纳税检查调整的销售额	6	—	—	—	—
	（三）免、抵、退办法出口销售额	7	—	—	—	—
	（四）免税销售额	8	—	—	—	—
	其中：免税货物销售额	9	—	—	—	—
	免税劳务销售额	10	—	—	—	—
税款计算	销项税额	11	516 040.00	1 242 856.00	—	—
	进项税额	12	454 640.00	1 073 856.00	—	—
	上期留抵税额	13	—	—	—	—
	进项税额转出	14	—	—	—	—
	免、抵、退应退税额	15	—	—	—	—
	按适用税率计算的纳税检查应补缴税额	16	—	—	—	—
	应抵扣税额合计	17＝12＋13－14－15＋16	454 640.00	1 073 856.00	—	—

续表

税款计算	实际抵扣税额	18（如 17 < 11，则为 17，否则为 11）	454 640.00	1 073 856.00	—	—
	应纳税额	19 = 11 − 18	61 400.00	169 000.00	—	—
	期末留抵税额	20 = 17 − 18	—	—	—	—
	简易计税办法计算的应纳税额	21	—	—		
	按简易计税办法计算的纳税检查应补缴税额	22	—	—	—	—
	应纳税额减征额	23	—	2 100.00	—	—
	应纳税额合计	24 = 19 + 21 − 23	61 400.00	166 900.00	—	—
税款缴纳	期初未缴税额（多缴为负数）	25	70 400.00	—	—	—
	实收出口开具专用缴款书退税额	26	—	—	—	—
	本期已缴税额	27 = 28 + 29 + 30 + 31	70 400.00	105 500.00	—	—
	①分次预缴税额	28	—	—	—	—
	②出口开具专用缴款书预缴税额	29	—	—	—	—
	③本期缴纳上期应纳税额	30	70 400.00	105 500.00	—	—
	④本期缴纳欠缴税额	31	—	—	—	—
	期末未缴税额（多缴为负数）	32 = 24 + 25 + 26 − 27	61 400.00	61 400.00	—	—
	其中：欠缴税额（≥0）	33 = 25 + 26 − 27	—	—	—	—
	本期应补（退）税额	34 = 24 − 28 − 29	61 400.00	—	—	—
	即征即退实际退税额	35	—	—	—	—
	期初未缴查补税额	36	—	—	—	—
	本期入库查补税额	37	—	—	—	—
	期末未缴查补税额	38 = 16 + 22 + 36 − 37	—	—	—	—
授权声明	如果你已委托代理人申报，请填写下列资料：为代理一切税务事宜，现授权（地址）为本纳税人的代理申报人，任何与本申报表有关的往来文件，都可寄予此人。授权人签字：		申报人声明		本纳税申报表是根据国家税收法律法规及相关规定填报的，我确定它是真实的、可靠的、完整的。声明人签字：	
主管税务机关：			接收人：		接收日期：	

表 8－16　　**2020 年 6 月增值税纳税申报表（一般纳税人适用）**

<table>
<tr><td colspan="7">根据国家税收法律法规及增值税相关规定制定本表。纳税人不论有无销售额，均应按税务机关核定的纳税期限填写本表，并向当地税务机关申报。</td></tr>
<tr><td colspan="7"></td></tr>
<tr><td colspan="3">税款所属期：自 2020 年 06 月 01 日 至 2020 年 06 月 30 日</td><td colspan="2">填表日期：2020 年 07 月 10 日</td><td colspan="2">电话号码：</td></tr>
<tr><td colspan="3">纳税人识别号：913301097384125000</td><td colspan="2">所属行业：</td><td colspan="2">法定代表人姓名：</td></tr>
<tr><td colspan="2">纳税人名称：杭州××货运有限公司</td><td colspan="3">注册地址：××省××市××路××号</td><td colspan="2">生产经营地址：××省××市××路××号</td></tr>
<tr><td colspan="2">开户银行：</td><td>银行账号：</td><td colspan="3">登记注册类型：</td><td>金额单位：元至 角 分</td></tr>
<tr><td colspan="2" rowspan="2">项　目</td><td rowspan="2">栏次</td><td colspan="2">一般项目</td><td colspan="2">即征即退项目</td></tr>
<tr><td>本月数</td><td>本年累计</td><td>本月数</td><td>本年累计</td></tr>
<tr><td rowspan="10">销售额</td><td>（一）按适用税率计税销售额</td><td>1</td><td>5 208 200.00</td><td>32 827 400.00</td><td>—</td><td>—</td></tr>
<tr><td>其中：应税货物销售额</td><td>2</td><td>—</td><td>—</td><td>—</td><td>—</td></tr>
<tr><td>应税劳务销售额</td><td>3</td><td>5 208 200.00</td><td>32 827 400.00</td><td>—</td><td>—</td></tr>
<tr><td>纳税检查调整的销售额</td><td>4</td><td>—</td><td>—</td><td>—</td><td>—</td></tr>
<tr><td>（二）按简易办法计税销售额</td><td>5</td><td>—</td><td>—</td><td>—</td><td>—</td></tr>
<tr><td>其中：纳税检查调整的销售额</td><td>6</td><td>—</td><td>—</td><td>—</td><td>—</td></tr>
<tr><td>（三）免、抵、退办法出口销售额</td><td>7</td><td>—</td><td>—</td><td>—</td><td>—</td></tr>
<tr><td>（四）免税销售额</td><td>8</td><td>—</td><td>—</td><td>—</td><td>—</td></tr>
<tr><td>其中：免税货物销售额</td><td>9</td><td>—</td><td>—</td><td>—</td><td>—</td></tr>
<tr><td>免税劳务销售额</td><td>10</td><td>—</td><td>—</td><td>—</td><td>—</td></tr>
<tr><td rowspan="7">税款计算</td><td>销项税额</td><td>11</td><td>468 738.00</td><td>2 957 168.00</td><td>—</td><td>—</td></tr>
<tr><td>进项税额</td><td>12</td><td>402 108.00</td><td>2 654 468.00</td><td>—</td><td>—</td></tr>
<tr><td>上期留抵税额</td><td>13</td><td>—</td><td>—</td><td>—</td><td>—</td></tr>
<tr><td>进项税额转出</td><td>14</td><td>6 270.00</td><td>6 270.00</td><td>—</td><td>—</td></tr>
<tr><td>免、抵、退应退税额</td><td>15</td><td>—</td><td>—</td><td>—</td><td>—</td></tr>
<tr><td>按适用税率计算的纳税检查应补缴税额</td><td>16</td><td>—</td><td>—</td><td>—</td><td>—</td></tr>
<tr><td>应抵扣税额合计</td><td>17＝12＋13－14－15＋16</td><td>395 838.00</td><td>2 648 198.00</td><td>—</td><td>—</td></tr>
</table>

续表

税款计算	实际抵扣税额	18（如 17＜11，则为 17，否则为 11）	395 838.00	2 648 198.00	—	—
	应纳税额	19＝11－18	72 900.00	308 970.00	—	—
	期末留抵税额	20＝17－18	—	—	—	—
	简易计税办法计算的应纳税额	21	—	—		
	按简易计税办法计算的纳税检查应补缴税额	22	—	—	—	—
	应纳税额减征额	23	—	2 100.00	—	—
	应纳税额合计	24＝19＋21－23	72 900.00	306 870.00	—	—
税款缴纳	期初未缴税额（多缴为负数）	25	37 500.00	—	—	—
	实收出口开具专用缴款书退税额	26	—	—	—	—
	本期已缴税额	27＝28＋29＋30＋31	37 500.00	233 970.00	—	—
	①分次预缴税额	28	—	—	—	—
	②出口开具专用缴款书预缴税额	29	—	—	—	—
	③本期缴纳上期应纳税额	30	37 500.00	233 970.00	—	—
	④本期缴纳欠缴税额	31	—	—	—	—
	期末未缴税额（多缴为负数）	32＝24＋25＋26－27	72 900.00	72 900.00	—	—
	其中：欠缴税额（≥0）	33＝25＋26－27	—	—	—	—
	本期应补（退）税额	34＝24－28－29	72 900.00	—	—	—
	即征即退实际退税额	35	—	—	—	—
	期初未缴查补税额	36	—	—	—	—
	本期入库查补税额	37	—	—	—	—
	期末未缴查补税额	38＝16＋22＋36－37	—	—	—	—
授权声明	如果你已委托代理人申报，请填写下列资料：为代理一切税务事宜，现授权（地址）为本纳税人的代理申报人，任何与本申报表有关的往来文件，都可寄予此人。授权人签字：		申报人声明		本纳税申报表是根据国家税收法律法规及相关规定填报的，我确定它是真实的、可靠的、完整的。声明人签字：	
主管税务机关：			接收人：		接收日期：	

表 8－17

2020 年 3 月印花税纳税申报（报告）表

<table>
<tr><td colspan="2">税（费）所属期：</td><td colspan="3">2020 年 03 月 01 日 至 2020 年 03 月 31 日</td><td colspan="3">填表日期：2020 年 04 月 05 日</td><td colspan="2">单位：元至 角</td></tr>
<tr><td colspan="4">纳税人识别号：913301097384125000</td><td colspan="4">纳税人名称：杭州××货运有限公司</td><td colspan="2">纳税人类型：</td></tr>
<tr><td colspan="4">登记注册类型：</td><td colspan="4">所属行业：</td><td colspan="2">联系方式：</td></tr>
<tr><td colspan="4">身份证件类型：</td><td colspan="6">身份证件号码：</td></tr>
<tr><td rowspan="2">应税凭证名称</td><td rowspan="2">计税金额或件数</td><td colspan="2">核定征收</td><td rowspan="2">适用税率</td><td rowspan="2">本期应纳税额</td><td rowspan="2">本期已缴税额</td><td colspan="2">本期减免税额</td><td rowspan="2">本期应补（退）税额</td></tr>
<tr><td>核定依据</td><td>核定比例</td><td>减免性质代码</td><td>减免额</td></tr>
<tr><td>资金账簿</td><td>0</td><td>0</td><td>0.00</td><td>0.05%</td><td>0</td><td>0</td><td>*</td><td>0</td><td>0</td></tr>
<tr><td>货物运输合同</td><td>5 138 000</td><td>0</td><td>0.00</td><td>0.05%</td><td>2 569</td><td>0</td><td>*</td><td>0</td><td>0</td></tr>
<tr><td>购销合同</td><td>250 000</td><td>0</td><td>0.00</td><td>0.03%</td><td>75</td><td>0</td><td>*</td><td>0</td><td>0</td></tr>
<tr><td>其他营业账簿</td><td>0</td><td></td><td>0.00</td><td>5</td><td>0</td><td>0</td><td>*</td><td>0</td><td>0</td></tr>
<tr><td>合计</td><td>*</td><td>*</td><td>*</td><td>*</td><td>2 782</td><td>0</td><td>*</td><td>0</td><td>0</td></tr>
<tr><td colspan="10">以下由纳税人填写：</td></tr>
<tr><td>纳税人声明</td><td colspan="9">此纳税申报表是根据《中华人民共和国印花税暂行条例》和国家有关税收规定填报的，是真实的、可靠的、完整的。</td></tr>
<tr><td>纳税人签章</td><td></td><td colspan="2">代理人签章</td><td colspan="3"></td><td colspan="2">代理人身份证号</td><td></td></tr>
</table>

表 8－18

2020 年 6 月印花税纳税申报（报告）表

<table>
<tr><td colspan="2">税（费）所属期：</td><td colspan="3">2020 年 06 月 01 日 至 2020 年 06 月 30 日</td><td colspan="3">填表日期：2020 年 07 月 05 日</td><td colspan="2">单位：元至 角 分</td></tr>
<tr><td colspan="4">纳税人识别号：913301097384125000</td><td colspan="4">纳税人名称：杭州××货运有限公司</td><td colspan="2">纳税人类型：</td></tr>
<tr><td colspan="4">登记注册类型：</td><td colspan="4">所属行业：</td><td colspan="2">联系方式：</td></tr>
<tr><td colspan="4">身份证件类型：</td><td colspan="6">身份证件号码：</td></tr>
<tr><td rowspan="2">应税凭证名称</td><td rowspan="2">计税金额或件数</td><td colspan="2">核定征收</td><td rowspan="2">适用税率</td><td rowspan="2">本期应纳税额</td><td rowspan="2">本期已缴税额</td><td colspan="2">本期减免税额</td><td rowspan="2">本期应补（退）税额</td></tr>
<tr><td>核定依据</td><td>核定比例</td><td>减免性质代码</td><td>减免额</td></tr>
<tr><td>资金账簿</td><td>0</td><td>0</td><td>0.00</td><td>0.05%</td><td>0</td><td>0</td><td>*</td><td>0</td><td>0</td></tr>
<tr><td>货物运输合同</td><td>3 200 000</td><td>0</td><td>0.00</td><td>0.05%</td><td>1 600</td><td>0</td><td>*</td><td>0</td><td>0</td></tr>
<tr><td>购销合同</td><td>680 000</td><td>0</td><td>0.00</td><td>0.03%</td><td>204</td><td>0</td><td>*</td><td>0</td><td>0</td></tr>
<tr><td>其他营业账簿</td><td>0</td><td>0</td><td>0.00</td><td>5</td><td>0</td><td>0</td><td>*</td><td>0</td><td>0</td></tr>
<tr><td>合计</td><td>*</td><td>*</td><td>*</td><td>*</td><td>1 804</td><td>0</td><td>*</td><td>0</td><td>0</td></tr>
<tr><td colspan="10">以下由纳税人填写：</td></tr>
<tr><td>纳税人声明</td><td colspan="9">此纳税申报表是根据《中华人民共和国印花税暂行条例》和国家有关税收规定填报的，是真实的、可靠的、完整的。</td></tr>
<tr><td>纳税人签章</td><td></td><td colspan="2">代理人签章</td><td colspan="3"></td><td colspan="2">代理人身份证号</td><td></td></tr>
</table>

（四）案头分析

1. 风险点判断和结论

2020 年第一季度、第二季度主营业务收入低于 2019 年第一季度、第二季度的主营业务收入额，且公司中型车、重型车为母公司与某大型央企签订的常年合同，其运营情况基本为满负荷运转，存在少报收入、少报增值税的可能。

公司主营业务在黄河以南，却出现了山西的车辆通行费收据，存在虚增过路费、桥票的可能。

根据进项发票分配表，该公司频繁从合肥市德邦物流有限公司处取得进项发票，份数和税额占全部进项税票的近 40%，存在虚签合同、虚构联运业务、虚抵扣进项发票的可能。

根据图 8－11，重型车满载、中型车满载和轻型空载的耗油量分别为 32 升/公里、26 升/公里、14 升/公里；同时根据图 8－6，该公司的油耗明显高于同行业平均最高油耗，说明该公司可能存在虚增油耗或不规范使用运输工具情况的可能。

按照印花税申报表，仓储合同未见申报，可能存在少报印花税。

2020 年该企业营业外收入一季度为 15 万元，而二季度增加了 20 万元。营业外收入金额变动较大，可能存在营业外收入含应税收入未申报缴纳。

2. 风险特征分析计算

2020 年增值税申报表中增值税收入和利润表中营业收入金额不一致。

2020 年第二季度主营业务收入环比增加 =（17 321 700 － 15 535 700）÷15 535 700 × 100% =11.50%。

2020 年第二季度主营业务成本环比增加 =（16 171 100 － 14 759 000）÷14 759 000 × 100% =9.57%。

2020 年上半年增值税税负率 =（本期应纳税额 ÷ 本期应税主营业务收入）×100% =308 370 ÷32 827 400 ×100% =0.94%。

仓储合同未申报。

取得合肥市德邦物流有限公司进项税抵扣额占比较大，可能存在进项税额抵扣异常。

2020 年上半年油费占成本百分比同比增长 =（55 －30）÷30 ×100% =83.33%。

2020 年预收账款变动率 =（期末预收账款 － 期初预收账款）÷ 期初预收账款 × 100% =（3 234 646 － 1750 000）÷1 750 000 ×100% =84.84%。

2020 年预付账款变动率 =（期末预付账款 － 期初预付账款）÷ 期初预付账款 × 100% =（4 850 000 －2 890 000）÷2 890 000 ×100% =67.82%。

2020 年应付账款变动率 =（期末应付账款 － 期初应付账款）÷ 期初应付账款 × 100% =（2 850 000 －1 514 425.96）÷1 514 425.96 ×100% =88.19%。

2020 年第二季度增值税税负率 =（308 370 －166 900）÷（32 827 400 －15 535 700）× 100% =0.82%；2020 年第二季度增值税税负偏离度 =｜0.82% －1.72%｜÷1.72% × 100% =52.33%。

3. 风险信息排除确认

企业是否存在少报增值税应税收入，还无法确认。

公司与合肥市德邦物流有限公司业务比较频繁，每月从其取得发票较多，存在虚签合同、虚增联运业务、少报收入的可能。

仓储合同印花税未进行申报，肯定少交印花税款。

加油费用超过行业平均值，要确定是否虚列成本，还要进一步确认。

2020 年第一季度、第二季度营业外收入变动较大，是否存在隐藏增值税还无法确定。

公司主营业务在黄河以南，却出现了山西的车辆通行费收据，存在虚增过路费、桥票的可能，是否确定还需要进一步核实。

4. 风险应对经验策略

按照前述风险判断、分析、确认结果，对杭州 × × 货运有限公司 2020 年 1—6 月纳税遵从情况进行分析，评定其风险等级为：高。

公司与合肥市德邦物流有限公司业务比较频繁，是否存在虚列成本，虚构业务，检查票注车牌号与结算车牌号比对，确定联运业务申报的真实性。

发现过桥票、过路票与实际经营地点不相符。过桥票、过路票与运输收入途径地点与合同做比较对比，核实真实性。

企业预付账款金额较大，需要检查预付账款发生的原始凭证，检查业务的真实性，确定是否存在部分加油票虚列行为。

增值税税负偏低，逐笔核实营业外收入，检查是否有增值税应税收入未申报纳税。

由于企业实际申报收入低于测算收入，按照企业吨运能，核实企业实际运能。

企业申报增值税税负率低于同行业增值税税负率，重点检查生产经营、经营方式、运输车辆等，检查申报的合理性。

由于油费占成本比重同比增长大于收入增长比，需逐笔检查油费购买、使用情况，是否存在虚抵进项税，虚构成本。

二、实验总结

本案例选择了运输行业中的代表为评估对象，在评估分析环节，通过调取企业的基本情况表、财务报表和纳税申报表等有关申报资料和企业备案的相关资料，并向企业了解各种经营信息，利用财务分析、纳税调整结合企业自身特点，有针对性地进行纳税评估。通过本案例的评估，进一步进行分析、归纳、总结，以便找准运输行业的纳税评估对象。

风险应对人员以企业的财务报表分析、纳税申报表为基础，运用纳税评估相关指标、结合运输行业特点展开分析，查找企业存在的疑点，经过再次核查，在数据面前，该公司坦承对代理业务按联运业务申报，主要是考虑到联运业务税负比代理低，税务机关又很难发现。收取的部分发票存在不合理、不规范的地方；同时为了达到少缴税款的目的，采取了部分加油票抵顶运费未确认收入的行为，也存在部分配载收入不入账，零星业务少计收入而过路费、过桥票等费用却在税前扣除的情况，该公司表示愿自查补缴相应税款。

通过本案例的评估，分析行业特点，查找存在的税收风险点，利用税负率、费用率等筛选指标扫描货运企业税收风险，结合对运输类纳税人经营及纳税情况测算分析，确定纳税评估对象。对重点税源实行精细化、专业化管理，充分发挥纳税评估的作用，加强对道路运输企业的监控管理，对于确定纳税评估对象是具有可操作性和现实意义的。

道路运输行业税收管理建议包括：注重基础数据采集，加强备案管理。数据采集是开展纳税评估的关键，税收管理员要全面准确掌握企业日常运营车辆类型和数量，做好备案。加强发票管理。严格发票缴销制度，定期比对营业收入申报额与发票缴销额，及时发现税收漏洞。

第九章 建筑业税收风险管理

第一节 知识准备

一、实验目标

了解建筑业发展现状、背景和特点，了解行业发展趋势，熟悉建筑业税收风险防控分析的主要流程，掌握建筑业税收风险指标模型。

可以根据建筑业发展现状、背景和特点总结建筑业的税收风险点，能够通过建筑业税收风险指标模型确定企业税收风险并能够提出相应的应对策略，可以通过团队协作完成建筑业税收风险防控案例分析实验。

通过建筑业发展现状了解我国经济社会发展的现状以加强学生的国情教育；通过税收风险防控分析的过程引导学生树立岗位责任意识，引导学生知法懂法、爱岗敬业。

二、实验知识准备

（一）行业定义

建筑业是专门从事土木工程、房屋建设和设备安装以及工程勘察设计工作的生产部门。其产品包括各种工厂、矿井、铁路、桥梁、港口、道路、管线、住宅以及公共设施的建筑物、构筑物和设施。

（二）行业经营模式

1. 自营方式

指建设工程项目由业主自己组织力量完成的经营方式。包括建设工程的计划编制、设计委托、地点选择、土地征用到施工组织，都由业主自行完成。这种方式的优点是：有利于业主对工程全过程的集中统一管理，可以调动业主完成工程任务的主动性和积极性。缺点是组织机构不稳定，技术力量弱、管理水平低、经济效益差。

2. 承发包方式

指业主（建设单位）将建设工程项目发包给建筑承包企业，并由承包企业按期优质全面完成建设施工人任务的经营方式。它是我国目前普遍采用的一种经营方式。在经济关系上承包企业直接对业主负责，业主对国家或董事会负责。为了明确双方的经济关系，业主与承包企业通过签订承包合同或协议书，以分清责任、分工协作、互相制约、互相促进、共同努力保证任务的顺利完成。工程合同一旦签订就具有法律效力，双方必须严格履行合同条款。

由于企业自身和外部条件的不同，分为以下几种具体的经营方式：

（1）总、分包方式。指有一个建筑承包企业作为总包，并与业主直接签订工程合同，然后根据企业自身与外部环境等条件，将部分工程分包给二包企业完成，通过分包合同的形式明确双方的经济责任。即分包对总包负责，总包对业主全面负责。

（2）联合承包方式。指两家或者两家以上的建筑承包企业向业主承包共同完成工程施工任务，并按各自的资金投入、人力份额或人物划分分享利润与承担风险。

（3）设计—施工联合承包方式。指有设计院所和建筑施工企业联合承包，共同负责完成工程项目的设计和施工任务。由于设计和施工一体化，可以减少中间合同的签订与变更，能提前开工日期，加快工程进度，经济效益较好。国内采用面日益增大，美国、日本等国的建筑企业也都在采用这种经营方式。

3. 商品化方式

又称一揽子承包、交钥匙方式，属于开发式经营，也称一体化经营方式。尽管名称不同，都是指由地区建委或主管部门将建设项目发包给一个建筑企业（如开发公司），由其负责全部建设工作，包括从计划、设计、施工到交钥匙供用户使用，实行一体化经营。这种方式在民用建筑商广泛应用，其优点是加强了建筑企业的自主权和责任心，减轻了业主负担，减少了单位间的矛盾，节省了人力物力，有利于加快建设速度，提高经济效益。

4. 联合指挥部方式

一般是在一些大的、工艺复杂的重要工业建设项目中采用，由项目主管部门、建设单位、设计单位、建筑安装企业等共同派人组成联合（现场）指挥部，并全面负责该工程的建设任务。

（三）行业财务核算模式

一级核算：多发生在小型企业，核算集中在总部，会计凭证也在总部。

二级核算：项目部主要核算项目发生的直接成本费用，会计凭证、财务核算、明细账均在项目部，并按期报送财务报表汇总到总部，总部财务报表反映的是该企业全部工程项目的财务状况和经营成果。

三级核算：分公司、项目部分别核算，最终将报表汇总至总部，总部反映所有经营成果。会计凭证、明细账均在项目部，分公司根据各项目部的报表汇总核算分公司所属项目经营状况，并按期报送财务报表汇总到总部。

（四）行业特点

1. 从业者数量庞大

对于整体的行业发展水平而言，主要参考的是企业的整体规模和数量。随着建筑行业的不断发展，加之建筑行业的改制，建筑行业总体的规模在不断地扩大。随着规模发展的逐年增长，伴之而来的是主要从业者数量的增长。在主要的从业者中，从事具体施工的一线人员所占的比例较大，其次是主要的管理、技术等人员。从整体上进行分析，我国建筑行业的主要从业者多数来源于农民工。针对目前的主要发展趋势而言，建筑行业整体的市场发展规模有所下降，各企业也逐渐地意识到这一点，并开始加强对其的不断管理。

2. 专业分工较为细化

相比于传统的建筑行业，我国现代建筑行业的发展对于技术层面的要求更高。对于从业人员的要求来说，不仅要求其具有较为熟练的技术和专业技巧，同时还要求其具有相应的美学知识，以及较强的艺术鉴赏能力。随着人们的需求日益多样化，对于建筑行业自身发展而言，分工也逐渐精细。而对于各种工种而言，需要其进行相互间的不断配合来共同完成，比如焊工和瓦工等。由于施工过程中的程度相对复杂，需要不同环节之间的有效配合。

3. 高度依赖技术

建筑业涉及很多方面，包括设计、施工、材料制造和工程测量等。在建筑业中，技术非常重要，因为不同的技术可以帮助建筑业提高效率、减少人工成本、提高建筑质量，并减少对环境的影响。例如，建筑业中常用的计算机辅助设计（CAD）技术可以帮助设计师进行更高效的设计，而建筑信息模型（BIM）技术则可以帮助施工人员更好地管理施工过程。此外，建筑业还采用许多新技术，如建筑机器人、三维打印技术和智能建筑技术等，以提高生产效率和质量。

4. 多元化

建筑业是一个多元化的行业，主要是因为它涉及许多不同的领域和子行业。建筑业包括房屋建筑、桥梁建筑、道路建筑、隧道建筑、机场建筑、码头建筑、水坝建筑等。此外，建筑业还包括建筑材料生产、建筑设备制造、工程设计、建筑安装、建筑装饰等子行业。

（五）行业趋势

1. 我国建筑行业发展历程

建筑是人类社会生产和生活的重要场所，建筑设计服务于人类社会生产和生活对建筑的需求，建筑设计的发展伴随着人类文明的进化和升级不断进步。人类社会工业化、信息化和智能化不停演进，要求建筑设计行业也相应地不断调整和自我更新，顺应社会进步和建筑发展的趋势。

我国建筑设计行业的发展规律和趋势也不例外。在改革开放之前，我国建筑设计主要服从于计划经济建设需要，以计划和指令的形式，由国有主体完成相关设计，技术手段较为简单，以满足生产经营基本需求为主。改革开放之后，市场经济的发展和市场主体的多元化，催生了建筑的不同需求，建筑设计行业也随之蓬勃发展，尤其是在住房市场化改革之后，民营主体逐步兴起，建筑理念和设计技术也日新月异，建筑文化、施工工艺、建筑材料和设计工具等随着社会工业化和信息化的提升而发展。

2. 我国建筑行业未来发展趋势

伴随我国社会对资源集约、环境友好的追求，装配式建筑、BIM 技术、绿色建筑、工程总承包和全过程工程咨询等新型建筑理念、技术和业态已逐渐成为我国建筑行业的发展方向，建筑行业的设计理念、技术手段、商业模式以及组织结构也随之进行转型和升级。

建筑理念更人性化。在美感、空间结构、质量和安全等常规要素外，节能降耗、成本控制、工期考核、施工组织和全生命周期管理等要素已成为建筑行业的重要考量因素，装配式建筑、BIM 技术、绿色建筑等建筑理念受到国家的鼓励和支持，有望成为未来建筑行业的主流。

技术手段数字和智能化。建筑理念的发展推动了技术的进步进入建筑行业，自动绘图、协同设计平台信息技术、互联网技术和智能技术、BIM 技术和 3D 打印等技术在建筑设计行业已普遍使用，并成为必不可少的工具，未来仍将不断深入发展。

商业模式全产业链化。建筑理念和技术手段升级和创新，为建筑业打造全产业链的商业模式创造了条件。建筑设计作为建筑业的前端和核心环节，设计企业在打造全产业链的商业模式方面具有天然优势，向下游业务延伸，拓展工程总承包、全过程工程咨询等业务已成为建筑设计行业的重要发展方向。

组织结构平台化。新型理念、技术和业态的发展趋势，一方面，要求设计成果标准化、数字化和精细化，从业人员需要具有更加精湛的专业技能；另一方面，全产业链的发展趋势又要求企业和设计人员具有全方位的综合视野和技能，个体能力已难以胜任新理念的要求，因此要求企业进行必要的管理调整或变革，建立高度协同的设计管理平台。平台化已成为大型建筑设计企业组织结构的趋势。

（六）行业特殊税收政策

1. 增值税政策

根据《国家税务总局关于进一步明确营改增有关征管问题的公告》（国家税务总局公告 2017 年第 11 号）第二条规定：“建筑企业与发包方签订建筑合同后，以内部授权或者三方协议等方式，授权集团内其他纳税人（以下称‘第三方’）为发包方提供建筑服务，并由第三方直接与发包方结算工程款的，由第三方缴纳增值税并向发包方开具增值税发票，与发包方签订建筑合同的建筑企业不缴纳增值税。发包方可凭实际提供建筑服务的纳税人开具的增值税专用发票抵扣进项税额。”

适用简易计税方法的情形：

一般纳税人以清包工方式提供的建筑服务，可以选择适用简易计税方法计税。以清包工方式提供建筑服务，是指施工方不采购建筑工程所需的材料或只采购辅助材料，并收取人工费、管理费或者其他费用的建筑服务。

一般纳税人为甲供工程提供的建筑服务，可以选择适用简易计税方法计税。甲供工程，是指全部或部分设备、材料、动力由工程发包方自行采购的建筑工程。

一般纳税人为建筑工程老项目提供的建筑服务，可以选择适用简易计税方法计税。

建筑工程总承包单位为房屋建筑的地基与基础、主体结构提供工程服务，建设单位自行采购全部或部分钢材、混凝土、砌体材料、预制构件的，适用简易计税方法计税。

一般纳税人销售电梯的同时提供安装服务，其安装服务可以按照甲供工程选择适用简易计税方法计税。

2. 企业所得税政策

跨地区经营的项目部（包括二级以下分支机构管理的项目部）应向项目所在地主管税务机关出具总机构所在地主管税务机关开具的《外出经营活动税收管理证明》，未提供上述证明的，项目部所在地主管税务机关应督促其限期补办；不能提供上述证明的，应作为独立纳税人就地缴纳企业所得税。同时，项目部应向所在地主管税务机关提供总机构出具的证明该项目部属于总机构或二级分支机构管理的证明文件。

建筑企业所属二级或二级以下分支机构直接管理的项目部（包括与项目部性质相同的工程指挥部、合同段等）不就地预缴企业所得税，其经营收入、职工工资和资产总额应汇总到二级分支机构统一核算，由二级分支机构按照《国家税务总局关于印发 <跨地区经营汇总纳税企业所得税征收管理办法 > 的公告》（国家税务总局 2012 年第 57 号公告）规定的办法预缴企业所得税。

建筑企业总机构应按照有关规定办理企业所得税年度汇算清缴，各分支机构和项目部不进行汇算清缴。总机构年终汇算清缴后应纳所得税额小于已预缴的税款时，由总机构主管税务机关办理退税或抵扣以后年度的应缴企业所得税。

3. 个人所得税政策

总承包企业、分承包企业派驻跨省异地工程项目的管理人员、技术人员和其他工作人员在异地工作期间的工资、薪金所得个人所得税，由总承包企业、分承包企业依法代扣代缴并向工程作业所在地税务机关申报缴纳。

总承包企业和分承包企业通过劳务派遣公司聘用劳务人员跨省异地工作期间的工资、薪金所得个人所得税，由劳务派遣公司依法代扣代缴并向工程作业所在地税务机关申报缴纳。

跨省异地施工单位应就其所支付的工程作业人员工资、薪金所得，向工程作业所在地税务机关办理全员全额扣缴明细申报。凡实行全员全额扣缴明细申报的，工程作业所在地税务机关不得核定征收个人所得税。

总承包企业、分承包企业和劳务派遣公司机构所在地税务机关需要掌握异地工程作业人员工资、薪金所得个人所得税缴纳情况的，工程作业所在地税务机关应及时提供。总承包企业、分承包企业和劳务派遣公司机构所在地税务机关不得对异地工程作业人员已纳税工资、薪金所得重复征税。

（七）涉税管理难点

1. 建筑业企业所得税流失严重

（1）由于建筑材料中的砖、瓦、砂、石采购对象大多是个体私营性质，财务核算混乱，发票提供极不完善。同时，工程施工和工程结算收入与实际工程进度往往不符，很难确认其收入总额或成本费用。

（2）目前建筑施工企业直接施工的工程项目不多，大部分企业带项目挂靠，接受挂靠的大中企业只是名义上的工程承包人，靠收取管理费获得收益，容易在收入、成本、费用核算上出现混乱，造成所得税计税依据失真。

（3）建筑总承包人与分包人之间计税收入、费用混淆。实际上，总承包人将一个工程分包给多个分包人以及层层分包的现象极为普遍。再加上某些工程的特殊要求，总承包人要对分包人进行技术指导或提供特种设备材料等相关费用，一些承包人就利用这条政策任意扣减分包营业额，同时还将这些费用在自己的账内列支，这样不仅少计了营业收入，而且还多列支了成本费用，造成了所得税税款流失。

（4）建筑企业的工程基本采用项目经理负责制，工程所需的人、财、物全部由项目经理支配，成本、利润全部归项目经理所有。而建筑企业的财务核算大多数不规范，以收到的工程款作为营业收入，以支付给项目经理的账款为工程营业支出，按公司收取的工程管理费用扣除公司管理机构的正常开支后余额申报缴纳企业所得税。企业与项目经理之间领取工程款基本上凭白条或内部工程结算单作为支付凭证，而项目经理领款后的使用情况没有合法凭证记载反映，税务机关无法实施检查，最终导致建筑企业的所得税大部分流失。

2. 跨地区提供建筑服务带来的税收管理难题

建筑业的增值税在预缴税款的情况下有一定的税务风险。因为建筑业企业施工的流动性，所以需要跨县或者跨市预缴增值税。如果纳税人在预缴税款时候对税法的理解产生了偏差，就会造成重复缴纳税款的风险。在建筑业中，当纳税义务发生时，若项目所在地与机构所在地在同一个地级市，则需要预缴的那部分税款按照税法规定直接在机构所在地申报缴纳，不需要在项目所在地预缴税款；若建筑业项目属于跨市跨省的，则不能在机构所在地预缴税款，而是在建筑服务发生地预缴税款。如果建筑企业收到预收款时，不论这个项目是在当地的，还是这个项目在跨市跨省的情况下，则都需要预缴。如果纳税人不懂得如何预缴税款，或者项目负责人与总部没有做好承接，当项目异地时在机构所在地预缴了，那就发生了重复缴税的税务风险。

3. 建筑项目源头信息管理缺乏

一是税务机关没有参与建筑项目竞招标的前期管理中，并且缺少与发改、住建等相关部门获取涉税信息的工作机制，无法第一时间掌握工程项目立项、规模、合同价款等基本情况。二是营业税实行建筑业项目管理制度，要求纳税人主动登记建筑工程项目信息，“营改增”后该制度目前没有得到延续，税务机关只能通过事后的问询、调查等方式来获得工程项目基础信息，难以对源头有效管控，造成工作被动。

4. 进项税额抵扣难以区分

一是部分纳税人同时存在一般计税及简易计税的建筑工程项目，但所耗用的建筑材料的进项税额基本相同，同时都能够取得合法有效的专用发票，并且数量多、金额大、构成复杂。二是建筑业纳税人对不同项目统一申报纳税，汇总填报进销税额，从申报情况不能够区分不同建筑项目具体的进销项构成。纳税人极容易把简易计税项目的进项税额进行抵扣，若有意控制混抵范围，更难以监控预警。

5. 挂靠行为引发的涉税风险

建筑行业内挂靠现象比较普遍，一些无资质企业以有资质建筑企业名义承包建筑工程，被挂靠方只是收取一定的管理费并代扣代缴税款。一是被挂靠方为纳税义务人，由其申报纳税、开具发票，但是被挂靠方基本不参与材料采购、工程施工等其他事务，无法对材料采购等事项进行有效管控，不能准确掌握各工程的经营情况。二是被挂靠方要求挂靠方取得发票，倒挤成本，以解决进项税抵扣及成本扣除的问题，当挂靠方为了获取足够多的进项税抵扣额而发生的虚开增值税发票的违反税法行为的责任将归属于被挂靠方。一旦被税务机关稽查到，被挂靠的建筑企业则会发生巨大的税务风险，如果情节不严重，则需要补缴相关税款以及滞纳金，情节严重的将处理罚款甚至移送司法机关处理。

6. 未按照纳税义务发生时间申报纳税

一是部分建筑企业为获取资金占用时间等原因不开具发票，人为调节税款，延迟纳税。二是目前较多建筑企业垫资经营，建设过程中合同执行不规范，拖欠工程款、以物抵款等现象比较突出，造成施工企业流动资金不足，致使企业无力缴纳税款，因此未能按照书面合同确定的付款日期进行申报纳税，延迟纳税，甚至形成欠税。

7. 零散建筑项目及个人房屋装修难以管控

对于零散建筑项目及个人房屋装修，工程临时性与流动性大，并且时间短、分布零散、地点隐蔽，往往不需要开具增值税发票。在工程项目完工后，转移到新地点进行新的施工活动。税务机关很难掌握其经营情况，确认其实际销售收入，容易造成税款流失。

第二节　建筑业税收风险管理理论

一、建筑业主要涉税风险领域及税收风险点

（一）主要涉税风险领域

项目投标：企业为获得项目而支付的与取得收入无关的费用。

采购阶段：建筑施工企业在进行施工材料及机械设备等购买时，可能无法取得合法的发票造成的税务风险。

施工阶段：虚增原材料、工程物资、施工成本等税务风险。

竣工验收：未按工程完成进度确认收入、收到抵债资产未确认收入等税收风险。

（二）税收风险点

建筑业主要税收风险点分析如表 9－1 所示。

表 9－1　　建筑业主要税收风险点分析

税收风险点	税收风险描述	影响税种
发生纳税义务未及时申报缴纳增值税的风险	根据财税〔2016〕36 号文件，建筑业的增值税纳税义务时间按照开票时间、收款时间和书面合同约定的付款时间孰先的原则确认。在已确认工程量但发包方尚未付款情况下，根据合同约定的付款时间判断，分两种情况，一是按合同约定已到付款时间，但发包方尚未付款，这种情况下，增值税纳税义务已发生，应开具发票并申报缴纳增值税；二是尚未到合同约定的付款时间，发包方未付款，这种情况下，如果没有开具发票，则纳税义务未发生，不需要申报缴纳增值税。	增值税

续表

税收风险点	税收风险描述	影响税种
取得或开具的增值税发票不符合要求的风险	业务真实但取得或开具的发票不符合规定，造成涉税风险。按照《财政部 国家税务总局关于明确金融房地产开发教育辅助服务等增值税政策的通知》（财税〔2016〕140号）第十六条规定，纳税人将建筑施工设备出租给他人使用并配备操作人员的，按照“建筑服务”缴纳增值税。建筑企业在施工工程承租了施工设备如脚手架、钩机等，若出租方配备了操作人员，应取得税率为9%的增值税发票，如对政策把握不准，企业可能以购进有形动产租赁服务取得税率为13%的增值税发票，产生涉税风险。	增值税
应收账款挂账后发生折扣与折让未开具红字发票的风险	建筑企业应收账款的坏账比较多，最终决算金额减少引起的应收账款减少，有些未开具发票，有些已经开具发票，不及时处理双方均存在涉税风险。	增值税
取得预收款项未按规定预缴税款的风险	根据《国家税务总局关于进一步明确营改增有关征管问题的公告》（国家税务总局公告2017年第11号）第三条和《财政部 税务总局关于建筑服务等营改增试点政策的通知》（财税〔2017〕58号）第三条规定，纳税人提供建筑服务取得预收款，应在收到预收款时，以取得的预收款扣除支付的分包款后的余额，按照规定的预征率预缴增值税。纳税人在同一地级行政区范围内跨县（市、区）提供建筑服务，不适用《纳税人跨县（市、区）提供建筑服务增值税征收管理暂行办法》（国家税务总局公告2016年第17号印发）。部分纳税人对政策理解不熟悉，存在对跨市跨省项目纳税义务发生时未在建筑服务发生地预缴税款，或者收到预收款时未预缴税款的情形。	增值税
兼营行为未分别核算的风险	兼营行为的本质是多项应税行为，兼营应当分别核算适用不同税率或者征收率应税行为的销售额，否则要从高适用税率。如EPC工程总承包合同，其中的设计、设备销售与建筑劳务应按兼营分别按不同的税率开具发票分别计算缴纳增值税。	增值税
水电费问题的风险	建筑企业在施工中常会出现使用发包方的水电但未能取得专用发票的情形，有时会以开具的收据列支成本，按照税法规定，未按规定取得的合法有效凭据不得在税前扣除，存在企业所得税纳税调增的风险。如果为一般计税项目，还会导致少抵扣增值税，进而多缴纳增值税及附加。	增值税
简易计税项目取得增值税专用发票并申报抵扣的风险	根据《财政部 国家税务总局关于全面推开增值税改征增值税试点的通知》（财税〔2016〕36号）规定，企业选择简易计税方法的项目进项税额不得从销项税额中抵扣。建筑企业中的增值税一般纳税人可以就不同的项目，分别依法选择适用一般计税方法或简易计税方法。在企业实际经营过程中，购进的货物、劳务和服务一般用于多个项目，可能存在购进货物、劳务和服务用于简易计税项目取得增值税专用发票并抵扣了增值税进项税额的问题，存在较大的税收风险。	增值税
计提未取得发票的成本、未能及时取得合法有效的税前扣除凭证在汇算清缴前未纳税调整的风险	在实务中，对于已结算尚未支付的工程费用，一般都会暂估挂账，但按照税法规定，未按规定取得的合法有效凭据不得在税前扣除，按照国家税务总局公告〔2011〕34号规定，在次年5月31日汇算清缴前仍不能取得发票的要纳税调增。 建筑企业工程周期长、通常会大量雇用合同工和临时工，对一些零散的人工费用、分包费用，部分情况下未能及时取得合法有效的税前扣除凭证，但同时又将相应的支出违规进行税前扣除，容易产生涉税风险。	企业所得税

续表

税收风险点	税收风险描述	影响税种
福利性设备、设施相关的折旧费用及其他福利费用未计入职工福利费的风险	建筑企业一般都会有职工食堂，其属于福利性设施，相关折旧费用应计入职工福利费项目，但由于食堂一般没有单独的入账价值，难以准确确认食堂当期折旧费用，因此企业往往忽视此问题，未将食堂费用调整到到福利费项目中。同时对员工的一些福利性支出，如伙食补贴、给员工报销的汽油费补贴等未计入福利费按税收限额进行计算。	企业所得税
列支跨期费用的风险	建筑企业常存在当年账面预付房屋租金、物业费并取得发票在当年列支的情况，属于在本年账面列支下年费用，但所得税前不得扣除。	企业所得税
建筑劳务收入确认不及时的风险	《企业所得税法实施条例》第二十三条规定，企业受托加工制造大型机械设备、船舶、飞机等，以及从事建筑、安装、装配工程业务或者提供劳务等，持续时间超过12个月的，按照纳税年度内完工进度或者完成的工作量确认收入的实现。部分建筑企业由于对税收政策不熟悉，未区分会计和税法的收入确认原则差异，导致企业在取得建筑劳务收入时未及时确认收入，容易产生税款滞纳风险。	企业所得税
注册资本多而实际未到位的风险	《国家税务总局关于企业投资者投资未到位而发生的利息支出企业所得税前扣除问题的批复》（国税函〔2009〕312号）规定：凡企业投资者在规定期限内未缴足其应缴资本额的，该企业对外借款所发生的利息，相当于投资者实缴资本额与在规定期限内应缴资本额的差额应计付的利息，其不属于企业合理的支出，应由企业投资者负担，不得在计算企业应纳税所得额时扣除。如果建筑企业注册资本高但实际未到位，未到位部分相对应的银行贷款利息不得企业所得税前扣除在实务中建筑企业一般对外融资金额都比较大，而注册资金不到位的情况也比较多。	企业所得税
未充分享受优惠的风险	企业在2018年1月1日至2023年12月31日新购进的设备、器具，单位价值不超过500万元的，允许一次性计入当期成本费用在计算应纳税所得额时扣除，不再分年度计算折旧。 根据《财政部 税务总局关于设备、器具扣除有关企业所得税政策的公告》（财政部 税务总局公告2023年第37号）规定，企业在2024年1月1日至2027年12月31日新购进的设备、器具，单位价值不超过500万元的，允许一次性计入当期成本费用在计算应纳税所得额时扣除，不再分年度计算折旧；单位价值超过500万元的，仍按企业所得税法实施条例、《财政部 国家税务总局关于完善固定资产加速折旧企业所得税政策的通知》（财税〔2014〕75号）、《财政部 国家税务总局关于进一步完善固定资产加速折旧企业所得税政策的通知》（财税〔2015〕106号）等相关规定执行。 企业购置用于环境保护、节能节水、安全生产等专用设备的投资额的10%可以从企业当年的应纳税额中抵免；当年不足抵免的，可以在以后5个纳税年度结转抵免。另外还有许多税收优惠政策，如小微企业税收优惠、研发支出加计扣除等。 建筑企业如果不能全面掌握优惠政策或不进行充分享受就会造成多占用企业经营资金，减少企业经营效益。	企业所得税
非项目人员取得的非货币性福利未代扣代缴个人所得税的风险	在计算扣缴员工个人所得税时，常存在仅就各类工资、补贴等计入员工工资总额的事项扣缴了个人所得税，对于在其他科目列支的员工福利性质的支出未并入工资计算个人所得税。	个人所得税

续表

税收风险点	税收风险描述	影响税种
劳务支出与工资支出划分不清的风险	一些未签订雇用合同，临时提供劳务应取得发票的个人劳务支出，以工资表进行了列支。	个人所得税
跨省项目管理人员异地缴纳的个人所得税未抵扣的风险	跨省异地项目中，由于各地税务机关对于个人所得税缴纳的执行口径不同，仍存在部分项目当地主管税务机关要求在项目所在地按照核定金额缴纳个人所得税的情况。针对在项目所在地核定缴纳的个人所得税，一般建筑企业可能未向机构所在地主管税务机关提供证明资料，未在机构所在地申报个税时扣除。	个人所得税
跨省项目人员未办理全员全额扣缴的风险	根据《国家税务总局关于建筑安装业跨省异地工程作业人员个人所得税征收管理问题的公告》（国家税务总局公告 2015 年第 52 号）第二条规定，跨省异地施工单位应就其所支付的工程作业人员工资、薪金所得，向工程作业所在地税务机关办理全员全额扣缴明细申报。凡实行全员全额扣缴明细申报的，工程作业所在地税务机关不得核定征收个人所得税。建筑企业跨省项目若未办理全员全额扣缴申报个人所得税，工程作业所在地税务机关将对该项目核定征收个人所得税。	个人所得税
施工过程中产生扬尘未按规定缴纳环境保护税的风险	由于环境保护税开征时间不长，建筑企业如果对政策理解不透，可能导致企业忽略环境保护税的申报缴纳，产生少缴税款风险。	环境保护税
计算房产税时房屋原值未考虑土地价值的风险	在房产和土地投人企业后缴纳房产税时应将土地计人房产原值作为计税依据。对于土地计人房产原值的金额，需按照财税〔2010〕121 号的规定计算，即无论会计上如何核算，房产原值均应包含地价。宗地容积率低于 0.5 的，按房产建筑面积的 2 倍计算土地面积并据此确定计人房产原值的地价，宗地容积率高于 0.5 的地价全额并入房产计算房产税。	房产税
工程决算增加的房产价值未计算缴纳房产税的风险	根据财税〔2008〕152 号文的规定，对于转人固定资产的扩建支出，应按照规定计人房产原值计算缴纳房产税。房产因改建、扩建、修缮、装饰灯原因增加房产原值，应将增加的房产原值计人计算房产税的计税价值内。	房产税
以电子形式签订的各类应税凭证未按规定缴纳印花税的风险	根据《财政部 国家税务总局关于印花税若干政策的通知》（财税〔2006〕162 号）第一条，对纳税人以电子形式签订的各类应税凭证按规定征收印花税。建筑企业一般规模较大，业务链复杂，签订建筑施工、工程采购、劳务分包等合同较多，加上纸质版合同管理难、效率低，越来越多建筑企业采用电子化的合同，容易忽略电子合同的印花税申报。	印花税

二、建筑行业纳税评估方法

（一）行业税负对比分析法

1. 原理描述

行业税负对比分析法是以行业平均税负（实缴地方税费）为基准，通过单个企业税负与行业税负的对比，对税负异常的企业围绕关联指标展开分析，以发现企业税收问题的一种方法。

2. 评估模型

地方税费负担率 = 实际缴纳地方税费 ÷ 主营业务（销售）收入 × 100%

企业所得税税负率 = 实缴企业所得税额 ÷ 主营业务（销售）收入 × 100%

个人所得税占营业收入的比例 = 实缴的个人所得税 ÷ 营业收入 × 100%（个人独资、个人合伙企业使用）

3. 应用分析要点

（1）疑点判断

评估期测算企业地方税费负担率、企业所得税税负率、个人所得税占营业收入的比例与行业同期税负率进行比对，如比对结果低于标准值，则可能存在不计或少计营业收入、多列成本费用、扩大税前扣除范围等问题。

（2）应用要点

税负对比分析法属于综合分析法，影响因素较多，涉及税基的多个方面。因此，用该法发现某个企业税负异常时，应结合其他分析方法进行具体分析。

4. 标准值参考范围

行业平均综合税负率警戒值设为4%；地方税费负担率警戒值设为3.5%；企业所得税税负率警戒值设为0.15%；个人所得税占营业收入的比例警戒值设为0.3%。具体运用要结合本地实际。

5. 数据来源

数据期间均取自评估期。行业税负指标可设置地方税行业平均综合税负率（包括缴入地税部门的各项税费基金，不包括企业所得税、个人所得税、五项社保费），企业所得税税负率，个人所得税工资薪金项目平均负担率。

（二）建筑行业增加值评估法

1. 原理描述

建筑行业增加值评估方法是通过比较建筑企业的建筑增加值与应纳税增长额二者是否同步增减，从而发现企业涉税问题的一种方法。

2. 评估模型

应纳税额与建筑业增加值弹性系数 = 应纳税额增长率 ÷ 增加值增长率 × 100%

增加值 = 当期劳动者报酬 + 当期固定资产折旧 + 当期税金净额 + 当期营业盈余

应纳税额增长率 =（本期应纳税额 − 基期应纳税额）÷ 基期应纳税额 × 100%

增加值增长率 =（本期建筑业增加值 − 基期建筑业增加值）÷ 基期建筑业增加值 × 100%

3. 应用分析要点

（1）疑点判断

应纳税额增长率与建筑业增加值增长率不同步，弹性系数小于警戒值，则企业可能有少缴税金的问题。

（2）应用要点

通过该方法发现企业的疑点问题，还应通过其他相关纳税评估指标与评估方法，并结合纳税人经营的实际情况进一步分析，对其申报真实性进行评估。

4. 标准值参考范围

一般情况下，可根据建筑行业一定时期的发展状况，确定0.8～1.2这一区间中的某一数值作为警戒值。具体运用要结合本地实际。

5. 数据来源

数据期间均取自评估期。

（三）计件工资测算法

1. 原理描述

计件工资测算法是指根据纳税人雇用的从事施工职工人数、计件工资标准、工资发放数额等来测算工程量，测算纳税人应税收入额的一种方法。

2. 评估模型

评估期已完工工程量＝评估期施工人员工资总额÷单位工程耗用工资

测算应税营业收入＝评估期已完工工程量×评估期工程单价

问题值＝（测算应税营业收入－企业实际申报应税营业收入）×适用税率

差异幅度＝问题值÷企业实际申报应税营业收入×100%

3. 应用分析要点

（1）疑点判断

如差异幅度越大则疑点越大，说明有可能核算不准确或虚列人工工资，要分析查看工人考勤记录、结算工资记录，看是否虚列工人人数，虚增成本。

（2）应用要点

该方法主要是通过施工耗用的工资来测算已完工工程量，进而测算其营业额和应纳税额，并与申报信息进行对比分析，查找纳税疑点和线索。

4. 标准值参考范围

差异幅度＞0或企业零申报导致的差异幅度无穷大即为异常。具体运用要结合本地实际。

5. 数据来源

数据期间均取自评估期。

（四）投入产出测算法

1. 原理描述

投入产出测算法是指根据纳税人施工投入的主要原材料（如钢材、水泥、木材、砂石料）的投入与工程完工工程量的配比关系来测算纳税人应税收入额的一种方法。

2. 评估模型

偏差幅度＝评估期直接材料÷评估期结转成本×100%－标准值

3. 应用分析要点

(1) 疑点判断

偏差幅度超过5%，说明有可能核算不准确或虚列材料成本，同时要分析账户上列支的工程建设使用的各类主要原材料（如钢材、水泥、木材、砂石料）之间的配比关系，如与工程建设项目实际要投入的原材料之间配比关系差异较大，可能存在虚开材料发票现象。

(2) 应用要点

根据该行业单位投入成本，与工程完工进度进行配比，从而测算出问题值。

4. 标准值参考范围

正常情况下，该行业的直接材料占成本的比重相差不多，一般占结转成本的70%，其偏差幅度不超过5%。具体运用要结合本地实际。

5. 数据来源

数据期间均取自评估期。

三、建筑行业纳税评估相关指标

建筑业纳税评估相关指标模型见表9－2。

表9－2　　建筑业纳税评估相关指标模型

序号	风险指标名称	风险指标模型公式
1	增值税税负率	（本期应纳税额÷本期应税主营业务收入）×100%
2	企业所得税税负率	应纳所得税额÷利润总额×100%
3	个人所得税占营业收入的比例	实缴的个人所得税÷营业收入×100% （个人独资、个人合伙企业使用）
4	应纳税额与建筑业增加值弹性系数	应纳税额增长率÷增加值增长率×100%
5	建筑企业的建筑增加值	当期劳动者报酬＋当期固定资产折旧＋当期税金净额＋当期营业盈余
6	应纳税额增长率	（本期应纳税额－基期应纳税额）÷基期应纳税额×100%
7	增加值增长率	（本期建筑业增加值－基期建筑业增加值）÷基期建筑业增加值×100%
8	评估期已完工工程量	评估期施工人员工资总额÷单位工程耗用工资
9	测算应税营业收入	评估期已完工工程量×评估期工程单价
10	问题值	（测算应税营业收入－企业实际申报应税营业收入）×适用税率
11	差异幅度	问题值÷企业实际申报应税营业收入×100%
12	投入产出偏差幅度	评估期直接材料÷评估期结转成本×100%－标准值

第三节 典型案例

一、实验内容及资料

(一) 学习指引

本案例中税务局风险管理人员以企业上报的财务报表数据分析为基础，运用纳税评估相关指标、结合建筑业行业企业特点展开分析，查找可能存在的税收风险点，进行案头分析。

(二) 案例资料

1. 企业基本信息

某工程集团有限公司成立于2000年3月，注册资金人民币5 000万元，主要从事建筑、市政公用、电力、公路工程的建设等。其下属40多家分、子公司，是某市最具规模的建筑企业之一。2019年9月，某市地税局对该纳税人2019年1—8月纳税情况进行纳税评估。

2. 数据收集和评估方法

纳税评估人员通过收集征收管理信息、财务核算信息及相关纳税申报信息等，经计算，该单位2019年8月末“应纳税额与建筑业增加值弹性系数”（评估期为2019年1—8月，基期为2018年1—8月）为0.51，低于警戒值（选定0.8)，存在少申报税款的可能。在此基础上，对企业各项财务指标和纳税申报的变动异常情况进行了进一步比较、分析并最终确认具体疑点。

(三) 案头分析

1. 案头说明

纳税评估人员通过对该企业2019年1—8月的纳税申报资料、2018年和2019年1—8月财务报表数据等进行合理性、配比性分析比对，发现该企业存在以下疑点问题：

通过对损益表项目（表9-3）中的本期数与基期数的比较，发现主营业务收入与费用增长不同步，利润下降幅度较大，存在多列成本费用的可能。

表9-3 损益表项目分析 单位：元,%

项目	本期数	基期数	增减比率
主营业务收入	30 845 626.30	30 457 205.01	1.28
管理费用	14 857 897.09	13 996 731.96	6.15
财务费用	1 706 008.13	690 904.20	146.92
营业费用	677 863.80	668 927.80	1.34
营业利润	281 643.44	654 012.07	-56.94

通过对资产负债表项目（表9－4）中的期初数与期末数的比较，发现该企业往来科目“其他应收款”“其他应付款”期初、期末数额变化异常，“固定资产清理”科目有贷方余额（是否有收益未确认?），“未分配利润”期末比期初数额有所减少（是否为分红，是否分给个人股东？如有是否按规定扣缴个人所得税?）。

表9－4　　**资产负债表项目分析**　　单位：元,%

项目	年初数	期末数	变动率
其他应收款	53 174 665.12	101 546 141.13	90.97
其他应付款	38 967 618.29	52 967 074.53	35.93
固定资产清理	0	－5 439 207.32	
未分配利润	6 176 695.71	4 646 778.60	－24.77

纳税人申报数据与实际缴纳数据比对，该公司报表反映2019年度1—8月的主营业务收入为30 845 626.3元，按规定其应缴印花税随营业收入核定征收应缴税额为15 422.81元，但从该公司申报资料中发现其2019年1—8月只申报缴纳印花税9 360.90元，申报情况异常。

2. 风险点判断和结论

主营业务收入与费用增长不同步，利润下降幅度较大，存在多列成本费用的可能。

企业往来科目“其他应收款”“其他应付款”期初、期末数额变化异常，“固定资产清理”科目有贷方余额，“未分配利润”期末比期初数额有所减少。

纳税人申报数据与实际缴纳数据比对异常。

3. 风险信息排除确认

基于案头分析结论，评估人员向该企业发出了纳税评估约谈举证通知书，要求企业财务负责人在规定的时间内，对以上疑点问题，进行举证说明。企业财务人员对此做出了如下解释：

对于“管理费用”增长主要是由于行业竞争激烈，为了吸引和留住人才，企业实行绩效工资，平时工资实行预发，年终根据考核发放绩效工资及奖金，因此企业按营业收入的一定比例计提了绩效工资和奖金，故“管理费用”中“应付工资”有所增加，超过了计税工资标准50万元。

对于财务费用1 706 008.13元，主要是银行贷款利息支出，贷款60%用于本企业对外投资，40%用于下属企业的流动资金周转，由于该企业实行集团制管理，下属分、子公司的贷款均由集团公司出面，利息费用也均由集团公司承担，未向下属公司收取。

对于“其他应收款”“其他应付款”期初、期末数变化异常问题，企业解释主要是由于从本年度起，集团公司下属有40多家分、子公司，其资金由集团统一调配使用，集团与下属公司所有的资金往来都通过“其他应收款”和“其他应付款”两个科目进行核算，众多分、子公司频繁的资金往来影响了两个科目的金额。

对于“固定资产清理”科目贷方挂账5 439 207.32元的问题，系企业以评估价作价的房产对外投资而产生的增值额，当时由于资金紧张，本想年终汇算清缴时再确认收益，缴纳企业所得税。

对于“未分配利润”期末比期初数额有所减少问题，企业解释是因为年初进行了分红，且分给个人股东的红利，已按规定扣缴了个人所得税。

对于损益表上的营业收入与印花计税依据不一致问题，企业承认少缴了印花税。

4. 风险应对经验策略

按照前述风险判断、分析、确认结果，对该企业纳税遵从情况进行分析，评定其风险等级为：高。

企业经主动自查2019年1—8月主要存在如下问题：

“应付工资”计提超过计税工资标准，多列支50万元，应作企业所得税纳税调增；

将银行贷款借给下属企业使用，未按规定向其下属企业收取利息，从而导致多列支财务费用1 706 008.13×40%=682 403.25元，应按独立企业业务往来向下属企业收取利息并进行企业所得税纳税调增；

“固定资产清理”科目贷方挂账的5 439 207.32元投资收益，应在当期确认收入；

1—8月账面营业收入为30 845 626.3元，企业只按18 721 805.00元作为计税依据申报缴纳了有关税费，税款少缴。

企业在自查期内及时、主动补缴各项税款、滞纳金计762 952.17元。

二、实验总结

本案例将税收风险管理理论与税种管理特点紧密结合起来，加强风险监控，发挥风险应对纳税评估的作用，堵塞管理漏洞，提高征管质效。日常征管中应重视第三方信息，重视评估方法的选择应用，重视风险管理作用的发挥。

该案例把握行业特点，从案头分析到风险应对，从疑点核实到回归分析。风险应对根据案头分析风险判断与排查确认的结果有的放矢，具有很强的借鉴作用。

对建筑行业进行纳税评估时，应重点关注以下几个方面的涉税风险点：

（一）原始凭证不规范导致的风险

除去承建一些大型房地产企业开发项目外，绝大多数的建筑施工企业所在地通常都较为偏远，流动性大，在交易商品时所接触到的商家有时难以提供规范的发票或凭证。并且部分建筑业从业人员在财务规范方面意识不足，经常发生在获得货物或者劳务时不索取或忘索取发票等行为。而无法取得合规的原始凭证，就会导致财务人员在增值税抵扣时缺少进项，并且在企业所得税申报时调整应纳税所得额，造成纳税人税负及税收风险增加。

（二）发票管理的风险

一是无法取得增值税专用发票的风险。建筑企业是一个综合性很强的行业，其抵扣链上游涉及的行业范围和种类非常多。在一些材料的获取渠道上，很多建筑企业由于惯性从当地的一些个体工商户或者私人处低价购买一些建筑材料，但这类商户往往在交易中只能提供收据或者白条，导致建筑企业无法取得增值税专用发票进行抵扣。

二是取得不符合规定发票的风险。因为上游无法取得增值税专用发票的现象普遍存在，导致部分建筑业纳税人为了达到降低税负的目的，采取一些不合法的行为，从一些能够开具专用发票的企业处购买建筑材料发票。

三是抵扣不得抵扣发票的风险。增值税规定用于抵扣的发票必须是与生产经营直接相关的业务所取得的发票，在实际操作过程中，部分企业财务人员风险意识薄弱，税收遵从度不高，存在将所有取得的增值税专用发票都纳入抵扣范围的情况，造成税收风险。

（三）税收征管难度增大的风险

一是外出经营导致的风险，在此过程中，一旦纳税人发生隐瞒收入、虚列成本的行为，税务人员都难以第一时间发现或取证。

二是挂靠经营盛行带来的风险，这导致了在税收征管过程中，进行纳税申报的公司与实际施工的团队不是同一批工作人员，组织结构的复杂性导致其在信息传递过程中可能会造成凭证、发票、业务具体信息等的缺失，加大了税务人员管理的难度，税收风险应运而生。

第十章　房地产业税收风险管理

第一节　知识准备

一、实验目标

了解房地产业发展现状、背景和特点，了解行业发展趋势，熟悉房地产业税收风险防控分析的主要流程，掌握房地产业税收风险指标模型。

可以根据房地产业发展现状、背景和特点总结房地产业的税收风险点，能够通过房地产业税收风险指标模型确定企业税收风险并能够提出相应的应对策略，可以通过团队协作完成房地产业税收风险防控案例分析实验。

通过房地产业发展现状了解我国经济社会发展的现状以加强学生的国情教育；通过税收风险防控分析的过程引导学生树立岗位责任意识，引导学生知法懂法、爱岗敬业。

二、实验知识准备

（一）行业定义

房地产是指土地、建筑物及固着在土地、建筑物上不可分离的部分及其附带的各种权益，在经济学上也称不动产。所谓房地产企业，是指集合土地、资源、人力、物力等生产要素，创造利润，承担风险，并专门从事房地产开发、房屋买卖、租赁、房地产抵押以及房屋信托、交换、维修、装饰乃至房地产信息、咨询服务、管理服务等经济活动，以营利为目的进行自主经营、独立核算的经济组织。

（二）行业分类

根据开发建设的层次和产品内容的不同，可分为两个层次的开发和一个层次的开发两种形式。两个层次的开发是先将“生地”（不具备使用条件）开发建设成“熟地”后进行拍卖或出租（产品为土地），由取得土地使用权者进行房屋开发建设（产品为房屋）；一个层次的开发是指一次性完成土地、房屋的开发（产品为房屋）。国外一般以前者为主，在我国绝大多数企业以后者为主，也有少数企业同时从事两个层次的开发。

根据开发建设项目所处位置和建设内容的不同，分为新区开发和旧城改造（旧城再开发）两种形式，简称为新开发和旧开发。

根据投资方式不同，可分为独立建房和合作建房两种形式。

根据开发建设项目的类别不同，可分为普通住宅（含经济适用房）、公寓、别墅、商用楼、写字楼等几种开发形式。

（三）行业特点

房地产行业同其他行业相比较，主要有以下几个方面的特点：

1. 投入资金量大

房地产行业是一个资金密集型行业，从项目一开始时就必须投入大额资金进行土地的购置，且资金必须等到项目开盘后房屋售出了才能回流，其资金的回流时间较其他行业长。因此，房地产企业是否拥有畅通的融资渠道，是否能够获得充足的资金支持，对于房地产项目能否顺利运作，企业能否健康发展都有着决定性作用。

2. 产业链长

房地产行业的产业链相比其他行业较长，其从土地的取得到项目的售后服务，其间要经过开发用地取得、规划设计、建筑承包、竣工验收、对外销售、售后服务等多个环节，同时其涉及多个行业，例如水、电、服务、通信网络、施工安装、装饰装潢等行业。不仅如此，房地产行业与其他行业关联度较为密切，具有很强的经济带动性，一个房地产项目的开盘将带动其周边多个行业的共同发展。

3. 营销体系复杂

房地产企业开发产品的销售包括现售和预售，这是房地产行业区别于其他行业的显著特征之一。从房地产市场营销的具体方式来看，既有开发商自产自销模式，也有代理商独家全程代理模式、联合代理销售模式和开发商与代理商联合销售模式等，营销形式复杂多样。而房地产企业营销方式的不同也影响着其成本费用及收入的核算。

4. 区域性行业竞争较强

房地产经营的产品通常是价值量较大的不动产，鉴于其产品很难像普通商品一样进行流通，房地产行业的竞争一般限制在小范围内。房地产企业所处的地理位置、当地的供求关系都与其产品价格及土地成本息息相关，因而房地产企业的经济效益受其所在地域的影响较大。能否把握当地市场的需求状况也成为房地产企业经营能否成功的关键因素之一。

（四）涉税管理难点

1. 评估周期较长

房地产行业产品较其他行业有其特殊性，对土地进行开发利用，进行房屋的建设，资金消耗大，项目规划复杂，建设周期较其他行业更长，这就决定房地产行业纳税评估需要淡化时点，而是以项目为评估周期。

2. 纳税评估难度较大

房地产行业纳税评估中成本易混淆，对于滚动开发项目，成本负担对象不明确，使应纳税额较为模糊。房地产的营销有其行业的特殊性，销售收入的实现并非一次性完成，还包括支付定金、首付、银行按揭等形式，房地产企业的这些不同形式的收入，在会计核算时根据实际情况被划入“销售收入”“预收款”等不同的会计科目，预售款确认时点的延迟，以及部分收入计入预收款中，都导致房地产行业税款的延期缴纳。除此之外，多列支出现象严重、将期间费用计入开发成本中、将间接费用计入期间费用中、虚增成本、减少应纳税款，这都给税务部门的评估工作增加了难度。

3. 评估方法的特殊性

房地产行业纳税评估中使用的一些方法虽然在其他行业中也有使用，但是由于房地产行业的特殊性，这些方法的使用条件更为苛刻。在现阶段房地产行业纳税评估的方法中使用较多的是系统预警法，系统预警法是根据房地产开发的不同阶段，对成本、费用、税负进行测算，每个阶段测算的侧重点不同，几种方法相结合找出房地产公司可能存在的问题。同时税务人员除了量化比较还需要结合房地产项目的特点，税收政策及日常中积累的征纳经验进行分析判断。

（五）行业发展趋势

1. 可持续发展

房地产行业的可持续发展指的是在不破坏环境、不浪费资源、不损害社会的前提下，实现房地产行业的可持续发展。在当今新常态下，要想突破房地产市场的传统约束，各房地产企业更需要重视互联网科技的作用，依托科学技术，将节地、节材、节能、环保和互联网等技术相结合，不仅提高房地产的工程质量，更要实现绿色建筑、智能建筑、促进房地产业的转型和升级，提升房地产行业的新型竞争力和科技水平。各房地产企业要有一定的信息敏感度，及时抓住房地产和互联网相结合的发展机遇，创新开发模式和运行机制，推进智慧建筑和智慧城市的建设，在大数据时代，利用物联网潮流、云平台、地理信息系统（GIS）、智能装备等一系列技术产品和产业模式，不断创新并健全房地产在新常态下的新发展机制，以实现健康、可持续的房地产战略发展目标。

2. 数字化转型

房地产行业的数字化转型是指利用数字技术来改进企业内部的运作，提高生产效率和服务质量，从而增强企业的竞争力。新常态发展下，房地产互联网思维愈演愈烈，中国房地产企业也需要从制造业向现代服务业转变，房地产市场的竞争也日益多样化。企业、客户以及区域和产品的结构差异也逐渐加大，房地产市场需求主体、竞争方式及资源配置和供应结构等方面都会发生一系列变化，因而各房企的营利模式也会随之改变。房企间的竞争将不再是单一的土地开发规模和拓展速度之争，而更偏向于企业综合服务能力和新型发展模式的竞争。传统的房地产开发模式，买地、规划、建房、销售等方式在当今房地产市场缺乏新的竞争力。房地产企业要紧随时代发展趋势，利用互联网模式，最大化地发挥所积累的楼盘和大量的客户资源，同时也要升级和优化内部制度，发掘客户的更高层次的服务需求，例如生活空间需求，采用创新的服务方式，将房地产业与客户需求的其他行业有效结合，将企业竞争力扩展到配套的多样化服务上，从而在房地产市场形成自己独特的优势和新型竞争力，发挥互联网对房地产行业的最大价值。

3. 多功能开发项目

房地产行业的多功能开发项目趋势越来越明显，这意味着开发商正在更多地将精力和资源投入房地产开发的其他方面，以提升自身的竞争力和营利能力。一方面，多功能开发项目可以带来更高的利润率。例如，通过开发多功能房地产项目，如公寓和酒店的组合、住宅和商业的组合、城市住宅和别墅的组合等，开发商可以更好地控制成本和风险，提高利润率。另一方面，多功能开发项目也可以增加市场的覆盖面和竞争力。通过多元化开发项目，开发商可以更好地适应市场需求和客户偏好，提高品牌知名度和口碑，扩大业务范围和市场渗透力。

第二节　房地产业税收风险管理理论

一、房地产业主要涉税风险领域及税收风险点

（一）主要涉税风险领域

准备阶段：从成立和取得土地开始，到整备结束准备实质性开发。可能存在土地转让契税、印花税涉税风险和未及时、足额申报缴纳土地使用税的风险。

开发阶段：房开企业对项目进行建筑施工阶段，该阶段应突出对建筑业项目的登记管理。

销售阶段：房开企业取得房屋预售许可证后，从可以进行销售开始到项目开发结束的阶段。该阶段为涉税风险的主要领域，涉及税种多。

清算阶段：房开企业将开发的产品全部销售完毕或者虽未销售完毕但已将产品转作其他用途。该阶段的风险为土增税未及时清算和企业所得税清算和清算后分配的风险。该阶段涉及税种不多，但金额较大。

（二）税收风险点

房地产业各阶段税收风险点分析见表10－1至表10－3。

表10－1　房地产行业准备阶段税收风险点分析

经营环节	报表体现	税收风险特征及税收风险点	影响税种
准备阶段	成本费用	没有在签订土地权属转移合同的当天申报缴纳契税，取得国有土地使用权未按规定申报缴纳契税。	契税
准备阶段	成本费用	从取得土地使用权之日起，未按规定申报缴纳土地使用税。	土地使用税
准备阶段	收入	收到政府部门的土地出让金返还未申报企业所得税的风险。	企业所得税
全环节	成本费用	土地招拍挂、建筑安装工程、商品房销售等相关合同未按规定申报缴纳印花税。	印花税
完工环节	成本费用	开发产品完工后不及时进行项目清算，少缴税款的风险。	企业所得税、土地增值税
完工环节	收入	未竣工结算出租或自用房屋，未按时结转申报缴纳房产税。	房产税
全环节	收入	（1）发放年终奖、过节费、奖金、补贴以及支付董事费、发放劳务报酬等未按规定代扣代缴个人所得税。 （2）以商品房作为福利等，未代扣代缴个人所得税。	个人所得税

表 10－2　　房地产行业开发阶段税收风险点分析

经营环节	报表体现	税收风险特征及税收风险点	影响税种
开发环节	成本费用	混淆成本核算对象，未按配比原则归集产品成本，少申报企业所得税的风险。	企业所得税
开发环节	成本费用	虚列土地成本的税收风险点：以收购股权方式取得的土地使用权，根据评估增值而非土地使用权交易，因此，溢价部分不能计入土地成本。企业将溢价部分计入土地成本，以少缴土地增值税和企业所得税。	企业所得税、土地增值税
开发环节	收入	接收虚开增值税发票虚抵进项税额、虚列开发成本的税收风险点： （1）接收虚开规划设计费发票，虚抵进项税额，虚增规划设计费用，虚列成本费用逃避缴纳增值税、土地增值税和企业所得税。 （2）接收虚开的建安工程主材钢筋、水泥、混凝土、砂石等主材发票，虚构施工合同，虚抵进项税额，加大建安造价成本支出，逃避缴纳增值税、土地增值税和企业所得税。 （3）接收虚开的园林绿化增值税发票，虚抵园林绿化进项税额，加大基础设施建设支出成本，逃避缴纳增值税、土地增值税和企业所得税。	增值税、城市维护建设税、教育费附加、企业所得税、土地增值税
开发环节	成本费用	虚列拆迁成本的税收风险点： 针对大规模的农村土地征用拆迁，主要的手段是利用非拆迁人员的身份证，虚增拆迁户数，列支拆迁补偿费，虚增拆迁安置费，多列拆迁补偿费或虚增补偿金额，逃避缴纳土地增值税和企业所得税。	企业所得税、土地增值税
开发环节	成本费用	重复列支开发成本的税收风险点： 甲方供材情况下，在建筑工程费中列支，重复抵扣和列支甲供材的开发建设成本，逃避缴纳增值税、土地增值税和企业所得税。	增值税、城市维护建设税、教育费附加、企业所得税、土地增值税
开发环节	成本费用	多预提成本费用的税收风险点： 多预提建筑安装成本费用，存在接受虚开建筑材料增值税发票、虚增进项、少缴增值税的风险隐患；同时虚增开发成本或重复结转开发成本、提前列支成本费用支出，以少缴增值税、企业所得税、土地增值税。	企业所得税
开发环节	期间费用	虚列期间费用的税收风险点： （1）将开发期间应该资本化的借款利息费用列入项目的期间费用，多转当期项目的成本费用。 （2）向关联企业支付高于银行同期利率的利息费用，或者向关联企业支付借款金额超过其注册资金 50% 部分的利息费用，未按规定调增应纳税所得额。	企业所得税

表 10－3　　房地产行业销售阶段税收风险点分析

经营环节	报表体现	税收风险特征及税收风险点	影响税种
销售环节	收入	预收收入确认方面的税收风险点： （1）房地产企业将预收收入大部分界定为诚意金，未按规定确认，少确认或不确认预收收入预缴相应增值税、企业所得税和土地增值税。 （2）收取的预售房款，长期滞留在销售部门，未按规定及时入账。 （3）将收取的预收款项长期挂往来账，如“预收账款”“应付账款”等会计科目，不确认收入。或将部分款项开具收款收据，或直接冲减开发成本。 （4）将售房款收入人为分解为两部分，一部分入账，另一部分开具收款收据计入账外，未按规定及时入账申报预缴相应税款。	增值税、企业所得税、土地增值税

续表

经营环节	报表体现	税收风险特征及税收风险点	影响税种
销售环节	收入	低价少计收入的税收风险点： (1) 无正当理由，以明显偏低不合理的低价将商品房销售给本公司的股东、关联企业及个人，未按市场价格合理确认收入，计税价格明显偏低，少申报缴纳相应税款。 (2) 房地产开发企业和购房者就同一套商品房签订两份以上金额不同的合同，将购房款分解，以价格较低的合同网签申报，一部分入账，另一部分开具收款收据计入账外，计税价格明显偏低，未按商品房实际成交价格申报缴纳增值税、城市维护建设税、教育费附加、地方教育费附加、企业所得税、土地增值税、契税、印花税等税费，造成少缴税费的行为。	增值税、城市维护建设税、教育费附加、企业所得税、土地增值税
销售环节	收入	延迟确认收入的税收风险点： (1) 采取银行按揭贷款方式销售开发产品，在首付款实际收到时，余款部分银行按揭贷款办理转账后，将收到的按揭款计入“短期借款”等往来账科目，不及时入账确认收入，延迟确认收入，延迟申报纳税。 (2) 采取包销方式，未按包销合约确定的收款时间、金额及时确认收入申报纳税。	增值税、城市维护建设税、教育费附加、企业所得税、土地增值税
销售环节	收入	公共配套设施等处理收入确认的税收风险点： (1) 开发的会所等产权转给物业，未按开发产品进行税务处理，或者将不需要办理房产证的停车位、地下室等公共配套设施对外出售后未确认收入申报纳税。 (2) 私建违建阁楼、车库、仓库，对外销售使用权开具收款收据，隐匿收入不申报纳税。	增值税、城市维护建设税、教育费附加、企业所得税、土地增值税
销售环节	收入	未按视同销售确认收入的税收风险点： (1) 开发企业将开发产品转作固定资产或用于捐赠、赞助、职工福利、奖励、对外投资、分配给股东或投资人、换取其他企事业单位和个人的非货币性资产等行为，未按视同销售原则确认收入申报纳税。 (2) 房地产开发企业为资金周转或弥补资金短缺，以房抵工程款、广告费、银行贷款本息、换取其他单位和个人的非货币性资产等经营方式，未按纳税义务时间视同销售，将相应收入直接计入“应付账款”等往来科目，抵减应付工程款，挂账不确认收入或不及时确认收入。 (3) 旧城改造中，房地产企业拆除居民住房后补偿给搬迁户的新房，对偿还面积与拆迁面积相等的部分、超面积部分及差价收入未合并计算收入申报纳税。	增值税、城市维护建设税、教育费附加、企业所得税、土地增值税、契税、印花税
销售环节	收入	租赁业务未确认收入的税收风险点： (1) 将未售出的房屋、商铺、车位出租，取得的租金收入未计或少计收入，未申报纳税。 (2) 售后返租业务，以冲减租金后实际收取的款项作为收入，冲减的租金未确认收入申报纳税。	增值税、城市维护建设税、教育费附加、企业所得税、土地增值税

二、房地产业纳税评估指标

依据对房地产行业纳税评估指标体系的区间值，通过对企业收入、利润等涉税指标的分析，对每个主要因素的涉税指标值的异常变化生成了纳税评估风险点。依托不同的评估指标，综合考虑房地产行业各个开发建设环节特点，以及税收征管的不同要求，对房地产企业纳税管理风险点进行针对性的分析，从而找出评估风险点，评估企业的真实纳税情况。

（一）总体税负率纳税评估指标

对于某特定行业的纳税人来说，他们的总体税负通常不会有很大的变化。如果某一企业的总体税负相对于行业平均水平明显偏低，这就说明该企业可能存在较大的税收风险。

计算公式：

某企业总体税负率 = 某企业应纳税费总额 ÷ 调整后的主营业务收入 × 100%

其中，应纳税费总额指的是该企业纳税评估所属期各个税费种的年度纳税申报数据，包括所属期为评估期但是不在评估期申报缴纳的税款，不包括查补税款、纳税人代扣代缴和代收代缴的各类税款。调整后的主营业务收入包括房地产企业的主营业务收入以及通过预收账款、其他应收款的会计科目归集销售收入。

风险识别过程：通常来说，如果某企业的指标值和行业平均水平或预警值（5%）相比较明显异常，说明企业可能有若干税费种未如实申报缴纳税款的情况。

（二）城镇土地使用税纳税评估指标

房地产企业进行房地产开发，首先是在政府国土部门取得土地并办理好土地登记手续，然后需要在税务部门办理土地税源登记，根据相关政策的规定，纳税人在取得土地使用权次月起应当按照国土资源部门登记的土地占用面积或者实际使用的土地面积申报城镇土地使用税。房地产企业办结商品房竣工验收手续将商品房销售之后，可以将已售部分所占的面积从使用的土地总面积中减除出来，从销售完成的次月起停止申报城镇土地使用税。

计算公式：

$$\text{城镇土地使用税税负率} = \text{已纳税额} \div \left[\sum(\text{土地使用面积} \times \text{土地实际占用月份} \div \text{项目总月份}) \times \text{土地适用等级}\right]$$

风险识别过程：通过分析该指标，与企业土地坐落地的相应土地等级单位税额进行比对，判断企业是否存在未按照规定标准足额缴纳税款的风险。该指标的理论计算值为1，如果低于1，表明企业存在少交城镇土地使用税的风险。

（三）企业所得税纳税评估指标

计算公式：

企业所得税实际税负率 = 企业申报的企业所得税额 ÷ 利润总额 × 100%

风险识别过程：通过分析该指标，如果某企业的指标值和行业平均水平或预警值（2.5%）相比较明显异常，说明企业可能存在少缴企业所得税的情况。

（四）测算营业收入评估指标

测算房地产企业的营业收入数据，可以从多个数据口径着手。包括房地产企业的申报数据、房屋销售不动产发票开具数据、契税申报数据、房地产企业的相关流转税申报数据、房产管理部门的网签合同反映的商品房销售数据等。通过对这些数据进行分析比较，我们可以从多个方面来测算营业收入。通过对比企业的申报收入和测算收入可以发现企业可能存在的风险。从多个数据来源测算理论营业收入数据：

根据发票验（交）旧、代开确认的销售收入（ Y_1 ）：

通过“不动产项目发票开具清册”“纳税人发票验（交）旧查询”“代开销售不动产统一发票清册”功能，通过输入不动产项目税源编号查询纳税人代开、自开发票情况。对“不动产项目发票开具清册”数据需要人工对面积数据进行区分，分为“普通住宅”“非普通住宅”“非住宅”三种房产类型，分别计算发票开具总额，从而计算得到发票验（交）旧、代开确认的销售收入（ Y_1 ）。其中“普通住宅”“非普通住宅”“非住宅”三种房产类型分别为 Y_{11} 、Y_{12} 、Y_{13} 。

根据房源销售数据确认的销售收入（ Y_2 ）：

通过“不动产项目房源销售清册”功能，可以得到房源销售数据。在进行数据处理前，首先需要对噪声数据进行预处理（经核对，主要是契税申报过程中产生的数据错误录入、重复录入），然后分为“普通住宅”“非普通住宅”“非住宅”三种房产类型，分别汇总计算合同金额总额，从而计算得到房源销售数据确认的销售收入（ Y_2 ），其中“普通住宅”“非普通住宅”“非住宅”三种房产类型分别为 Y_{21} 、Y_{22} 、Y_{23} 。

根据流转税入库税金推算的销售收入（ Y_3 ）：

通过国税系统查询企业入库税金，再利用数据透视表进行数据分析，分户分税种进行汇总，可以得到增值税、土地增值税等各项税费种入库数据。通过系统查询纳税人报送的财务报表数据（营业收入、预收账款、其他应付款）、增值税申报数据，从而计算流转税申报入库税金推算企业所得税应申报收入（ Y_3 ）。

根据网签确认的销售收入（ Y_4 ）：

通过综合治税平台获取第三方涉税信息，通过比对数据可以发现，房地产开发企业在房管部门登记备案的预售项目与在税务部门登记的不动产开发项目在名称上有差异，需要进行数据清洗和预处理，可以得到房地产开发企业的网签销售收入数据（ Y_4 ）。

风险识别：比对纳税人申报的营业收入（Y_5）和通过计算分析得出的营业收入（Y_1，Y_2，Y_3，Y_4）。

比较企业申报的营业收入 Y_5 和根据发票验交旧、代开确认的销售收入 Y_1 ，因为不动产销售业务的特殊性，房地产企业取得预售款时一般不会开具不动产发票，所以一般情况下 $Y_5 \geqslant Y_1$ ；如果 Y_5 远大于 Y_1 ，进行风险提示：注意发票开具进度；如果 $Y_5 < Y_1$，进行风险提示：营业收入申报不足。

比较企业申报的营业收入 Y_5 和根据房源销售数据确认的销售收入 Y_2 ，如果 Y_5 远大于 Y_2 ，需要关注契税的申报征收情况：如果存在房地产企业在销售房屋时代收契税，可能存在房地产开发企业截留契税税款的情况。如果 $Y_5 > Y_2$ ，进行风险提示：契税申报入库不足；如果 $Y_5 < Y_2$ ，进行风险提示：营业收入申报不足。

比较企业申报的营业收入 Y_5 和根据流转税入库税金推算的销售收入 Y_3 ，一般 $Y_5 = Y_3$ 。如果 $Y_5 > Y_3$ ，进行风险提示：流转税申报不足；如果 $Y_5 < Y_3$ ，进行风险提示：营业收入申报不足。

比较企业申报的营业收入 Y_5 和根据网签确认的收入 Y_4 ，因为房地产企业在房产管理部门备案的预售数据在网签合同上会有体现，购房一方比较关注这一数据，网签销售收入 Y_4 的准确性较高。如果 $Y_5 < Y_4$ ，进行风险提示：营业收入申报不足。

营业收入测算差额（ΔY） $= \text{Max}\{Y_1 - Y_5, Y_2 - Y_5, Y_3 - Y_5, Y_4 - Y_5\}$

同时，还应当关注企业财务报表中预收账款、其他应付款的期初期末数据，如果两者存在较大的差额，在调查核实的时候应当关注其明细数据。

（五）土地增值税评估指标

房地产企业的土地增值税管理采取先预征后清算的征收管理方式，在收到房产销售款时，要区分不同的房地产开发类型（普通住宅、非普通住宅、非住宅），按照不同的预征率申报缴纳税款。通过测算的不同房产类型的营业收入数据，把分类计算应当预征的土地增值税和房地产企业实际申报缴纳的税款相比较来查找风险点。

1. 土地使用税申报差异率

适用于征收土地使用税纳税人，用于房地产开发公司出售商品房计征土地使用税时应剔除的土地使用面积，该公式小于 0 时，即要减除已售房分摊的土地使用面积。

计算公式：{本期登记应税面积 − Σ［本期分项目登记应税面积 ×（本期已出售建筑面积 ÷ 本期预计可售面积）］− 本期实际占用面积} ÷ 本期实际占用面积 × 100%

房地产开发公司土地使用税申报差异率小于 −10% 时，反映纳税人在计征土地使用税时应剔除已售房分摊的土地使用面积，且比例越小，扣除的土地使用面积越多。

2. 土地增值税计税收入申报差异率（1）

适用于房地产开发企业按收入乘以预征率预征土地增值税。计算纳税户本期申报土地增值税计税收入与纳税户应申报的土地增值税计税收入的差额，纳税户应申报的土地增值税计税收入 = 本期预收账款期末数 − 基期预收账款期末数 + 本期销售收入。基期预收账款期末数 = 本期上期的预收账款期末数。该指标小于 0 时，提示异常，可能存在纳税人少申报土地增值税计税收入。

计算公式：本期转让房地产收入额 −（本期预收账款期末数 − 基期预收账款期末数 + 本期销售收入）

3. 土地增值税计税收入申报差异率（2）

适用于房地产开发企业按收入乘以预征率预征土地增值税。计算纳税人评估期其他应付款期末数与基期其他应付款期末数的差额，与基期其他应付款期末数作比。其他应付款比值大于 10% ，提示异常，可能存在纳税人将记入“其他应付款”科目的定金、诚意金等未申报交纳土地增值税。该指标建立在土地增值税计税收入申报差异率之一评估无问题的基础上。

计算公式：（本期其他应付款期末数 − 基期其他应付款期末数）/基期其他应付款期末数

（六）其他相关指标

房地产行业纳税其他相关指标见表10－4。

表10－4　房地产行业纳税其他相关指标

序号	风险指标名称	风险指标模型公式
1	主营业务利润变动率	（本期主营业务利润－基期主营业务利润）÷基期主营业务利润×100%
2	成本费用利润率	利润总额÷成本费用总额×100%
3	销售业务成本变动率	本期销售业务成本÷本期销售业务收入×100%－基期销售业务成本÷基期销售业务收入×100%
4	管理费用变动率	（本期管理费用－基期管理费用）÷基期管理费用×100%
5	财务费用变动率	（本期财务费用－基期财务费用）÷基期财务费用×100%
6	预收账款变动率	（本期期末预收账款－上期期末预收账款）÷上期期末预收账款×100%
7	预提费用变动率	（预提费用期末数－预提费用年初数）÷预提费用年初数×100%
8	其他应付款变动率	（本期期末其他应付款－上期期末其他应付款）÷上期期末其他应付款×100%
9	营业外支出变动率	（本期营业外支出－基期营业外支出）÷基期营业外支出×100%
10	资本公积变动率	（资本公积期末数－资本公积年初数）÷资本公积年初数×100%
11	主营业务收入变动率	（本期主营业务收入－基期主营业务收入）÷基期主营业务收入×100%
12	主营业务成本变动率	（本期主营业务成本－基期主营业务成本）÷基期主营业务成本×100%
13	净资产收益率	净利润÷平均净资产×100%
14	存货周转率	主营业务成本÷［（期初存货成本＋期末存货成本）÷2］×100%
15	应收账款变动率	（期末应收账款－期初应收账款）÷期初应收账款×100%
16	资产负债率	负债总额÷资产总额×100%
17	固定资产收入率	经营收入÷生产用固定资产净值
18	期间费用变动率	（本年期间费用－上年期间费用）÷上年期间费用
19	期间费用利润变动率	（本年利润总额÷本年期间费用）－（上年利润总额÷上年期间费用）

第三节　典型案例

一、实验内容及资料

（一）学习指引

本案例中税务局风险管理人员以企业上报的财务报表数据分析为基础，运用纳税评估相关指标、结合房地产行业企业特点展开分析，查找可能存在的税收风险点，结合房地产类纳税人经营及纳税情况对比，进行案头分析。

（二）案例资料

1. 企业基本信息

某市××房地产开发有限责任公司成立于2012年8月31日，注册资金1 000万元，登记注册类型为有限责任公司、主要经营范围是房地产开发及销售、水电安装等。

2. 企业经营情况

该企业的经营情况如表10－5至表10－8所示。

表10－5　2020—2021年度该公司主要财务指标　单位：元

财务指标	2020年	2021年
销售收入	67 900.00	43 074 559.65
销售成本	51 399.94	33 812 330.53
销售税金	3 734.50	2 366 623.94
管理费用	1 201 408.11	1 431 632.72
利润总额	－743 454.55	2 656 363.62

表10－6　2020—2021年度该公司入库税收　单元：元

税种	2020年	2021年
企业所得税	209 317.43	958 917.88
个人所得税	1 779.00	1 749.90
城建税	156 584.95	910.00
房产税	6 276.92	8 676.82
土地增值税	154 739.20	0
土地使用税	50 650.00	59 007.53
教育费附加	67 107.83	390.00
印花税	9 728.82	21 319.00

表10－7　2020—2021年度该公司主要财务指标对比　单位：元,%

财务指标名称	2020年	2021年	增减变动率
销售收入	67 900.00	43 074 559.65	63 338.23
销售成本	51 399.94	33 812 330.53	65 682.82
销售税金	3 734.50	2 366 623.94	63 271.91
管理费用	1 201 408.11	1 431 632.72	19.16
利润总额	－743 454.55	2 656 363.62	—

表 10－8　　2020—2021 年度该公司入库税收　　单元：元,%

税种	2020 年	2021 年	增减变动率
企业所得税	209 317.43	958 917.88	358.12
个人所得税	1 779.00	1 749.90	－1.64
城建税	156 584.95	910.00	－99.42
房产税	6 276.92	8 676.82	38.23
土地增值税	154 739.20	0	—
土地使用税	50 650.00	59 007.53	16.50
教育费附加	67 107.83	390.00	－99.42
印花税	9 728.82	21 319.00	119.13

3. 指标预警值

指标预警值见表 10－9。

表 10－9　　分析指标汇总表　　单位：%

序号	涉及税种	指标名称	警戒值（X）	案例值	风险点描述	
1	企业所得税	销售成本变动率	>10	65 682.82	本期成本高于基期水平	
2	企业所得税	财务费用变动率	>10	6 046.67	本期财务费用高于基期水平	
3	企业所得税	管理费用变动率	>5	19.16	本期管理费用高于基期水平	
4	企业所得税	营业外支出变动率	>20	6 424.96	本期营业外支出高于基期水平	
5	企业所得税	其他应付款变动率	>10	65.87	其他应付款余额增长幅度过大	
6	企业所得税	资本公积变动率	>0	16.93	资本公积余额增长幅度过大	
7	企业所得税	收入变动率与销售利润变动率差异	>2	21 646.84	收入变动率大于销售利润变动率	
8	企业所得税	收入变动率与收入变动率差异	<－2	－2 344.59	收入变动率小于收入变动率	
9	土地增值税	土地增值税计税收入申报差异率（1）	<0	－3 561 830.4	100	申报应税收入与实际未符
10	土地增值税	土地增值税计税收入申报差异率（2）	>10	65.87	100	其他应付款比基期增幅过大

4. 案头分析

根据警戒指标结果，该公司涉税风险点多且偏离警戒值较大，确定对其开展专项评估。

（1）涉税风险点判断和结论

风险点 1：本期成本高于基期水平。系统显示的销售成本变动率模型值为 65 682.82%，远远大于系统设置的警戒值（$X>10\%$），初步判断，可能存在虚增成本或成本结转不真实等问题。

风险点 2：本期财务费用高于基期水平。系统显示财务费用变动率模型值为 6 046.67%，远远大于系统设置的警戒值（$X>10\%$），根据经验判断，该公司可能存在税前列支资本化利息、超金融机构借款利率支付利息等问题。

风险点3：本期管理费用高于基期水平。系统显示纳税人本期管理费用变动率模型值为19.60%，超过了系统设置的警戒值（$X>5\%$），表示可能存在虚列管理费用等问题。

风险点4：本期营业外支出高于基期水平。系统显示纳税人本期营业外支出变动率模型值为6 424.96%，大大地超过了系统设置的警戒值（$X>20\%$），因此可能存在应进行纳税调整的营业外支出项目或财产损失税前列支未经报批等问题。

风险点5：其他应付款余额增长幅度过大。评估系统通过计算显示的其他应付款变动率模型值为65.87%，超过了系统设置的警戒值（$X>20\%$），因此可能存在隐匿收入的问题。

风险点6：资本公积余额增长幅度过大。系统显示纳税人本期资本公积变动率模型值为16.93%，超过了系统设置的警戒值（$X>0$），根据经验判断，该公司可能存在收到返还税费、接受捐赠、债务重组收益未确认所得等问题。

风险点7：收入变动率大于利润变动率。系统显示纳税人本期销售（营业）收入变动率与销售（营业）利润变动率模型值为21 646.84%，远远大于系统设置的警戒值（$X>2\%$），该单位很可能存在不配比结转成本或销售税金及附加的问题。

风险点8：收入变动率小于成本变动率。系统显示纳税人销售（营业）收入变动率与销售（营业）成本变动率指标模型值为-2 344.59%，远远低于系统设置的警戒值（$X<-2\%$），纳税人本期销售（营业）收入变动率比销售（营业）成本变动率小，表明该公司可能存在少计收入、多转成本等问题，或有建材价格上涨、商品房售价下调等现象。

风险点9：申报土地增值税应税收入与实际不符。评估系统通过计算显示的模型值为-3 561 830.40%，远低于系统设置的警戒值（$X<0$），该公司有可能存在少预缴土地增值税行为。

风险点10：其他应付款比基期增长幅度过大。评估系统通过计算显示的其他应付款变动率模型值为65.87%，超过了系统设置的警戒值（$X>20\%$），因此可能存在隐匿收入并未按规定的预征率预缴土地增值税行为。

（2）风险信息排除确认

“其他应付款”账户中记载当年向购房者收取的定金190 000元未按规定预缴土地增值税。

通过核对“预收账款”和“销售收入”等账户，发现以现房销售的北京路网点房收入3 561 830.40元未按规定预缴土地增值税（案例地区规定商品房的土地增值税预征率为1%，网点房的土地增值税预征率为2%）。

该公司2020年该单位开发的楼盘“××星园”项目尚处于施工阶段，2021年工程竣工。因2020年开发项目未完工，报表中列示的成本51 399.94元是销售材料成本（其他业务成本），因此与2021年项目竣工年度是不可比的。

该公司2021年兑现了内部职工集资利息，且高于银行同期贷款利率部分的利息在2021年度企业所得税申报时已作纳税调整。

该公司有一笔财产损失3 900元未经税务机关审批就列支了“营业外支出”，但在2021年度企业所得税申报时已作纳税调增。通过查询征管系统发现企业申报时确已调整。

(3) 风险应对经验策略

按照前述风险判断、分析、确认结果，对此公司 2020—2021 年度的纳税遵从情况进行分析，评定其风险等级为：高。

查实"其他应付款"账户中记载当年向购房者收取的定金 190 000 元未按规定预缴土地增值税。

查实通过核对"预收账款"和"销售收入"等账户，发现以现房销售的北京路网点房收入 3 561 830. 40 元未按规定预缴土地增值税（案例地区规定商品房的土地增值税预征率为1%，网点房的土地增值税预征率为2%），该公司财务人员复核后承认上述事实。

查实"管理费用——其他费用"中列支无合法原始凭证的费用计 63 112. 56 元。

查实多结转开发产品销售成本 300 000 元。

查实未按规定预计毛利额 28 500 元。根据国税发〔2020〕30 号文件规定，应将企业预收定金 190 000 元按规定的预计毛利率计算预计毛利额，并作为调增项目计入 2020 年度应纳税所得额。

该公司按照纳税评估建议补缴了相关税费 206 350. 67 元，按规定的预征率预缴土地增值税 73 136. 61 元，按规定缴纳了滞纳金。

二、实验总结

本案例将税收风险管理理论与税种管理特点紧密结合起来，加强风险监控，发挥风险应对纳税评估的作用，堵塞管理漏洞，提高征管质效。日常征管中应重视第三方信息，重视评估方法的选择应用，重视风险管理作用的发挥。

对房地产行业进行纳税评估时，应重点关注以下几个方面的纳税遵从风险：

（一）经营收入类纳税遵从风险

用预收款方式销售不动产、转让土地使用权的，将预收收入挂在往来账上，或将部分款项开具收款收据，或直接冲减开发成本，未按规定确认或少确认收入而未申报纳税，预收款未及时申报，代收款项未按规定申报。

整体转让"楼花"未作收入，而是挂往来账，甚至私设账外账，未申报纳税。

将代建工程、提供劳务过程中节约的材料、报废工程和产品的材料等留归企业所有，未确认收入申报纳税。

无正当理由，以明显偏低价格将商品房销售给本公司股东及相关联企业及个人未确认收入申报纳税。

通过房地产代理公司开具代理手续费发票，虚列费用或抵减销售额，以房款净额为计税营业额。

将开发产品转作自用，或用于捐赠、赞助、职工福利、奖励、分配给股东或投资入股、以房抵偿债务、拍卖、换取其他单位和个人的非货币性资产等，未视同销售申报纳税。

按揭销售、首付款实际收到时或余款在银行按揭贷款办理转账后，未及时入账，或将收到的按揭款项记入"短期借款"等科目，未及时申报纳税。

开发的会所等产权转给物业，未按开发产品进行税务处理，或者将未需要办理房产证的停车位、地下室等公共配套设备对外出售未计收入申报纳税。

售后返租业务，以冲减租金后实际收取的款项作为收入，冲减的租金未计收入申报纳税。

以房抵工程款、广告费、银行贷款本息或以拆迁补偿费抵顶购房款等业务，未计收入申报纳税。

以房换地、以地换房业务未按非货币性交易准则进行处理，或未开发票入账，未记收入申报纳税。

旧城改造中，房地产企业拆除居民住房后，补偿给搬迁户的新房，对偿还面积与拆迁面积相等的部分、超面积部分及差价收入未合并计算收入申报纳税。

采取包销方式，未按包销合同约定的收款时间、金额确认收入申报纳税。

私建违建阁楼、车库、仓库，对外销售使用权开具收款收据，隐匿收入未申报纳税。

将未售出的房屋、商铺、车位出租，取得的租金收入未计或少计收入未申报纳税。

（二）成本费用类纳税遵从风险

发生的销售退回业务，只冲减收入，未冲回已转成本。

以外地虚开材料采购发票，或到税负较低的地区申请代开发票或者使用假发票入账，虚增成本费用。

多预提施工费用，虚增开发成本；或提前列支成本支出。

在结转成本时，无依据低估销售单价，虚增销售面积，多摊经营成本。

利用非拆迁人员的身份证，列支拆迁补偿费，虚构施工合同，骗开建筑安装业发票。

将开发期间财务费用列入期间费用，多转当期成本。

将拥有土地进行评估，按增值巨大的评估价格作为成本入账。

对行政事业性收费挂户，对欠缴的行政事业性收费无缴纳收据入账。

未按房产原值足额纳税或出租房屋未纳、少纳房产税和土地使用税。

发放年终奖、过节费、奖金、补贴以及支付董事费、发放劳务报酬等未按规定代扣代缴个人所得税。

（三）其他纳税遵从风险

取得土地使用权日起，未按规定申报缴纳土地使用税。

土地招拍挂、建筑安装工程、商品房销售等相关合同未按规定申报缴纳印花税。

以商品房作为福利等未代扣代缴个人所得税。

未竣工结算出租或自用房屋，未按时结转申报缴纳房产税、土地使用税。

以手续费、基金、集资费、配套费、代收款项、代垫款项等名义向购房者收取的有线电视、电话、宽带网络、一户一表、空调设备、防盗门、可视门铃、房屋装修等各种性质的价外收费，未申报纳税。

假借“标准住宅”名义，利用优惠政策未缴或少缴土地增值税。

第三篇

税务合规管理与筹划

第十一章　税务合规管理与筹划基础

第一节　税务合规管理与筹划概述[①]

一、税务合规管理的概念

（一）合规的内涵

“合规”即“符合规定”，其词义源自英文一词“Compliance”（acting according to certain accepted standards），即行为符合某些适用标准。当今经济社会中，“合规”一词常出现在企业经营管理和商业银行监督管理工作中。

从企业经营管理的角度来看，2022 年 8 月 23 日国务院国有资产监督管理委员会令第 42 号公布的《中央企业合规管理办法》第一章第三条：“本办法所称合规，是指企业经营管理行为和员工履职行为符合国家法律法规、监管规定、行业准则和国际条约、规则，以及公司章程、相关规章制度等要求。”

从商业银行监督管理的角度来看，《商业银行合规风险管理指引》对合规的含义也进行了如下明确：“是指商业银行的经营活动与法律、规则和准则相一致。”需要注意的是，根据巴塞尔银行监管委员会公布的新巴塞尔资本协定中的定义：合规不仅覆盖对于具有相应法律约束力文件的遵守，还包括更广义的对诚实守信和道德行为准则的规范管理。由此可见，合规由两层含义组成，一层是意识形态中的道德意识：企业是否树立有自己的正向核心价值，员工是否秉承此核心价值下的商业道德行为准则；另一层是具体执行原则，企业是否在经营环境中符合适应的法律法规，符合合作方的合作标准以及符合自我经营时的内部管理规范。

综合以上分析，对于“合规”可以有广义和狭义的理解。狭义的合规是企业内部的运行必须遵守法律法规；相对而言，广义的合规除了体现在法律法规层面外，企业内部层面也需要遵守单位章程和已建立的各种规章制度，外部在社会层面维护公序良俗，承担社会责任。

（二）税务合规管理

税务合规是指纳税人在遵守税收法律、法规的基础上，事先优化经济活动，通过选

① 本篇引导学生站在税务咨询角度开展实验。

择更优经营方式、纳税方案等方式以最大程度降低企业的税收负担，合法获得税收利益，最终实现纳税人自身价值最大化的目标。税务合规管理是指纳税人以有效防控税收风险为目的，以提升纳税遵从和税收利益为导向，以企业经营管理行为和纳税行为为对象，开展的包括企业组织构架选择、交易方式选择、合同签订管理等有组织、有计划的企业全生命周期涉税管理活动。

二、税务合规管理与税务筹划的关系

从税务合规的概念中可以看出，税务合规与税务筹划有着密不可分的关系。企业开展税务筹划的直接动力是降低税收负担、实现企业价值最大化，但是税务筹划必须要做到合规合法。这两者的关系具体表现在以下几个方面：

（一）税务合规是税务筹划的基本前提

从税收法律职能的角度来看，税务合规所依据的不仅包括我国现行 18 个税种的实体法律制度，也包括了《税收征收管理法》、《海关法》及《进出口关税条例》等相关程序法律制度；从法律级次的角度来看，税务合规不仅要遵从我国全国人大及常委会制定的税收法律，还要遵从国务院制定的税收行政法规、地方人大及常委会制定的税收地方性法规、国务院税务主管部门制定的税收部门规章和地方政府制定的税收地方规章等。

由于企业处于不同的商业活动中，为了降低税负，需要做出一定的税务筹划。而税务筹划能否做到合规，能否得到税务机关的认可，这与企业自身的筹划能力直接相关。企业在进行具体的筹划安排之前，先要了解税务筹划的基本思路，这样才能对税务筹划有一个基本的认识，形成合理的预期。因此，任何违反税收法律制度或者利用税法漏洞开展的涉税安排均不能称为筹划。

（二）税务筹划是税务合规的有效手段

在理解税务筹划是税务合规的有效手段之前，需要辨析两个概念，即税务合法与税务合规。合法更多地强调服从，企业不得触碰法律底线；而合规则是在合法的前提下，更多地强调纳税人根据自身情况所做的各类安排，体现出主动性、提前性。纳税人的税务做到合法相对简单，只要熟悉法律的规则即可；而要做到合规，纳税人尤其是企业性质的纳税人不仅要了解税法，还要能够根据自身的情况做出准确的判断。例如，每一个从事经营活动的企业都应当办理税务登记，办理了就合法，不办理就违法；但从合规的角度来看，企业仅仅办理了税务登记是不够的，还必须根据自身的经营情况判断应该办理何种税务登记，如登记为一般纳税人还是小规模纳税人才能实现税负最小化和企业价值的最大化。因此，企业要做到税务合规，筹划是有效的合规手段，必须在合法的规定动作基础上，做好税务筹划的自选动作。

（三）税务筹划不仅要做到税务合规更要兼顾其他方面的合规

企业开展税务筹划，除了遵守税务法律法规，在特定的交易场景下，还必须同时兼顾其他的行政法规。例如，在跨境电商经营活动中，企业就必须兼顾海关的规章制度。跨境电商企业要安排“双十一”的促销活动，会比国内电商受到的限制更多，在产品定价方面，除了要遵守税法当中关于价格折扣的规定，还要符合海关关于价格折扣的合规要求，如跨境电商的价格折扣必须是面向全体消费者的，而不能仅仅面向VIP会员。

可以看出，企业的一项商业活动，通常会受到多家行政机关的监管，而且这些行政机关监管的角度是不同的。在税务上合规，并不代表在其他行政监管方面也是合规的。通常来讲，企业在日常经济活动中，除税务合规以外，还需要兼顾海关关务合规、价格合规、反垄断合规、土地管理合规及环保合规等。因此，科学的税务筹划方案，要在不同的场景下满足不同的监管要求，只有合规合法的前提下实现税负的减少才能称得上是税务筹划。

三、金税四期对企业税务合规管理的要求

从上文税务合规管理与税务筹划的关系分析可以看出，降低税负是企业税务合规管理的内在动力，那么金税四期建设的推进变为税务管理的外在压力，那么金税四期到底是什么？对企业税务合规管理提出了哪些要求呢？

金税工程是经国务院批准的国家级电子政务工程，是税收管理信息系统工程的总称。自1994年开始，历经金税一期、金税二期、金税三期、金税四期工程建设。

金税四期是金税三期的改进与完善，金税四期企业信息联网核查系统搭建了各部委、人民银行以及银行等参与机构之间涉税业务相关信息共享和核查的通道，与金税三期相比，金税四期将会实现税务系统的所有业务、整个流程以及各项数据的全国互通联网，达成所有涉税业务全国通办的成效，进一步促进涉税业务办理效率的提高和营商环境的优化。金税四期的主要特点体现在以下三个方面：

第一，实现从“以票管税”向“以数治税”的转变。金税四期以全面数字化的电子发票改革为契机，实现对同一企业或个人不同时期、不同税种、不同费种之间，以及同规模同类型企业或个人相互之间税费匹配等情况的自动分析监控。

第二，实现无死角监控。金税四期可以对纳税人进行全天候扫描，全过程跟踪，实现对税收执法风险和行政管理风险全生命周期管理，以大数据思维和技术搭建无处不在的监督网络。

第三，多部门联合稽查。建立健全税务部门与发展改革、科技、工业和信息化、公安、民政、司法、人力资源社会保障、住房城乡建设、商务、政务、市场监管、统计、医保、地方金融监管、人民银行等部门的数据共享机制。

从以上三个特点可以知道，因为有了不同来源的信息流，税务机关能够高效判定纳税人交易当中是否存在异常。从某种意义上讲，随着金税四期智慧税务建设的推进，每个企业的经营活动将更加公开透明。税务机关不仅可以了解企业申报的信息，还可以便捷了解企业员工的信息、法人代表个人的银行流水信息及消费信息等。企业的某一个行为，税务机关孤立来看可能看不出问题，但如果汇总不同的信息，问题就会非常明显。这一点，以税务机关的公告中就可以看出，越来越多的案发线索来自大数据分析，而不是税务举报。

在这一背景下，一家企业总是采取隐蔽的手法偷逃税款，以往可能难以发现问题，但有了金税四期后，该企业的纳税数据可以很轻松地与全市乃至全国同类规模的同类企

业进行比较。这家企业自己提交的材料表面上可能反映不出问题，但如果实际税负率长期低于其他企业，同时涨跌状态总是与其他企业不一致，就有可能引发税务稽查。这种大背景下，就要求企业的税务合规一定要做好，或者与同行业的纳税数据（如实际税负率）保持一致，或者在不一致时能够给出合理的解释。企业若没有这样的意识，那么税务筹划方案必将以失败告终，也就谈不上税务合规，企业将面临的一系列的税务行政处罚甚至是刑事处罚。

第二节　税务合规管理与筹划实验准备

一、认知准备

（一）税务筹划是纳税人应有的权益

在市场经济条件下，国家承认企业的独立法人地位，企业行为自主化，企业利益独立化。企业作为独立法人所追求的目标是如何最大限度地、合法地满足自身的经济利益。企业权益不是凭空产生的，而是社会发展的必然产物和客观需要。应该看到，企业权益的满足是以社会需要的满足为条件的，企业的创建和发展应该是社会的需要，企业生产的产品只有为社会所接受，才能补偿其生产经营耗费并实现利润，否则，企业就无法生存和发展，自然也就谈不上企业应有的权益。

无论从法律还是从企业行为看，企业权益归根结底是企业的权利和利益。权利和利益是有别的。企业利益是从企业权利派生的，有权利才可能有利益。任何利益都产生于一定的权利。企业权利是客观存在的，是由企业赖以生存的社会经济条件及企业承担的义务决定的，可以说，有什么样的社会经济条件就有什么样的企业义务，就有什么样的企业权利以及由此派生出来的企业利益。在法制社会中，企业权利包括了设立权、发展权、人权、财权、物权、借贷权、经营决策权、产品开发权以及税务筹划权等。这些权利以及相应的利益，是企业权益实实在在的内容，是企业权益的外在形式得以体现的质的规定性。

企业权利作为社会经济发展到一定时期的产物，其内在质与量的规定性要由这种内容的形式表现并明确下来，这种形式就是法律，其所能依据的是法律形式和法律所规定的企业权益。因为权利有两方面的含义：一是法的规定，它对权利拥有者来说属于客观方面（非企业主观方面）；二是权利拥有者在主观上的能动行为（企业主观方面）。法律对权利的规定是实施权利的前提，但还需要企业在遵守法律的同时主动地实现其需求，即企业事先要对自己采取的主动而有意识的行为及其后果有所了解，预测将给企业带来的利益。税务筹划就是这种具有法律意识的主动行为。

税务筹划是纳税人的一项基本权利，税务筹划所取得的收益应属合法收益。承认纳税人的税务筹划权是法制文明的体现。税务筹划应在企业权利的范围内或边界线上进行，一旦超越企业权利的范围和边界，必然构成对企业义务的违背、践踏，而超越企业义务的范围和边界，又必然构成对企业权利的破坏和侵犯。对纳税人来说，遵守权利的界限是其应承担的义务，坚守义务的界限又是其应有的权利。税务筹划是企业对社会赋予其权利的具体运用，属于企业应有的社会权利，它不应因企业的所有制性质、组织形式、经营状况、贡献大小不同而不等。

值得注意的是企业税务筹划的权利与企业的其他权利一样，都是有特定界限的，超越（不论主动还是被动）这个界限就不再是企业的权利，就不再是合法的，而是违法的。企业的权利与义务不但互为条件、相辅相成，而且可以相互转换。在纳税上，其转换的条件是：

第一，当税法中存在的缺陷被纠正或税法中不明确的地方被明确后，企业相应的筹划权利就可能转换成纳税义务。

第二，当政府对税收法规中的某项规定重新解释并明确其适用范围后，纳税人原有的权利就可能转变成义务。由于税收法规中的某项（些）规定不明确或不适当，纳税人就有了税务筹划的权利，如果政府发现后予以重新解释或明确其适用范围，那么，有些纳税人就可能不再享有筹划的权利了，而且再发生这种经济行为就可能变为纳税义务。

第三，当税收法规中的某项（些）规定被取消后，税务筹划的条件随之消失，企业的筹划权利就转换为纳税义务。例如，某项税收优惠政策（对某一地区或某一行业）取消后，纳税人就不能再利用这项优惠政策进行筹划，而只能履行正常的纳税义务。

第四，当企业因实施税务筹划而对其他纳税人（法人、自然人）的正常权利构成侵害时，企业的筹划权利就要受到制约，就要转变为尊重他人权利的义务。这就是说，企业税务筹划权利的行使是以不伤害、不妨碍他人权利为前提的。

（二）客观认识税务筹划的特点

1. 事前性

税务筹划一般都是在应税行为发生之前进行谋划、设计、安排的，它可以事先测算企业税务筹划的效果，因而具有一定的前瞻性。在经济活动中，纳税义务通常具有滞后性。企业交易行为发生后，才会发生纳税义务，才可能缴纳流转税；收益实现或分配后，才缴纳所得税；财产取得或应税行为发生之后，才可能缴纳财产税、行为税。这在客观上提供了在纳税前事先做出筹划的可能性。另外，经营、投资和融资活动是多方面的，税法规定也是有针对性的。纳税人和纳税对象的性质不同，税收待遇也往往不同，这为纳税人选择较低税负提供了机会。但是，如果经营活动已经发生，应纳税款已经确定，再去“谋求”少缴税款，则不属于税务筹划行为，而是税务违法行为。

2. 目的性

税务筹划具有很强的目的性，就是要取得纳税人的税收利益。它有两层含义：一是选择低税负。低税负意味着低的税收成本，低的税收成本则意味着高的资本回报率。二是滞延纳税时间，税款缴纳期的延后，除了可以获得资金时间价值外，还可能避免高边际税率。

3. 政策导向性

政府为了某种经济或社会目的，针对投资人、经营者、消费者希望减轻税负、获得最大利益的心态，有意识地制定一些税收优惠，引导投资人、经营者、消费者采取符合政府政策导向的行为，其结果是实现“双赢”。

4. 普遍性

纳税人的普遍性决定了税务筹划的普遍性。在税法面前，所有纳税人都可以、都有权进行税务筹划。

5. 不确定性

各国的税收政策，尤其是各税种的实施细则等，随着政治、经济形势的变化会经常发生变化，因此，税务筹划也就具有多变性。纳税人应随时关注涉税国家的税收法律法规的变动，及时进行税务筹划的应变调整。此外，纳税人自己的各项经济活动也会因主、客观因素的变化而变化，这些都会给税务筹划带来变数。

6. 关联性与整体性

税务筹划是一种理财行为，理财就会产生理财成本，某一种税的税务筹划可能会影响另一种税的税负，某一项税务筹划最终都会影响纳税人的财务成果。因此，税务筹划具有关联性和整体性，要统筹考虑不同税种及不同征纳环节，还应考虑税务筹划与财务管理的关系，不能顾此失彼。

（三）保持与税务机关的沟通

税务筹划的过程，就是把税收法规具体运用于商业活动的过程。在这个过程中，税收法规是抽象而复杂的，而企业的商业活动是非常具体且充满个性化的，这使很多商业交易的准确定性可能存在争议。例如，发行人发行的可转换债券，虽然名为债券，但在税收上可能被认定为股权；融资租赁交易，虽然形式上存在买卖，但税收上可能被视为融资。随着商业活动的创新，越来越多法律上没有明确规定的情况会不断涌现出来。在这种情况下，企业税务筹划要实现预期的合法节税，与税务机关尤其是主管税务机关的事前沟通就是非常必要的。

1. 寻求业务指导

在税务筹划过程中，当存在疑虑与意见分歧时，企业要积极地与主管税务机关沟通，寻求业务上的指导，这是一种行之有效的方式。以上市公司为例，在企业上市之前的股改阶段，对于资本公积转增股本是否缴纳个人所得税这一问题，一直存在争议。一种意见认为，根据国家税务总局的规定，只有上市公司发行股票形成的资本公积转增股本才可以不缴纳个人所得税，而股改时发行人不是上市公司，因此不符合税收政策的规定，应当缴纳个人所得税；另一种意见则认为，即使不是上市公司，资本公积转增股本也可以不缴纳个人所得税。面对争议，最务实的做法是积极与主管税务机关沟通，由税务机关出具同意暂不缴纳的税务通知。同时，为了降低主管税务机关的压力，企业通常会补充提交一份承诺函，承诺日后需要补缴税款时会及时补缴。这样操作，一个复杂的税收争议就可以顺利解决了。

2. 如实陈述，材料真实

如实陈述，提交真实的材料，是与税务机关有效沟通的前提和基础。在真实性得到保障的情况下，企业如果对某项税务处理存在异议，可以与税务机关沟通，即使沟通无效，也可以提起行政复议或者行政诉讼。

3. 熟悉业务，陈述有理有据

在实事求是的基础上，企业应当了解现行的税收政策，对于自身的经营行为要能做出合理的解释。税法的规则是固定的，而企业的商业活动千差万别，对于税务机关提出的质疑，企业要能够结合自身的商业活动特点与具体的税收规范做出有力的解释。

4. 坚持书面沟通

企业在与税务机关进行沟通时，最好通过书面的方式把协商好的内容确定下来。因为口头协商的内容可能会因时间的变化和经办人员的更换而灭失，这种情况下，在面临税务检查时，当时具体的协商内容就难以说清，由此引发税务风险。

二、知识准备

（一）税务筹划的目标

税务筹划的行为主体是纳税人，其本身可以是税务筹划的行为人，也可以聘请税务顾问代理税务筹划。税务筹划可以在两个层面上进行：一是在企业目前既定的产权结构和经营条件（范围）下，在企业的日常经营活动中，对收入、收益、资产、费用等的会计确认、计量和记录方法的选择，对投资、融资方式的筹划等，实现减轻税负、提高盈利水平的目标；二是利用税法及相关法规制度等，通过企业组建、兼并重组、合并分立、破产清算等方式，以达到减轻税负、增加企业营运资金和实现资本扩张的目的。由于每个企业的产权结构、规模大小、组织形式、管理水平等存在差异，其税务筹划的具体目标也应该有所不同。具体来说可以将税务筹划目标总结为以下五个方面：

1. 履行纳税义务

履行纳税义务是税务筹划的基础目标或最低目标，旨在规避纳税风险及任何法定纳税义务之外的纳税成本的发生。为此，纳税人应做到纳税遵从，因为税收具有强制性，如果偏离了纳税遵从，企业将面临涉税风险。税制又具有复杂性、时效性，这就要求纳税人必须不断学习现行税收法律制度，随之做出相应的筹划，才能恰当履行纳税义务。

2. 降低纳税成本

纳税人为履行纳税义务，必然会发生相应的纳税成本。纳税成本包括直接纳税成本和间接纳税成本。前者是纳税人为履行纳税义务而付出的人力、物力和财力，后者是纳税人在履行纳税义务过程中所承受的精神负担、心理压力等。直接纳税成本容易确认和计量，间接纳税成本则需要估算或测算。纳税成本的降低，除纳税人应不断提高纳税能力、增强纳税成本意识等主观因素外，还与税制是否合理、征管人员素质、征管手段、征管方式等有直接关系。纳税成本降低会使企业利润增加，进而增加了应纳税所得额，对税务机关来说，则增加了税收收入，降低了其征管成本，这是一种双赢的结果。

3. 控制税收风险

税收风险是企业因涉税行为而引发的风险。企业的涉税行为要具有“合规性”，即涉税事宜均须符合税收法律法规的规定。例如，企业经济活动要符合税法规定的具有合理的商业目的，符合独立交易原则；对企业涉税事项的会计处理要符合税法要求及相关会计准则、制度等法律法规；纳税申报和税款缴纳、税务登记（变更、注销）、凭证账簿管理、税务档案管理以及税务资料的准备和报备等都要符合相应的法规规定。

4. 获取资金时间价值

如果纳税人能够合理有效地运作其资金，则随着时间的推移，货币的增值额会呈几何级数增长。通过税务筹划实现延缓纳税，相当于从政府取得一笔无息贷款，其金额越大、时间越长，对企业的发展越有利。在信用经济高速发展的时代，企业一般都是负债经营，而负债经营既有成本又有风险，要求企业负债规模要适度、负债结构应合理。而通过税务筹划实现的纳税额推迟，一般是没有风险的，从而有利于企业低成本高效益经营，优化企业的财务状况。

5. 增加税后利润

不论从理论角度还是从实务角度，税务筹划都是企业财务管理的重要组成部分。当实施某项税务筹划使税收负担最小化与其税后利润最大化呈正相关时，税收负担最小化就是税务筹划的最高目标。当实施某项税务筹划使税收负担最小化与税后利润最大化非正相关时，应该以企业的财务目标作为税务筹划的最终目标，即税务筹划要服从、服务于企业的财务目标。从这个角度上说，税收负担最小化是手段而不是目的。

在企业经营中如何实现税负最低、利润（价值）最大，是一项复杂的系统工程，需要事先对企业的涉税事项进行总体运筹和安排。在法律规定、国际惯例、道德规范和经营管理需要之间寻求平衡，争取在涉税低风险、零风险下的企业税后利润（价值）最大化。税务筹划不能只考虑个别税种缴纳的多与少，不能单纯以眼前税负的高低作为判断标准，而要以企业整体和长远利益作为判断标准。因此，企业可能会选择税负较高而税后利润最大的方案。在考虑货币的时间价值时，还要考虑边际税率因素，因为边际税率的改变可能会抵消货币时间价值的作用。

最后，需要注意的是税务筹划的各项目标不是截然分开的，不同企业可以有不同的具体目标。即使同一企业在同一时期也可能有几种具体目标，其不同时期的具体目标也可能有所不同、有所侧重。

（二）税务筹划的原则

1. 守法原则

守法包括合法与不违法两层含义。即税务筹划一定不能违反税法，换言之，违反税法的行为根本不属于税务筹划范畴。因此，以避税之名行逃税之实的“筹划”根本不是税务筹划。企业进行税务筹划，应该以国家现行税法及相关法规等为依据，要在熟知税法规定的前提下，利用税制构成要素中的税负弹性等进行税务筹划，从中选择最优的纳税方案。

2. 自我保护原则

该原则实质上是守法原则的延伸。因为只有遵循守法原则，才能实现自我保护。纳税人为了实现自我保护，一般应做到：增强法制观念，树立税法遵从意识；熟知税法等相关法规，熟知会计准则和制度；熟知税务筹划的技术和方法。

3. 成本效益原则

成本效益原则是人类社会的首要理性原则。具体到税务筹划，就是有效税务筹划原则。税务筹划要有利于实现企业的财务目标，要保证因之取得的收益大于其筹划成本，即体现经济有效。效益又有目前利益与长远利益之分，在考虑目前利益时，不仅要考虑各种筹划方案在经营过程中的显性收入和显性成本，还要考虑税务筹划成本。因此，目前利益是用利润衡量还是用净现金流量衡量，从长远利益的角度看，两者是一致的，但若考虑资金的时间价值，用净现金流量衡量可能更为恰当。因为资产的内在价值是资产未来现金流量的现值，因此，企业的内在价值也是企业未来现金流量的现值。在考虑成本效益原则时，应注意“税负最低”与“企业价值最大”的关系，当两者冲突时，前者应该服从后者。

4. 时效性原则

税务筹划是在一定法律环境下，在既定经营范围、经营方式下进行的，有着明显的针对性和特定性。随着时间的推移，社会经济环境、税收法律环境等不断发生变化，企业必须把握时机、灵活应对，不断调整或制订税务筹划方案，以适应税收的政策导向，确保企业持久地获得税务筹划带来的收益。

5. 整体性、综合性原则

在进行一种税的税务筹划时，还要考虑与之相关的其他税种的税负效应，进行整体筹划、综合衡量，以求整体税负最轻，长期税负最轻，税后利润（价值）最大，防止顾此失彼、瞻前顾后。

6. 风险收益均衡原则

税务筹划有收益，也有风险。在税务筹划中，存在不同程度的外部风险（如经济波动风险、市场风险、政策风险）与内部风险（如企业经营风险）。企业应当遵循风险与收益适当均衡的原则，采取措施，分散乃至化解风险，选优弃劣，趋利避害。

（三）税务筹划的思路

1. 利用税制要素

税制要素是各税种的细胞，税务筹划只有深入税制要素，才能取得实际效果。税制要素包括纳税主体、课税对象、税率、纳税环节、纳税期限、纳税地点和税收优惠等，它与税务筹划密切相关，直接影响纳税人的税负。因此，有必要对每个税种的税制要素进行分析和研究，以达到为纳税人减轻税负的目的。

2. 利用各类差异

现实经济生活中存在着各种各样的差异性，税制也反映和认同这种差异性的存在，并规定了各种差异性的政策和制度，这便为税务筹划提供了广阔的空间。具体地说，可以从地域差异、行业差异、企业性质差异和各国税制差异四个角度进行税务筹划。

第一，税制设计充分考虑地域差异。纳税人在投资、经营及筹资时要利用地域间税负差异，合理筹划。目前，中国税制涉及的特殊地域主要有：经济特区、沿海经济开放区、经济技术开发区、边境对外开放城市、沿江开放城市、中西部地区、高新技术产业开发区、保税区、贫困地区、少数民族地区等。

第二，国家基于宏观经济发展的需要，在不同的时期对不同的行业有不同的政策，对一些事关国计民生的基础产业和能够带动经济发展的主导产业有一定的政策倾斜，导致这些行业的税负较低，如改革开放以来国家对教育产业、信息产业、高新技术产业、环保产业等实施的低税负政策。纳税人在自身条件许可的条件下可以通过战略转移、经营调整等手段进入这些行业，充分享受税收优惠。

第三，企业性质差异。主要指国家对不同性质的企业往往有不同的税收政策，由此导致税负的不同。纳税人通过利用企业性质差异进行筹划，可以享受更多的税收优惠政策。

第四，由于不同国家对税收管辖权、税收构成要素和税源等税收经济活动所做的制度安排和法律规定不同，所以税制差异非常明显，纳税人可以利用税制差异实现国际税务筹划。

3. 利用税负转嫁

在市场经济环境中，纳税人总会通过各种途径和方式将税收负担部分或全部转移给他人，税负转嫁行为可以视为市场主体之间的一种博弈行为。

税负转嫁筹划的媒介是价格，其基本操作原理是利用价格浮动、价格分解来转移或规避税收。税负转嫁筹划能否通过价格浮动实现，关键取决于商品的供给弹性与需求弹性的大小，而价格分解的手法更为巧妙。

税负转嫁应明确三项原则：第一，税负转嫁和商品价格是直接联系的，和价格无关的因素是不能纳入税负转嫁范畴的；第二，税负转嫁是一个客观过程，没有税收价值的转移过程不能视为税负转嫁；第三，税负转嫁应理解为纳税人的主动行为，与纳税人主动行为无关的价格再分配性质的价值转移不能视为税负转嫁。

4. 利用组织形式

组织形式及产权关系决定着企业边界及资源配置方式，对不同组织形式及产权关系的选择，将极大地影响企业的经营、理财与税收。因此，适时改变组织形式，适应税制变化和税收政策的调整，可以合理降低税收负担。

组织形式和产权关系对税收的影响主要表现在改变了一些税收环境与税收要素，如纳税地点、纳税时间、纳税环节、纳税主体等。在有些情况下，产权关系和企业边界的改变，会造成税收待遇的差别，尤其是税收优惠政策与产权关系的变更密切相关。许多企业通过外部扩张，进入新的行业、新的领域，税收待遇自然不同；许多企业兼并重组的根本目的在于利用亏损弥补政策；许多企业实施并购的目的是改变身份或行业类别，从而享受一定的税收优惠。从一定意义上说，税务筹划的一部分功能其实是在寻找产权关系和企业边界对税收的影响，并尽力打破这种边界的“束缚”，寻找税负最小化的“安全”边界，以形成最佳的产权关系。

5. 利用核算方法

会计政策是会计核算时所遵循的基本原则以及所采纳的具体处理方法和程序。企业选择不同的会计政策会导致不同的财务结果和纳税结果，同时也会对利益相关者产生不同的影响。会计政策是会计的生命，因为企业存在会计政策选择的空间，才使企业的涉税活动变幻无穷，丰富多彩。当企业存在多种可供选择的会计政策时，择定有利于税后收益最大化的会计政策也是税务筹划的基本方法。

6. 利用临界点

税法中存在大量的关于临界点的规定，当突破这些临界点时，该税种所适用的税率和优惠政策等就会发生改变，从而为纳税人进行税务筹划提供了空间。临界点筹划方法的关键在于寻找临界点来控制税负。一般而言，临界点的变化会引起税负的巨大差别，在我国现行税制中，税基、税率和税收优惠政策等都存在临界点的规定，所以，临界点筹划方法也得到了广泛的应用。

（四）先修课程内容回顾

1. 中国税制

“中国税制”以我国现行的税收政策、法规为依托，详细介绍了我国现行税收体系中各税种的主要内容以及税款计算和缴纳等各项具体规定。其作为税务合规管理和筹划的实体法基础，在帮助纳税人有效防控税收风险、提升纳税遵从和税收利益以及为选择企业组织构架选择等方面发挥着重要的作用。

首先，中国税制支撑税务合规管理及筹划。“中国税制”第一章介绍税收基本原理，第二章至第十六章分别介绍增值税、消费税、企业所得税以及个人所得税等税种，从税制要素、计税规则以及税收优惠等角度详细讲解了不同税种的特点和计算方法。

在增值税的学习过程中，可以了解我国增值税制度的建立和发展、增值税的类型，确定增值税税率的基本原则，财政部、国家税务总局规定的其他税收优惠政策和营改增相关增值税优惠，增值税的几种计税方法，特定企业的增值税政策，增值税的出口退税率，适用增值税免税和征税政策的出口货物、劳务、服务和无形资产。在企业所得税章节中，通过对企业所得税知识学习，了解现行所得税的构成情况及类型、各国企业所得税的一般性做法、我国企业所得税的作用，理解企业所得税的计税原理、我国企业所得税的制度演变；掌握企业所得税的征税对象及所得来源地的确定，基本税率的规定，低税率的适用范围，收入总额的确定，不征税收入、免税收入的内容和企业接收政府和股东划入资产的税务处理，扣除项目的原则、范围和标准，不得扣除的规定，亏损弥补的规定；掌握税收优惠的规定、应纳税额的计算；掌握源泉扣缴的方法；掌握企业所得税的纳税地点、纳税期限、纳税申报、跨地区经营汇总纳税企业所得税征收管理、企业所得税年度纳税申报的填列方法。在个人所得税税种的学习中，了解个人所得税法修订历史、个人所得税立法原则，理解个人所得税的特点、征税对象、纳税人的判定标准，掌握居民纳税人和非居民纳税人的纳税义务范围、适用税率的具体规定，稿酬所得减征、劳务报酬所得加成征税的规定、应纳税所得额的一般规定、应纳税所得额的特殊规定、减免税优惠、应纳税额的计算。进一步积累税法知识，为税务筹划打下基础。

其次，税务合规依托中国税制。税务合规是指纳税人依法履行纳税义务，按时足额缴纳税款。税务合规对保证国家财政收入的稳定性、增加税收征管的效能以及营造公平的市场环境起着至关重要的作用。通过税收合规，可以有效减少逃税行为，提高纳税人的遵法意识，促进税收征管的科学化、规范化和高效化。

最后，税收筹划依靠中国税制。税收筹划是指纳税人根据国家税收政策和法律法规，通过合理合法的手段，进行税务安排和优化，以最大限度地降低税负、提高利润。税收筹划在激励企业发展、增强竞争力、推动经济转型升级方面具有积极的作用。合理合法的税收筹划有助于优化资源配置，提升企业效益，促进经济增长，为国家的财政收入提供稳定的支撑。

中国税制作为税务合规和筹划的实体法基础，通过科学合理的税收政策和法律法规，构建了一个较为完善的税收制度体系，为纳税人提供了明确的纳税义务和权益保护，同时也为国家财政收入的稳定和税收征管的高效提供了坚实的基础。

2. 税收管理

税收管理是指国家对纳税人进行征税的过程和方式的管理，旨在确保税收的合规性和有效性；“税收管理”课程体系完整，包括税收管理导论、税务管理基础、税收征收管理、税务检查、税务行政管理、税务行政处罚、税务行政复议和诉讼管理、税务代理等内容。它规定了纳税人的权利与义务，同时也明确了税务机关的职责和权限。税务机关在执行税收管理时，需要依法履行职责，保障纳税人的合法权益，同时加强对纳税人的监管，确保税收的合规性和公平性。

在税收管理导论的学习中，我们能够运用税收立法、执法、税务司法基本概念解释我国加快税收法治化进程的内在含义，并且对我国现行税收管理体制的现状及改革必要性开展分析。税源管理章节内容能够使我们系统了解税源管理法律、政策规定，熟练掌握税收管理全过程征纳双方的权利和义务，同时能够运用税收管理基本理论和相关法律法规分析和解决税源管理过程中遇到的问题。通过学习第三章税款征收的知识，我们掌握 8 种税款征收方式的概念和适用范围；了解税款缴库方式；同时掌握欠税的概念，掌握税收优先权、代位权和撤销权的含义；了解离境清税制度；掌握偷税、抗税、骗取出口退税的含义；能够指出纳税人的税款征收违法行为并能够准确运用法律法规提出相应的法律责任，为税务合规管理准备程序法知识。第四章税务稽查从实务角度引导学生建立综合分析能力，能够根据企业的财务报表、纳税资料展开税务稽查，发现企业涉税问题，并提出应对策略建议。第五章税务行政处罚从法理角度讲解行政处罚设定、管辖、流程的知识对纳税人税款征收过程中的违法行为进行识别并提出处罚办法。第六章反避税管理使我们能够运用反避税知识分析现实中的国内、国际避税案例，并给出反避税应对策略。第七章税务行政救济培养学生运用税收行政救济知识分析现实税收争讼案例的能力，为保障征纳双方的权益提出建议。

综上所述，税收管理是税务合规管理及筹划的程序法基础。税收管理的目标是确保税收的合规性和有效性，税务合规管理和筹划则是在此基础上，通过合法合规的手段和方法来优化纳税人的税务义务，达到降低税负、提高税收效益的目的。纳税人应当依法履行税务义务，税务机关也应当加强对纳税人的监管，维护税收的公平性和稳定性。

3. 税收筹划

“税收筹划”课程第一章税收筹划概念系统介绍了税收筹划的内容和特点；第二章通过典型案例讲解税收筹划方法，说明了各方法中存在的一些常见误区，如税收优惠、延期纳税、出口退税等方面存在的一些不合规谋划，并能够精准指出影响筹划结果的具体因素并进行一些必要的计算；第三章至第五章分别针对增值税、消费税、企业所得税和个人所得税展开筹划介绍，掌握各税种不同特征对于计税的影响。

通过学习“税收筹划”课程，我们掌握了从事纳税筹划工作应具备的基本知识、基本技能和核算操作能力，认识了税收筹划的思想和精髓。税收筹划和税务合规管理是紧密联系的，合理利用税收筹划策略，降低企业税负，不仅要严格遵守税收法律法规，也要充分考虑税务合规管理的规定。因此，税收筹划为税务合规管理提供坚实的理论基础。

第十二章 增值税合规管理与税务筹划

增值税是对我国境内销售货物、提供应税服务、销售不动产、转让无形资产或者提供加工、修理修配劳务，以及进口货物的单位和个人，就其取得的货物或应税劳务的销售额以及进口货物金额计算税款，并实行抵扣制度的一种税。为进一步完善增值税制，消除重复征税，促进经济结构优化，我国自2016年5月1日起在全国范围内全面推开营改增，由缴纳营业税改为缴纳增值税。目前，增值税已成为我国现阶段税收收入规模最大的税种。

第一节 增值税制度回顾

一、税制要素

（一）增值税纳税人身份划分标准

在中华人民共和国境内销售货物、劳务、服务、无形资产和不动产的单位和个人为增值税的纳税人。增值税纳税人分为小规模纳税人和一般纳税人两类，实行不同的征收和管理方式（表12－1）。

表12－1　　增值税一般纳税人与小规模纳税人的划分

认定标准	小规模纳税人	一般纳税人
从事货物生产或者提供应税劳务的纳税人，以及以从事货物生产或者提供应税劳务为主，同时兼营货物批发或者零售的纳税人；批发或零售货物的纳税人	年应税销售额在500万元以下	年应税销售额在500万元以上
年应税销售额超过小规模纳税人标准的其他个人	按小规模纳税人纳税	—
非企业性单位、不经常发生应税行为的单位和个体工商户	年应税销售额超过规定标准但不是经常发生应税行为可选择按小规模纳税人纳税	

自2020年2月1日起，增值税小规模纳税人（其他个人除外）发生增值税应税行为，需要开具增值税专用发票的，可以自愿使用增值税发票管理系统自行开具。选择自行开具增值税专用发票的小规模纳税人，税务机关不再为其代开增值税专用发票。

符合增值税一般纳税人条件的纳税人应当向主管税务机关办理一般纳税人登记，以取得法定资格；未办理一般纳税人登记手续的，应按销售额依照增值税税率计算应纳税额，不得抵扣进项税额，也不得使用增值税专用发票。经税务机关审核登记的一般纳税人，可按规定申领和使用增值税专用发票，按增值税条例的规定计算缴纳增值税。应当注意的是，纳税人登记为一般纳税人后，不得转为小规模纳税人，国家税务总局另有规定的除外。

（二）增值税的征税范围

增值税的征收范围包括销售货物、提供应税劳务、进口货物、销售服务、销售无形资产、销售不动产。

（三）增值税的税率和征收率

一般纳税人缴纳增值税采用一般计税方法适用三种情况的比例税率：第一种是基本税率；第二种是低税率；第三种是出口货物、服务或者无形资产适用的零税率。

二、计税规则

增值税的计税方法主要包括一般计税方法和简易计税方法。我国目前对一般纳税人增值税的计算一般情况下采用一般计税方法，某些特殊情况下采用或者选择采用简易计税方法；我国目前对小规模纳税人增值税的计算采用简易计税方法。

一般计税方法下的应纳增值税税额等于本期销项税额减本期进项税额。其计算公式为：

应纳增值税税额 = 本期销项税额 − 本期准予抵扣进项税额

简易计税方法下的应纳增值税税额等于本期销售额乘以增值税征收率，不得抵扣进项税额。其计算公式为：

应纳增值税税额 = 不含税销售额 × 征收率

三、税收优惠

（一）加计抵减政策

自 2023 年 1 月 1 日至 2023 年 12 月 31 日，增值税加计抵减政策如下：

第一，允许生产性服务业纳税人按照当期可抵扣进项税额加计 5% 抵减应纳税额。生产性服务业纳税人，是指提供邮政服务、电信服务、现代服务、生活服务取得的销售额占全部销售额的比重超过 50% 的纳税人。

第二，允许生活性服务业纳税人按照当期可抵扣进项税额加计 10% 抵减应纳税额。生活性服务业纳税人，是指提供生活服务取得的销售额占全部销售额的比重超过 50% 的纳税人。

根据财政部 税务总局公告 2023 年第 43 号：自 2023 年 1 月 1 日至 2027 年 12 月 31 日，允许先进制造业企业按照当期可抵扣进项税额加计 5% 抵减应纳增值税税额。

（二）即征即退政策

1. 软件产品

增值税一般纳税人销售其自行开发生产的软件产品，按 13% 的税率征收增值税后，对其增值税实际税负超过3%的部分实行即征即退政策。

征即退税额 = 当期软件产品增值税应纳税额 - 当期软件产品销售额 ×3%

2. 动漫产业

自2018年1月1日至2023年12月31日，动漫企业增值税一般纳税人销售其自主开发生产的动漫软件，对其增值税实际税负超过3%的部分，实行即征即退政策。

动漫软件出口免征增值税。

（三）小规模纳税人增值税税收优惠政策

1. 小规模纳税人免征增值税政策

自2023年1月1日至2027年12月31日，对月销售额10万元以下（含本数）的增值税小规模纳税人，免征增值税。

2. 小规模纳税人减征增值税政策

自2023年1月1日至2027年12月31日，增值税小规模纳税人适用3%征收率的应税销售收入，减按1%征收率征收增值税；适用3%预征率的预缴增值税项目，减按1%预征率预缴增值税。

第二节　增值税税务筹划

一、合理运用小微企业普惠税收优惠政策

小微企业纳税人因其增值税应税销售额比较少，一直都有着“照顾性”的免税规定。随着免税额不断提升，免税政策也就具有了越来越大的税务筹划价值。根据《关于增值税小规模纳税人减免增值税政策的公告》（财政部 税务总局公告2023年第19号）：“为进一步支持小微企业和个体工商户发展，现将延续小规模纳税人增值税减免政策公告如下：对月销售额10万元以下（含本数）的增值税小规模纳税人，免征增值税。增值税小规模纳税人适用3%征收率的应税销售收入，减按1%征收率征收增值税；适用3%预征率的预缴增值税项目，减按1%预征率预缴增值税。本公告执行至2027年12月31日。”这一优惠政策类似于起征点优惠，适用于所有属于小规模纳税人的各种类型的企业。此处蕴含以下两个重要的税务筹划思路。

1. 政策的适用对象

免税政策适用于按照固定期限计征增值税的小规模纳税人。未进行税务登记的自然人，增值税是按次征收，每次低于500元可以免征增值税。未进行税务登记的自然人不按固定期限缴纳增值税，因此无法适用月销售额低于10万元免征增值税的优惠政策。

案例 12－1

李某从事个体运输，跑一次能收取1万元的运费，一个月能跑9次，月收入9万元。另外，其还有多余的房屋可以出租。在这种情况下，李某是以个人名义进行经营，还是应该注册为个体工商户呢？

解析

如果李某直接以个人名义跑运输，单次超过500元的，就要缴纳增值税。此时，李某可以考虑注册为个体工商户，或者办理临时的税务登记，这样就可以按月计征增值税，从而享受月销售额低于10万元免缴增值税的优惠政策。

对于房屋出租的收入，李某可以用个人名义收取，因为国家税务总局对增值税免税政策的执行做出了进一步的细化规定。《国家税务总局关于增值税小规模纳税人减免增值税等政策有关征管事项的公告》（国家税务总局公告2023年第1号）第四条规定："《中华人民共和国增值税暂行条例实施细则》第九条所称的其他个人，采取一次性收取租金形式出租不动产取得的租金收入，可在对应的租赁期内平均分摊，分摊后的月租金收入未超过10万元的，免征增值税。"此处的其他个人，指的就是自然人。因此，从税务筹划的角度来看，对于租赁收入，还是直接以个人的名义收取比较划算。

总之，李某跑运输是不能享受收入分摊政策的，因此可考虑注册为个体工商户或者办理临时税务登记；但当李某出租房屋时，则可以作为其他个人，直接适用分摊收入免征增值税的规定。

案例 12－2

张某在上海投资比较早，买了一排商铺。某银行看上了张某的商铺，想要租用作为营业厅。2023年1月，该银行向张某一次性支付租金120万元。对于张某来说，其应该以何种身份签订合同收取租金呢？

解析

如果张某选择直接签订租赁合同并收取租金，那么张某的身份属于"其他个人"，依据前述优惠政策，其可以将120万元分摊到12个月，每个月的平均租金不超过10万元，无须缴纳增值税。如果张某注册为个体工商户，则不再属于"其他个人"。此时，根据国家税务总局公告2023年第1号第一条："增值税小规模纳税人发生增值税应税销售行为，合计月销售额未超过10万元（以1个季度为1个纳税期的，季度销售额未超过30万元，下同）的，免征增值税。"张某2022年2月一次性收取了120万元，则无论是按月还是按季度，都是无法享受增值税免税政策的。

2. 税款的适度调整

单从增值税免税的角度来看，我们一定要留意月销售额不要超过免税标准。例如，案例12－1中的李某若注册为个体工商户，每个月收入10万元，一直免缴增值税。但

10 月因为生意好，要多跑几趟运输，大概 16 趟，预计收入 11 万元。在这种情况下，李某可以考虑 10 月少跑一趟，第 16 趟放在 11 月完成，这样就可以继续享受增值税免税的待遇。当然，在很多商业活动中，我们不可能仅从税务筹划的角度来做出判断。例如，李某若拒绝了客户当月跑第 16 趟的要求，可能就会失去这个客户。在这种情况下，我们还要从商业利益的整体通盘考虑，税务筹划只是其中的一个因素。

二、企业分立的增值税筹划

第一种思路是分立为几个缴税行为主体，形成能够产生有关联方交易的企业群。

我国增值税一般计税方式是用纳税人的销项税额减去进项税额，而确定销项税额和进项税额的依据都是增值税专用发票。因此，如果纳税人不能合法取得增值税专用发票，纳税人的进项税额就不能抵扣。这就会增加纳税人的税收负担，使其在与同行业的竞争中处于不利地位。但是，根据税法的规定，在某些情况下，虽然纳税人无法取得增值税专用发票，但是也可以抵扣进项税额。根据《中华人民共和国增值税暂行条例》第 8 条规定，购进农产品，除取得增值税专用发票或者海关进口增值税专用缴款书外，按照农产品收购发票或者销售发票上注明的农产品买价和 9% 的扣除率计算进项税额（纳税人购进用于生产或者委托加工 13% 税率货物的农产品，按照 10% 扣除率抵扣。其中，9% 是凭票据实抵扣或凭票计算抵扣进项税额，1% 是在生产领用农产品当期加计抵扣进项税额）。企业应当充分利用上述政策，尽量多地取得可以抵扣进项税额的发票。

根据《中华人民共和国增值税暂行条例》第 15 条的规定，农业生产者销售的自产农产品免征增值税。农业生产者，包括从事农业生产的单位和个人。因此，企业如果有自产农产品，可以考虑单独设立相关的子公司负责生产销售自产农产品，从而享受免税待遇。

案例 12－3

某牛奶公司主要生产流程如下：饲养奶牛生产牛奶，将产出的新鲜牛奶进行加工制成奶制品，再将奶制品销售给各大商业公司，或直接通过销售网络转销给该市及其他地区的居民。奶制品适用 13% 的增值税税率，进项税额主要由两部分组成：一是向农民个人收购的草料部分可以抵扣 10% 的进项税额；二是公司水费、电费和修理用配件等按规定可以抵扣进项税额。与销项税额相比，这两部分进项税额数额较小，致使公司的增值税税负较高。假如 2021 年度从农民生产者手中购入的草料金额为 1 000 万元，允许抵扣的进项税额为 100 万元，其他水电费、修理用配件等进项税额为 80 万元，全年奶制品不含税销售收入为 5 000 万元。根据这种情况，请提出税务筹划方案。

解析

方案 1：分立公司。

该公司可以将整个生产流程分成饲养和牛奶制品加工两部分，饲养场由独立的子公司来经营，该公司仅负责奶制品加工。筹划之后，假定饲养场销售给奶制品厂的鲜奶售价为 4 000 万元，其他条件不变。由于农业生产者销售的自产农产品免征增值税，饲养场销售鲜奶并不需要缴纳增值税。则该公司应纳增值税 $=5\ 000\times13\%-4\ 000\times10\%-80=170$（万元）。

方案2：不分立公司，仍采取牛奶制品加工公司的形式。

应纳增值税 =5 000×13% －（100+80）=470（万元）。

所以，采取分立公司的形式，可以少交增值税 =470－170=300（万元）。

第二种思路将混合销售或混合销售中的低征收率业务流程或零税率业务流程独立出去，独立计税，减少税负。如，把货物销售与运输分离，成立运输公司，变不可抵扣税款为可抵扣税款。

第三种思路将可用累进税率的缴税行为主体分化成两个或两个以上可用低征收率的缴税行为主体，税负自然减少。如，把一般纳税人分成两个以上的小规模纳税人，把税率（征收率）从13%降到3%或5%。

三、简易计税方法的运用

在实务中，有些企业会通过改变计税方式来达到降低税负的目的。在相同的交易条件下，根据税法的规定，有时只要相应地做一些调整，就可以达到这样的目的。

例如，建筑行业常见的"甲供材"业务。建筑行业因为其行业特点，有些经济业务存在获取进项税发票比较难的情况。建筑企业所购买的砂石、所临时招募的人员大多难以获取增值税专用发票用于抵扣。也正因为这个原因，在营业税改征增值税的文件中，特意留下了一些建筑企业可以采取简易计税的特殊规定，常见的是"甲供材"可以简易计税的规定。

《财政部 国家税务总局关于全面推开营业税改征增值税试点的通知》（财税〔2016〕36号）附件2《营业税改征增值税试点有关事项的规定》第一条第七款第二项规定："一般纳税人为甲供工程提供的建筑服务，可以选择适用简易计税方法计税。甲供工程，是指全部或部分设备、材料、动力由工程发包方自行采购的建筑工程。"

案例 12－4

王氏建筑公司接到了一个工程，为张氏实业公司盖一幢办公楼。王氏建筑公司与张氏实业公司均为一般纳税人。王氏建筑公司应向张氏实业公司开出2亿元（不含税）的增值税专用发票，但只能取得1亿元（不含税）的增值税专用发票。

如果按照增值税一般计税方式，王氏建筑公司需要就1亿元的差额缴纳增值税，税率为9%，也就是要缴纳900万元的增值税。王氏建筑公司觉得税负太高了，与企业真实的交易情况严重不符。其虽然只取得了1亿元的增值税专用发票，但实际的建筑成本远高于1亿元，主要原因在于，向其销售砂石等建筑材料的均为个人，他们无力或者不愿意向王氏建筑公司开具或者代开增值税专用发票。从真实的成本核算来看，王氏建筑公司税前的实际利润只有800万元，如果按照一般计税方式缴纳900万元税款，那么王氏建筑公司可能还要亏损100万元。这该怎么办？王氏建筑公司如何解决取得的增值税专用发票与实际经营成本不匹配的问题呢？

解析

王氏建筑公司可以考虑采取“甲供材”的税务筹划方式，即在不改变其一般纳税人资格的情况下，针对为张氏实业公司所盖的楼，合法采用简易计税方式。转变为简易计税后，王氏建筑公司就可以按照3%的征收率计征增值税，税款金额为600万元。这样一来，与一般计税方式相比，王氏建筑公司就可以节省增值税税款300万元。

具体的做法是，王氏建筑公司不再采购工程所需的全部材料，而是改为由张氏实业公司作为工程发包方直接提供部分设备、材料、动力。例如，张氏实业公司作为发包方提供图纸、发电机或者水泥，均可以满足“甲供材”税务筹划的要求。对于甲供材在整个工程中所占的比例，目前的税务政策并未做出明确的要求。

对于建筑企业来说，甲供材的税务筹划门槛较低，只要有需要，就容易达到税收政策所要求的条件。但这种税务筹划的问题在于，需要建筑企业和发包方达成一致意见。因为建筑企业从一般计税方式改为简易计税，影响的不仅仅是建筑企业自身的税务处理，也同时会对发包方的税务处理产生影响。最直接的体现是，一旦建筑企业改为简易计税，就不能再开具税率为9%的增值税专用发票，而只能开具征收率为3%的增值税专用发票，案例中的张氏实业公司可以凭票抵扣的金额将从1 800万元降为600万元。

可以看出，这种税务筹划并不是一个双赢的解决方式，建筑企业的节税可能是建立在发包方税负增加的基础之上的。因此，此类税务筹划能否进行，需要建筑企业与发包方就开票的方式事先达成一致意见。否则，在甲方占有强势地位的建筑市场，建筑企业如果“一意孤行”改为简易计税，那么可能会失去生意，更谈不上税务筹划了。

四、灵活利用增值税免税规定

增值税免税并不见得对所有企业都是好事。增值税免税待遇不是强制性的，企业可以自主选择。一旦选择享受增值税免税待遇，企业在抵扣增值税专用发票时就会受到限制，用于免税项目的增值税专用发票不得抵扣，已经抵扣的必须转出。如何灵活利用增值税免税规定，需要结合企业的具体情况来判断。

案例12-5

电影发行放映服务免征增值税，若影片营利，进项税全额转出没有问题；但若影片亏损，进项税是按实现的发行收入同比转出，还是也要全额转出？这种情形下如何开展筹划？该公司的具体情况是，其投入1亿元拍了一部电影，这1亿元中包括购置摄影器材花费的5 000万元。公司在购置摄影器材并取得发票后进行了抵扣。现在电影要上映了，电影发行取得收入免征增值税，因此拍摄电影时取得的与发行收入有关的增值税专用发票不得抵扣，已经抵扣的均应当做进项转出。

该公司的问题是，如果电影热卖，能够创造票房奇迹，5 000万元专用发票转出当然没问题；倘若票房惨淡，如只有100万元的票房收入，也要做进项转出吗？按照增值税税率13%来计算，5 000万元专用发票转出就意味着该公司要缴纳650万元的税款。

解析

第一，将摄影器材同时用于免税项目与应税项目。

该公司可以拓宽摄影器材的用途，除了用于增值税免税项目，摄影器材也可以用于增值税应税项目，这样就可以依法不做进项转出了。

《中华人民共和国增值税暂行条例实施细则》（以下简称《增值税暂行条例实施细则》）第二十一条规定："条例第十条第（一）项所称购进货物，不包括既用于增值税应税项目（不含免征增值税项目）也用于非增值税应税项目、免征增值税（以下简称免税）项目、集体福利或者个人消费的固定资产。前款所称固定资产，是指使用期限超过12个月的机器、机械、运输工具以及其他与生产经营有关的设备、工具、器具等。"

通过事先的税务筹划安排，企业的税务处理即可以符合上述要求。例如，企业除了拍摄电影取得免税收入，还可以拍摄婚宴喜庆视频、拍摄广告或者将摄影器材出租，这些都可以取得增值税应税收入。这些应税收入的金额并不重要，只要是真实发生的就可以。因为从《增值税暂行条例实施细则》第二十一条的规定来看，对应税收入与免税收入的比例并未做出明确的要求，只要摄影器材不是单纯用于免税收入，就可以依法抵扣。

第二，放弃免税待遇。

《增值税暂行条例实施细则》第三十六条规定："纳税人销售货物或者应税劳务适用免税规定的，可以放弃免税，依照条例的规定缴纳增值税。放弃免税后，36个月内不得再申请免税。"如前所述，增值税免税是自选动作，而不是规定动作，企业有权利决定是否保留免税待遇。唯一的限制是，企业不能随意改变主意，一旦选定不免税，这个选择至少要保持36个月不变。

该公司在电影上映之后，如果票房不佳，完全可以选择放弃免税的待遇。对于100万元的票房收入，企业可以按照应税收入缴纳增值税。这样一来，之前已经抵扣的650万元增值税就不需要再转出。但是，若该公司确定放弃免税之后影片的票房又神奇地好了起来，那也只能继续缴纳增值税，36个月内不得改变。

五、延缓增值税纳税义务发生的时间

实施延缓纳税税务筹划，应该首先明确增值税纳税义务发生时间。推迟纳税义务发生时间，延迟缴纳税额，有利于企业充分利用资金时间价值，提高资金使用效率。

根据《增值税暂行条例》第十九条规定，增值税纳税义务发生时间：发生应税销售行为，为收讫销售款项或者取得索取销售款项凭据的当天；先开具发票的，为开具发票的当天。进口货物，为报关进口的当天。

根据《增值税暂行条例实施细则》第三十八条规定，收讫销售款项或者取得索取销售款项凭据的当天，按销售结算方式的不同，具体为：

（一）采取直接收款方式销售货物，不论货物是否发出，均为收到销售款或者取得索取销售凭据的当天。

（二）采取托收承付和委托银行收款方式销售货物，为发出货物并办妥托收手续的当天。

（三）采取赊销和分期收款方式销售货物，为书面合同约定的收款日期的当天，无书面合同的或者书面合同没有约定收款日期的，为货物发出的当天。

（四）采取预收货款方式销售货物，为货物发出的当天，但生产销售生产工期超过12个月的大型机械设备、船舶、飞机等货物，为收到预收款或者书面合同约定的收款日期的当天。

（五）委托其他纳税人代销货物，为收到代销单位的代销清单或者收到全部或者部分货款的当天。未收到代销清单及货款的，为发出代销货物满180天的当天。

（六）销售应税劳务，为提供劳务同时收讫销售款或者取得索取销售款的凭据的当天。

（七）纳税人发生视同销售货物行为，为货物移送的当天。

纳税人可以充分利用上述增值税纳税义务发生时间的规定，通过适当调整结算方式递延纳税义务发生的时间。

案例 12-6

A公司8月发生的销售业务有3笔，货款共计3 000万元，其中，第一笔500万元，现金结算；第二笔800万元，验收后收款；第三笔1 700万元，1年后收款。该公司有两个选择：一是全部采用直接收款的合同，二是在合同中约定收款时间。该公司应如何选择？

解析

方案一：全部采取直接收款方式的合同。

企业若全部采取直接收款方式的合同，则应当在当月全部计算销售额。

销项税额 $=3\ 000\times13\%=390$（万元）

方案二：在合同中约定收款时间。

对未收到的800万元和1 700万元，通过与购买方签订合同，约定收款日期。则当月销项税额 $=500\times13\%=65$（万元）

那么，可以推迟缴纳的增值税额为：$390-65=325$（万元）

案例 12-7

甲公司委托乙公司代销一批货物。甲公司于2021年1月1日发出货物，2021年12月1日收到乙公司的代销清单和全部货款113万元。甲公司是按月缴纳增值税的企业。甲公司应当在何时缴纳增值税，并提出纳税筹划方案。

解析

方案一：甲公司应当在发出代销货物满 180 天的当天计算增值税的纳税义务，即 2021 年 6 月 29 日计算增值税。应纳增值税：113 ÷（1 + 13%）× 13% = 13（万元）。甲公司应当在 7 月 15 日之前缴纳 13 万元的增值税（如有进项税额，可以抵扣进项税额后再缴纳）。

方案二：甲公司为了避免在发出货物满 180 天时产生增值税的纳税义务，可以在发出货物 179 天时，即 2021 年 6 月 28 日，要求乙公司退还代销的货物，然后在 2021 年 6 月 29 日与乙公司重新办理代销货物手续。这样，甲公司就可以在实际收到代销清单及 113 万元的货款时计算 13 万元的增值税销项税额，并于 2022 年 1 月 15 日之前缴纳 13 万元的增值税。

第三节　增值税税务合规管理要点

一、对虚开发票的认定及风险分析

我国对增值税专用发票的管控非常严格，仅有真实的交易而没有符合规定的增值税专用发票，是不可以进行增值税抵扣的。基于这种原因，一些企业为了取得增值税专用发票而进行了各式各样的操作，也因此产生了虚开增值税专用发票的风险。

（一）虚开发票的认定

增值税专用发票虚开与否的判断标准可以从两个维度展开分析，第一个维度是对形式与实质的判定，形式与实质中任何一方面出现问题，都可能会被认定为虚开。第二个维度是纳税人是否存在主观故意对虚开发票认定的影响。

1. 形式与实质

从形式上看，增值税专用发票的开票必须符合“三流一致”的要求。《国家税务总局关于加强增值税征收管理若干问题的通知》（国税发〔1995〕192 号）第一条第（三）项规定：“纳税人购进货物或应税劳务，支付运输费用，所支付款项的单位，必须与开具抵扣凭证的销货单位、提供劳务的单位一致，才能够申报抵扣进项税额，否则不予抵扣。”二十多年过去了，国税发〔1995〕192 号文件的大部分内容已被废止，但上述第一条第（三）项规定却仍然有效，这是税务机关判定增值税专用发票虚开与否的重要依据。

“三流一致”是税务机关判定增值税专用发票虚开与否的形式要求，即一笔交易中，货物或者服务、资金及发票必须发生在签订合同的双方当事人之间，且货物或者服务流、资金流与发票流之间必须保持一致。而纳税人不符合“三流一致”的开票行为，存在着巨大的税务稽查风险。

在商业环境允许的情况下，纳税人要在交易中满足“三流一致”的要求，避免指示交付、代位权或者抵销等导致货物流、资金流出现形式异常的交易方式，否则即使交易是真实的，也有可能引发虚开增值税专用发票的税务稽查。

从实质上看，开票方与受票方之间应当具有真实的交易。仅仅形式上符合“三流一致”的要求，还不能排除虚开增值税专用发票的认定，纳税人必须能够证明开票方与受票方之间存在真实的交易。这种真实的交易，实践中又可以细分为两个层次：一是客观上存在货物或者服务的流动；二是货物或者服务的流动不以逃税作为唯一或者主要目的。这就要求纳税人在交易之前，必须对交易的实质做出论证。通俗来讲，就是本企业为什么要介入某笔交易、自身能够得到什么经济利益、交易对方能够得到什么经济利益。如果到了税务稽查时，纳税人还不能对交易的经济实质作出合理的解释，那么被认定为虚开增值税专用发票的可能性会显著增加。

2. 对主观故意虚开发票的分析

主观上是否具有虚开的故意，仅仅影响刑事责任的认定，对于行政责任的认定并无影响。

即使纳税人主观上是善意的，仍有可能被税务机关定性为虚开增值税专用发票。不同的是，如果税务机关认定纳税人系善意虚开增值税专用发票，则根据《国家税务总局关于纳税人善意取得虚开的增值税专用发票处理问题的通知》（国税发〔2000〕187号）及《国家税务总局关于纳税人善意取得虚开增值税专用发票已抵扣税款加收滞纳金问题的批复》（国税函〔2007〕1240号）的规定，对纳税人不做行政处罚、不征收滞纳金并给予纳税人重新获取增值税专用发票用于抵扣的机会。如果纳税人无法重新获得增值税专用发票，那么即使是善意的，也会作为虚开增值税专用发票处理，仍然要转出进项税额，补缴相应税款。

值得注意的是，我国税收监管逐渐向着“放管服”（简政放权、放管结合、优化服务）的方向发展。以往税务机关的大量监管核准工作被纳税人的自行判断与自行申报纳税所替代。增值税专用发票从扫描认证向勾选认证的转变，就是一个很好的例证。在这种背景下，认证通过并不体现税务机关的实体审查。即使已经认证通过，也不代表税务机关已经正式确认发票的合法性。因此，在实践中，以发票通过了认证来进行抗辩是没有实际意义的。

要避免虚开增值税专用发票带来的风险，纳税人必须准确把握税务机关认定虚开的标准。在日常的商业活动中，纳税人对外应当加强对交易对方商业信用的审查，对内则应当加强对业务人员的合规培训，以确保增值税专用发票的使用无论从形式还是实质上均符合法定要求。尤其是对一些模糊的概念或者有争议的操作方式，要尽量回避。

（二）虚开增值税发票引发的涉税风险

虚开增值税专用发票的大量出现，多与少数违法企业的逐利冲动有关。在追逐利润的同时，纳税人须对增值税专用发票进行合规管理，否则，除了承担经济损失，还有可能承担刑事责任，丧失人身自由。

实务中，虚开增值税专用发票，收取虚开发票回流款，不仅要承担法律责任，还可能被征收个人所得税。

案例 12-8

2021 年 6 月 30 日，宁波 W 股份有限公司在首发上市相关资料中披露了收购的子公司在收购前的税务违法行为。国家税务总局宁波市税务局第三稽查局认定，宁波 W 股份有限公司所收购子公司原法定代表人吴某某收取的涉案虚开发票回流款，在各纳税年度终了后既不归还，又未用于企业生产经营的部分，共计约 215 万元，应缴纳个人所得税约 43 万元。

对于虚开增值税专用发票，大家可能都想不到个人所得税文件还能这样嵌套着适用。因为在刑事案件中，虚开是一项重罪，支付开票费和收取回流款往往仅被作为定性虚开的指标。但在税务行政处理中，仍然会对个人所得税一并进行处理。

主要原因在于，为了掩饰虚开增值税专用发票的真相，此类案件中通常会存在应当进入企业账户的资金在个人银行账户之间流动的情况。这种资金的异常流动，按照国家税务总局的下列规定，就可能引发个人所得税风险。

关于个人投资者从其投资的企业（个人独资企业、合伙企业除外）借款长期不还的处理问题，《财政部 国家税务总局关于规范个人投资者个人所得税征收管理的通知》（财税〔2003〕15 号）规定："纳税年度内个人投资者从其投资的企业（个人独资企业、合伙企业除外）借款，在该纳税年度终了后既不归还，又未用于企业生产经营的，其未归还的借款可视为企业对个人投资者的红利分配，依照'利息、股息、红利所得'项目计征个人所得税。"

《国家税务总局关于印发〈个人所得税管理办法〉的通知》（国税发〔2005〕120 号）第三十五条第（四）项规定："加强个人投资者从其投资企业借款的管理，对期限超过一年又未用于企业生产经营的借款，严格按照有关规定征税。"

因此，国家税务总局宁波市税务局第三稽查局应当是认定吴某某为被收购子公司的投资人，而不仅仅是法定代表人，进而适用了前述税务文件的规定。

（三）虚开增值税发票引发的伴生风险

虚开增值税专用发票，除了涉税风险，还有许多伴生风险，如贪污、职务侵占、挪用企业资金、洗钱等。之所以具有这么多的伴生风险，与增值税专用发票本身的重要作用密不可分。无论具体以哪种形式实施违法犯罪活动，在东窗事发之前，当事人都会千方百计地进行掩饰，努力使交易从形式上看是合法的。要做到这一点，就意味着所有的资金流动要有依据，会计的处理要有凭证。这些归结到最后，都要求具有增值税专用发票。由此，虚开增值税专用发票也就成了很多违法犯罪活动的共性问题。

案例 12-9

一家公司的某位管理人员利用自己控制财务部门的机会，想方设法要把公司的钱装进自己的腰包。为了达到这个目的，这名管理人员以公司的名义购买了数千万元的黄金珠宝、加油卡、购物卡等。实际上，这些交易都是虚假的，卖方并没有向公司交付黄金珠宝、加油卡、购物卡，而是按照管理人员的要求直接予以提现。但为了向公司请求款项，卖方仍然向公司开具了增值税专用发票。管理人员通过这些发票把公司账目做平，一直未被发现。直到管理人员离任后，公司组织第三方审计时才发现问题。最终，这名管理人员被以职务侵占罪判处有期徒刑五年。这个案例非常有代表性，管理人员虚开发票的目的并不是逃税，而是侵占公司的财产。

二、密切关注异常凭证

《国家税务总局关于异常增值税扣税凭证管理等有关事项的公告》（国家税务总局公告2019年第38号）第二条规定，“增值税一般纳税人申报抵扣异常凭证，同时符合下列情形的，其对应开具的增值税专用发票列入异常凭证范围：（一）异常凭证进项税额累计占同期全部增值税专用发票进项税额70%（含）以上的；（二）异常凭证进项税额累计超过5万元的。”第三条规定，“增值税一般纳税人取得的增值税专用发票列入异常凭证范围的，应按照以下规定处理：（一）尚未申报抵扣增值税进项税额的，暂不允许抵扣。已经申报抵扣增值税进项税额的，除另有规定外，一律作进项税额转出处理……”

案例12－10

甲公司购买了乙公司的货物，乙公司交付了货物，并开具了发票，甲公司支付了货款。甲乙两个公司之间的交易一切正常，没有任何问题。但是，如果乙公司的货物是向丙公司采购的，丙公司开具给乙公司的发票是有问题的，那么稽查机关有可能将乙公司向甲公司开具的发票也认定为异常凭证。这种情况下，甲公司必须将已经抵扣的税款做进项转出，补缴增值税税款。大家可以看到，在整个交易过程中，甲公司其实是完全合规的，并没有违反任何规定，乙公司如何取得发票完全超出了甲公司的控制范围，但根据现行的税法规定及增值税“以票管税”的执法传统，甲公司仍然需要承担税法责任。

三、整改不当带来的增值税风险

企业不仅应当了解如何正确使用增值税专用发票，还应当了解在已经违规的情况下如何整改，如何避免后果进一步扩大。

案例12－11

2015年8月28日，原告A公司与M公司签订了买卖合同，由原告向M公司购买冲床，合同总金额为250万元（含增值税）。合同签订后，原告向M公司付清了款项，M公司亦将该批货物送达原告。因销售方M公司无法开具冲床的增值税专用发票，只开具了110万元的增值税普通发票，原告无法用于进项税额抵扣，遂要求M公司提供增值税专用发票。后M公司联系与其有铜带业务往来的S公司，由S公司向原告开具货物名称为“铜带”的增值税专用发票26份，价税合计250万元（含进项税额），原告已于同期向税务机关申报抵扣。

2016年1月至2月，原告按常态进行财务审计，审计机构发现原告上述250万元发票存在实物与账面库存不符的情况，要求原告按照相关规定进行纠错。后原告在没有与M公司进行铜带交易的情况下，向M公司开具了货物名称为“铜带”的增值税专用发票10份，价税合计250万元。针对原告的上述行为，当地税务稽查局于2016年6月28日经审查予以立案查处。

这起案件旷日持久，历经一审、二审、撤销税务处罚决定、再次处罚、再次一审、再次二审、再审，从2018年一直持续到2021年。经过反复波折后，原告A公司最终还是受到了税务机关的处罚。

如此复杂的案件，其根源在于一个常见的税务筹划操作误区。A公司从M公司购买冲床，本应由M公司作为卖方开具增值税专用发票，而M公司无法开具增值税专用发票，只能开具增值税普通发票。这种情况下，双方本应通过协商来解决商业纠纷，如对于A公司无法抵扣而遭受的增值税损失，由M公司给予赔偿。如果这样处理，事情也就了结了，绝不会出现后续旷日持久的诉讼大战。

但A公司却认为只要生意是真实的，就可以找其他单位代开发票。于是，A公司从M公司购买冲床，却取得了S公司开具的铜带发票，并进行了增值税抵扣。很多财务人员认为，为了生产活动，A公司确实购买了冲床，应该获得抵扣的机会。A公司换了一张等额的发票，只是把本该以冲床抵扣的增值税税款按照铜带进行了抵扣，实质重于形式，尽管发票记载与实际交易情况不符，但从结果上看，A公司并没有造成国家税款的损失。

实际上，这种做法是不符合税法规定的。对于增值税专用发票的管理和使用，国家税务总局有着明确的规定。增值税专用发票只能由卖家向买家开具，且开具的发票内容应当与实际交易内容相符。基于以票管税的基本思路，增值税专用发票本身具有无可替代的作用，即使所有的交易都是真实合法的，若没有增值税专用发票，也是无法抵扣的。

A公司从S公司取得铜带增值税专用发票后，在税务机关发现之前，审计机构已经告知了A公司取得的发票不合法，要求A公司整改。这本来是一个改正错误的机会，因为按照国家税务总局的规定，税务检查之前自行发现问题并纠正，且没有偷税主观故意的，是不应认定为偷税的。但A公司却又以一种常见的错误操作错过了这次改正的机会。在审计机构告知A公司从S公司取得铜带增值税专用发票违法后，A公司应当立即依照国家税务总局的规定，向S公司开具增值税红字发票，但其却没有这样做，而是在没有真实交易的情况下，向M公司开出了增值税专用发票。

A 公司在诉讼当中解释了这种做法，其认为，在没有真实交易、没有纳税义务的情况下，自己主动向 M 公司开具增值税专用发票并且缴纳了税款，等于是自愿多缴纳了税款，弥补了自己用 S 公司铜带增值税专用发票抵扣所造成的税款损失。但这种操作，仍然没有跳出自说自话的怪圈，法院最终也未认可这种说法。因此，企业要解决错误开票的问题，就必须按照税法的规定纠错，否则只能是越纠越错。

第十三章　企业所得税合规管理与税务筹划

企业所得税是以企业为纳税人、以企业的生产经营所得和其他所得为课税对象而征收的一种税。企业所得税税额的确定涵盖企业生产经营活动的全部过程，同时与企业会计核算密切相关，是公认的筹划空间较大的税种。在我国现行税制体系中，企业所得税是仅次于增值税的第二大税种。

第一节　企业所得税制度回顾

一、税制要素

（一）纳税义务人

企业所得税的纳税人是指在中华人民共和国境内的企业和其他取得收入的组织。企业所得税的纳税人分为居民企业和非居民企业（表 13－1）。

表 13－1　　居民企业与非居民企业的区分

纳税人	判定标准	纳税义务	征收范围
居民企业	依法在中国境内成立的企业；依照外国（地区）法律成立但实际管理机构在中国境内的企业。	无限	来源于中国境内、境外的所得
非居民企业	依照外国（地区）法律成立且实际管理机构不在中国境内，但在中国境内设立机构、场所的企业；在中国境内未设立机构、场所，但有来源于中国境内所得的企业。	有限	来源于中国境内的所得

（二）征税对象

企业所得税的征税对象是纳税人每一纳税年度取得的生产经营所得、清算所得和其他所得。

1. 居民企业的征税对象

居民企业应就来源于中国境内、境外的所得作为征税对象。所得包括销售货物所得、提供劳务所得、转让财产所得、股息红利等权益性投资所得、利息所得、租金所得、特许权使用费所得、接受捐赠所得。

2. 非居民企业的征税对象

非居民企业在中国境内设立机构、场所的，应当就其所设机构、场所取得的来源于中国境内的所得，以及发生在中国境外但与其所设机构、场所有实际联系的所得，缴纳企业所得税。非居民企业在中国境内未设立机构、场所的，或者虽设立机构、场所但取得的所得与其所设机构、场所没有实际联系的，应当就其来源于中国境内的所得缴纳企业所得税。

（三）税率

企业所得税税率如表 13－2 所示。

1. 基本税率 25%

基本税率适用于居民企业和在中国境内设有机构、场所且所得与机构、场所有关联的非居民企业。

2. 低税率 20%

低税率适用于在中国境内未设立机构、场所，或者虽设立机构、场所但取得的所得与其所设机构、场所没有实际联系的非居民企业来源于中国境内的所得。但实际征税时适用 10% 的税率。符合条件的小型微利企业，减按 20% 的税率征收企业所得税。国家需要重点扶持的高新技术企业，减按 15% 的税率征收企业所得税。

表 13－2　　企业所得税税率

<table>
<tr><th colspan="2">税率</th><th colspan="3">适用范围</th></tr>
<tr><td rowspan="2">法定税率</td><td rowspan="2">25%</td><td>居民企业</td><td colspan="2">境内所得＋境外所得。</td></tr>
<tr><td rowspan="2">非居民企业</td><td colspan="2">在中国境内设立机构、场所且取得的境内外所得与其所设机构、场所有实际联系的非居民企业。</td></tr>
<tr><td>低税率</td><td>20%，实际执行时 10%</td><td colspan="2">适用于在中国境内未设立机构、场所的，或者虽设立机构、场所但取得的所得与其所设机构、场所没有实际联系的非居民企业；
中国居民企业向境外 H 股非居民企业股东派发 2008 年及以后年度股息；
合格境外机构投资者取得来源于中国境内的股息、红利和利息收入。</td></tr>
<tr><td rowspan="3">优惠税率</td><td>15%</td><td colspan="3">高新技术企业、经认定的技术先进型服务企业、西部鼓励类企业。</td></tr>
<tr><td rowspan="2">20%</td><td rowspan="2">小型微利企业</td><td>认定标准</td><td>同时满足：
从事国家非限制和禁止的行业；
年度应纳税所得额不超过 300 万元；
从业人数不超过 300 人；
资产总额不超过 5 000 万元。</td></tr>
<tr><td>优惠</td><td>年应纳税所得额不超过 100 万元的部分，减按 25% 计入应纳税所得额；
年应纳税所得额超过 100 万元但不超过 300 万元的部分，减按 25% 计入应纳税所得额[注]。</td></tr>
</table>

注：根据《关于进一步支持小微企业和个体工商户发展有关税费政策的公告》（财政部 税务总局公告 2023 年第 12 号），小型微利企业减按 25% 计算应纳税所得额，按 20% 的税率缴纳企业所得税政策，已经明确不再区分 100 万元和 100 万—300 万元，统一规定实际执行税率为 5%。该政策执行期限延续到 2027 年 12 月 31 日。

二、计税规则

如表 13－3，企业所得税的应纳税额的计算公式为：

应纳税额＝应纳税所得额×适用税率－减免税额－抵免税额

其中的减免税额和抵免税额，是指依照《企业所得税法》和国务院的税收优惠规定减征、免征和抵免的应纳税额。

企业所得税的计税依据是应纳税所得额，它是决定税收负担的主要因素，是税务筹划的重点环节。

应纳税所得额为企业每一个纳税年度的收入总额，减除不征税收入、免税收入、各项扣除以及允许弥补的以前年度亏损后的余额，其中不征税收入与免税收入所含项目如表 13－4 所示。企业应纳税所得额的计算，以权责发生制为原则。其基本公式为：

应纳税所得额＝收入总额－不征税收入－免税收入－各项扣除－允许弥补的以前年度亏损

表 13－3　企业所得税应纳税所得额计算的相关内容

项目	内容
收入总额	销售货物收入，提供劳务收入，其他收入等
不征税收入与免税收入	财政拨款，预算内行政事业性收费、政府性基金等
扣除项目	成本、费用、税金、损失、其他支出
不得扣除项目	税收滞纳金、罚款、罚金等
资产税务处理	固定资产、生物资产、无形资产
亏损弥补	一般可以后转 5 年

表 13－4　不征税收入与免税收入所含的项目

不征税收入	免税收入
财政拨款； 依法收取并纳入财政管理的行政事业性收费、政府性基金； 国务院规定的其他不征税收入。	国债利息收入； 符合条件的居民企业之间的股息、红利等权益性投资收益； 在中国境内设立机构、场所的非居民企业从居民企业取得与该机构、场所有实际联系的股息、红利等权益性投资收益； 符合条件的非营利组织的收入。

三、税收优惠

企业所得税的税收优惠类别包括免税收入、免征、减半征、三免三减半、居民企业技术转让所得的减免税、非居民企业的应纳税所得、小型微利企业、高新技术企业、加计扣除、应纳税所得额抵扣、加速折旧、减计收入、应纳税额抵免等优惠政策。

（一）免征

企业从事下列项目的所得，免征企业所得税。

1. 蔬菜、谷物、薯类、油类、豆类、棉花、麻类、糖料、水果、坚果的种植。

2. 农作物新品种的选育。

3. 中药材的种植。

4. 林木的培育和种植。

5. 牲畜、家禽的饲养。

6. 林产品的采集。

7. 灌溉、农产品初加工、兽医、农技推广、农机作业和维修等农、林、牧、渔服务业项目。

8. 远洋捕捞。

为帮助伤残人员康复或者恢复残疾肢体功能，对符合条件的居民企业，2021 年 1 月 1 日至 2023 年 12 月 31 日，免征企业所得税。

（二）减半征收

企业从事下列项目的所得，减半征收企业所得税。

1. 花卉、茶，以及其他饮料作物和香料作物的种植。

2. 海水养殖、内陆养殖。

（三）三免三减半

1. 从事国家重点扶持的公共基础设施项目投资经营的所得。

2. 从事符合条件的环境保护、节能节水项目的所得。第四年至第六年减半征收企业所得税，简称“三免三减半”。

（四）居民企业技术转让所得的减免税

一个纳税年度内，居民企业转让技术所得不超过 500 万元的部分，免征企业所得税，超过 500 万元的部分，减半征收企业所得税。

（五）非居民企业的应纳税所得

在中国境内未设立机构、场所的，或者虽设立机构、场所但取得的所得与其所设机构、场所没有实际联系的非居民企业，其取得的来源于中国境内的所得，减按 10% 的税率征收企业所得税。

（六）小型微利企业

符合条件的小型微利企业，减按 20% 的税率征收企业所得税。

（七）高新技术企业

国家需要重点扶持的高新技术企业，减按 15% 的税率征收企业所得税。

（八）加计扣除

1. 研发费用加计扣除的具体政策

适用主体：除烟草制造业、住宿和餐饮业、批发和零售业、房地产业、租赁和商务服务业、娱乐业等以外，其他行业企业均可享受。

优惠内容：企业开展研发活动中实际发生的研发费用，未形成无形资产计入当期损益的，在按规定据实扣除的基础上，自 2023 年 1 月 1 日起，再按照实际发生额的 100%

在税前加计扣除；形成无形资产的，自2023年1月1日起，按照无形资产成本的200%在税前摊销。

上述政策作为制度性安排长期实施。

2. 委托、合作、集中研发费用加计扣除政策

适用主体：除烟草制造业、住宿和餐饮业、批发和零售业、房地产业、租赁和商务服务业、娱乐业等以外，其他行业企业均可享受。

判定标准：

（1）企业委托外部机构或个人进行研发活动所发生的费用，按照费用实际发生额的80%计入委托方研发费用并计算加计扣除，受托方不得再进行加计扣除。委托境外进行研发活动所发生的费用，按照费用实际发生额的80%计入委托方的委托境外研发费用。委托境外研发费用不超过境内符合条件的研发费用2/3的部分，可以按规定在企业所得税前加计扣除。

（2）企业共同合作开发的项目，由合作各方就自身实际承担的研发费用分别计算加计扣除。

（3）企业集团根据生产经营和科技开发的实际情况，对技术要求高、投资数额大，需要集中研发的项目，其实际发生的研发费用，可以按照权利和义务相一致、费用支出和收益分享相配比的原则，合理确定研发费用的分摊方法，在受益成员企业间进行分摊，由相关成员企业分别计算加计扣除。

3. 企业安置残疾人员

在按照支付给残疾职工工资据实扣除的基础上，按照支付给残疾职工工资的100%加计扣除。

（九）应纳税所得额抵扣

创业投资企业从事国家需要重点扶持和鼓励的创业投资，可以按投资额的一定比例抵扣应纳税所得额。

企业所得税的计算、申报与核算抵扣应纳税所得额是指创业投资企业采取股权投资方式投资于未上市的中小高新技术企业两年以上的，可以按照其投资额的70%在股权持有满两年的当年抵扣该创业投资企业的应纳税所得额；当年不足抵扣的，可以在以后纳税年度结转抵扣。

（十）加速折旧

采取缩短折旧年限方法的，最低折旧年限不得低于法定折旧年限的60%。加速折旧的固定资产包括由于技术进步使得产品更新换代较快的固定资产，以及常年处于强震动、高腐蚀状态的固定资产。

（十一）减计收入

1. 减计收入是指企业以《资源综合利用企业所得税优惠目录（2008年版）》规定的资源作为主要原材料，生产国家非限制和禁止并符合国家和行业相关标准的产品取得的收入，减按90%计入收入总额。

2. 2019年6月1日至2025年12月31日，提供社区养老、托育、家政服务取得的

收入，在计算应纳税所得额时，减按90%计入收入总额。

（十二）应纳税额抵免

企业购置并实际使用规定的环境保护、节能节水、安全生产等专用设备的，该专用设备的投资额的10%可以从企业当年的应纳税额中抵免；当年不足抵免的，可以在以后5个纳税年度结转抵免。

第二节 企业所得税税务筹划

一、公司性质转换

企业不同的组织形式直接影响着纳税人的税收负担。有限的收入不足抵减大量支出的初创企业一般应设为分公司，而能够迅速实现盈利的初创企业一般应设为子公司。另外，具有法人资格的子公司，在符合小型微利企业的条件下，还可以减按20%的税率缴纳企业所得税。那么，子公司和分公司有什么不同？应该如何选择呢？

子公司与母公司是相对应的概念。子公司具有企业法人资格，依法独立承担民事责任；分公司是与总公司相对应的概念，分公司是总公司下属的直接从事业务经营活动的分支机构或附属机构，在总公司经营范围内进行活动。

子公司是独立纳税人，建立子公司一般需要复杂的手续，其财务制度要求较为严格，必须独立开设账簿，并需要复杂的审计和证明，经营亏损不能冲抵母公司利润，与母公司的交易往往是税务机关反避税审查的重点内容。

分公司不是独立纳税人，《企业所得税法》第五十条规定："居民企业在中国境内设立不具有法人资格的营业机构的，应当汇总计算并缴纳企业所得税。"

企业可以利用企业组织形式进行税务筹划，因为在市场竞争日趋激烈的条件下，一切合法的有利于提高企业经济效益的措施均是企业考虑的重点，而选择有利于税收优化的组织形式，正是能达到这一目标的主要措施之一。

（一）开办初期

下属企业可能发生亏损，设立为分公司，则可以与总公司合并报表，冲减总公司的利润，减少应税所得，少缴所得税。而设立为子公司就得不到这一好处。但如果下属企业在开设后不长时间内就可能实现盈利，或能很快扭亏为盈，那么设立子公司就比较适宜，因为既可以享受作为独立法人经营的便利，又可以享受未分配利润递延纳税的好处。

（二）经营过程中

在企业经营过程中，分公司可能转亏为盈，为享受税收递延的好处，总公司可把分公司的生产经营业务逐步转移到另一家子公司，或者把分公司兼并到子公司中。如果是整个分公司转移给子公司，那就必须考虑以下几个方面：

第一，是否要缴纳财产转移税，有没有税收优惠的规定。

第二，全面衡量对子公司有哪些好处和坏处，尤其是税收总负担的比较。

第三，假定产权转移没有多大好处，而子公司的生产规模需要扩大，是否可以采取分公司的资产所有权不转移，只是租赁给子公司使用的措施。

第四，存货也可以采取委托代销的方式，这样在受托方未销售之前可以不缴税。

案例 13－1

华宇公司是一家拥有甲、乙两家分公司的集团公司，2020 年公司本部实现利润 4 000万元，甲分公司实现利润 700 万元，乙分公司亏损 500 万元，该企业所得税税率为 25%。

方案一：华宇公司继续按照企业以前的规定，将甲、乙两家公司作为分公司，分公司不具有独立法人资格，不是企业所得税的纳税人。分公司作为总机构的分支机构，应当和总机构汇总计算并缴纳企业所得税。则该企业本年应该缴纳的所得税为：

(4 000＋700－500) ×25%＝1 050（万元）

方案二：华宇公司将甲、乙两家公司换成子公司，采取分别纳税的方式。对于子公司而言，子公司是独立法人，实行独立核算并独立申报纳税，是完全独立的纳税人，承担全面的纳税义务。假设甲、乙子公司的所得税率仍为 25%。

公司本部应纳企业所得税 4 000×25%＝1 000（万元）

甲公司应纳企业所得税＝700×25%＝175（万元）

乙公司由于 2020 年度发生亏损，则该年度不应交纳企业所得税

华宇公司 2020 年度应纳企业所得税＝ 1 000＋175＝1 175（万元）

二、企业注册地点的选择

企业所得税筹划中，企业开设在哪里，是一个需要考虑的重要因素。相同的业务，纳税地点可能最终会对实际的税负产生重要的影响。

凡是在经济特区，沿海经济开发区和经济技术开发区所在城市的老市区以及国家认定的高新技术产业区，保税区设立的生产、经营、服务型企业和从事高新技术开发的企业，都可享受较大程度的税收优惠。中小企业在选择投资地点时，可以有目的地选择以上特定区域注册企业进行投资和生产经营，从而享有更多税收优惠。

例如，同样是创投企业，依据《财政部 税务总局 发展改革委 证监会关于上海市浦东新区特定区域公司型创业投资企业有关企业所得税试点政策的通知》（财税〔2021〕53 号），注册在上海浦东新区符合条件的公司型创投企业可以免征企业所得税。

财税〔2021〕53 号明确规定，对上海市浦东新区特定区域内公司型创业投资企业，转让持有 3 年以上股权的所得占年度股权转让所得总额的比例超过 50% 的，按照年末个人股东持股比例减半征收当年企业所得税；转让持有 5 年以上股权的所得占年度股权转让所得总额的比例超过 50% 的，按照年末个人股东持股比例免征当年企业所得税。符合规定的企业，企业所得税可以依法减免。在企业所得税免税的情况下，创投企业在

向个人股东分红时，只需要代扣代缴20%的个人所得税。

总之，企业要想充分享受税收优惠，应熟悉全国各地的相关政策与规定。例如，同样是创投企业，根据财税〔2021〕53号的规定，投资人需要把企业设立在上海浦东自由贸易区，企业类型要选择公司，要依法办理创业投资企业的备案，持股期限要达到规定要求。

值得注意的是，企业的迁移是系统工程，较为复杂，无论是从税务机关的手续交接还是从所需的基建来看都是如此。因此，企业纯粹出于税务考量而迁移需要慎重。其中主要原因在于，在招商引资的过程中，各地的税收优惠更多是采取“一事一议”的政策。所谓“一事一议”，就是当面洽谈，每个企业条件不同，最后得到的税收优惠可能也不同。这就要求企业在投资之前做好调查工作，并实时关注各地税收政策的变化。

三、利用核定征收方式

核定征收是指由税务机关根据纳税人情况，在正常生产经营条件下，对其生产的应税产品查实核定产量和销售额，然后依照税法规定的税率征收税款的一种征税方式。企业所得税的核定征收包括核定所得税率和核定企业所得税税额两种方式。如果企业规模比较小，会计核算也不太健全，那么可以申请核定征收。例如，小微企业出于节约财务成本的考虑，可以向税务机关申请核定征收。

实务中，有些小微企业是通过记账公司来进行财务处理的，而记账公司可能每个星期甚至每个月只来一趟企业，这种情况下，企业经营活动中取得的发票，以及各种无票的开支，哪些可以税前扣除，哪些不可以税前扣除，往往被忽视。这就导致此类小微企业在企业所得税稽查方面面临一定的法律风险。例如，在某公司虚开增值税普通发票的刑事案件中，被告人通过网络购买了一些生产原料，但却无法取得发票，只有购买的交易快照和物流信息等，最后其花钱购买了增值税普通发票交给记账公司。后来，因为销售发票的公司落网，包括被告人在内的所有购买发票的企业都被公安机关顺藤摸瓜展开调查。

其实，这种有实际经营却拿不到发票的情况在实务中还是存在的，但企业绝对不能购买假发票。对于小微企业来说，申请企业所得税核定征收是一个较好的选择，即由主管税务机关确定固定的税率或者税额，每年按规定缴纳税款即可。

但应注意的是，企业在享受核定征收为发票管理带来便捷的同时，也丧失了一些享受其他税收优惠的权利。例如，根据《国家税务总局关于技术转让所得减免企业所得税有关问题的通知》（国税函〔2009〕212号）：“享受技术转让所得减免企业所得税优惠的企业，应单独计算技术转让所得，并合理分摊企业的期间费用，没有单独计算的，不得享受技术转让所得企业所得税优惠。”由于核定征收企业不符合这些条件，因此不能享受技术转让所得的税收优惠。

另外，一些特定的收入也无法适用核定征收。根据《国家税务总局关于企业所得税核定征收有关问题的公告》（国家税务总局公告2012年第27号）：“依法按核定应税所得率方式核定征收企业所得税的企业，取得的转让股权（股票）收入等转让财产收入，应全额计入应税收入额，按照主营项目（业务）确定适用的应税所得率计算征税；若主营项目（业务）发生变化，应在当年汇算清缴时，按照变化后的主营项目（业务）重新确定适用的应税所得率计算征税。”也就是说，如果企业的主要收入来源是（股权）股票转让所得，那么核定征收这条路是走不通的。

四、注意居民企业分红的免税规定

符合条件的居民企业之间的股息、红利等权益性投资收益，为免税收入。主要有以下几种情形：一是企业取得被投资企业分配股息、红利的收益；二是企业取得被投资企业累计未分配利润和累计盈余公积转增股本的部分视同股息所得的收益，作为企业增加股权投资的计税基础；三是企业从被投资企业撤资或减少投资，取得的相当于被投资企业累计未分配利润和累计盈余公积按减少实收资本比例计算的部分视为股息所得的收益；四是企业因被投资企业注销清算或被投资企业资产重组按税法规定需要进行清算所得税处理，取得的相当于被清算企业累计未分配利润和累计盈余公积按该股东所占股份比例计算的部分或清算所得缴纳企业所得税后的余额部分，视为股息所得的收益。

连续持有居民企业公开发行并上市流通的股票不足 12 个月取得的投资收益不符合上述免征企业所得税规定，应按规定并入应纳税所得额征收企业所得税。

案例 13－2

王某计划投资 1 000 万元，他有以下两种选择：（1）直接以个人名义对外投资；（2）先投资设立一人有限公司，然后以一人有限公司的名义对外投资。经过认真考虑，王某选择了（2）。

解析

假定被投资的公司效益很好，一次性分红 100 万元。在选择（1）的情况下，自收到被投资公司的分红时起，王某即产生了个人所得税的纳税义务；在选择（2）的情况下，一人有限公司取得分红时是不需要缴纳企业所得税的，但一人有限公司向王某分红时，王某仍然负有缴纳个人所得税的义务。既然最终都要缴纳个人所得税，王某如此选择的好处在哪里呢？

第一，延缓纳税。对于王某来说，分红如果能够先分配到设立的一人有限公司，居民企业之间的分红所得，可以一直放在一人有限公司账户。这样一来，王某就有时间去考虑如何合法合规地进行税务筹划了。

第二，在企业所得税免税的同时不分红，从而免于缴纳个人所得税。由于一人有限公司是王某个人独资，百分之百控股，因此一人有限公司完全由王某掌控。在这种情况下，王某如果不分红，而是以一人有限公司的名义对外交易，将税负始终控制在企业的层面上，就不涉及个人所得税。

案例 13-3

甲公司于2019年3月15日以银行存款1 000万元投资于乙公司，占乙公司（非上市公司）股本总额的70%，乙公司当年获得净利润500万元。乙公司保留盈余不分配。2020年9月，甲公司将其拥有的乙公司70%的股权全部转让给丙公司，转让价为1 200万元。转让过程中发生的税费为0.7万元。股权转让所得=1 200-1 000-0.7=199.3（万元），应纳企业所得税=199.3×25%=49.83（万元），税后收入=199.3-49.83=149.47（万元）。

思考：如果甲公司先获得分配的利润，然后再转让股权，是否可以减轻税收负担？

解析

2020年3月，乙公司董事会决定将税后利润的30%用于分配，甲公司分得利润105万元。2020年9月，甲公司将其拥有的乙公司70%的股权全部转让给丙公司，转让价为1 100万元，转让过程中发生的税费为0.6万元。在这种方案下，甲公司获得的105万元股息不需要缴纳企业所得税。甲公司获得的股权转让所得=1 100-1 000-0.6=99.4（万元）。应纳企业所得税=99.4×25%=24.85（万元）。税后收入=105+99.4-24.85=179.55（万元）。通过税务筹划，多获得利润30.08万元。

如果企业准备转让股权，而股权中尚有大量没有分配的利润，则可以通过先分配股息再转让股权的方式来降低转让股权的价格，从而降低股权转让所得，减轻所得税负担。

【思考】

对于股东分红，是否还可以通过将其转化为工资、薪金支付进行筹划？

五、费用之间的合理转化

业务招待费以销售（营业）收入作为扣除基数，企业可通过下设独立核算的分支机构的方式来提高扣除基数。例如，将销售部门设立成一个独立核算的销售公司，将产品销售给销售公司，再由销售公司实现对外销售。

案例 13-4

河南某科技股份有限公司在2020年实现营业收入5亿元，当年发生的业务招待费为1 500万元，广告和业务宣传费为5 000万元。

税务筹划前税负分析：

根据企业所得税税收政策规定，业务招待费在企业所得税税前的扣除标准是：按发生额的60%与收入的5‰相比较，按照孰低扣除。

50 000×5‰=250（万元）

1 500×60%=900（万元）

因此业务招待费可扣除250万元，需要纳税调增的所得额=1 500-250=1 250（万元）。

调增部分应纳企业所得税=1 250×25%=312.5（万元）。

广告和业务宣传费扣除限额=50 000×15%=7 500（万元），7 500万元>5 000万元，不予纳税调整。

解析

筹划思路：将业务招待费合理转化为广告宣传费，操作如下：将赠送给客户的外购的礼品换成公司自行生产或经过委托加工的礼品，并且在礼品上印公司宣传语和品牌；把有扣除限额的费用转化为没扣除限额的费用，如将业务招待费合理转化为会议费、差旅费、考察费等。

六、利用亏损结转政策

《企业所得税法》第十八条规定，企业纳税年度发生的亏损，准予向以后年度结转，用以后年度的所得弥补，但结转年限最长不得超过五年。弥补亏损是国家对纳税人的一种税收照顾，是国家帮助企业渡过暂时性的难关，保护税源的一项重要措施。这一规定给企业进行亏损弥补税收筹划提供了政策依据。

对于有亏损的企业，应该充分利用税法的这个规定，努力使相邻的纳税年度获得较多的利润，实现扭亏为盈，弥补亏损，也就是尽可能早地将亏损弥补。如果无法在5年内弥补亏损，第6年实现盈利后，也不能弥补之前还没有弥补的亏损了。

但是，企业的年度亏损额是按照税法规定计算出来的，不是通过虚列成本，多计工资、费用及其他手段虚报的亏损。企业一定要根据实际情况正确计算并申报亏损，然后才能通过纳税筹划获得合理的利益。如果使用非法的手段去虚报亏损，最后可能因触犯法律而受到制裁。

案例13-5

假如某公司在2015年度亏损200万元，2015—2021年各纳税年度应纳税所得额如下：

年度	2015年	2016年	2017年	2018年	2019年	2020年	2021年
应纳税所得（万元）	-200	20	20	40	60	20	110
筹划后应纳税所得（万元）	-200	20	20	40	60	60	70

解析

筹划前：因为2016—2020年的应纳税所得额累计为160万元，小于2015年亏损的200万元，所以该企业这5年内都不用缴纳企业所得税。2021年应缴纳的企业所得税为：110×25%=27.5（万元）。

筹划后：对该企业来说，因为2015年的亏损较多，还没有弥补完，如果该企业2020年进行适当的筹划，尽量增加收入，减少成本和费用，将2020

年度的应纳税所得额提高到60万元，然后将2020年压缩的成本和费用尽量挪到2021年，这样2021年的应纳税所得额就成了70万元。

这样该企业在2016—2020年依旧不用缴纳企业所得税，如果该企业在2021年符合小型微利企业的认定条件，因为其2021年应纳税所得额没有超100万元，所以所得减按50%计入应纳税所得额，并按20%的税率缴纳企业所得税，这样的话该企业2021年所缴纳的企业所得税为：70×50%×20%=7（万元）。

筹划后为该公司节约企业所得税20.5万元。

七、利用公益性捐赠政策

企业捐赠是一种支出，但有时候捐赠也相当于一种广告，并且这种广告效益比其他广告要好得多，特别有利于树立企业良好的社会形象。因此，企业往往利用捐赠获得节税和做广告的双重利益。

《企业所得税法》第九条规定，企业发生的公益性捐赠支出，不超过年度利润总额12%的部分，准予扣除。超过年度利润总额12%的部分，准予以后3年内在计算应纳税所得额时结转扣除。这里的公益性捐赠，是指企业通过公益性社会团体或者县级以上人民政府及其部门，用于《公益事业捐赠法》规定的公益事业的捐赠。企业自行直接发生的捐赠以及非公益性捐赠不得在税前扣除。

企业实施公益性捐赠或者进行公益性捐赠筹划时，应考虑如下因素：

首先，捐赠本身必须属于“公益性捐赠”，能满足税法对公益性捐赠的范围、条件的规定。比如，所通过的社会团体和政府及其部门，以及捐赠的目的和对象要符合相关规定。

其次，捐赠数量的控制。超出年度利润总额12%的部分，需要做纳税调整，并入应纳税所得额中征税。因此，企业在进行公益性捐赠时，如果超过这个比例，应考虑能否不在同会计年度进行，或者将其分摊到不同的会计年度中。

案例13-6

某企业2023年、2024年预计会计利润均为1 000万元，企业所得税税率为25%。该企业为提升其产品知名度及竞争力、树立良好的社会形象，决定向贫困地区捐赠200万元。共提出三套方案：方案一是2023年底直接捐给某贫困地区；方案二是2023年底通过省级民政部门向贫困地区捐赠200万元；方案三是2023年底通过省级民政部门捐赠100万元，2024年初通过省级民政部门再捐赠100万元。从税务筹划角度企业应该选择哪种方案呢？

解析

方案一：该企业2023年直接向贫困地区捐赠的200万元不得在税前扣除，两年应纳企业所得税均为250万元（1 000×25%）。

方案二：该企业2023年通过省级民政部门向贫困地区捐赠的200万元，

只能在税前扣除120万元（1 000×12%），超过120万元的部分在以后3年内结转扣除，当年应纳企业所得税为220万元［（1 000－1 000×12%）×25%］，2024年应纳企业所得税为230万元［（1 000－80）×25%］。

方案三：该企业分两年进行捐赠，由于2023年和2024年的会计利润均为1 000万元，因此每年捐赠的100万元均没有超过扣除限额120万元，均可在税前扣除。两年应纳企业所得税均为225万元［（1 000－100）×25%］。

从企业所得税税收负担角度来看，该企业采取第二种和第三种方案效果一样。但是请同学们进一步思考如果两年间企业出现了亏损，那么后两种方法的税收负担是否仍然相同？

八、研发费用加计扣除政策的运用

如表13－5，根据《财政部 税务总局关于进一步完善研发费用税前加计扣除政策的公告》（2023年第7号）明确：企业开展研发活动中实际发生的研发费用，未形成无形资产计入当期损益的，在按规定据实扣除的基础上，自2023年1月1日起，再按照实际发生额的100%在税前加计扣除；形成无形资产的，自2023年1月1日起，按照无形资产成本的200%在税前摊销①。企业享受研发费用加计扣除政策的其他政策口径和管理要求，按照《财政部 国家税务总局 科技部关于完善研究开发费用税前加计扣除政策的通知》（财税〔2015〕119号）、《财政部 税务总局 科技部关于企业委托境外研究开发费用税前加计扣除有关政策问题的通知》（财税〔2018〕64号）等文件相关规定执行。

表13－5　研发费用加计扣除范围

直接人工费用	直接从事研发活动的人员工资、薪金 直接从事研发活动人员的“五险一金” 外聘研发人员的劳务费用
直接投入费用	研发活动直接消耗的材料、燃料和动力费用
	用于中间试验和产品试制的模具、工艺装备开发及制造费，不构成固定资产的样品、样机及一般测试手段购置费，试制产品的检验费
	用于研发活动的仪器、设备的运行维护、调整、检验、维修等费用，以及通过经营租赁方式租入的用于研发活动的仪器、设备租赁费
折旧费用	用于研发活动的仪器、设备的折旧费

① 在2023年以前研发费用加计扣除比例的历史沿革如下：自2008年起，企业研发费用加计扣除比例为50%；2017年，将科技型中小企业研发费用加计扣除比例由50%提高至75%；2018年，将所有符合条件行业企业研发费用加计扣除比例由50%提高至75%；2021年，将制造业企业研发费用加计扣除比例由75%提高至100%；2022年，将科技型中小企业研发费用加计扣除比例由75%提高至100%。

续表

无形资产摊销费用	用于研发活动的软件的摊销费用
	用于研发活动的专利权的摊销费用
	用于研发活动的非专利技术（包括许可证、专有技术、设计和计算方法等）的摊销费用
新产品设计费等	新产品设计费
	新工艺规程制定费
	新药研制的临床试验费
	勘探开发技术的现场试验费
其他相关费用	与研发活动直接相关的其他费用，如技术图书资料费、资料翻译费、专家咨询费、高新科技研发保险费，研发成果的检索、分析、评议、论证、鉴定、评审、评估、验收费用，知识产权的申请费、注册费、代理费，差旅费、会议费等（此项费用总额不得超过可加计扣除研发费用总额的10%）

企业应按研发项目设置研发费用辅助账，准确归集核算当年可加计扣除的各项研发费用实际发生额；同一个研发项目的资本化支出和费用化支出应当分别设置辅助账。企业应于年末汇总分析填报研发支出辅助账汇总表，作为留存资料备查。

九、分期缴纳税款

税务筹划的目的不应当仅限于不交税或者少交税，在税款金额较大的情况下，如果可以分期缴纳税款、延长缴纳税款的期限，对于降低企业财务压力也是非常有帮助的。在企业所得税中，有很多关于分期纳税的规定，如果事先没有做好筹划，待税款交完再回过头来向税务机关申请退税，就会非常被动。下面通过一个跨年度收取租金的真实案例，来分析分期纳税的适用规定。

案例 13－7

原告A投资管理有限公司系某火车站前某路段地下人防工程的投资开发商，该人防工程的产权属于国家。该人防工程于20××年12月28日开始营业，原告于当年与租赁户签订了603份商铺经营使用权转让合同，原告当时一次性收取了40年的租金收入，并于次年1月一次性缴纳企业所得税1.93亿元。但在缴纳税款后，原告又后悔了，因为在确认租金收入缴纳企业所得税时，可以分40年均匀计入相应年度收入。由于当地税务机关已经收取的税款，原告便把税务机关告上了法庭。然而，原告打了几年的官司，最后还是没有达到分期纳税的目的。

这个案例中原告的问题主要出在对税收政策了解得太晚。早一点进行税务筹划，企业分期缴纳企业所得税的目的是可以合法实现的。

根据《企业所得税法实施条例》第十九条的规定，企业提供固定资产、包装物或者其他有形资产的使用权取得的租金收入，应按交易合同或协议规定的承租人应付租金的日期确认收入的实现。其中，如果交易合同或协议中规定租赁期限跨年度，且租金提前一次性支付的，根据《企业所得税法实施条例》第九条规定的收入与费用配比原则，出租人可对上述已确认的收入，在租赁期内分期均匀计入相关年度收入。

案例 13 -7 中的原告如果能够事前做好税务筹划，完全可以依据上述规定将 1.93 亿元的企业所得税分摊到 40 年缴纳，每年只需要缴纳不到 500 万元的企业所得税。但该企业没有这样做，而是一次性缴纳了所有税款。

以案为鉴，纳税人在取得跨年度的租金收入之前，就应该想清楚选择分期纳税还是一次性纳税。对于绝大多数企业来说，税款当然是交得越晚越好，但对于前期存在巨额亏损的企业来说，分期缴纳企业所得税则未必是好事。针对案例 13 -7，假如该投资管理有限公司在取得 40 年租金收入之前，就已经存在巨额亏损，那么其选择一次性确认收入更加划算。因为取得的收入在扣除亏损的金额之后，如企业的应纳税所得为零甚至为负数，则根本不需要缴纳企业所得税，这当然比分期缴纳企业所得税更加有利。同时，根据法律规定，企业税前扣除亏损是有期限限制的，通常为 5 年。因此，对于已经存在巨额亏损的企业来说，尽快一次性确认取得的收入是非常有必要的。

值得注意的是，分期缴纳企业所得税的筹划方式必须严格遵守法律法规及相关政策的规定，即所取得的收入必须是租金收入，租赁期限必须跨年度，并且租金必须是提前一次性收取的。只有同时满足上述三个条件，才能享受企业所得税分期缴纳政策。例如，某人开了一家果木烤鸭店，通过充值的方式预收 5 000 元，充值顾客每次消费可以享受八折优惠，有效期为五年。在这五年当中，企业所得税可以分期缴纳吗？当然不可以。类似的情况还有很多，如健身房一次性收取的健身费用、主题公园一次性收取的年票费用等，均不适用企业所得税分期缴纳政策。

第三节　企业所得税合规管理要点

一、企业公账私账混同风险

第二节提到企业符合规定的前提下可以申请所得税核定征收，除了能够解决发票管理方面的问题，也能避免因为收款不规范而引发的风险。小微企业多由个体经营者创办，其中，有些小微企业的经营管理很不规范。例如，客户打过来的货款，有些会进入企业的对公账户，而有些则进入了经营者或业务经办人个人的微信账户。这种公账私账混同的做法，具有极大的偷税风险。

（一）企业所得税风险

我国现行企业所得税中有关于小微企业的税收优惠政策，且明确界定了适用范围和标准，企业公账、私账混用很容易导致企业超出小微企业的认定范围进而享受不到税收优惠政策。

案例 13-8

李某开了一家饭馆，2021 年 7 月，客户把营业款 200 万元打到了李某的个人账户上。饭馆的营业额将无法完全体现出来，在税法上属于隐瞒了企业收入。这种情况下，李某承担的税务责任是非常大的，并不是私账上多记了 200 万元，公账上少记了 200 万元，最后补齐这 200 万元的税款就可以了。根据《国家税务总局关于落实支持小型微利企业和个体工商户发展所得税优惠政策有关事项的公告》（国家税务总局公告 2021 年第 8 号）的规定，自 2021 年 1 月 1 日至 2022 年 12 月 31 日，对小型微利企业年应纳税所得额不超过 100 万元的部分，减按 12.5% 计入应纳税所得额，按 20% 的税率缴纳企业所得税。公账上多记 200 万元，李某的饭馆可能就不符合小型微利企业的标准，享受的应纳税所得额计算与税率的优惠都会被取消，会出现应纳税所得额从 12.5% 恢复到 100%、税率从 20% 提高到 25% 的情况。

（二）增值税风险

上例中，公账私账混用，同样会导致增值税风险。《财政部 税务总局关于明确增值税小规模纳税人免征增值税政策的公告》（财政部 税务总局公告 2021 年第 11 号）规定："自 2021 年 4 月 1 日至 2022 年 12 月 31 日，对月销售额 15 万元以下（含本数）的增值税小规模纳税人，免征增值税。"2022 年 3 月 24 日，《财政部 税务总局关于对增值税小规模纳税人免征增值税的公告》（财政部 税务总局公告 2022 年第 15 号）发布，规定"自 2022 年 4 月 1 日至 2022 年 12 月 31 日，增值税小规模纳税人适用 3% 征收率的应税销售收入，免征增值税；适用 3% 预征率的预缴增值税项目，暂停预缴增值税"①。因此，公账私账混同被查实后，企业需要补缴增值税。如果企业查实的年销售额超过了 500 万元，还会产生更为严重的后果。企业符合了一般纳税人的标准而没有进行申报，错误享受了小规模纳税人的待遇。依据国家税务总局的规定，作为惩罚手段，企业应当按照查实的销售金额，依据对应的增值税税率缴纳增值税，且不得做进项扣除。

（三）个人所得税风险

无论公账私账只要存在收入，就会产生纳税义务，或者是针对企业所得征收企业所得税，或者是针对个人所得征收个人所得税。例如，当税务稽查局发现某企业存在公账私账混同的情况后，如果企业辩解所有私账上的款项都是个人收入，那么后果有以下两个。第一，税务稽查局相信了纳税人的说法，既然是个人所得，接下来就可能演变为个人所得税稽查。第二，税务稽查局不相信纳税人的说法，坚持将私账上的所得认定为企业所得，因为公账私账是一笔糊涂账，税务稽查局难以分清。这种情况下，税务稽查局会分别对企业所得税和个人所得税进行核定征收。这种两头核定征收的方式，总数可能

---

① 根据《财政部 税务总局关于明确增值税小规模纳税人减免增值税等政策的公告》（2023 年第 1 号）和《财政部 税务总局关于增值税小规模纳税人减免增值税政策的公告》（2023 年第 19 号），自 2023 年 1 月 1 日至 2027 年 12 月 31 日，增值税小规模纳税人适用 3% 征收率的应税销售收入，减按 1% 征收率征收增值税；适用 3% 预征率的预缴增值税项目，减按 1% 预征率预缴增值税。自 2023 年 1 月 1 日至 2027 年 12 月 31 日，对月销售额 10 万元以下（含本数）的增值税小规模纳税人免征增值税。

会超出企业应当缴纳的税额。

（四）滞纳金风险

税务稽查中一旦被查实需要补税，企业需要按日缴纳万分之五的滞纳金。根据计算，纳税人每隔 6 年左右，滞纳金就会累计为应当补缴的税款本金，而且上不封顶。如果被认定为逃税，那么税款追征将没有限制。例如，一个 10 余年前的逃税案件，当时逃税的金额若是 100 万元，滞纳金可能就要补 200 多万元。

此外，公账私账不分，是《中华人民共和国公司法》中法人人格否认的重要认定标准之一。如果债权人获悉债务人存在这样的税务违规行为，就可以利用法人人格否认，穿透债务企业转而追究股东或实际控制人的法律责任。所谓公司的法人人格，是指公司作为独立的民事主体，独立享有民事权利、承担民事责任，公司的财产与责任均独立于公司的股东。但当公司的股东滥用法人格时，如股东随意支配公司财产用于个人消费，则法人格就可能被否定，公司股东要对公司的债务承担连带责任。

二、虚开增值税普通发票带来的涉税风险

关于发票的使用实践中存在很多误区，个别纳税人认为发票仅为记账凭证，需要了开一张或者找人代开一张就可以了。一些财务人员甚至认为，只要企业发生了真实的交易，只要有发票就可以做账，至于谁开的发票并不重要。

增值税普通发票通常不涉及增值税的抵扣，但会涉及企业所得税的税前扣除。有些纳税人可能会认为，普通发票不进行抵扣，税务机关很难发现。但从司法实践来看，这是一种错误的认识。随着一系列司法政策的出台，同样是刑法规定的“虚开”两字，司法机关会有不同的解读。在虚开专票中，虚开被界定为目的犯和结果犯，仅仅有虚开的行为还不够，主观上还要有偷逃税款的故意，客观上必须造成国家税款的损失；而在虚开普票中，虚开被认定为是一种行为犯，主观上是否有偷逃税款的故意，客观上是否必须造成国家税款的损失，不是定罪的考虑因素。

这种对发票的误解就会在实操中造成“有货虚开”并在企业所得税税前扣除的问题。没有深刻理解税法和发票管理办法的纳税人往往存在以下误区：“有货虚开”虽然不符合“三流一致”的要求，但是交易是真实的，虚开的行为并未造成国家税款的损失，因此不应视为税收违法或犯罪处理。

案例 13－9

2021 年 9 月 14 日，重庆 B 能源股份有限公司（以下简称 B 公司）发布公告称，因陈某团队为公司提供了居间服务，公司根据陈某团队提供的信息向上海 G 文化传播有限公司（以下简称 G 公司）支付了款项并取得了其开具的发票。

地方税务稽查局经调查认定，B 公司在未直接与 G 公司发生经济业务往来的情况下，取得了陈某提供的 11 份 G 公司虚开的增值税普通发票，B 公司知道或应该知道陈某非 G 公司人员，因此违反了《中华人民共和国发票管理办法》（以下简称《发票管理办法》）第二十四条“任何单位和个人应当按照发票管理规定使用发票，不得有

下列行为：（二）知道或者应当知道是私自印制、伪造、变造、非法取得或者废止的发票而受让、开具、存放、携带、邮寄、运输”的规定。根据《发票管理办法》第三十九条第二款的规定，地方税务稽查局对B公司接受虚开11份增值税普通发票的行为处罚款40 000元。

从行政责任来看，“有货虚开”的抗辩在税务行政处理和税务行政处罚中没有任何实际意义。《国家税务总局关于加强增值税征收管理若干问题的通知》（国税发〔1995〕192号）第一条第（三）项规定：“纳税人购进货物或应税劳务，支付运输费用，所支付款项的单位，必须与开具抵扣凭证的销货单位、提供劳务的单位一致，才能够申报抵扣进项税额，否则不予抵扣。”“有货虚开”直接违背了上述关于增值税发票“三流一致”的形式要求，因此无法得到税务机关的认同。

案例13－10

被告人费某受大庆市H运输有限公司经理刘某委托，为该公司购买大车轮胎。费某分别在两家汽配城购买了140只大车轮胎，但这两家汽配城均不能开具购买汽车轮胎的增值税专用发票。于是，费某便通过网络以价税合计6%的价格（1.4万元）购买了C公司增值税专用发票2份，交由H运输有限公司入账，价税合计人民币23.34万元。后经当地人民法院判决，被告人费某犯虚开增值税专用发票罪。

综上可以看出，“有货虚开”的行政法律责任是明确的，而在刑事法律责任上，根据具体情况不同，“有货虚开”存在不同的定罪与量刑结果。但无论如何，“有货虚开”的法律风险是客观存在的，纳税人在交易中应当对这种风险保持足够的警惕。

案例13－11

被告人朱某因购买虚开38份增值税普通发票（价税合计约380万元）被一审法院判定犯虚开发票罪。后朱某提出上诉。

在上诉过程中，被告人朱某的辩护人提出，朱某主观上没有骗税、偷税的故意，客观上没有造成国家税收损失，不应认定朱某的行为系犯罪。

二审法院经审理认为，被告人朱某购买虚开的38份增值税普通发票，虽未用于公司平账后案发，但其购买虚开的增值税普通发票的目的，是用于公司平账冲抵企业核算成本，进而影响企业所得税税款的缴纳，因此不能认为没有造成国家税款的流失。并且，虚开发票罪是行为犯，是否具有骗取税款的目的和客观上是否造成税款损失，不是构成该罪的必要条件，不影响认定虚开发票罪。故辩护人的上述辩护意见缺乏事实和法律依据，不予采纳。

从上面的真实案件可以看出，虚开增值税普通发票与虚开增值税专用发票相比，同样风险巨大，稍有不慎，便有可能身陷囹圄。因此，无论是增值税专用发票还是增值税普通发票，或者其他类型的发票，企业均应当避免虚开，以免承担巨大的法律风险与法律后果。

三、注意确认应税收入的时间点

由于税法、会计准则关于收入确认的时间规定有差异，纳税人在不能准确把握政策时开展税收筹划往往会引发涉税风险。

案例 13-12

某知名汽车品牌，为了促销，推出了购车贴息的活动计划：针对特定的车型，消费者在贷款买车的时候，可以享受不同程度的贴息优惠。如消费者购买一辆100万元的车，可以首付20万元，剩下的80万元由集团内部的汽车金融公司提供贷款。消费者可以选择在三年的时间内分期偿还贷款本金和利息。利息中的8%可以享受贴息待遇。也就是说，消费者的利息打了“92折”。贷款利息本应由消费者来偿还，但因为贴息政策的推出，8%的贴息由销售车辆的4S店在销售之后一次性支付给汽车金融公司，然后由汽车销售公司针对贴息部分给予4S店补偿。随后，汽车金融公司与汽车销售公司均受到税务稽查。

汽车金融公司收到4S店一次性支付的8%的贴息后，并没有在收到贴息的当月一次性确认收入，在相应的年度内也没有于全部汇算清缴后纳税，而是按照与消费者签订的贷款合同的还款期限，将8%的贴息分摊到了3年，逐年汇算清缴并缴纳企业所得税。税务稽查局认为，企业确认收入的总额没有问题，但是确认收入的时间节点不符合要求，应当在收到8%贴息的当年即全部确认收入，缴纳企业所得税。经过调查，税务稽查局对汽车金融公司做出纳税调整的决定，调增企业所得税约4亿元，并征收滞纳金数千万元。

汽车金融公司之所以要采用贴息分摊确认所得的做法，是考虑到利息收入确认企业所得税的特殊规定。《企业所得税法实施条例》第十八条规定：“企业所得税法第六条第（五）项所称利息收入，是指企业将资金提供他人使用但不构成权益性投资，或者因他人占用本企业资金取得的收入，包括存款利息、贷款利息、债券利息、欠款利息等收入。利息收入，按照合同约定的债务人应付利息的日期确认收入的实现。”通过这条规定可以看出，针对利息收入，企业所得税确认收入的时间是非常特别的，不在企业收到利息收入的日期，而在合同约定的债务人应付利息的日期。

在这起税务行政复议案件中，税企双方产生争议的关键点就在于由4S店代消费者垫付的8%贴息是否属于利息收入。经过大约两年多的争议，税企双方最终以调解结案。通过这起案件，希望同学们注意，在企业所得税的税务筹划中，不仅要关注应纳税所得额，还要关注纳税日期。

四、设立子公司与分公司的企业所得税问题

企业想通过设立子公司与分公司进行税务筹划，应重点关注企业所得税“落地”

问题。究竟是设立子公司节税还是设立分公司节税？这是税务筹划中经常被讨论的热门话题。然而，大家在讨论这个话题时，却总是忽视一个重要的问题，即除了节税，还有没有其他要考虑的因素呢？如下案例说明，税务筹划不能只考虑是否节税的问题，还要兼顾其他税务行政法规。

案例 13 - 13

广东的某家二手车销售公司因为销售规模不断扩大，便在全国多地设立了分公司。该二手车销售公司认为，采取分公司的形式，既方便在当地的销售，又能够有效降低企业所得税税负。但没过多久，二手车销售公司设在多地的分公司就陆续收到了税务机关停供发票的通知。没有发票就导致二手车销售的生意没办法做了。各地分公司便纷纷起诉至法院，希望法院判决税务机关继续提供发票，但最终一审、二审均败诉。

解析

这是一个真实的法律案件，下面以其中一家分公司（邵阳分公司）的上诉为例，对二审法院判决结果进行说明。二审法院经过审理认为：《中华人民共和国发票管理办法》第十五条规定了主管税务机关根据领购单位和个人的经营范围和规模，确认领购发票的种类、数量以及领购方式。《二手车流通管理办法》第八条规定："二手车交易市场经营者、二手车经销企业和经纪机构应当具备企业法人条件，并依法到工商行政管理部门办理登记。"《国家税务总局关于统一二手车销售发票式样问题的通知》（国税函〔2005〕693号）第二条规定："《二手车发票》由以下用票人开具：（一）从事二手车交易的市场，包括二手车经纪机构和消费者个人之间二手车交易需要开具发票的，由二手车交易市场统一开具。（二）从事二手车交易活动的经销企业，包括从事二手车交易的汽车生产和销售企业。（三）从事二手车拍卖活动的拍卖公司。"《中华人民共和国公司登记管理条例》第四十五条规定："分公司是指公司在其住所以外设立的从事经营活动的机构。分公司不具有企业法人资格。"

本案中，上诉人在邵阳市工商行政管理局办理的工商登记名称是"东莞市××二手车交易市场有限公司邵阳分公司"，类型为有限责任公司分公司（自然人投资或控股），根据上诉人的工商登记情况，可以认定上诉人不具有企业法人资格。上诉人主体资格不符合《二手车流通管理办法》第八条规定的"二手车交易市场经营者、二手车经销企业和经纪机构应当具备企业法人条件"。被上诉人（当地税务机关）依据上述法律法规，参照规章给出的税务事项通知书事实清楚，适用法律正确；复议决定认定事实清楚、程序合法、适用法律正确。

综上，原审判决并无不当，上诉人二手车交易市场邵阳分公司的上诉理由与事实不符，与法无据，本院不予采纳。原判认定事实清楚，适用法律、法规正确。据此，依照《中华人民共和国行政诉讼法》第八十九条第一款（一）项的规定，判决如下：驳回上诉，维持原判。

该案例中，企业基于降低税负的考虑，在全国各地设立了大量的分公司，但最终却因分公司不符合领用二手车销售发票的条件而无法在当地开展业务。如果企业连业务都无法开展了，税务筹划中再去探讨设立分公司还是子公司又有什么意义呢？具体到二手车经营活动，企业要在全国各地开展业务实际上是没有选择的，只能在当地设立公司，而不能设立分公司。这就说明，税务筹划不仅要考虑节税，还应当兼顾发票申领等其他的税务管理法规。

第十四章　个人所得税合规管理与税务筹划

个人所得税是对个人（自然人）取得的各项应税所得征收的一种税，是政府利用税收对个人收入进行调节的一种手段。个人所得税的纳税人不仅包括个人，还包括具有自然人性质的企业。2018 年，我国《个人所得税法》第七次修正，进行了重大改革调整，并自 2019 年 1 月 1 日起实施。这标志着我国个人所得税进入了一个新的发展阶段，对优化税制结构、构建现代个人所得税体系、提升国家治理能力具有重要意义。如何根据税法的要求，对个人所得税进行税收筹划，选择最优的节税方案，合理纳税，切实减轻纳税人的负担，已成为广大企业和员工最关心的问题。

第一节　个人所得税制度回顾

一、税制要素

（一）纳税人

根据《中华人民共和国个人所得税法》，个人所得税纳税人包括居民纳税人和非居民纳税人。

在中国境内有住所，或者无住所而一个纳税年度内在中国境内居住累计满 183 天的个人，为居民个人。居民个人从中国境内和境外取得的所得，缴纳个人所得税。

在中国境内无住所又不居住，或者无住所而一个纳税年度内在中国境内居住累计不满 183 天的个人，为非居民个人。非居民个人从中国境内取得的所得，缴纳个人所得税。

个人独资企业和合伙企业不缴纳企业所得税，只对投资者个人或个人合伙人取得的生产经营所得征收个人所得税。

（二）征税对象

下列各项个人所得，应当缴纳个人所得税：工资、薪金所得；劳务报酬所得；稿酬所得；特许权使用费所得；经营所得；利息、股息、红利所得；财产租赁所得；财产转让所得；偶然所得。

居民个人取得上述第一项至第四项所得（以下称综合所得），按纳税年度合并计算个人所得税；非居民个人取得前款第一项至第四项所得，按月或者按次分项计算个人所得税。纳税人取得前款第五项至第九项所得，依照本法规定分别计算个人所得税。

（三）税率

综合所得，适用百分之三至百分之四十五的超额累进税率；经营所得，适用百分之五至百分之三十五的超额累进税率；利息、股息、红利所得，财产租赁所得，财产转让所得和偶然所得，适用比例税率，税率为百分之二十。

二、计税规则

（一）应纳税所得额的确定

第一，居民个人的综合所得，以每纳税年度的收入额减除费用六万元以及专项扣除、专项附加扣除和依法确定的其他扣除后的余额，为应纳税所得额。

第二，非居民个人的工资薪金所得，以每月收入额减除费用五千元后的余额为应纳税所得额；劳务报酬所得、稿酬所得、特许权使用费所得，以每次收入额为应纳税所得额。

第三，经营所得，以每一纳税年度的收入总额减除成本、费用以及损失后的余额，为应纳税所得额。

第四，财产租赁所得，每次收入不超过四千元的，减除费用八百元；四千元以上的，减除百分之二十的费用，其余额为应纳税所得额。

第五，财产转让所得，以转让财产的收入减除财产原值和合理费用后的余额，为应纳税所得额。

第六，利息、股息、红利所得和偶然所得，以每次收入额为应纳税所得额。

劳务报酬所得、稿酬所得、特许权使用费所得以收入减除百分之二十的费用后的余额为收入额。稿酬所得的收入额减按百分之七十计算。

个人将其所得对教育、扶贫、济困等公益慈善事业进行捐赠，捐赠额未超过纳税人申报的应纳税所得额百分之三十的部分，可以从其应纳税所得额中扣除；国务院规定对公益慈善事业捐赠实行全额税前扣除的，从其规定。

（二）应纳税额的计算

1. 综合所得应纳税额的计算

应纳税额 = 应纳税所得额 × 适用税率 − 速算扣除数

扣缴义务人向居民个人支付工资、薪金所得时，应当按照累计预扣法计算预扣税款，并按月办理全员全额扣缴申报。具体计算公式如下：

本期应预扣预缴税额 =（累计预扣预缴应纳税所得额 × 预扣率 − 速算扣除数）− 累计减免税额 − 累计已预扣预缴税额

累计预扣预缴应纳税所得额 = 累计收入 − 累计免税收入 − 累计减除费用 − 累计专项扣除 − 累计专项附加扣除 − 累计依法确定的其他扣除

2. 经营所得应纳税额的计算

个体工商户的生产、经营所得应纳税额的计算公式为：

应纳税额 = 应纳税所得额 × 适用税率 − 速算扣除数

=（全年收入总额 - 成本、费用、税金、损失、其他支出及以前年度亏损）×适用税率 - 速算扣除数

对企事业单位的承包经营、承租经营所得应纳税额的计算公式为：

应纳税额 = 应纳税所得额×适用税率 - 速算扣除数

=（纳税年度收入总额 - 必要费用）×适用税率 - 速算扣除数

3. 利息、股息、红利所得应纳税额的计算

应纳税额 = 应纳税所得额×适用税率 = 每次收入额×适用税率

4. 财产租赁所得应纳税额的计算

（1）每次（月）收入不足 4 000 元

应纳税额 =［每次（月）收入额 - 财产租赁过程中缴纳的税费 - 由纳税人负担的租赁财产实际开支的修缮费用（800 元为限）- 800 元］×20%

（2）每次（月）收入在 4 000 元以上

应纳税额 =［每次（月）收入额 - 财产租赁过程中缴纳的税费 - 由纳税人负担的租赁财产实际开支的修缮费用（800 元为限）］×（1 - 20%）×20%

5. 财产转让所得应纳税额的计算

应纳税额 = 应纳税所得额×适用税率 -（收入总额 - 财产原值 - 合理费用）×20%

6. 偶然所得应纳税额的计算

应纳税额 = 应纳税所得额×适用税率 - 每次收入额×20%

三、税收优惠

（一）免税项目

1. 省级人民政府、国务院部委和中国人民解放军军以上单位，以及外国组织、国际组织颁发的科学、教育、技术、文化、卫生、体育、环境保护等方面的奖金；

2. 国债和国家发行的金融债券利息；

3. 按照国家统一规定发给的补贴、津贴；

4. 福利费、抚恤金、救济金；

5. 保险赔款；

6. 军人的转业费、复员费、退役金；

7. 按照国家统一规定发给干部、职工的安家费、退职费、基本养老金或者退休费、离休费、离休生活补助费；

8. 依照有关法律规定应予免税的各国驻华使馆、领事馆的外交代表、领事官员和其他人员的所得；

9. 中国政府参加的国际公约、签订的协议中规定免税的所得；

10. 国务院规定的其他免税所得。

（二）减税项目

1. 残疾、孤老人员和烈属的所得；

2. 因自然灾害遭受重大损失的。

国务院可以规定其他减税情形，报全国人民代表大会常务委员会备案。

（三）不征税项目

1. 独生子女补贴；

2. 执行公务员工资制度未纳人基本工资总额的补贴、津贴差额和家属成员的副食品补贴；

3. 托儿补助费；

4. 差旅费津贴、误餐补贴。

第二节　个人所得税税务筹划

一、个人所得税居民身份的选择

我国《个人所得税法》规定，居民纳税义务人取得的应纳税所得，无论是来源于中国境内还是境外，都要在中国缴纳个人所得税。非居民纳税义务人仅就其来源于中国境内的所得，向中国缴纳个人所得税。居民从中国境内外取得的工资薪金所得、劳务报酬所得、稿酬所得、特许权使用费所得实行综合征收，汇总后可能适用高级数的税率。非居民仅就来源于中国境内的工资薪金所得、劳务报酬所得、稿酬所得、特许权使用费所得实行分类征收，不汇总。

纳税人取得的收入主要是工资薪金、劳务报酬、稿酬、特许权使用费等所得时，利用税法对居民和非居民身份的认定差异，合理规划在中国境内停留时间，避免成为中国的居民纳税人，可以有效降低四项收入的综合税负。筹划的主体主要是外国人。

案例 14－1

贝蒂女士是一位英国居民，计划 2021 年 5 月 1 日来中国并于 2022 年 7 月 10 日回英国。她的一位会计师朋友听了这个计划，建议贝蒂女士修改行程，于 2021 年 4 月 1 日来中国，于 2022 年 6 月 10 日回国。这样，贝蒂女士仍然在中国居住了相同的时间，但可以合理地减少个人所得税的缴纳。

解析　在中国境内无住所，但在一个纳税年度中，在中国境内居住满 183 天的港、澳、台同胞及外籍人员属于居民纳税义务人。居民纳税人承担无限纳税义务，其来源于中国境内外的所得都要向中国政府纳税。非居民纳税人负有限纳税义务，仅就来源于中国境内的所得向中国缴纳个人所得税。贝蒂女士 2021 年 4 月 1 日来中国，并于 2022 年 6 月 10 日回英国，这两年在中国境内居住时间不满足纳税年度满 183 天的条件，属于非居民纳税人，那么贝蒂女士仅就其来源于中国境内的全部所得缴纳个人所得税，可以减少个税负担。

如果2021年5月1日来中国并于2022年7月10日回英国，2022年在中国境内居住时间满足纳税年度满183天的条件，属于居民纳税人，那么贝蒂女士必须就其来源于中国境内外的全部所得缴纳个人所得税。

利用居民纳税人判断标准，合理安排居住时间，避免成为居民纳税人，从而避免无限纳税义务，直接减少纳税绝对额而取得收益，因此会计师的方案是可取的，且此方法没有涉及法律风险。

二、利用“税收洼地”的核定征收

所谓“税收洼地”就是指特定的区域，在此区域的企业或个人通过国家政策享受税收优惠，从而降低其税务成本。一般有两种情况，一是这个地方有特殊的税收优惠政策，如西部大开发政策、海南自由贸易港税收优惠政策、上海自由贸易试验区税收优惠政策等。对于这些有明确法律依据的地域性税收优惠，筹划得当将是一个不错的选择。二是地方政府出于招商引资的需要，出台地方性财政资助政策。例如，2022年1月，上海市浦东新区发布了《浦东新区“十四五”期间促进小微企业创新创业财政扶持办法》。

需要注意的是，这些财政资助与税收优惠并不能混为一谈，前者不能改变税率，而只能改变实际税负率。例如，纳税人缴纳了20%的税款，地方财政资助5万元，客观上降低了财务负担。对于纳税人来说，这种地方政府的资助可能力度不是很大，但从依法纳税的角度来讲，享受这种资助政策无疑是一种安全的税务筹划方式。

案例14-2

2020年，某海外上市公司负责人到海南考察，想要在海南自由贸易港设立公司。其主要诉求是，境外的上市公司实施了股权激励，部分中国核心员工准备行权，对于即将到手的高额回报，担心税负会很高，因此希望享受海南自由贸易港针对个人所得税出台的优惠政策。

从法律层面来看，该税务筹划存在一定的风险。根据《财政部 税务总局关于海南自由贸易港高端紧缺人才个人所得税政策的通知》（财税〔2020〕32号），对在海南自由贸易港工作的高端人才和紧缺人才，其个人所得税实际税负超过15%的部分，予以免征。但有一个很重要的限制条件，所得必须“来源于海南自由贸易港”。

根据《财政部 税务总局关于境外所得有关个人所得税政策的公告》（财政部 税务总局公告2020年第3号），转让对中国境外企业以及其他组织投资形成的股票、股权以及其他权益性资产或者在中国境外转让其他财产取得的所得，属于来源于中国境外的所得。

因此，上述即将转让海外上市公司股票的居民个人，即使在海南自由贸易港缴纳了社保，并被认定为高端人才，也无法享受“个人所得税实际税负超过15%的部分，予以免征”的待遇。

三、个人独资企业与个体工商户的转换

在经济活动中，纳税人往往以公司、合伙企业、个人独资企业、个体工商户等商业组织的名义开展活动。这些商业组织形式的存在，使自然人作为投资者与其投入的财产之间发生了不同程度的分离，同时也为个人所得税的税务筹划创造了可能。

《财政部 税务总局关于继续执行企业事业单位改制重组有关契税政策的公告》（财政部 税务总局公告 2021 年第 17 号）第六条规定："同一投资主体内部所属企业之间土地、房屋权属的划转，包括母公司与其全资子公司之间，同一公司所属全资子公司之间，同一自然人与其设立的个人独资企业、一人有限公司之间土地、房屋权属的划转，免征契税。"《财政部 国家税务总局关于企业以售后回租方式进行融资等有关契税政策的通知》（财税〔2012〕82 号）第六条规定："个体工商户的经营者将其个人名下的房屋、土地权属转移至个体工商户名下，或个体工商户将其名下的房屋、土地权属转回原经营者个人名下，免征契税。合伙企业的合伙人将其名下的房屋、土地权属转移至合伙企业名下，或合伙企业将其名下的房屋、土地权属转回原合伙人名下，免征契税。"

以上税收政策的规定，使个人在财产转让方面存在一定的筹划空间。例如，个人如果直接出售房产，需要按财产转让所得 20% 的固定税率缴纳个人所得税，但如果先将房产投入自己设立的个人独资企业或者个体工商户，然后再行出售，则有可能获得核定征税的待遇。同时，以个体工商户的名义出售房产，现阶段还有特殊的税收优惠政策①。

四、个人所得项目的划分与筹划

（一）个人财产租赁所得改为个体工商户生产经营所得

1. 对转租房产的筹划

根据《国家税务总局关于个人转租房屋取得收入征收个人所得税问题的通知》（国税函〔2009〕639 号）规定："有关财产租赁所得个人所得税前扣除税费的扣除次序调整为：①财产租赁过程中缴纳的税费；②向出租方支付的租金；③由纳税人负担的租赁财产实际开支的修缮费用；④税法规定的费用扣除标准。"

《国家税务总局个体工商户个人所得税计税办法》（国家税务总局令第 35 号）规定，个体工商户的收入总额包括财产出租收入。因此，如果将财产租赁收入转变为个体工商户从事房产出租而取得的收入，也就是成为个体工商户生产经营所得，那么，对于出租取得的收入就可以先进行相关费用的扣除然后再缴纳个人所得税。

---

① 《财政部 国家税务总局关于实施小微企业和个体工商户所得税优惠政策的公告》（财政部 税务总局公告 2021 年第 12 号）第二条规定："对个体工商户年应纳税所得额不超过 100 万元的部分，在现行优惠政策基础上，减半征收个人所得税。"

案例 14－3

我国居民闫某将租入的一幢住房转租，租入租金每月 2 000 元，转租收取租金每月 4 500 元（不含增值税）；出租住房每月实际缴纳增值税以外的税费 180 元（有完税凭据），则其每月应纳个人所得税为：

（4 500－180－2 000－800）×10%＝1 520×10%＝152（元）

如果闫某将财产转让所得转变为个体工商户生产经营所得，其每月应缴纳税费计算如下：

4 500－2 000－180－5 000＜0

因此，闫某无须缴纳个人所得税。可见，筹划后比筹划前闫某每月少缴纳个人所得税 152 元。

2. 正常出租房产的筹划

对于正常出租的房产也可以按照上面的思路来进行筹划。具体来说，对个人取得的房产租赁收入征收个人所得税时，税法规定不得扣除房产折旧，但是如果按照个体经营所取得的房产租赁收入，就可以从应纳税所得额中扣除折旧，从而达到降低税负的目的。

案例 14－4

张某 2021 年 3 月从银行贷款 2 万元购买一处商铺并出租给他人经营，每月收取租金 1 500 元。（城建税税率和教育费附加分别按 7% 和 3% 计算）

按“不动产经营租赁”5% 的征收率缴纳增值税，张某每月应纳税费计算如下：

张某每月应缴纳增值税＝1 500÷（1＋5%）×5%＝71. 43（元）

每月应纳城建税、教育费附加＝71. 43×（7%＋3%）＝7. 14（元）

每月应纳财产租赁个人所得税＝［1 500÷（1＋5%）－7. 14－800］×20%
＝124. 29（元）

合计应负担相关税费＝71. 43＋7. 14＋124. 29＝202. 86（元）

如果张某领取营业执照，并在税务机关登记，从事个体经营，那么房产折旧就可以从应纳税所得额中扣除（假设房产的折旧年限为 10 年），具体计算过程如下：

每月应缴纳增值税、城建税、教育费附加同上，共计 78. 57 元

每月房产可提取折旧＝120 000÷10÷12＝1 000（元）

每月张某应缴纳的个人所得税＝1 500÷（1＋5%）－7. 14－1 000－5 000＜0

因此，张某不需要缴纳个人所得税。筹划后比筹划前每月共节约个人所得税 124. 29 元。

（二）个人独资企业财产出租、转让的筹划

《个人所得税法》规定，个人独资企业按“生产经营所得”征收个人所得税，不再

征收企业所得税。对于个人独资企业来说，企业的财产就是个人的财产，但是个人的财产和企业的财产是有区别的，如果将两者的财产加以区别，就可以分开计算，如果都是按企业的财产出租、转让则要并入企业的生产、经营所得一并征收个人所得税。因此，这就提供了税务筹划的空间。

案例 14－5

某个人独资企业 2019 年度实现生产经营所得 16 000 元，出租固定资产取得不含税租金收入 60 000 元，与之相关的税费为每月 275 元，每月租金 5 000 元。

方案一：将出租固定资产作为企业财产，租金收入并入生产经营所得统一纳税。

应纳税所得额＝60 000－275×12＝56 700（元）

2019 年该企业投资者应纳个人所得税＝（16 000＋56 700）×10%－1 500
＝5 770（元）

方案二：将该财产作为投资者个人的其他财产，则租赁收益按“财产租赁所得”单独纳税。

财产租赁所得应纳个人所得税＝［（5 000－275）×（1－20%）］×20%×12
＝9 072（元）

生产经营所得应纳税额＝16 000×5%＝800（元）

个人独资企业投资者合计应纳个人所得税＝9 072＋800＝9 872（元）

可以看出，方案一比方案二节约税款 4 102 元。

需要注意的是，将财产转让收益与个人独资企业投资者的生产经营所得分开纳税能否有效降低税负，要视税率状况而定。如果将财产转让收益与个人独资企业投资者生产经营所得合并后适用的最高税率为 20%，则分开计算不能降低税负。因为无论是财产转让所得还是个人独资企业投资者生产经营所得适用的税率都是 20%，分开核算与合并纳税税负都不发生变化。然而，将财产转让损失与个人独资企业投资者的生产经营收入合并，可以抵减一部分收益，从而降低个人所得税，起到了节约税款的作用。

五、专项附加扣除的筹划

纳税人的子女接受学前教育和学历教育的相关支出，按照每个子女每年 12 000 元（每月 1 000 元）的标准定额扣除。受教育子女的父母可以分别按扣除标准的 50% 扣除，也可以选择由其中一方按扣除标准的 100% 扣除。具体扣除方式在一个纳税年度内不得变更。

纳税人在选择子女教育支出的扣除比例及子女教育支出如何扣除时，如果夫妻双方收入水平接近，可以考虑各扣除 50%；如果双方收入差距相差悬殊，应选择由收入高的一方全额扣除。

案例 14－6

母亲每月工资收入 5 500 元，父亲每月工资收入 10 000 元。

方案一：两人选择各扣除 50%，即每人扣除 500 元，母亲应纳所得税额 = 5 500－500－5 000 = 0（元），不需要缴纳个人所得税；父亲应纳税所得额 =（10 000－500－5 000）×10%－210 = 240（元），两人合计纳税 240 元。

方案二：两人决定由父亲单方扣除 1 000 元，母亲应纳所得税额 =（5 500－5 000）×3% = 15（元），父亲应纳所得税额 =（10 000－1 000－5 000）×10%－210 = 190（元），两人合计纳税 205 元，节税 35 元。

六、上市公司股票免税待遇筹划

一些企业的高管或者核心员工，为了能够分享企业股改上市的红利，通常会成立合伙企业持股。但一些自然人直接持股的税收优惠政策，在自然人通过合伙企业间接持股时反而不能享受了，如，在二级市场交易上市公司股票免征个人所得税、个人持有上市公司股票获得的股利收入实行差异化个人所得税政策等。

案例 14－7

张某、李某、王某都是 A 企业高管，企业因为效益好，准备改制后上市。为了实现个人利益的最大化，同时为了加强投资人之间的相互约束，避免控制权旁落，三人在“税收洼地”设立了合伙企业。当时的所得可以核定征收，不管是有限合伙转让公司股票，还是有限合伙以股东身份从公司获得分红，在分配给三个合伙人时，个人所得税均按照生产经营所得核定征收，实际税负为 4%。

但是，随着核定征收受到的限制越来越严格，尤其是持股平台类的企业，受到的限制越来越多。在后来不能核定征收的情况下，三个自然人的税负情况发生了极大的变化。具体如下所述。

（1）合伙企业转让上市公司股票所得，转为适用 5%—35% 的个人所得税税率，因为获利巨大，基本上都适用 35% 的税率。

（2）合伙企业从上市公司取得的分红所得，根据有关规定，不并入企业的收入，而应单独作为投资者个人取得的利息、股息、红利所得，计算缴纳个人所得税。以合伙企业名义对外投资分回利息或者股息、红利的，应确定各个投资者的利息、股息、红利所得，并按“利息、股息、红利所得”应税项目计算缴纳个人所得税。个人所得税税率为 20%。

可以看出，因为无法继续核定征收，该案例中的三个人通过合伙企业间接持有上市公司股票，与直接持有上市公司股票相比，反而造成了个人所得税税负的增加。那么，在这种情况下，应该如何降低个人所得税税负呢？从上市公司公告披露的税务处理方案来看，非交易过户可以享受免税待遇。非交易过户是解决自然人合伙企业个人所得税税负问题的一种办法。合伙企业自然人合伙人通过非交易过户，可以实现从间接持股到直接持股的转变，从而享受股票交易中增值税的免税政策，同时还适用股息、红利差异化税收政策，持有股票一年以上的自然人股东免征个人所得税。

七、用好延期纳税与分期纳税

延缓个人所得税缴纳税款时间的政策主要分为两类：一类是递延纳税，另一类是分期纳税。用好这两类政策需要注意共性的问题即纳税人必须做好税务备案。

（一）递延纳税

非上市公司授予本公司员工的股票期权、股权期权、限制性股票和股权奖励，符合规定条件的，经向主管税务机关备案，可实行递延纳税政策，即员工在取得股权激励时可暂不纳税，递延至转让该股权时纳税；股权转让时，按照股权转让收入减除股权取得成本及合理税费后的差额，适用“财产转让所得”项目，按照20%的税率计算缴纳个人所得税。

案例 14－8

2021 年 4 月 21 日，浙江某化工股份有限公司首次公开发行股票招股说明书（申报稿）（预披露），披露了 2019 年 3 月第三次股权转让情况。基本情况为：2019 年 3 月，为向甲某开展股权激励，公司控股股东 Y 投资公司将其持有的该化工股份有限公司 6.70% 的股权（出资额 670 万元、公允价值 3 262.9 万元）以 1 元的价格转让给甲某。本次股权转让经 Y 投资公司股东会审议通过。当地税务局已对甲某的股权激励事项进行了备案。

如果没有递延纳税备案，甲某 2019 年应当就取得股权公允价值与取得股权成本之间的差额 3 261.9 万元（税率 20%）缴纳个人所得税，税款为 652.38 万元。甲某在提交《非上市公司股权激励个人所得税递延纳税备案表》后，将缴纳个人所得税的时间推迟到了转让股权之时。何时转让就何时纳税，不转让就不纳税。

（二）分期纳税

《财政部 国家税务总局关于个人非货币性资产投资有关个人所得税政策的通知》（财税〔2015〕41 号）第三条规定：“纳税人一次性缴税有困难的，可合理确定分期缴纳计划并报主管税务机关备案后，自发生上述应税行为之日起不超过 5 个公历年度内（含）分期缴纳个人所得税。”

案例 14－9

某电力股份有限公司在 2020 年年度报告中披露：马某于 2017 年 4 月 20 日填报《非货币性资产投资分期缴纳个人所得税备案表》，当地税务局已对其分期缴纳个人所得税事项进行了备案，计划缴税金额约为 3 893 万元，自 2016 年起分 5 年缴清，每期计划纳税金额分别为 665.84 万元、46.90 万元、30 万元、46 万元、3 770 万元。

上述马某对个人所得税的处理就充分享受了分期纳税政策。与递延纳税相同，分期纳税有一个很重要的前提条件，就是纳税人必须在规定的期限内进行税务备案。如果在规定的期限内没有备案，就可能无法享受分期纳税的优惠政策。

八、全年一次性奖金的处理

全年一次性奖金是指行政机关、企事业单位等扣缴义务人根据其全年经济效益和对雇员全年工作业绩的综合考核情况，向雇员发放的一次性奖金。上述一次性奖金也包括年终加薪、实行年薪制和绩效工资办法的单位根据考核情况兑现的年薪和绩效工资。

在我国2019年实行现行的个人所得税法之前，个人所得税实行的分类征收模式，将个人所得分为工资薪金、劳务报酬、稿酬、特许权使用费、个体工商户生产经营所得、对企业事业单位的承包经营承租经营所得，利息、股息、红息所得，财产租赁所得，财产转让所得，偶然所得和其他所得共11大类，每类所得均有相应的计税办法。当时，对于个人年终取得的全年一次性奖金，实质上是属于工资薪金性质的，理论上应该并入个人当月工资来算个税。由于年终奖一般数额巨大，并入当月工资后，原来纳税人适用3%的税率计征个税可能因为年终奖的发放导致税率爬升，大大增加了纳税人的税收负担。国税发〔2005〕9号规定，只要是符合全年一次性奖金的定义，可以先将当月内取得的全年一次性奖金，除以12个月，按其商数确定适用税率和速算扣除数，然后将个人当月内取得的全年一次性奖金，按确定的适用税率和速算扣除数计算征税。

需要注意的是这种方法在一个纳税年度内，对每一个纳税人只允许采用一次。取得除全年一次性奖金以外的其他各种名目奖金，如半年奖、季度奖、加班奖、先进奖、考勤奖等，一律与当月工资、薪金收入合并，按税法规定缴纳个人所得税。

2019年1月1日起，我国开始实行综合与分类相结合的个人所得税征收模式，将原来的工资薪金、劳务报酬、稿酬和特许权使用费纳入综合所得，按年计征。关于个人的全年一次性奖金，发布了财税〔2018〕164号《关于个人所得税法修改后有关优惠政策衔接问题的通知》，居民个人取得全年一次性奖金，纳税人在2021年12月31日前，是可以做出选择的，可以选择不并入当年综合所得，以全年一次性奖金收入除以12个月得到的数额，按照月度税率表，确定适用税率和速算扣除数，单独计算纳税。也可以选择并入当年综合所得计算纳税。2021年底，国务院常务会议决定将单独计税优惠再延续两年，至2023年底。

为进一步减轻纳税人负担，2023年8月底财政部、税务总局发布公告（2023年第30号），居民个人取得全年一次性奖金，符合《国家税务总局关于调整个人取得全年一次性奖金等计算征收个人所得税方法问题的通知》（国税发〔2005〕9号）规定的，不并入当年综合所得，以全年一次性奖金收入除以12个月得到的数额，按照按月换算后的综合所得税率表（表14－1），确定适用税率和速算扣除数，单独计算纳税。居民个人取得全年一次性奖金，也可以选择并入当年综合所得计算纳税。本公告执行至2027年12月31日。

表 14 -1　按月换算后的综合所得税率表

级数	全月应纳税所得额	税率（%）	速算扣除数
1	不超过 3 000 元的	3	0
2	超过 3 000 元至 12 000 元的部分	10	210
3	超过 12 000 元至 25 000 元的部分	20	1 410
4	超过 25 000 元至 35 000 元的部分	25	2 660
5	超过 35 000 元至 55 000 元的部分	30	4 410
6	超过 55 000 元至 80 000 元的部分	35	7 160
7	超过 80 000 元的部分	45	15 160

第三节　个人所得税合规管理要点

一、权利代持的税务合规问题

所谓代持，是指一个人具有所有权的财产或者权利，并不登记在该人名下，而是登记在其他人的名下。例如，张某受身份限制，无法出面经商办企业，于是以母亲的名义对外出资，登记为公司的股东。张某是实际股东，张某母亲是名义股东。代持的原因有很多，从个人所得税的角度来看，不管代持的目的是什么，都将产生巨大的税务风险。

因为不管实际的权利人是谁，税务机关仅根据名义所有人来确定纳税义务人。这样一来，即使该名义所有人实际上并未取得个人所得，个人所得税税款也会聚集在名义所有人身上。

案例 14 -10

某年，被告人袁某甲以 A 石矿有限公司负责人胡某的名义出资 108.3 万元获得该公司 8.46% 的股份。其中，吴某以袁某甲的名义出资 40 万元，占股 3.125%；袁某乙以袁某甲的名义出资 48.3 万元，占股 3.773%；王某以袁某甲的名义出资 15 万元，占股 1.172%；袁某甲出资 5 万元，占股 0.391%。第二年 3 月，袁某甲通过与 A 石矿有限公司负责人胡某以股权转让的方式，出资 489.78 万元获得该公司 18.14% 的股权。其中，吴某以袁某甲的名义出资 27 万元，占股 1%；袁某乙以袁某甲的名义出资 412.78 万元，占股 15.288%；袁某甲出资 50 万元，占股 1.852%。通过两次出资，袁某甲共获得 A 石矿有限公司 26.6% 的股份，后 A 石矿有限公司更名为 B 矿业有限公司。

之后，袁某甲与陈某达成股权转让协议，约定将 B 矿业有限公司整体作价人民币 4 300 万元，袁某甲将所持 B 矿业有限公司的 26.6% 的股权转让给陈某，但双方实际是以B矿业有限公司整体作价4 500万元履行该协议。袁某甲获得陈某股权转让款1 197万元后，按吴某、袁某乙、王某各自所占股份比例，分别支付了三人股权转让款，其中给吴某的股权转让款未支付到位。最终，袁某甲自己获得股权转让款100.89万元。

袁某甲在收到陈某最后一笔股权转让款后，通过不申报纳税的手段逃避缴纳个人所得税120万元。当地税务稽查局先后向其送达《税务事项通知书》催告、《税务处理决定书》催缴，袁某甲均未在限期内补缴应纳税款及滞纳金。之后当地税务稽查局向其送达《税务行政处罚决定书》，袁某甲拒不接受行政处罚。案发后，袁某甲主动投案，并补缴了全部应纳个人所得税税款120万元。

关于被告人袁某甲及其辩护人提出的隐名股东吴某、袁某乙、王某按其各自所持股份获得的股权转让款，不应由袁某甲承担纳税义务的意见。经审查，袁某甲投资入股B矿业有限公司，其名下确实存在隐名股东，且隐名股东也获得了相应的转让款，但袁某甲作为该公司的注册股东、法定代表人，其在转让股权的过程中，发生的股权转让所得，属于法定的纳税义务人。而吴某等隐名股东与袁某甲之间是民事法律关系，袁某甲不能依此关系对抗依法作为纳税人的义务，即隐名股东不是法定的纳税义务人。因此，对于被告人袁某甲及其辩护人提出的被告人袁某甲不承担隐名股东吴某等三人股权转让款的纳税义务的辩护意见，于法无据，法院未予采纳。后经法院审判，被告人袁某甲犯逃税罪，判处有期徒刑二年六个月，并处罚金人民币4万元。

本案中，代持人袁某甲实际持股比例仅为2.243%，但最后逃税金额则是按照26.6%的名义持股比例认定的，尽管法院已经查清了代持情况，也确认袁某甲向三位隐名股东支付了股权转让款，但逃税罪依然成立。

二、出借个人账户收款的税务合规问题

实务中，针对个人所得税的处理，有些人会采用一种“化整为零”的方法，即通过其他个人获取所得，以达到免交或少交个人所得税的目的。这种做法已经超出了税务筹划的范畴，具有极大的危害性。例如，企业高管收入很高，为了降低高管的个人所得税，企业将高管的收入进行拆分，打入多个低收入员工的账户。低收入员工在款项到账后，再将超过自己正常工资收入的部分转给高管。这样，企业高管就等于违法使用了低收入员工的年度扣除额度，隐瞒了自己的实际收入。企业高管的这种行为已构成偷税。

这种情况下，低收入员工同样面临巨大的法律风险。一方面，低收入员工收入虚高，可能导致自己的个人所得税税负增加；另一方面，这种做法还有可能使出借账户的低收入员工面临犯罪指控，如逃税罪的共犯，职务侵占罪等。例如，企业把高管的钱打给低收入员工后，时过境迁，随着管理层的更迭，后续的管理层在审计中可能会发现，低收入员工获取收入没有依据，涉嫌侵占企业财产。现任的管理层就有可能选择刑事报案，从而形成现实的刑事风险。

对于出借自己银行卡账户的个人来说，其可能会承担非常严重的法律后果。即使账

上帮别人转100元钱，也有可能构成犯罪。

案例14-11

河南某法院曾一审认定，被告人李某替他人过账136元，犯洗钱罪，拘役四个月。

案件经过：被告人李某和方某、吴某三人因从事违法活动被行政拘留，被告人李某期满释放后，在吴某的授意下，通过手机登录吴某的支付宝和微信账号，将资金136元转入自己微信钱包内。

法院认为，被告人李某明知吴某的钱为违法所得，仍通过支付宝和微信方式将资金转移，其行为已构成洗钱罪，公诉机关指控的罪名成立。

三、无住所个人的税务处理合规问题

外资企业派遣员工来华工作之前，总是希望先了解中国的税法是如何规定的，如何才能降低外籍员工的个人所得税税负。如今，我国与诸多国家签署了双边或者多边的税收协定，外资企业要想做好税务筹划，必须结合特定的税收协定进行。而税收协定多是外文翻译过来的，通常读起来晦涩难懂，这就让外资企业的税务筹划存在一些问题，尤其在"无住所个人"方面出现的问题较多。

案例14-12

某外资企业为了避税，外籍员工会采取轮岗的方式，同一个项目当中分批派遣工程师来华工作，在临近183天时撤回原有的工程师，另外换一批工程师来，以为这样就可以避免工程师被认定为中国税法上的居民个人，工程师的所得就不需要在中国缴纳个人所得税了。但实际上，这一操作忽略了常设机构的问题。

下面以我国和新加坡的税收协定为例进行说明。

《〈中华人民共和国政府和新加坡共和国政府关于对所得避免双重征税和防止偷漏税的协定〉及议定书条文解释》第十五条中规定："如果新加坡个人被派驻到新加坡企业设在中国的常设机构工作，或新加坡企业派其雇员及其雇用的其他人员在中国已构成常设机构的承包工程或服务项目中工作，这些人员不论其在中国工作时间长短，也不论其工资薪金在何处支付，都应认为其在中国的常设机构工作期间的所得是由常设机构负担。但本规定不应适用于被总部临时派往常设机构视察、检查或临时提供协助的人员及活动。"

上述案例中，虽然该外资企业的每批外籍工程师在中国工作的时间均不足183天，但由于这些工程师是基于同样的一个项目来华开展工作，因此在认定常设机构时，这些工程师的在华时间是连续计算的，累积起来超过183天，就有可能构成国际税收协定中的常设机构。一旦构成常设机构，不论每批员工在华工作时间长短，均应当在中国缴纳个人所得税。

四、数字技术为风险识别赋能

数字经济背景下网络直播等“流量经济”盛行，如何加强税收征管避免其成为税法执行的“灰色地带”乃至盲区成为税收管理的新课题。相较于一般行业，当前直播经济迅速发展，因其具有极强虚拟性、高流动性的特点，给税收监管带来了不小的挑战。唯有有针对性地完善和升级税收征管制度，才能从源头上堵住“网红”偷逃税的漏洞。近年来网红、明星的逃税行为大多是税务部门通过税收大数据分析后发现的。也希望随着大数据等技术手段的发展，偷逃税行为将无处遁形，进而从制度和技术上切实维护税法权威和社会公平。

案例 14-13

2018 年 6 月初，有群众举报范冰冰“阴阳合同”涉税问题，经江苏等地税务机关依法开展调查核实，范冰冰在电影《大轰炸》剧组拍摄过程中实际取得片酬 3 000 万元，其中 1 000 万元已经申报纳税，其余 2 000 万元以拆分合同方式偷逃个人所得税 618 万元，少缴营业税及附加 112 万元，合计 730 万元。此外，还查出范冰冰及其担任法定代表人的企业少缴税款 2.48 亿元，其中偷逃税款 1.34 亿元。对于上述违法行为，根据国家税务总局指定管辖，江苏省税务局依法对范冰冰及其担任法定代表人的企业追缴税款 2.55 亿元，加收滞纳金 0.33 亿元；对范冰冰采取拆分合同手段隐瞒真实收入偷逃税款处 4 倍罚款计 2.4 亿元，对其利用工作室账户隐匿个人报酬的真实性质偷逃税款处 3 倍罚款计 2.39 亿元；对其担任法定代表人的企业少计收入偷逃税款处 1 倍罚款计 94.6 万元；对其担任法定代表人的两户企业未代扣代缴个人所得税和非法提供便利协助少缴税款各处 0.5 倍罚款，分别计 0.51 亿元、0.65 亿元。

2021 年 8 月，经国家税务总局上海市税务局第一稽查局调查，郑爽 2019 年至 2020 年未依法申报个人收入 1.91 亿元，偷税 4 526.96 万元，其他少缴税款 2 652.07 万元。因此，上海市税务局作出对郑爽追缴税款、加收滞纳金并处罚款共计 2.99 亿元的处理处罚决定。

浙江省杭州市税务部门通过税收大数据分析，发现朱宸慧（微博 ID：雪梨 Cherie）、林珊珊（微博 ID：林珊珊_ Sunny）两名网络主播涉嫌偷逃税款，在相关税务机关协作配合下，对其依法开展了全面深入税务稽查。经查，朱宸慧、林珊珊在 2019 年至 2020 年，通过在上海、广西、江西等地设立个人独资企业，虚构业务将其取得的个人工资薪金和劳务报酬所得转变为个人独资企业的经营所得，偷逃个人所得税。两人的上述行为违反了相关税收法律法规，扰乱了税收征管秩序。杭州市税务局稽查局依法对朱宸慧追缴税款、加收滞纳金并拟处 1 倍罚款共计 6 555.31 万元，对林珊珊追缴税款、加收滞纳金并拟处 1 倍罚款共计 2 767.25 万元。

国家税务总局杭州市税务局网站 2021 年 12 月 20 日消息，近期，浙江省杭州市税务部门经税收大数据分析发现网络主播黄薇（网名：薇娅）涉嫌偷逃税款，在相关税务机关协作配合下，依法对其开展了全面深入的税务检查。经查，薇娅在2019—2020年，通过隐匿个人收入、虚构业务转换收入性质虚假申报等方式偷逃税款6.43亿元，其他少缴税款0.6亿元。杭州市税务局稽查局对薇娅追缴税款、加收滞纳金并处罚款，共计13.41亿元。

2022年2月22日，国家税务总局发布消息称，近期，广东省广州市税务部门通过税收大数据分析，发现网络主播平荣（网名：驴嫂平荣）涉嫌偷逃税款，对其依法开展了全面深入的税务检查。经查，平荣在2019年至2020年，通过隐匿直播带货佣金收入偷逃个人所得税1 926.05万元，未依法申报其他生产经营收入少缴有关税款1 450.72万元。广州市税务局稽查局依据有关文件，对平荣追缴税款、加收滞纳金并处0.6倍罚款，共计6 200.3万元。日前，广州市税务局稽查局已依法向平荣送达税务行政处理处罚决定书。

2022年3月，根据税收监管的线索，上海市税务局第四稽查局经税收大数据进一步分析，发现邓伦涉嫌偷逃税款，依法对其开展了全面深入的税务检查。经查，邓伦在2019年至2020年，通过虚构业务转换收入性质进行虚假申报，偷逃个人所得税4 765.82万元，其他少缴个人所得税1 399.32万元。在税务检查过程中，邓伦能够积极配合检查并主动补缴税款4 455.03万元，同时主动报告税务机关尚未掌握的涉税违法行为。综合考虑上述情况，上海市税务局第四稽查局依据《中华人民共和国个人所得税法》《中华人民共和国税收征收管理法》《中华人民共和国行政处罚法》等相关法律法规规定，按照《上海市税务行政处罚裁量基准》，对邓伦追缴税款、加收滞纳金并处罚款，共计1.06亿元。其中，对其虚构业务转换收入性质虚假申报偷税但主动自查补缴的4 455.03万元，处0.5倍罚款计2 227.52万元；对其虚构业务转换收入性质虚假申报偷税但未主动自查补缴的310.79万元，处4倍罚款计1 243.16万元。日前，上海市税务局第四稽查局已依法向邓伦送达税务行政处理处罚决定书。

【案例思考】

1. 案例中明星、网红多将个人工资薪金和劳务报酬转化为经营所得偷税，我国综合所得和经营所得税负差异的原因是什么？

2. 除了范冰冰税案是通过群众举报进行查处的，其他个税偷税案件均由税收大数据筛查、识别找出，我国现行智慧税务的建设发挥了哪些积极意义？

解析

1. 综合所得和经营所得的税负差异分析

网红主播的所得按照个人所得税法的规定，应该按照工资薪金或者劳务报酬计入综合所得，按照3%—45%的超额累进税率计征个税，按照税务部门公布的两位网红的收入数据8 445.61万元、4 199.5万元，理论上应按照45%的税率计征个税。面对这样的税收，网红主播主要通过设立多个个人独资企业来逃避缴纳税款。根据我国个税法，个人独自企业按照经营所得适用3%—35%的税率来缴纳个人所得税，从税率水平上来看，最高的边际税率要比综合所得低10个百分点。我们再来看计税依据方面，一般来说，个人独资企业要根据实际经营情况，用收入减去成本、费用和以前年度亏损之后，用这个余额来计算个人所得税。但是网红注册成立的个人独资企业往往都是不建账的，或者建了账但是账目混乱，无法准确核算收入、成本和费用的，因此税务机关往往对其采取核定征收的方式来计征个税，这里核定的是纳税人的税基，一般网络带货直播按照10%—30%比例核定应纳税所得额，然后再乘以适用税率。总的来说，按照综合所得计征个税，税前扣除仅有6万元，加上三险一金、专项附加扣除，适用最高边际税率为45%；而按照个人独资企业计税，税前扣除为收入的70%—90%，最高边际税率为35%，税负水平相差非常巨大。

2. 精准税收监管发挥威慑作用

（1）精准监管严肃查处彰显税法公平。税务部门依托税收大数据，深入推进以“信用+风险”为基础的新型监管机制，对高信用低风险纳税人少打扰、不打扰，对低信用高风险纳税人严管理、强监督，对恶意偷逃税行为早发现、严查处，彰显了税法公平正义，并以精准监管推动公平竞争。

这种公平，体现在对纳税人整体权益的维护上。梳理这些涉税违法案件，不难发现，既有网络直播行业从业人员，又有机动车销售等传统行业，还有中介机构。“对各行各业进行同步精准监管，本身就是一种公平的体现。”西南财经大学教授、西财智库首席研究员汤继强表示，税务部门坚持以事实为依据，以法律为准绳，对各类涉税违法行为发现一起、查处一起，维护了税收征管秩序和纳税人合法权益，彰显了社会公平正义。

这种公平，也体现在为守法纳税人营造规范的税收秩序上。在中国社会科学院财经战略研究院副研究员蒋震看来，直播带货等网红经济快速兴起，其复杂的业务形态、营利模式、劳务关系等也给行业监管带来考验。税务部门依法对网络主播偷逃税违法行为作出处理，是对违法者的一种警示，更是对网络直播行业的治理和规范，有利于推动网络直播行业健康发展，为守法者营造公平公正的税收秩序。

（2）常态曝光警示依法纳税。纵观近年来公布的一系列涉税违法案件，税务部门对涉税违法行为保持“零容忍”，持续开展典型案例曝光已经成为常态。从朱宸慧、林珊珊到黄薇再到平荣，一系列案件都发出警示信号：如果违反税收法律法规，就会被查处和曝光。接连曝光的一系列涉税违法案件表明，税收监管和税务稽查力度只会越来越大，税收执法也会越来越严。新业态从业人员在享受新经济红利的同时，一定要提高依法纳税的意识。

（3）守法合规才能行稳致远。从一系列涉税违法案件的查处和公布，可以看出涉税违法行为监管呈现的新态势：更加注重常态化。2021年10月，国家税务总局、公安部、最高人民检察院、海关总署、中国人民银行、国家外汇管理局六部门联合召开全国打击“假企业”“假出口”“假申报”虚开骗税违法犯罪专项行动总结暨常态化打击工作部署会议，提出“常打长打”，开展六部门联合常态化打击。更加注重精准性。随着中办、国办《关于进一步深化税收征管改革的意见》相关部署的持续落地，2022 年，税务部门将依托税收大数据焦高风险行业、领域和纳税人，积极开展部门联合监管，不断提高监管效能。